AF880987

PHILIPPE LACOUDE et FRÉDERIC SAUTET

ACTION ou TAXATION
Le défi fiscal français

avec la collaboration de
Henri Lepage, Philippe Nataf,
Véronique de Rugy et Pascal Salin

Préface de Jacques Raiman

Editions Slatkine
PARIS-GENÈVE
1996

© 1996. Editions Slatkine, Genève.
Reproduction et traduction, même partielles, interdites.
Tous droits réservés pour tous les pays.
ISBN 2-05-101487-6

PRÉFACE

Le sujet est d'une actualité brûlante. Les impôts, les excès des prélèvements ont été, à de nombreuses reprises dans l'histoire, la cause de graves mécontentements. Un ouvrage d'économistes, traitant avec rigueur scientifique de la question de la fiscalité, formulant une proposition de réforme radicale, vient juste à temps pour aider à voir clair et à agir.

Le renouveau de la science économique — depuis une trentaine d'années — fait jouer un rôle essentiel à la fiscalité dans la politique économique. Cette analyse a été popularisée aux Etats-Unis sous le nom de «théorie de l'offre» par opposition à la pensée de Keynes visant à contrôler et maîtriser la croissance en agissant sur la demande. Il s'agit en fait d'un retour aux sources de la science économique. Laissant au bord de la route les illusions de la macroéconomie, les auteurs redonnent son rôle au mécanisme des prix et donc aux effets de la politique fiscale sur l'épargne, le travail, la consommation à travers les taux des différents impôts. Malheureusement l'expérience américaine des années Reagan pendant laquelle cette politique de l'offre a été engagée, a été très peu étudiée en France (où elle est assimilée, à tort, à une période de laxisme budgétaire et de relance keynésienne).

En outre et bien que cette même orientation ait été reproduite dans de nombreux pays, y compris des pays socialistes, elle est parfois rejetée comme étant une politique de «droite» et «pour les riches». Le livre remplit ici un rôle exemplaire en montrant clairement qu'il ne s'agit pas d'une politique «pour les riches» et qu'après la baisse des taux marginaux d'impôt sur le revenu, la part du fardeau fiscal supporté par «les riches» augmente.

La procédure de préparation et de présentation du budget de l'Etat implique qu'une hausse (une baisse) des taux d'imposition entraîne une hausse proportionnelle (une baisse proportionnelle) des recettes. Cette hypothèse n'était peut-être pas trop irréaliste, il y a fort longtemps, pour une fiscalité très modeste dans un environnement stable. Aujourd'hui cette hypothèse est absurde.

Les auteurs démontrent l'erreur de cette hypothèse budgétaire, à la fois par des raisonnements théoriques et par des preuves chiffrées. Ils prouvent que «trop d'impôt tue l'impôt» selon ce qu'ils dénomment «effet Laffer», privilégiant ainsi le nom du célèbre économiste américain. Il n'y a là rien d'étonnant pour les hommes d'entreprise qui savent bien qu'une entreprise ne peut impunément augmenter le prix de ses services et qui ne peuvent pas comprendre qu'il en aille différemment pour le prix (les impôts) des services de l'Etat. Mon expérience du secteur de l'informatique, heureusement celui d'une concurrence «débridée», m'a montré à quel point des baisses de prix induisent une explosion de l'activité. La tarification des services d'un monopole visant à maximiser ses recettes a été étudiée depuis très longtemps dans le cas de monopoles de transport. Elle porte un nom, celle d'une tarification *ad valorem* discriminant chaque catégorie d'utilisateurs selon le prix qu'ils sont prêts à payer. Force est de constater que la logique de certains impôts — l'impôt sur le revenu par exemple — ressemble trait pour trait à la logique du monopoleur et de la tarification *ad valorem*. Cela relativise toutes les autres raisons données habituellement pour justifier les barêmes de l'impôt. Mais même pour un monopoleur, des prix trop élevés réduisent les recettes. Dès lors que l'Etat, pour ses services, est soumis à la concurrence, «l'effet Laffer» devient très important et l'Etat, prestataire de services, perd sa position de monopoleur lorsqu'il taxe le travail, l'épargne, les échanges et cela de deux manières au moins:

— la présence de l'économie «souterraine» évaluée dans les pays occidentaux à plus de dix pour cent de l'activité offre une solution de substitution au travail dans l'économie légale.

— la délocalisation des activités fait et fera de plus en plus jouer la concurrence entre les Etats. Cette concurrence est déjà reconnue pour les capitaux. L'abaissement du coût des transports multiplie les possibilités de délocalisation des entreprises et donc injecte la concurrence pour la taxation du travail et de la constitution de l'épargne.

Jusqu'à présent les déplacements d'activités de main-d'œuvre visaient le travail peu qualifié. Mais à la révolution du transport aérien succède la révolution technologique associant les ordinateurs et les télécommunications. Avec Internet, nous pouvons imaginer d'ici quelques années une division par bien plus de dix du coût des télécommunications internationales pour la transmission des données, de la voix et de l'image. La vidéoconférence bon marché ouvrira alors la possibilité du télétravail à grande échelle pour les «knowledge workers». Grâce à cette technologie, un chercheur taïwanais installé à Taïpei, est «employé» des *Bells Labs*, laboratoire d'ATT situé sur la côte est des Etats-Unis. Si ce type d'«employé» devient aussi mobile que le capital, que deviendront les Etats ayant des impôts et cotisations trop élevés?

D'une manière plus générale, il faut noter que les progrès technologiques immenses du couple de l'ordinateur et des télécommunications ont d'abord ébranlé les monopoles des télécommunications créant la concurrence entre les réseaux. Cela a pris du temps, mais était prévisible et irrésistible. Le même phénomène se produit aujourd'hui grâce à cette révolution technologique, mais concerne un champ d'activité beaucoup plus large. A terme la concurrence fiscale entre les Etats en sera multipliée.

Plusieurs projets de réforme fondamentale des impôts sont discutés actuellement aux Etats-Unis. On trouvera dans le livre les raisons d'un projet analogue pour notre pays et les justifications d'un projet d'une grande ampleur.

Cette bataille pour la réforme illustre l'actualité de la recherche sur les dysfonctionnements du système politique qui ont conduit à la banqueroute tragique de l'Etat-Providence. Le livre fait une place à cette question qui a préoccupé de très grands économistes comme F. Hayek et J. Rueff.

Le travail sur la fiscalité s'étend naturellement à la question de la déréglementation. Pour interdire ou diminuer la production d'un bien, volontairement ou non, on peut soit le frapper d'un impôt prohibitif, soit l'encadrer par un règlement compliqué à suivre ou comportant des interdictions. A l'inverse, une bonne politique de déréglementation accroîtra la production et les échanges dans l'économie légale et donc les recettes fiscales.

Il existe donc un parallélisme entre déréglementation et baisse des impôts. Une manière de le comprendre est d'interpréter une interdiction (d'ouvrir des commerces, d'exercer une activité...) comme un impôt de taux très grand, voire de taux égal à 100 %. Toute la portée de l'ouvrage recouvre donc naturellement cette déréglementation.

Bien que consacré essentiellement à la politique fiscale, le livre fait une place à la monnaie. Autant les fondements économiques de la fiscalité libérant le travail et l'épargne ont été dégagés et clarifiés depuis une vingtaine d'années, autant le débat est ouvert entre les tenants de la convertibilité métallique, les défenseurs des taux de change flottants, du S.M.E... Dans ce contexte, la politique monétaire, qui est la responsabilité de la banque centrale (à l'exception de la politique de change), et la politique fiscale et budgétaire peuvent concourir à la bonne santé de l'économie ou s'affaiblir mutuellement. Le déficit budgétaire lorsqu'il est financé par la banque centrale («monétisé») est une cause bien reconnue d'inflation. Mais à l'inverse, une politique monétaire déflationniste provoquera une baisse des rentrées fiscales et aggravera le déficit, dont le nôtre. Dans cette situation de crise, le réflexe interventionniste est d'agir sur les conséquences et non sur les causes, par exemple en «stimulant la demande». Le livre affirme, à contre-courant, que la nature des causes est celle d'une crise de l'offre. Pour les auteurs, cette crise de l'offre n'est pas seulement le retournement — la crise — après le boom, mais aussi la conséquence d'une fiscalité déraisonnable, et tout spécialement de la multitaxation de l'épargne (à sa constitution, après son investissement, à sa transmission). Donc une des causes profondes de la crise n'est pas l'excès d'épargne, mais son défaut que provoque l'expansion d'un crédit sans contrepartie d'épargne réelle.

On le voit, le champ de l'ouvrage est d'une grande ampleur, les diagnostics et les propositions à l'opposé de ce qui est dit couramment. Saluons la lucidité, la persévérance et le courage des auteurs que certains qualifieront d'«ultra libéraux», car c'est ainsi que l'on désigne en France aujourd'hui les défenseurs de la liberté. Ils se situent au sein d'une tradition d'économistes libéraux français (J.-B. Say, F. Bastiat), malheureusement beaucoup moins connus en France qu'à l'étranger. Qu'ils se rassurent en observant que ces dernières années une pléiade de prix Nobel d'économie a été sélectionnée pour avoir développé ce courant scientifique. Qu'ils persévèrent en notant, pour prendre des références internationales, qu'en dehors de Thatcher et Reagan, classés «anglo-saxons» (bien que ce dernier soit le petit fils d'un immigré clandestin d'origine irlandaise et donc aussi peu anglo-saxon que ce soit), le Chancelier Ludwig Erhard, classé lui «bon continental», avait sauvé l'Allemagne et peut-être l'Europe après la guerre en concevant et mettant en œuvre un programme économique d'une inspiration très voisine.

J'espère que cet ouvrage atteindra son but et qu'il sera à l'origine d'un renouveau de la politique fiscale.

Jacques RAIMAN

INTRODUCTION

«Les circonstances malheureuses où se trouve l'Etat ne vous permettent pas de diminuer les impôts, et il est bien plutôt à craindre que vous ne soyez forcé de les augmenter. Augmenter d'un côté les impôts et de l'autre diminuer les revenus des terres, c'est attaquer à la fois la feuille et la racine; c'est, passez-moi la trivialité de l'expression en faveur de sa justesse, c'est user la chandelle par les deux bouts.»

Première lettre au contrôleur général — 1770 — Turgot[1]

«Vous ne pouvez éviter les ennuis en dépensant plus que vous ne gagnez» disait Abraham Lincoln en 1860 en s'adressant au peuple américain. Cette affirmation est vraie à toutes les époques, mais il semble, en cette fin de XXe siècle, qu'elle le soit plus que jamais. Depuis la fin des «trente glorieuses» et l'effondrement du système monétaire international de Bretton Woods, la plupart des économies occidentales connaissent un endettement public croissant et une augmentation de la charge de l'impôt sans précédent, ou presque, dans l'histoire. La fiscalité a une grande importance aujourd'hui dans la vie des individus et pas une semaine ne se passe dans notre pays sans que des mécontentements liés à l'impôt et aux déficits publics ne s'expriment.

Les choses sont néanmoins assez confuses pour la plupart des gens et rares sont les personnes qui font le lien explicite entre le niveau de l'impôt, les déficits publics et les dépenses de l'Etat. Ce triptyque est inséparable et appelle donc une réflexion exhaustive. En d'autres termes, il n'y a pas des problèmes économiques, d'une part, et des problèmes financiers, d'autre

---

1 Cf. [158, Turgot, page 313].

part: les uns et les autres sont liés de telle sorte qu'il n'existe qu'un problème économique global, dans lequel les prélèvements fiscaux forment la clé de voûte de l'édifice. Le poids de l'impôt a considérablement augmenté au cours des vingt-cinq dernières années dans la plupart des pays occidentaux. Il a été rejoint dans son accroissement par le niveau de l'endettement public qui est aujourd'hui devenu colossal dans beaucoup de pays d'Europe. Dans le même temps, une crise économique durable est devenue le plat quotidien de millions d'Européens. Il est certain que cette crise a de multiples causes et ce n'est pas notre propos ici que de chercher à les comprendre entièrement. Nous voulons simplement savoir quelle est l'influence de la fiscalité sur la croissance économique en général et sur la situation actuelle de la France en particulier.

«Lorsqu'un homme, une entreprise ou une société entière approche la faillite totale, écrit Ayn Rand, il n'y a qu'une alternative possible qui s'impose à ceux engagés sur cette route: ils peuvent fuir la réalité de leur situation et agir de manière frénétique et aveugle, cherchant l'opportunité présente sans même regarder devant eux, en espérant que personne ne vienne dénoncer leurs erreurs, mais en demandant désespérément que quelqu'un ou quelque chose les sauve un jour. Ils peuvent également identifier leur problème, vérifier leurs prémisses de départ, découvrir leurs capacités cachées et commencer à reconstruire». C'est malheureusement la première voie que les hommes de l'Etat ont pris depuis maintenant plusieurs années. Aujourd'hui, les gouvernements utilisent les déficits comme justificatif de l'augmentation du poids des taxes. C'est un comportement pervers car finalement les hommes de l'Etat prennent pour excuse leurs propres erreurs passées pour nous imposer de fausses solutions qui ne feront qu'aggraver la situation. Les citoyens ne sont pas responsables du déficit budgétaire, de l'accroissement des impôts et de la situation économique qui en résulte, seuls les élus du peuple le sont. Coupables ils étaient d'avoir mis en place cette situation en ignorant les lois économiques; coupables ils sont de vouloir continuer sur le même chemin dans le mépris le plus total des conséquences réelles de leur politique.

Naître en France de nos jours, cela veut dire être endetté sans l'avoir jamais choisi et payer des impôts toujours plus élevés sans pouvoir véritablement y échapper. La fiscalité communale en France est, à ce titre, un très bon exemple. Elle s'est considérablement alourdie au cours des vingt-cinq dernières années et aujourd'hui les conseils généraux et régionaux, par exemple, disposent de plus de ressources financières que nombre d'entreprises privées. Des quartiers entiers de Paris sont devenus inaccessibles à beaucoup d'entreprises à cause du coût trop élevé de l'immobilisation du capital. Elles doivent quitter ces endroits pour aller dans la couronne parisienne. Les bâtiments laissés vacants sont rachetés par l'Etat, la mairie ou encore les conseils généraux et régionaux qui sont les seuls, ou presque, à pouvoir se permettre ce genre d'immobilisation. Les exemples sont également nombreux en province, où les bâtiments les plus beaux et les plus modernes des centres-villes sont souvent ceux des collectivités locales. Plus surprenantes encore sont les disparités de taux qui peuvent exister entre les différentes communes. Dans les Hauts-de-Seine par exemple, les taux de la fiscalité communale (taxe d'habitation, taxe professionnelle, taxes sur le foncier bâti et sur le foncier non bâti) peuvent varier de 1,53 % à 3,13 % pour Neuilly-sur-Seine (chiffres 1993) et de 10,97 % à 80,25 % pour Suresnes (chiffres 1993). Ceci veut dire que certains individus supportent une charge d'impôt 25 fois plus lourde que d'autres dans un même département (ce rapport peut monter jusqu'à 45 pour le foncier non bâti). En ce qui concerne les augmentations, il n'est pas rare de voir des variations de plus de 20 % d'une année à l'autre: les habitants de la région Provence-Alpes-Côte d'Azur ont subi un accroissement de leur fiscalité directe de 76,6 % entre 1992 et 1993!

Par ailleurs, dans la Communauté Européenne, la plupart des gouvernements ont une dette publique non négligeable à gérér, qui peut s'élever, selon les cas, à plus de 120 % du PIB. Une telle dette publique n'est pas sans conséquence sur l'économie des pays concernés, mais surtout, elle amène toujours la même réponse de la part des gouvernements en place: une augmentation des prélèvements fiscaux. A ce titre, la France et la Belgique sont dans des situations similaires. Le gouvernement belge a mis en place en 1995, comme en France quatre années auparavant, une «contribution sociale généralisée» dans l'espoir d'obtenir de nouvelles recettes...

L'augmentation continue des prélèvements fiscaux aboutit à la destruction des échanges. Les richesses créées dans l'économie sont moins nombreuses, le chômage augmente et les recettes fiscales finissent par baisser. C'est dans les années 1990 que les effets de cette politique se font le plus ressentir. Aujourd'hui, presque tous les pays de la Communauté voient leurs recettes fiscales diminuer malgré les hausses continues des prélèvements. La France est en première ligne, mais la Belgique, l'Allemagne ou encore la Grande Bretagne subissent également ce phénomène généralisé de baisse des recettes, qui est très caractéristique d'économies sur le déclin, voire au bord de la faillite. L'impôt est silencieux mais ses effets finissent toujours par se révéler un jour ou l'autre. Le point de non retour n'est sans doute pas encore atteint en Europe, mais l'histoire nous a montré à plusieurs reprises que la dégradation de la situation économique par l'inflation et la fiscalité peut déboucher sur des situations de crises très graves: l'Etat peut faire «faillite». Celle-ci pourrait prendre la forme d'une crise fiscale majeure, d'une révolution mais aussi d'une guerre. Il faut bien comprendre que nous ne sommes pas à l'abri d'un effondrement généralisé des finances publiques; il suffit de se rappeler l'épisode de l'*Orange County* en Californie en 1994 pour comprendre que la cessation de paiement d'une autorité publique n'est pas impossible.

Pour bien saisir le rôle de la fiscalité dans la crise de l'économie française, nous avons choisi de présenter, dans le premier chapitre, un diagnostic des maux francais. Cette partie permet de situer le problème de la fiscalité dans un contexte global. En effet, il est impensable de chercher à comprendre l'influence de la fiscalité et la nécessité d'une réforme sans en connaître ses causes et ses effets. Aujourd'hui tous les commentateurs sont tournés vers la Communauté Européenne, qui fait figure de solution à tous les maux. Nous pensons que c'est aller vite en besogne que de plonger la tête la première dans cette issue, croyant ainsi que les problèmes nationaux disparaîtront dans l'océan européen. La Communauté Européenne n'est qu'un leurre de plus que les hommes de l'Etat utilisent pour masquer leur incompétence et leurs desseins véritables. Nous présentons dans ce chapitre le problème de l'impôt, du cycle et de l'emploi. Nous fournissons également une explication à la crise du SME et nous étudions l'influence des déficits budgétaires dans l'histoire.

Dans le second chapitre, nous présentons une analyse économique des effets de l'impôt sur le comportement individuel. Une telle approche est *nécessaire* à celui qui veut comprendre complètement les effets nuisibles de l'imposition. Toute connaissance est *conceptuelle* et donc théorique, nous ne pouvons pas discuter des effets de l'impôt sans une solide analyse économique, notamment en termes de distorsions des prix relatifs. Cette analyse est irréfutable à moins de rejeter les fondements de la théorie économique elle-même, ce qui est *logiquement* impossible. Dans ce chapitre, nous présentons également la nature du paradoxe de l'impôt (l'effet Laffer) et son universalité. Cet effet, à savoir la diminution de l'assiette de l'impôt lors des accroissements de son taux, se retrouve aussi bien dans le cas de l'impôt sur les revenus que dans celui de l'impôt d'inflation ou encore de la taxe sur la valeur ajoutée. C'est un phénomène universel qui est complètement inconnu des hommes de l'Etat français, qui ont une vision mécaniste de l'économie.

Le troisième chapitre présente différentes expériences de réformes fiscales dans le monde depuis la première guerre mondiale jusqu'aux années 1980. Nous montrons que loin d'être empiriquement peu significatif, comme certains le laissent croire, l'effet Laffer s'est avéré être à plusieurs reprises très important dans plusieurs expériences menées aux Etats-Unis et en Grande-

Bretagne essentiellement. La France est malheureusement presque absente de toutes ces réformes, même si, comme nous l'expliquons clairement dans le chapitre, la réforme de 1987 est très intéressante de ce point de vue. Nous montrons de cette manière à quel point nous pouvons nous appuyer à la fois sur l'analyse théorique et sur la connaissance historique pour comprendre l'efficacité d'une réforme fiscale en France.

Nous détaillons dans le chapitre suivant, les fausses pistes pouvant servir de solution à la crise de la fiscalité, et celles qui pourraient être tentées. Nous proposons notamment de réfléchir aux «propriétés intéressantes» de l'impôt sur la dépense globale qui nous paraît être une des voies de solution vers une fiscalité moins destructrice.

Le cinquième chapitre est, en quelque sorte, une réflexion nécessaire sur tout ce qui précède. La question soulevée est la suivante: si l'impôt est tellement nuisible, surtout au niveau où il se situe aujourd'hui, comment se fait-il qu'il perdure et qu'aucun gouvernement jusqu'à présent n'ait décidé de mettre en place une réforme fiscale franche et massive? Nous étudions ainsi les limites de la démocratie parlementaire, et dans quelle mesure elle représente un système qui pousse à l'ignorance institutionnelle, à la coercition, et à la corruption. L'enseignement déplorable de la théorie économique dans notre pays est également à l'origine de cette situation et nous montrons à quel point il existe une différence fondamentale entre les pays anglo-saxons et la France.

Pour terminer, nous présentons dans les annexes une série de chiffres sur la pression fiscale réelle en France. Nous avons cherché à nous faire une idée de l'importance de la fiscalité sur les salaires pour plusieurs catégories d'individus en incluant tous les prélèvements actuels selon les niveaux de salaire. Outre la difficulté de réaliser un tel travail à cause de l'opacité de la fiscalité française et de ses changements continuels, nous avons été parfois surpris par le niveau *considérable* de la fiscalité qui pèse sur les individus les plus productifs (ceux en tout cas qui ont décidé de continuer à travailler malgré les désincitations fiscales). Nous invitons nos lecteurs à se référer à ces annexes pour comprendre, chiffres à l'appui, l'arbitraire *inouï* des prélèvements fiscaux. Dans cette partie du livre, nous proposons également une réforme fiscale basée sur un impôt proportionnel sur les revenus. C'est un changement véritable du système fiscal qui a le mérite d'être simple, clair et beaucoup moins pénalisant pour l'activité économique.

Ce livre s'adresse à tous ceux qui payent des impôts c'est-à-dire l'ensemble de la population productive — et particulièrement à ceux qui subissent le poids fort de la fiscalité. En écrivant les pages qui suivent, nous avons pensé à tous les hommes et à toutes les femmes qui produisent des richesses en France, en d'autres termes, à ceux qui travaillent pour satisfaire autrui sur le marché, mais qui ont dû se résigner à subir les assauts de la fiscalité contre leur liberté et leurs choix de vie personnels.

Nous voudrions que cet ouvrage collectif puisse servir de *munitions intellectuelles* à tous ceux qui le liront, dans l'espoir qu'ils puissent mieux se défendre contre l'oppression (fiscale) dont ils sont victimes. Nous voulons également faire comprendre qu'il n'y aura pas en France de «sortie de la crise» sans réforme fiscale profonde.

Une chose est certaine, c'est que si l'impôt servait à créer des richesses, c'est-à-dire si les hommes de l'Etat pouvaient lire, à chaque instant, dans la tête des individus qu'ils gouvernent pour leur procurer tout ce dont ils ont besoin, l'harmonie économique serait totale, aucune crise ne se produirait jamais. Ce n'est cependant pas le cas. Si les hommes de l'Etat, avec l'aide des économistes, ont cru un jour pouvoir faire le bonheur des hommes à leur place, cela n'a jamais été qu'une chimère. Nul homme ne connaît mieux son intérêt que lui-même, disait Turgot: c'est la nature même de la liberté, il ne peut en être autrement.

Les lois de la réalité s'imposent aux hommes et leur ignorance pousse vers le chaos et la destruction. Les auteurs qui ont signé ce livre ne cherchent pas à améliorer les finances de l'Etat, mais à accroître le bien-être des individus en dénonçant les entraves à leur liberté. L'harmonie sociale n'existera que dans une société juste, pas dans un monde où les désirs du plus grand nombre sont subordonnés aux décisions de ceux qui veulent le pouvoir mais pas la vérité. Il faut que les hommes de l'Etat cherchent à comprendre les *causes* de la situation de crise économique permanente dans laquelle nous vivons. Il faut pour cela qu'ils ne se cachent plus la tête dans le sable, qu'ils décident d'identifier les problèmes et de vérifier leurs prémisses de départ, pour pouvoir, enfin, nous permettre de reconstruire.

Chapitre 1

LES MAUX FRANÇAIS: UN DIAGNOSTIC

Il n'est pas de discours politique qui n'évoque le chômage, le déficit budgétaire ou la fiscalité. Pourtant, il n'est pas certain que les divers diagnostics soumis au peuple par ses représentants correspondent à la réalité. En particulier, nous pensons que la *nomenklatura* française refuse d'établir les liens de causalité entre l'action de l'Etat et ces fléaux.

Dans un premier temps, nous présenterons donc une analyse des problèmes structurels (première partie) et conjoncturels (deuxième partie) que subit notre économie. Nous tenterons de montrer comment les systèmes monétaires, en particulier le SME, aggravent les phénomènes cycliques (troisième partie).

Nous nous interrogerons ensuite sur les liens entre l'impôt, le chômage et le déficit budgétaire (quatrième et cinquième parties). Nous présenterons une analyse de fond de ce dernier phénomène sur plus de vingt siècles, pour montrer comment le manque de courage politique en matière de gestion des dépenses étatiques a conduit systématiquement à la catastrophe économique et sociale.

LE PROBLÈME DE L'IMPÔT

L'aspect structurel de la crise

La récession qu'a traversée la France en 1993 ne doit pas seulement être considérée comme le simple aboutissement transitoire d'un cycle économique traditionnel après lequel la reprise s'amorcerait de manière plus ou moins automatique et la croissance s'installerait de manière durable. Certes, il y a eu un cycle conjoncturel, dont nous évoquerons la nature dans la partie suivante, mais la croissance continue du chômage en France — contrairement à ce qui s'est produit dans les autres pays où le chômage a connu une évolution plus ou moins cyclique — est un signe particulièrement clair de l'existence de phénomènes structurels dans la crise économique française[1]. Il y a donc eu, au cours de la période récente, juxtaposition d'un phénomène cyclique et d'un phénomène structurel. Comme nous le montrerons ci-après, ces deux types d'évolution ne sont pas absolument indépendants l'un de l'autre. Les remèdes que l'on peut préconiser pour résoudre ces deux problèmes peuvent donc être convergents[2].

Si l'on considère l'évolution de la société francaise à long terme, on se rend compte qu'elle se trouve engagée dans un dangereux cercle vicieux: les revenus d'un nombre croissant de personnes proviennent du travail et des efforts d'un nombre décroissant d'autres personnes. Les transferts reçus par les inactifs (chômeurs, retraités...), les faux actifs (chômeurs en «formation») et les actifs peu productifs, voire contre-productifs (certains membres de la fonction publique et parapublique) représentent un poids constamment croissant pour ceux qui travaillent, qui épargnent, qui entreprennent, qui innovent et qui embauchent (autrement dit, ceux qui créent les richesses nouvelles sans lesquelles il n'y a pas de prospérité économique et donc de progrès social). Aujourd'hui, la société de responsabilité est étouffée par la société administrée: ainsi, au cours des vingt dernières années — avec la seule exception de la période 1986-1988 — la part du salaire indirect dans le coût total du travail a constamment augmenté[3]. Les entrepreneurs, qui sont la

---

[1] Nous développerons ce point plus loin, dans la partie suivante de ce chapitre.

[2] Comme nous allons le voir, ils relèvent d'ailleurs d'un diagnostic commun, à savoir que la crise économique actuelle résulte d'une insuffisance d'épargne propre.

[3] Même si certains allégements fiscaux sur les bas salaires — comme la réforme de l'impôt sur le revenu de 1993 ou la baisse de certaines cotisations — ont bien eu lieu, ils n'ont pas permis d'enrayer la montée du prix minimum du travail

source même du développement économique, se trouvent pris en tenaille entre, d'une part, un coût croissant du travail qui diminue la rentabilité de leurs activités, et, d'autre part, des prélèvements croissants sur le profit qu'ils arrivent éventuellement à obtenir[4].

Plus profondément, la crise économique française n'est que le reflet d'une crise plus fondamentale, la crise de la responsabilité. La collectivisation des ressources a atteint un point tel que le bien-être individuel des Français ne dépend plus essentiellement de leurs propres efforts, mais de ce qu'ils arrivent à transférer à leur profit par l'intermédiaire des processus politiques[5].

---

que constitue le SMIC *réel,* c'est-à-dire ce que paie un employeur pour avoir le droit d'employer quelqu'un. Comme nous le montrerons dans l'annexe A, ce SMIC *réel* a presque continuellement augmenté au cours des cinq dernières années. La seule exception notable a été l'année 1994 qui a vu la budgétisation des cotisations familiales. Elle a permis une baisse d'environ 3 % du coût réel employeur du SMIC.

[4] On pourrait facilement nous répondre que l'impôt sur les sociétés a continuellement baissé depuis dix ans (à l'exception de la hausse de 1995). Mais ce serait oublier que nous utilisons un système d'avoir fiscal qui permet de ramener l'impôt sur les sociétés à un impôt personnel différencié selon les montants de dividendes reçus. Ce serait également oublier que de nombreuses taxes nouvelles — comme la cotisation sociale généralisée — sont venues «enrichir» le code général des impôts, aux dépens de ceux qui entreprennent.

Il existe enfin des phénomènes d'incidence par lesquels les entrepreneurs paient une partie des impôts qui sont censés être payés par d'autres.

[5] A ce sujet, il convient d'avoir à l'esprit les mots du grand économiste francais Frédéric Bastiat, qui écrivait déjà au milieu du siècle dernier que l'Etat est une «grande fiction à travers laquelle tout le monde s'efforce de vivre aux dépens de tout le monde». (Cf. [11, Bastiat, page 3]).

Peu de francais connaissent celui qui fut un guide intellectuel pour de nombreux économistes et philosophes américains. Pourtant, cet auteur, qui a vécu dans la première moitié du dix-neuvième siècle, a laissé une œuvre d'une importance considérable. Peut-être son libéralisme (en matière de commerce international en particulier) ne convient-il pas à l'esprit de protectionnisme qui souffle chez nous.

A cet égard, il est amusant de remarquer que ses textes sont encore étudiés aujourd'hui aux Etats-Unis. Pour donner une idée, son texte *La loi* a été édité 17

Quant à ceux qui continuent à prendre des risques économiques et à travailler, ils sont punis par la lourdeur des prélèvements obligatoires qui frappent l'effort marginal plus fortement en France que dans la plupart des pays du monde. Il en résulte évidemment un affaiblissement des incitations productives.

La France est le seul pays occidental qui n'ait pas réalisé de réforme fiscale au cours des dix dernières années. Durant la même période, c'est aussi le seul pays où le taux de chômage a presque continuellement augmenté. La courbe des faillites d'entreprises, celle du chômage et celle des prélèvements obligatoires évoluent de manière à peu près parallèle. Et nous en tirons évidemment la très forte conviction qu'aucun retour durable à la prospérité ne sera possible si l'on ne brise pas ce cercle vicieux.

L'excès des prélèvements, en réduisant les incitations productives, limite la croissance de l'assiette des impôts. Une partie importante du déficit budgétaire français — comme du déficit des budgets sociaux — s'explique justement par la faible augmentation des recettes. Les réponses qui ont été données par les gouvernements précédents ont contribué à la création du cercle vicieux dans lequel se trouve la France: pour combler les déficits, on a augmenté les impôts et les cotisations sociales, ce qui semblait apporter une solution à court terme. Mais l'augmentation des prélèvements freine le développement économique — ce qui détruit d'ailleurs de la matière fiscale — et crée du chômage, ce qui provoque de nouveaux transferts. Les déficits s'en trouvent aggravés et le cercle vicieux se perpétue. C'est ce processus qu'il convient de briser au plus vite pour faire émerger un «cercle vertueux».

---

fois — à un nombre total d'exemplaires proche de 500 000 — depuis 1953, date à laquelle le droit d'auteur est tombé. En France, les quelques éditeurs qui en ont tenté la publication n'ont vendu que quelques milliers de copies.

Quelle relance ?

Les conclusions fiscales qui seront présentées dans le quatrième chapitre sont la conséquence logique du diagnostic que nous faisons au sujet de la situation économique actuelle et des priorités qui doivent en conséquence être adoptées par la politique économique. Il s'agit de rétablir la propension à épargner, de restaurer les incitations productives et d'éliminer les désavantages subis par le propriétaire d'un capital risqué par rapport à celui d'un capital peu risqué (celui que l'on appelle parfois un rentier)[6].

Rétablir la propension à épargner

Comment sortir vraiment de la déflation et du chômage? Cette question hante les états-majors politiques européens. Et les économistes «keynésiens» mettent à profit cet état d'esprit pour ressortir leurs vieilles recettes de «relance par la consommation», par les grands travaux et l'emprunt public. Or, on ne peut rien espérer de ces vieilles recettes.

---

[6] Il convient de préciser d'emblée que nous ne sommes pas favorables à la taxation excessive du capital caractéristique du système fiscal français actuel. Au contraire, nous sommes favorables à une baisse générale des impôts qui taxent l'épargne.

C'est pourquoi il ne s'agit pas de privilégier l'entrepreneur plutôt que le rentier, mais plutôt de revenir sur les règlements fiscaux qui *défavorisent* l'entrepreneur.

Il est tout à fait évident que la proposition consistant à taxer les «bénéfices faits en dormant» est destructrice de richesse. Il n'en reste pas moins que du fait des énormes déficits générés par les Etats-Providence, et des hausses des intérêts obligataires qu'ils engendrent, il vaut aujourd'hui mieux investir son argent dans les obligations d'Etat que de le risquer dans des projets de capital-risque.

Ainsi, comme nous le verrons dans la suite de ce chapitre, il conviendrait d'annuler les dettes publiques pour faire en sorte que cesse cet avantage apparent dont la cause n'est pas la «frilosité» des investisseurs mais bien le gaspillage social-démocrate de la production d'autrui.

Les keynésiens, en effet, placent la demande globale au centre de tout. D'après eux, s'il y a récession, c'est parce que la demande se serait effondrée. Il reviendrait alors à l'Etat d'agir pour compenser cet élément perturbateur.

En réalité, pour bien comprendre la situation, il est indispensable d'examiner l'ensemble du processus enclenché par la phase inflationniste initiale, bien avant qu'apparaissent les premiers symptômes d'une quelconque crise économique. Ce processus est le résultat de la manière dont fonctionnent nos régimes bancaires et monétaires depuis que nos sociétés ont abandonné les disciplines du système de l'étalon-or pour procéder à une émission arbitraire et irrégulière de monnaie[7].

Comme nous le verrons ci-dessous, les autorités monétaires provoquent périodiquement des situations d'abondance monétaire excessive. Le prétexte en est fourni par la prétendue nécessité de «financer» la croissance. La plupart des sociétés occidentales se caractérisent en effet par la *faiblesse de l'épargne volontaire,* en particulier de l'épargne sous forme de fonds propres, pour des raisons que nous pensons être de nature essentiellement fiscale. On croit alors trouver une source de financement compensatrice dans la création monétaire *ex nihilo* et la distribution correspondante de crédits. Il en résulte une baisse artificielle des taux d'intérêt, ce qui provoque une incitation à l'investissement et, par conséquent un boom initial dans les industries lourdes qui fabriquent des biens d'investissement et des biens intermédiaires. Ce boom, nourri par le crédit, se traduit évidemment par la distribution d'un pouvoir d'achat supplémentaire qui est dépensé par les salariés au fur et à mesure que sont réalisés les projets d'investissement. Mais ce pouvoir d'achat ne correspond à aucun effort d'épargne supplémentaire puisqu'il a été financé *ex nihilo* par un crédit d'origine monétaire[8]. Le financement de l'investissement, au lieu de correspondre à une abstention de consomma-

---

[7] Nous reviendrons sur ce point dans la troisième partie de ce chapitre.

[8] Il ne repose donc sur aucune contrepartie *réelle.*

tion, correspond à la création de ce que Jacques Rueff appelait des «faux droits».

Ce pouvoir d'achat supplémentaire, nécessairement distribué à des individus qui réalisent les investissements, sert surtout à acheter des biens de consommation. Il en résulte un déséquilibre entre l'offre et la demande de biens de consommation dont les prix augmentent évidemment. L'excès de demande monétaire provoque donc une concurrence entre les secteurs de biens de consommation et de biens de production qui fait augmenter aussi bien les prix des produits que les salaires ou les taux d'intérêt réels. Ceux qui s'étaient engagés dans des projets d'investissement très capitalistiques voient donc leurs coûts s'envoler et leurs profits s'effondrer par rapport à leurs prévisions.

Même si les secteurs de biens de consommation sont également touchés, c'est surtout dans les secteurs en amont — ceux qui avaient été à l'origine du boom — que l'amplitude de la récession sera alors la plus forte.

Nous reviendrons plus longuement sur ce point dans la partie suivante, mais nous pouvons déjà voir pourquoi la déflation actuelle est l'aboutissement normal d'un processus de ce type. Si on en prend conscience, on comprend mieux que les recettes keynésiennes de relance par la demande, en particulier de relance par la consommation, sont totalement inadaptées. En effet, l'idée même que l'on puisse sortir de la récession par une stimulation gouvernementale de la demande finale est une fausse idée, puisque ce n'est pas là que se situe l'origine du trouble, et l'on fait forcément fausse route lorsqu'on préconise une solution qui n'est pas cohérente avec la cause du problème à résoudre. La démarche keynésienne renverse les liens de causalité: elle conduit à voir dans l'excès d'épargne le point de départ de tous les maux contemporains, alors qu'en réalité, c'est l'insuffisance initiale de l'épargne *réelle* par rapport aux projets des entreprises qui est en cause. C'est parce que l'épargne était insuffisante qu'on a créé l'illusion du financement par un crédit d'origine monétaire, lancant ainsi le cycle conjoncturel[9].

En fait, un moyen «classique» pour revenir à une situation normale du système de prix relatifs à la fin d'un cycle est de laisser jouer la législation sur les faillites d'entreprises.

Celles qui avaient bénéficié du crédit à bon marché et qui avaient cru pouvoir développer leurs activités — alors même que la demande qui s'adressait à elles n'était due qu'à l'intervention de la banque centrale — vont disparaître. Il en résultera une hausse du nombre de défaillances et un «assainissement» du parc des entreprises. Celles dont les fonds propres ne pourront pas faire face aux dettes à court terme sont les premières à disparaître.

Mais nous voyons bien que ces mêmes firmes pourraient maintenir leur activité s'il existait un rendement plus fort, un crédit moins cher, ou bien encore un besoin de fonds de roulement plus faible.

1° La toute première manière de juguler la catastrophe consiste donc à *différer le paiement des impôts*[10]. Cela

---

[9] Cf. les deux parties suivantes de ce chapitre.

[10] A ce titre, il faudrait peut-être rappeler que l'année 1993, creux du dernier cycle en France, a connu des records de défaillances d'entreprises (près de 65 000 en rythme annuel). Pourtant, celles-ci ont baissé de 12% entre août 1993 et août 1994 après l'élargissement de la fourchette de fluctuation du franc au sein du SME (qui a permis d'abaisser nos taux d'intérêt) et surtout après la décision de mettre fin au décalage d'un mois du remboursement de la TVA payée aux fournisseurs dès le premier juillet 1993. Il semble que cette mesure ait eu un effet très bénéfique sur la trésorerie de nombreuses entreprises en difficulté (Cf. [95, Lettre de Matignon]).

D'après une note de l'INSEE datée de février 1995, la baisse des défaillances, amorcée depuis l'été 1993 dans la plupart des secteurs, est particulièrement nette dans l'industrie, le BTP et les services aux entreprises (Cf. [73, INSEE]).

Or, ces secteurs sont bien situés en amont de la produc-tion. Ceci confirme donc bien qu'il est possible d'inverser les conséquences né-fastes d'une mauvaise gestion de la monnaie par des effets *réels* compensateurs.

peut augmenter les fonds de roulement des entreprises sans qu'il leur en coûte un seul centime. Mais à la différence de l'émission monétaire de la banque centrale, cette action a toute les chances de réussir: en effet, elle est de nature *réelle.* Laissant plus de ressources à ceux qui les ont produites, elle permet de faire un appel moins important au marché financier. A un moment où les banques sont très réticentes pour faire de nouveaux prêts, l'avantage est appréciable pour les entrepreneurs.

2° La deuxième manière est de rendre le crédit moins cher. Mais contrairement à l'idée keynésienne voulant que ce rôle incombe à la banque centrale, il faut qu'il soit la conséquence d'une offre de fonds plus importante de la part des prêteurs, et ce *parce qu'ils le souhaitent réellement.* Or, la seule méthode permettant à l'Etat de créer un phénomène réel en la matière est de conduire une baisse importante de la fiscalité qui pèse sur les produits de l'épargne.

3° La troisième et dernière façon est d'abaisser suffisamment les coûts de production de la firme. Là encore les possibilités sont importantes, et il faut trouver une manière pour que ceci soit un phénomène *réel.* Or, une bonne méthode consiste à recourir à une baisse drastique des impôts qui pèsent sur les efforts productifs. Là encore, c'est un excellent moyen de sortir de la crise monétaire.

A contrario, toute politique de relance est nécessairement une politique sectorielle et non une politique de relance globale. Dans une situation de déséquilibres économiques, on risque alors de créer de nouvelles distorsions intersectorielles au lieu de supprimer celles qui existent. Comme nous le verrons plus loin dans ce chapitre[11], la véritable réponse consiste à mettre en place un système monétaire qui empêcherait le cycle des affaires décrit ci-dessus. Par ailleurs, il conviendrait de créer les conditions, en particulier fiscales, pour mettre fin à l'insuffisance d'épargne qui est à l'origine, simultanément, du cycle conjoncturel et de la faiblesse de la croissance à long terme.

Restaurer les incitations productives

John Maynard Keynes a prétendu proposer dans les années trente non seulement une solution au problème de la grande crise économique de cette époque, mais aussi, comme il a appelé lui-même son ouvrage, paru en 1936, une «*Théorie générale de l'emploi, de l'intérêt et de la monnaie*»[12]. Cette théorie est devenue dominante dans la littérature économique et elle imprègne à un tel point les esprits qu'il n'est peut-être pas excessif de dire, comme Richard Nixon en son temps, que presque tout le monde est keynésien, qu'il s'agisse des lecteurs de Keynes, de ceux qui ont lu ses interprètes et glossateurs ou encore de ceux qui n'ont peut-être même pas entendu parler de lui, mais qui ont forcément été constamment soumis à une doctrine abondamment popularisée. Keynes lui-même n'avait probablement voulu développer qu'une théorie de la conjoncture, dont nous venons de voir qu'elle était erronée. Mais la tradition keynésienne a généralisé cette approche pour en faire, plus ou moins implicitement, une théorie de la croissance. De ce point de vue également, il n'y a peut-être pas de tâche plus urgente à notre époque, dans le domaine économique, que de dénoncer les erreurs graves du keynésianisme. Il ne s'agit d'ailleurs pas de dire qu'il est plus ou moins inadapté aux circonstances de notre époque ou qu'il n'est pas aussi général que Keynes l'avait

---

[11] Cf. la troisième partie de ce chapitre.

[12] Cf. [84, Keynes].

prétendu. Il faut surtout reconnaître que cette théorie est *logiquement fausse.*

La théorie keynésienne préconise d'accroître la demande globale pour relancer l'activité économique et réduire le chômage: l'augmentation de la demande se traduirait par une augmentation de la production. Le succès de la théorie keynésienne provient d'ailleurs peut-être précisément du fait qu'elle semble ainsi rejoindre le sens commun: un commerçant ou un industriel considèrent qu'ils seraient susceptibles de vendre plus si leurs débouchés augmentaient. Il apparaît donc, de la même manière, qu'en élargissant les débouchés dans l'ensemble d'une économie, on accroît ses possibilités de production et on diminue le chômage. Cette idée très générale repose en fait sur une hypothèse implicite qu'on se garde bien de préciser. Lorsque le commerçant ou l'industriel précités souhaitent un élargissement de leurs débouchés, ils supposent évidemment qu'il se ferait aux prix existants. Mais comment réagiraient-ils si on leur disait qu'ils pourraient vendre davantage à condition de baisser leurs prix? Beaucoup s'y refuseraient, car ils considéreraient que cela n'en vaut pas la peine. Certains même risqueraient de connaître la faillite si les prix de vente devenaient inférieurs aux coûts de production. Pourtant, cela n'a aucun sens de parler d'une demande sans parler du prix auquel s'exprime cette demande, et cela n'a donc aucun sens non plus de parler d'une insuffisance de demande sans autre précision. Les économistes, en principe formés à l'étude du fonctionnement des marchés, devraient le savoir. Ils semblent l'oublier lorsque, passant à la macroéconomie, ils deviennent brutalement keynésiens.

En réalité, si à un moment donné, des producteurs ne produisent pas plus, *c'est qu'ils ne désirent pas produire plus,* compte tenu des coûts et des prix qui prévalent sur le marché. En particulier, dans une économie ouverte comme l'est celle de la France, on peut considérer que les débouchés pour n'importe quelle activité sont pratiquement illimités et qu'il n'est donc pas nécessaire d'accroître la demande globale. Tout producteur pourrait, en effet, se rendre maître d'une plus grande part de marché et même, pourquoi pas, s'emparer de la totalité du marché mondial de son produit, s'il baissait suffisamment ses prix. Si les producteurs français ne produisent pas plus, c'est seulement parce qu'ils considèrent que les prix mondiaux ne sont pas assez rémunérateurs, compte tenu de leurs coûts, ou qu'ils n'ont pas *la possibilité de diminuer suffisamment leurs coûts pour être plus compétitifs sur les marchés.*

Une prétendue politique d'augmentation de la demande ne peut donc jamais ramener la prospérité dans un pays, puisque le problème n'est pas un problème de quantités (les débouchés), mais un *problème de prix.* C'est donc à tort que la théorie keynésienne préconise l'augmentation du déficit public ou une variation positive et volontariste du solde commercial (exportations moins importations). C'est à tort que l'on recherche une relance par la consommation. Déficit public, solde de la balance commerciale, consommation sont en effet des «composantes de la demande globale», mais on n'obtiendra jamais une augmentation de la demande globale — et donc de la production — en accroissant l'une de ces composantes.

Supposons, en effet, qu'un gouvernement, soucieux de réduire le chômage et exagérément nourri de théorie keynésienne, décide d'accroître le déficit budgétaire en augmentant les dépenses publiques. Il faut nécessairement financer ce déficit par l'emprunt, par exemple par l'émission de bons du Trésor, et donc augmenter le taux d'intérêt pour attirer les prêteurs potentiels. Or, ce nouveau financement va provoquer une diminution de demande exactement égale à l'augmentation de demande correspondant au déficit public. En effet, pour pouvoir souscrire aux emprunts publics, les individus vont devoir diminuer leurs investissements ou leur consommation. Le déficit budgétaire n'aboutit donc qu'à ce résultat, transférer des ressources du secteur privé au secteur public. L'accroissement de la demande exprimée par le second se fait aux dépens de la demande exprimée par le premier. Assez curieusement, les keynésiens prétendent qu'il importe peu que les ressources ainsi obtenues par l'Etat soient plus ou moins bien utilisées, l'essentiel étant qu'elles soient dépensées. S'il en est ainsi, c'est donc la capacité productive future qui en est atteinte.

La théorie keynésienne est également à l'origine du préjugé favorable dont bénéficie un excédent de la balance commerciale, car on considère que la demande globale en est accrue d'autant. Or, imaginons que, pour une raison ou une autre, il y ait une variation positive de la balance commerciale, c'est-à-dire que les ventes à l'étranger augmentent plus que les achats. Pour qu'il en soit ainsi, il faut qu'en contrepartie les achats de titres à l'étranger augmentent plus que les ventes de titres (car, si on laisse de côté, pour simplifier le raisonnement, la possibilité de variations dans le niveau des encaisses monétaires, il faut bien que l'excès d'exportations soit vendu contre autre chose, en l'occurrence des titres). Nous retrouvons alors un raisonnement parallèle au précédent: pour pouvoir acheter plus de titres à l'étranger, il faut diminuer le financement disponible pour les activités nationales ou diminuer la consommation. Là encore, nous trouvons un simple jeu de transferts sans accroissement net de la demande globale. Signalons-le au passage: pour ces raisons il est faux de penser que la prospérité d'un pays est «entraînée» par la prospérité des autres pays. Mais il est également faux de penser que l'on peut manipuler la balance commerciale, par exemple au moyen de subventions d'exportation ou de protections à l'encontre des importations. Dans la mesure où le solde de la balance commerciale n'est que le simple reflet des échanges désirés de titres ou de monnaie, si rien ne change dans ces désirs d'échange, toute politique du commerce extérieur est vouée à l'échec et elle ne représente qu'un gaspillage de ressources.

Il n'en reste pas moins qu'il peut exister une cause étatique au fait que certaines balances commerciales soient en permanence déficitaires. En effet, si l'Etat prend la mauvaise habitude de recourir au déficit budgétaire pour couvrir ses dépenses, il devient un emprunteur tellement important qu'il lui faut offrir des taux d'intérêts très hauts sur sa dette. L'avantage comparatif du pays en question se trouve donc dans la production de dette.

En d'autres termes, le pays en question se «spécialise» dans la production de bons d'Etat, c'est alors son premier produit à l'exportation. Ce phénomène joue sûrement sur certaines économies européennes et sur les Etats-Unis d'Amérique. Dans ce dernier cas, lorsque la politique fiscale n'est pas nuisible à l'investissement dans le pays, tout concourt alors à créer un déficit commercial important[13].

C'est peut-être, enfin, parce que la théorie keynésienne considère l'épargne comme une «fuite» hors du circuit économique qu'il paraît souhaitable de «stimuler» la consommation aux dépens de l'épargne. Cette idée, elle aussi, est erronée. En effet, les ressources qui sont épargnées ne disparaissent pas comme par enchantement. Elles sont dirigées vers l'investissement et elles permettent donc la croissance future. C'est pourquoi, dans une situation comme celle de la France actuelle, s'il existait un besoin de relance particulier, *la relance de l'épargne serait bien préférable à la relance de la consommation.* Car c'est elle qui permet l'accroissement de capacité et qui permet donc de financer une croissance forte et durable des revenus et de réduire le chômage.

Comme nous l'avons déjà souligné, la situation économique actuelle de la France correspond à la juxtaposition de deux phénomènes: un phénomène structurel de longue durée (au moins vingt ans), caractérisé par une faible croissance et une montée continuelle du chômage, et un phénomène plus conjoncturel de fin de cycle. Insistons donc maintenant sur le phénomène structurel. Nous pensons que la cause majeure de cette atonie de long terme provient essentiellement des excès du système de prélèvements obligatoires.

---

[13] Mais si la cause du déficit commercial tient à l'existence du déficit budgétaire, cela signifie que les hommes et les femmes d'un pays sont en train de devenir emprunteurs pour payer leurs propres impôts. Ceci devient alors condamnable. Pourtant, il n'en reste pas moins que ce n'est pas du côté de la balance commerciale qu'il faut chercher des solutions, mais bien plutôt du côté de l'Etat.

Revenons tout d'abord au problème de l'épargne. Comme nous l'avons déjà souligné, il ne peut pas y avoir de croissance durable sans investissement, ni d'investissement sans épargne préalable. Or, le système de prélèvements obligatoires conduit à une surtaxation de l'épargne et détruit donc les incitations à épargner. Ceci peut paraître étrange car l'un des thèmes à la mode consiste à prétendre que le travail est surtaxé par rapport au capital dans la France d'aujourd'hui. Mais il n'y a là rien d'autre qu'un mythe supplémentaire! Le problème n'est d'ailleurs pas tellement de savoir si l'on «punit» le travail par rapport au capital, mais si l'on punit le fait de choisir le futur (l'épargne) par rapport au fait de choisir le présent (la consommation). Il est alors clair que le système de prélèvements obligatoires tue l'épargne et donc la croissance[14].

La deuxième caractéristique de ce système de prélèvements obligatoires tient au fait qu'au cours des vingt dernières années, la part que les individus peuvent garder sur les ressources qu'ils ont créées par leurs efforts est devenue de plus en plus faible et que, par ailleurs, du fait en particulier de la progressivité de l'impôt sur le revenu, plus l'individu fait des efforts, moins

---

[14] Il en est ainsi, tout d'abord, parce que les retraites reposent sur un système de répartition et non de capitalisation: le revenu que l'on obtiendra plus tard dépend des efforts productifs de ceux qui travailleront à cette époque, et non de l'effort d'épargne que l'on fait aujourd'hui. Il y a ensuite la cascade d'impôts qui portent sur la possession du capital, son transfert ou son rendement, avec d'ailleurs bien des cas particuliers selon les types de placement. Mais l'intérêt de l'épargne est fortement réduit par la juxtaposition des droits de mutation et droits de succession, de l'impôt sur la fortune, de la taxation des plus-values, des impôts fonciers, et autres impôts, mais aussi — ce que l'on souligne rarement — de l'impôt sur le revenu. Supposons, en effet, que l'on dispose d'une certaine somme après paiement de l'impôt sur le revenu. Si on choisit de la consacrer à la consommation, la matière fiscale disparaît définitivement. Mais si l'on choisit de l'épargner, le rendement futur de cette épargne a de bonnes chances d'être frappé par l'impôt sur le revenu (en même temps que par les autres impôts). Il y a donc une incitation à consommer plutôt qu'à épargner. La deuxième partie du second chapitre sera entièrement consacrée à développer cette idée. Nous nous contenterons donc momentanément de l'admettre comme vraie.

grande est la part qu'il peut conserver. Or, les bénéfices que l'on peut tirer des dépenses publiques ou du fonctionnement des systèmes dits de protection sociale sont totalement indépendants des efforts individuels. Autrement dit, il y a une collectivisation du produit des efforts humains et une redistribution de ces gains indépendante des efforts productifs. Cette collectivisation de la société française est la source majeure de la faible croissance et du chômage[15]. La société française est bloquée dans ce cercle vicieux que nous avons déjà dénoncé: un nombre de plus en plus petit de gens travaillent pour un nombre de gens de plus en plus grand (retraités, chômeurs, jeunes), mais le rétrécissement de la base taxable rend le poids individuel des prélèvements obligatoires de plus en plus grand et décourage donc de plus en plus les individus de travailler, d'épargner ou d'innover. C'est ce cercle vicieux qu'il convient de briser, en restaurant les incitations individuelles, c'est-à-dire en rétablissant un lien entre l'effort d'un individu et ce qu'il obtient, et en diminuant ou en supprimant les impôts désincitatifs.

Prenons, en effet, le cas d'un membre de profession libérale, par exemple un avocat qui vend un service pour un prix de 10 000 francs. Son client accepte de payer cette somme parce qu'il considère que le service vaut bien ce prix. Mais que reste-t-il au producteur de ce service? Après avoir versé la TVA, les cotisations sociales, la taxe professionnelle, l'impôt sur le revenu et une multitude de petites taxes assises sur la même assiette, il restera, par exemple, 10 à 20 % des 10 000 francs que le service en question a coûté au client. Il devrait être évident, et reconnu par tous, que, dans ces conditions, l'avantage marginal que l'on retire en travaillant plutôt qu'en ne travaillant pas est si mince que, bien souvent, on peut être conduit à choisir de ne pas travailler (ou de s'exiler). Et, de la même manière, l'avantage marginal que l'on peut obtenir en embauchant un salarié ou un

---

[15] Nous reviendrons sur les effets d'une forte fiscalité sur le niveau du chômage dans la quatrième partie de ce chapitre.

collaborateur supplémentaire est si mince, compte tenu du risque supporté par l'entrepreneur, que bien souvent on préfère s'en abstenir. De ce point de vue, une diminution très radicale et très rapide de la progressivité de l'impôt sur le revenu est une exigence prioritaire qui profiterait à tout le monde, en créant des richesses nouvelles[16]. Il ne sert en tout cas à rien d'essayer d'augmenter la demande globale, car on ne peut demander — c'est-à-dire dépenser — que dans la limite de ce que l'on a produit: ce n'est pas la demande qui crée la production, *c'est la production qui crée la demande.*

Mais pour que les individus produisent, il faut évidemment qu'ils y soient incités, c'est-à-dire, qu'on ne réduise pas le produit de leurs efforts à rien, ou à presque rien, par les excès des prélèvements obligatoires.

Cesser de défavoriser l'entrepreneur par rapport au «rentier»

Si le rentier prend le pas sur l'entrepreneur, il y a récession; dans le cas contraire, il y a croissance. C'est le phénomène de la prédominance du «rentier» sur l'entrepreneur qui constitue le soubassement même du fonctionnement de l'économie et de la société française. C'est un phénomène structurel et il se perpétuera si on ne s'engage pas dans la voie d'une révolution pacifique, mais radicale[17].

La crise économique est en effet profonde et elle ne peut donc que se perpétuer en l'absence des mesures indispensables. La crise conjoncturelle elle-même n'est finalement que le reflet inévitable d'un phénomène plus durable qui est en réalité une

---

[16] La première partie du deuxième chapitre et l'intégralité du troisième chapitre seront consacrés à cette question précise.

[17] Il convient de rappeler qu'il n'existe que deux types possibles d'individus: celui qui vit aux dépens d'autrui par l'impôt, et celui qui vit de façon autonome par l'échange. Dans une société libre, chacun finit par devenir rentier le jour où il bénéficie des rendements de son épargne à la retraite.

crise de la responsabilité: l'Etat-Providence conduit à l'affaiblissement ou à la disparition des droits de propriété et de la responsabilité, c'est-à-dire à l'effacement de la fonction entrepreneuriale. Les Français sont de moins en moins des entrepreneurs et de plus en plus des «rentiers». Or, il y a faillite d'une société, d'un pays, lorsque chacun, au lieu d'être entrepreneur de sa propre vie, devient un «rentier». Plus la fonction de «rentier» prend le pas sur la fonction d'entrepreneur, plus la décadence s'accélère.

L'entrepreneur, en effet, n'est pas seulement celui qui en porte officiellement le nom; mais c'est l'acteur, celui qui agit. La nature de l'homme est d'être un entrepreneur, c'est-à-dire d'agir pour des buts qui lui sont propres, avec des moyens dont l'efficacité n'est jamais garantie, c'est-à-dire en supportant un risque. Et c'est bien pourquoi l'homme est responsable. Ou plutôt, il est responsable dans la mesure où c'est lui qui prend le risque en charge au lieu d'essayer de le transférer sur autrui. Or, étant donné que le risque existe nécessairement, on peut le transférer, mais pas le supprimer. Si tous les membres d'une société se comportent de manière à évacuer le risque, à le transférer sur autrui, à devenir des «rentiers», il n'y a alors plus d'action possible, plus de création de valeurs.

En dépit de l'extension que nous sommes donc tentés de donner au concept d'entrepreneur, examinons de plus près le fonctionnement d'une entreprise. Dans une entreprise capitaliste, les fonds propres sont le fondement de la responsabilité et ils jouent un double rôle:

1° Ils permettent d'absorber les écarts de court terme (conjoncturels) entre les recettes et les dépenses.

2° Ils permettent de déterminer qui prend le risque en charge, qui prend les décisions d'innovation, qui donc est responsable. Si une faillite survient, celui qui en supporte les conséquences est le propriétaire des fonds propres, précisément parce qu'il est responsable, c'est-à-dire qu'il subit lui-même les conséquences de ses propres décisions.

Or, imaginons — hypothèse qui peut paraître extrême, mais qui se produit précisément dans les entreprises publiques — qu'il n'y ait pas de fonds propres dans une entreprise. Le financement se fait par l'endettement, mais personne n'est désigné comme responsable des décisions de l'«entreprise», personne ne prend le risque en charge, *ce qui constitue l'un des rôles essentiels de la définition des droits de propriété*[18]. L'absence de responsabilité risque alors de conduire à la faillite pour deux raisons:

1° La faiblesse des fonds propres empêche l'amortissement des fluctuations de court terme, des écarts entre les dépenses et les recettes.

2° Il n'y a pas de responsabilité et donc pas de prise en charge du risque. Le seul à être intéressé à la bonne gestion de l'entreprise est le prêteur (et non plus l'emprunteur-entrepreneur), mais en tant que simple créancier, il n'a pas autant de moyens de contrôle. Dans une entreprise de ce type, il n'existe, en principe, que des engagements certains (à l'égard des créanciers, des salariés, des fournisseurs), mais personne ne joue le rôle de l'entrepreneur, pour lequel la rémunération ne peut être que résiduelle, c'est-à-dire qu'elle n'existe que lorsque tous les engagements certains ont été honorés. On a donc nécessairement transféré le risque sur tous les créanciers de l'entreprise. Ainsi, on veut faire jouer partiellement le rôle de propriétaires de l'entreprise à ceux qui lui prêtent des ressources, mais seulement dans un sens limité, puisqu'ils risquent de subir les pertes, mais qu'ils n'ont aucun droit sur les profits éventuels en dehors de leur rémunération contractuelle.

---

[18] Pour une analyse plus complète, voir notre article intitulé «Responsabilité, propriété et marché» (Cf. [144, Salin]).

Telle est presque la situation de beaucoup d'entreprises françaises, ce qui explique leur fragilité; et c'est pourquoi il est urgent de restaurer une épargne véritable. Mais cette situation, en un certain sens, on la retrouve aussi au niveau de l'Etat[19], de telle sorte que la France constitue une sorte d'immense entreprise publique où les droits de propriété sont flous. La crise conjoncturelle est d'autant plus difficile à gérer qu'elle prend place dans une économie d'endettement, de même qu'une crise de liquidités est difficile à gérer dans une entreprise fortement endettée et où les fonds propres sont faibles. Mais la grande illusion actuelle est de croire qu'il n'y a qu'une crise conjoncturelle. La crise est structurelle, elle est le résultat d'une destruction généralisée de la *propriété* et de la *responsabilité.*

Ainsi, on parle d'assurance-maladie ou d'assurance-chômage, mais ces systèmes n'ont d'assurance que le nom, de même que les fonds propres des entreprises publiques ne sont pas de vrais fonds propres, puisqu'ils ne déterminent pas les responsabilités individuelles de chacun. C'est pourquoi le problème va bien au-delà d'un problème de «risque moral» que, précisément, on arrive à gérer en évitant la faillite. Dans un système d'assurance privé, on ne transfère pas le risque, on le fait prendre en charge de manière efficace, *en en payant le prix.* Mais les systèmes de

---

[19] On ne peut s'empêcher de penser à l'exemple du *Crédit lyonnais,* de *Bull,* d'*Air France* ou tout simplement de la SNCF et de la RATP. Il convient de souligner que ces entreprises ne vont pas mal parce que leur personnel serait trop bien payé ou aurait des horaires de travail trop faibles. Que la puissance des syndicats puisse parfois handicaper leur redressement est indéniable, mais là n'est pas le problème central. Le fait est qu'il est impossible de gérer une firme sans actionnaires et sans fonds propres. C'est le capital avancé par les actionnaires qui donne un but au gestionnaire, i.e. une *normative.* Même avec la plus grande bonne volonté, il serait impossible de bien gérer le parc d'entreprises publiques francaises, même si, ici ou là, le hasard peut faire que les pertes ne soient pas trop fortes. La tutelle des entreprises par l'Etat a montré toutes ses limites, et il serait irresponsable — ne serait-ce qu'à l'égard de leurs employés et des contribuables — de poursuivre dans la voie d'un interventionnisme étatique en la matière.

protection sociale sont, pour leur part, à l'origine de droits collectivisés flous sur des organismes à responsabilité diluée. A titre d'exemple, ceux qui travaillent maintenant possèdent une sorte de créance floue sur les générations futures pour assurer leur retraite. Mais personne n'est vraiment responsable du paiement de la créance, et c'est pourquoi on change les règles arbitrairement. Donc, non seulement on se trouve dans un univers d'endettement et non de fonds propres (contrairement à ce qui se passerait avec un système de retraites par capitalisation), mais on se trouve en outre dans un univers où le détenteur de la créance ne sait pas exactement ce qu'il recevra contre sa créance et où les débiteurs sont eux-mêmes flous: ils ne savent pas exactement ce qu'ils auront à payer ni combien, on ne sait même pas qui devra payer et quand. Dans un système de capitalisation, surtout s'il est individualisé, un individu est propriétaire de droits de propriété ou de créances précis, et le débiteur éventuel sait parfaitement quelle est sa dette. Par rapport à un système de capitalisation, un système de répartition pose donc deux problèmes:

1° un problème bien connu d'incitation à épargner: il y a moins d'avantage à épargner dans un système de répartition, de telle sorte que l'accumulation de capital et la croissance en sont diminués.
2° un problème moins souvent évoqué, celui du caractère flou des droits de propriété, qui fait naître un risque de faillite.

Il ne faut donc pas s'étonner s'il existe un risque d'endettement explosif. Un système de ce genre pratique la fuite en avant par l'endettement et personne n'est véritablement responsable du remboursement. Comme nous le verrons dans la dernière partie de ce chapitre, ce remboursement peut se faire en «monnaie de singe» (c'est-à-dire par l'inflation), ou bien, ce qui revient au même, en remboursant les créanciers, mais en leur prenant par ailleurs sous forme d'impôts ce qui est nécessaire pour qu'ils se paient eux-mêmes. *Les créances nées de ce système sont de fausses créances.*

C'est pourquoi il est dangereux de croire qu'il existe une sorte de mécanisme naturel provoquant un cycle économique, et que la France, après avoir surmonté la phase de récession, retrouverait «automatiquement» et prochainement l'expansion. En effet, le caractère profondément collectivisé de la société française ne permet pas d'espérer une reprise forte et durable[20].

Contrairement à ce qui se passe pour une entreprise, la discipline de la faillite ne joue pas dans le cas d'un pays, car ce que l'on pourrait appeler le «capital social» du pays est presque illimité. Il est en effet constitué par l'ensemble des ressources produites chaque année par l'ensemble des citoyens, dans la mesure où l'Etat se donne le droit d'en décider l'affectation. La faillite pour une entreprise constitue la sanction de la destruction de valeur. Cette sanction manque, de toute évidence, dans le cas d'un pays et, de ce point de vue tout au moins, on ne parle pas de la faillite de l'Etat. Les conditions de la faillite sont en fait réunies, mais la procédure de la faillite est absente. La faillite est la mise en œuvre de la responsabilité, elle ne peut pas être mise en œuvre dans le cas de l'Etat, parce qu'il n'existe pas de responsabilité collective et que l'Etat, par conséquent, ne peut pas être rendu responsable. Autrement dit, le système économique français est potentiellement en faillite au sens où une entreprise arrive à la faillite lorsqu'elle détruit plus de ressources qu'elle n'en crée. Or, le mécanisme juridique de la faillite, qui joue un rôle régulateur essentiel dans le cas d'une entreprise, en restaurant la responsabilité dans la gestion des ressources, est absent dans le cas de la gestion d'une économie. Mais si l'on veut que le système social rétablisse la responsabilité à sa vraie place et permette véritablement la création de richesses, une

---

20 En revanche, il est tout à fait exact de soutenir que chaque cycle économique amène son cortège de nouveaux chômeurs qui viendront rejoindre la vaste cohorte d'hommes et de femmes à qui la *loi* interdit l'entrée sur le marché du travail.

réforme profonde doit alors être décidée de manière volontariste. Là encore, *en 1850,* Frédéric Bastiat, qui voyait poindre des propositions de systèmes sociaux semblables à ceux que l'on a mis en place à la fin de la deuxième guerre mondiale, écrivait déjà à propos des caisses privées de l'époque:

> «Il est aisé de deviner le rôle que [le gouvernement] s'attribuera. Son premier soin sera de s'emparer de toutes ces caisses sous prétexte de les centraliser; et, pour colorer cette entreprise, il promettra de les grossir avec des ressources prises sur le contribuable. "Car, dira-t-il, n'est-il pas bien naturel et bien juste que l'Etat contribue à une œuvre si grande, si généreuse, si philanthropique, si humanitaire?" Première injustice: faire entrer de force dans la société, et par le côté des cotisations, des citoyens qui ne doivent pas concourir aux répartitions de secours. Ensuite, sous prétexte d'unité, de solidarité (que sais-je?), il s'avisera de fondre toutes les associations en une seule soumise à un règlement uniforme. Mais, je le demande, que sera devenue la moralité de l'institution, quand la caisse sera alimentée par l'impôt; quand nul, si ce n'est quelque bureaucrate, n'aura intérêt à défendre le fond commun; quand chacun, au lieu de se faire un devoir de prévenir les abus, se fera un plaisir de les favoriser; quand aura cessé toute surveillance mutuelle et que feindre une maladie ce ne sera autre chose que jouer un bon tour au gouvernement? [...] Bientôt qu'arrivera-t-il? Les ouvriers ne verront plus dans la caisse commune une propriété qu'ils administrent, qu'ils alimentent, et dont les limites bornent leurs droits. Peu à peu, ils s'accoutumeront à regarder le secours en cas de maladie ou de chômage, non comme provenant d'un fond limité préparé pour leur propre prévoyance, mais comme une dette de la Société. Ils n'admettront pas pour elle, l'impossibilité de payer, et ne seront jamais contents des réparations. L'Etat se verra contraint de demander sans cesse des subventions au budget. Là, rencontrant l'opposition des commissions des finances, il se trouvera engagé dans des difficultés inextricables. Les abus iront toujours croissant, et on reculera le redressement d'année en année, comme c'est l'usage, jusqu'à ce que vienne le jour d'une explosion. Mais alors on s'apercevra qu'on est réduit à compter avec une population qui ne sait plus agir par elle-même, qui attend tout d'un

> ministre ou d'un préfet, même la subsistance, et dont les idées sont perverties au point d'avoir perdu jusqu'à la notion de Droit, de la Propriété, de la Liberté et de la Justice.»[21]

Aux mesures conjoncturelles (discutables) prises par les gouvernements jusqu'à maintenant, il faut donc ajouter des mesures susceptibles d'entraîner une modification réelle des comportements et des anticipations. On ne peut plus se contenter d'ajustements à la marge. Il faut créer un choc psychologique permettant aux agents économiques de comprendre qu'une nouvelle politique, ayant pour but de rétablir progressivement la rentabilité de l'esprit d'entreprise, du travail, et du capital, est dès maintenant engagée. Aujourd'hui, seuls la décrue et le réaménagement de la fiscalité peuvent provoquer ce choc et enclencher le cercle vertueux de l'investissement et de la création de richesses. La réforme des prélèvements obligatoires joue à la fois le rôle de politique conjoncturelle et de politique structurelle. Elle permet de relancer l'activité, à court terme, et de garantir une croissance durable, à long terme.

Vers une réforme fiscale

Les objectifs de la réforme fiscale

Une réforme fiscale de grande ampleur constitue actuellement le meilleur investissement que l'Etat puisse effectuer. Le coût initial de cet investissement est constitué par les diminutions de recettes transitoires qu'implique nécessairement l'application de taux d'imposition plus faibles à une assiette fiscale qui n'a pas encore eu le temps de réagir à cette réforme fiscale. Il y a un

---

[21] Ce texte qui est une description fidèle du système social généré par les Etats-Providence actuels a été écrit cent ans avant leur instauration et *cent cinquante ans* avant leur effondrement... Cf. [11, Bastiat].

risque d'aggravation transitoire du déficit public, si l'on ne veut pas comprimer les dépenses publiques dans la même mesure. Mais il n'existe pas d'autre solution. Compte tenu du cercle vicieux dans lequel nous nous trouvons, on ne réduira pas les déficits du budget public et des budgets sociaux par une augmentation des impôts et des cotisations[22]. Il est préférable de faire le choix inverse d'une diminution des prélèvements dans le but d'améliorer les conditions de l'activité économique. De plus, en rendant public un plan crédible de décrue fiscale et en s'engageant immédiatement dans cette direction, on bénéficie d'un «effet d'annonce». La croissance de la production qui en résulte augmente l'assiette fiscale et permet au bout d'un temps relativement court — que les expériences étrangères permettent de situer aux alentours d'un ou deux ans[23] — de retrouver le niveau initial des recettes et même d'aller au-delà. La réforme fiscale peut donc être considérée comme un investissement utile non seulement à l'ensemble de l'économie française, mais à l'Etat lui-même. On objectera sans doute, en effet, que la diminution de certains impôts risque d'entraîner, au moins à court terme, une diminution des recettes fiscales incompatible avec la recherche d'une diminution du déficit public. Mais le véritable problème consiste en fait à choisir les objectifs que l'on doit considérer comme prioritaires. Nous pensons que la réforme fiscale est plus urgente que la diminution du déficit public parce que, même si elle accroît le déficit public à court terme (pour une valeur donnée des dépenses), elle constitue un investissement public à forte rentabilité. Il est normal qu'un investissement de ce type soit financé par un accroissement de l'endettement. Autrement dit, la lutte contre le déficit public, aussi louable soit-

---

[22] Nous apporterons la preuve chiffrée de cette proposition dans le troisième chapitre et nous reviendrons alors sur ce sophisme grave.

[23] Comme nous le verrons dans le troisième chapitre, cette durée est en fait très courte et il s'est parfois avéré, lors de certaines réformes fiscales aux Etats-Unis, en particulier en 1962, que le déficit budgétaire annoncé n'ait même pas eu lieu.

elle, n'a pas le même caractère de priorité selon sa nature: le déficit public qui résulte d'engagements démagogiques à court terme doit être combattu beaucoup plus vigoureusement que celui qui résulte d'un investissement public très rentable, comme cela est le cas avec la réforme fiscale.

Une réforme répond donc à plusieurs objectifs complémentaires:

1° A court terme, enclencher le cercle vertueux de l'activité économique en renversant les anticipations des agents économiques;

2° A moyen terme, augmenter les recettes fiscales, et participer ainsi au rétablissement de l'équilibre budgé-taire;

3° A moyen et long termes, rétablir les mécanismes structurels d'une croissance durable, en répondant à une des causes majeures de la langueur économique française depuis vingt ans.

Une réforme fiscale pourrait être considérée comme l'un des acquis essentiels d'un gouvernement, comme le fut en Allemagne la réforme audacieuse du Chancelier Erhard en 1948. Elle devrait avoir pour but la création d'un système fiscal dont les caractéristiques essentielles seraient les suivantes:

* *La clarté*

1° En distinguant dans les dépenses sociales ce qui relève de l'assurance et ce qui relève de la solidarité[24].

---

[24] Même si cette distinction est *arbitraire* et n'a pas un grand sens du point de vue scientifique de l'économiste, elle n'est pas sans intérêt politique dans la mesure où tout ce qui relève de l'assurance pourrait être destiné à une privatisation rapide.

2° En attribuant à chaque collectivité locale un prélèvement spécifique[25].

* *Des distorsions moins fortes*

1° En évitant de surtaxer certains revenus et certaines ressources.

2° En ne pénalisant plus l'épargne par rapport à la consommation.

* *La simplicité*

1° En mettant fin à la multiplicité excessive des taxes...

2° et à la multiplicité des abattements, exonérations, plafonnements, planchers et autres «abris fiscaux».

* *La stabilité*

1° En assurant une meilleure stabilité du cadre fiscal dans lequel évoluent les agents économiques (exemple d'une Constitution fiscale).

2° En annonçant longtemps à l'avance les variations de taux d'imposition.

[25] Il conviendrait de rompre avec les méthodes de pillages qu'emploient certaines collectivités locales, qui consistent à augmenter subitement la taxe d'habitation ou la taxe professionnelle au simple motif que la prochaine échéance électorale est lointaine... Nous reviendrons d'ailleurs sur ce problème dans l'annexe D.

Conditions d'une réforme fiscale

Une réforme de la fiscalité doit certes être entreprise progressivement, sur plusieurs années, mais elle doit bénéficier d'emblée d'une lisibilité d'ensemble. Il est indispensable de définir un cadre dans lequel devront s'inscrire toutes les nouvelles mesures fiscales. Il s'agit de redonner une cohérence et un horizon précis à la politique fiscale qui, jusqu'à aujourd'hui, a avancé en aveugle, au coup par coup et dans toutes les directions, produisant un système fiscal complexe, confus et arbitraire.

La lisibilité et la cohérence de la réforme, renforcées par l'engagement solennel du gouvernement de procéder à une décrue fiscale étalée par exemple sur cinq années, devraient permettre de maximiser l'effet d'annonce et de relancer ainsi l'économie. De ce point de vue, il serait important qu'une *réforme fiscale fasse l'objet d'un engagement légal*[26] *et pluriannuel de la part de l'Etat.*

Une réforme devrait être bien ciblée. En effet, si l'on admet que le désarmement fiscal (au sens large, c'est-à-dire en incluant les cotisations sociales) est un élément essentiel de la relance économique, il importe de concentrer l'effort sur les impôts dont l'effet marginal sur l'activité économique est le plus nocif, c'est-à-dire les impôts pour lesquels une baisse des taux pourrait provoquer le plus fort effet économique.

Les entreprises seront nombreuses et prospères — créant ainsi des richesses et des emplois — dans la mesure seulement où les hommes et les femmes qui en constituent la substance (actionnaires, salariés, prêteurs, mais aussi acheteurs et fournisseurs) seront incités à travailler, à épargner, à investir et à embaucher. C'est pourquoi, même si l'objectif consiste à rechercher les meilleures conditions de développement des entreprises, la réforme fiscale doit dépasser de très loin ce qu'il est convenu d'appeler la «fiscalité des entreprises». Le présent ouvrage

---

26 Voire constitutionnel.

s'interroge sur l'influence que l'ensemble des prélèvements peut avoir sur les incitations productives. Il faut évaluer l'influence que les prélèvements fiscaux et sociaux peuvent avoir sur les comportements et les motivations de tous les partenaires de l'entreprise.

Conséquences directes

Les grands changements à attendre d'une réforme fiscale éventuelle sont au nombre de trois.

1° Elle est la seule «méthode» possible pour «corriger» les effets de court terme dus à des cycles économiques[27].

2° Elle permet de corriger une des trois causes profondes du chômage que sont le SMIC, une fiscalité du travail excessive, un système d'aide qui pousse les assurés à l'irresponsabilité.

3° La hausse de l'assiette fiscale pourrait entraîner une hausse des recettes fiscales qui permettrait de combler une partie du très important déficit budgétaire actuel.

---

[27] Toutefois, il reste une part d'incertitude liée à l'usage d'une telle mesure en vue d'atteindre un tel objectif. En effet, les suites d'un cycle ascendant sont une période au cours de laquelle se révèlent les raretés relatives des différents facteurs de production. C'est une période au cours de laquelle se fait la *vérité des prix.*

Une intervention étatique au cours de cette période perturbe le retour à la normale du système de prix. Ainsi, même si la grande majorité des emplois qui seraient perdus faute d'agir sont sauvegardés, ceci se fait en absorbant une grande partie des effets positifs de la réforme fiscale (au moins pour ce qui est des effets de court terme).

En d'autres termes, les effets d'une réforme fiscale sont beaucoup plus visibles si celle-ci est réalisée au cours d'une phase de croissance de l'économie.

Si le premier point est une correction conjoncturelle, il n'en va pas de même pour les deux derniers. Comme le chômage, le déficit budgétaire est endémique, et il serait bien difficile de trouver des Français pouvant citer de mémoire l'année et le montant du dernier excédent budgétaire. Mais avant de nous livrer à une étude de ces deux phénomènes, nous devons nous étendre sur les crises conjoncturelles, et sur leurs causes monétaires.

CRISES ET CYCLES DE L'OFFRE

Ceux qui croient que les gouvernements sont capables de «stabiliser l'économie» constituent une écrasante majorité de l'opinion. Sans nécessairement en avoir clairement conscience, ils font l'hypothèse qu'une économie de marché est fondamentalement instable, de telle sorte qu'il existe un besoin irrépressible de stabilisation, et que celui-ci ne peut être satisfait qu'au moyen d'une intervention «*hors marché*», c'est-à-dire une intervention de l'Etat.

Cette hypothèse est erronée, pour une raison logique simple: si, autrefois, dans un lointain passé, les «*crises*» provenaient de causes «*réelles*» affectant la production (fluctuations climatiques, par exemple), dans les sociétés modernes, les «*chocs*» exogènes de cette nature ont, depuis longtemps, perdu la plus grande part de leur importance du fait du processus de «*diversification*» de nos économies. Aujourd'hui, les fluctuations conjoncturelles et les crises sont d'une nature essentiellement monétaire et financière. Mais comme nous vivons dans des régimes où c'est l'Etat qui, depuis l'établissement du monopole des banques centrales, dispose du pouvoir de décision ultime en matière de création de monnaie, on ne saurait en rendre le marché responsable puisque c'est précisément un domaine où la production échappe, depuis belle lurette, aux mécanismes de l'économie libre.

Croissance, épargne, et «détours de production»

Pour bien comprendre ce que cette remarque implique, il faut revenir sur quelques notions de base concernant la nature même de la croissance. Celle-ci n'a rien à voir avec la demande. *Ce n'est pas l'augmentation de la consommation qui fait la croissance, mais la croissance des revenus rendue possible par l'épargne et l'investissement qui fait croître la consommation.* La croissance n'est fondamentalement possible que parce que, à l'origine, un certain nombre de gens, au lieu de consommer directement, consacrent une partie de leurs ressources et de leur temps à la création de produits intermédiaires et de biens capitaux (par exemple: des outillages et des usines) qui — s'ils correspondent à des choix judicieux — viennent augmenter la capacité productive du système économique. Cependant, la constitution de ces «*détours de production*» suppose que les investisseurs disposent, dès le départ, de suffisamment de liquidités pour payer leurs travailleurs et leurs achats pendant toute la période qui précède la mise en route de leur activité. Pour cela, ils empruntent à d'autres l'argent que ceux-ci ont épargné et qui leur est rémunéré à un «*prix*» (le taux d'intérêt) dont le niveau est déterminé par la valeur du sacrifice que les gens ont le sentiment de faire lorsqu'ils décident de retarder une consommation aujourd'hui, dans l'attente de consommer davantage plus tard (ce que les économistes appellent «*la préférence pour le temps*»).

Plus la croissance se développe, plus le nombre et l'importance de ces «*détours de production*» grandissent, et plus le temps moyen d'un «*cycle de production*» s'allonge. Leur agencement détermine la structure de l'appareil producteur, ainsi que les courants d'échange. Cet appareil subit en permanence des adaptations, au fur et à mesure que les marchés révèlent des variations de «*prix relatifs*» entre les différents biens et services. Ce processus modifie les courants d'échange à l'intérieur du système économique, provoquant l'extension de certains secteurs et la contraction d'autres; ce qui conduit à des déplacements de capitaux d'un secteur économique à l'autre, et donc, à un nouvel aménagement des «*détours de production*». Et ainsi de suite...

Création monétaire et taux d'intérêt

Dans le monde complexe qui est celui des économies modernes, le crédit a depuis longtemps cessé d'être le privilège de quelques usuriers. C'est le domaine des banques. Mais il y a deux manières de faire du crédit. On peut imaginer qu'elles agissent uniquement comme intermédiaires financiers, les crédits qu'elles consentent aux investisseurs ayant pour seule origine, soit leurs fonds propres, soit les fonds que leurs clients ont déposés auprès d'elles, précisément dans le but d'effectuer des placements. La caractéristique d'un tel système (dit de «*crédit réel*») est que les crédits distribués sont bel et bien représentatifs de ressources réelles à l'usage immédiat desquelles leurs propriétaires légitimes ont renoncé afin d'en tirer un rendement. On n'investit que ce qui est réellement épargné, dans des conditions de rémunération qui dépendent des préférences temporelles des individus. Le taux d'intérêt (que l'on qualifie alors de naturel) véhicule un signal «*vrai*» qui renseigne les entrepreneurs sur les véritables choix faits par les agents économiques entre présent et futur, et donc sur l'état réel des ressources disponibles pour mener à bien leurs projets. On est dans une situation qui, sans être nécessairement parfaite, offre les meilleures chances d'assurer, en souplesse et sans accident notable, la coordination temporelle des multiples projets d'investissement ou de consommation des uns et des autres.

La seconde solution consiste, pour les banques, à faire des crédits qui n'ont pas nécessairement pour origine une épargne correspondante, mais une création *ex nihilo* de monnaie à partir des dépôts qu'elles collectent. Ce n'est pas une pratique récente, mais qui s'est étendue et généralisée au vingtième siècle depuis que le développement de l'intervention de l'Etat dans le domaine monétaire et financier a favorisé la cartellisation de l'industrie bancaire. Aujourd'hui, c'est de plus en plus essentiellement par le crédit, et en particulier le crédit aux entreprises, que la monnaie, sous le contrôle des autorités publiques, est désormais introduite dans l'économie. Il en résulte une série d'enchaînements cruciaux pour comprendre où se situe fondamentalement l'origine des mouvements et fluctuations économiques — et donc des crises.

Une banque a, en effet, d'autant plus tendance à accroître sa production de crédits et de monnaie que la rémunération de la monnaie est faible, et que le risque attaché aux crédits est moindre. A la limite, si la banque peut ne pas rémunérer les détenteurs de monnaie, et si le risque sur les crédits est totalement évacué, même un crédit à faible taux d'intérêt est profitable pour la banque, et l'émission de monnaie est potentiellement infinie. Ainsi, lorsque, comme c'est le cas dans les régimes monétaires modernes, les autorités imposent le monopole d'une monnaie nationale, interdisent ou limitent la rémunération des encaisses monétaires, diminuent le risque des opérations de crédit en garantissant les banques contre le risque de faillite, et qu'elles multiplient les procédures pour faciliter le financement par le système bancaire des déficits budgétaires publics, on est dans une situation où, malgré les mécanismes de contrôle externe que les pouvoirs publics prétendent mettre en place, la création de monnaie se fait à des rythmes naturellement inflationnistes. Beaucoup plus de crédits sont mis à la disposition des entreprises qu'il n'y a réellement d'épargne nouvelle offerte.

Résultat? L'abondance de monnaie fait baisser les taux d'intérêt — qu'il s'agisse des taux courts ou des taux longs — en dessous du niveau qui serait le leur dans une économie de «*crédit réel*». Il se produit un écart croissant entre, d'une part, le niveau des taux qui prévaut sur le marché et, d'autre part, le taux d'intérêt «*naturel*» — c'est-à-dire celui qui correspond à la rareté relative véritable de l'épargne. Cette baisse des taux laisse croire aux opérateurs économiques qu'ils peuvent disposer d'une épargne plus abondante, et puiser dans un stock de ressources disponibles plus important que ce n'est réellement le cas. Ce n'est pourtant qu'une illusion. Du fait des arrangements institutionnels propres aux économies monétaires contemporaines, les taux qui résultent du marché envoient une information erronée. Le mécanisme des prix relatifs ne remplit plus sa fonction. Les entreprises mettent en chantier plus de nouveaux projets qu'elles ne le feraient si elles étaient mieux renseignées sur l'état exact du rapport entre l'épargne et la consommation, et cela sur la base de calculs économiques qui, du fait du caractère «*arbitraire*» des taux d'intérêt pris en compte, n'ont en réalité aucune chance de se réaliser. Mais au moment où les décisions sont prises, personne n'en sait rien, ni n'a les moyens de l'anticiper (pas même l'Etat). Il s'ensuit l'apparition d'une phase d'expansion «*accélérée*» qui, *a priori,* satisfait tout le monde.

Première phase: le «boom»

Le faible niveau des taux d'intérêt, l'augmentation du nombre de projets industriels, la demande accrue de biens d'investissement, tout cela crée une atmosphère irrépressible de prospérité. Le crédit est abondant. Le marché du travail se tend et favorise la hausse rapide des salaires et revenus. C'est le «*boom*». Tout le monde en tire profit. Cependant, tout le monde n'est pas vraiment égal devant le boom. Il y a des industries, des entreprises qui en profitent davantage que d'autres. Ce sont celles qui se situent le plus en amont de la structure industrielle; celles qui travaillent sur les marchés des matières premières de base, fabriquent des biens capitaux ou des produits intermédiaires. Pour des raisons purement mathématiques (le jeu des intérêts composés), disposer de taux d'intérêt bas est en effet d'autant plus avantageux financièrement que l'argent que l'on emprunte est placé dans des projets à horizon économique long. L'allégement de charges qui résulte de l'accès à des taux bas est d'autant plus important qu'il s'agit de projets industriels dont les délais de réalisation s'étendent sur de nombreuses années. Les industries de consommation en profitent également, mais beaucoup moins que ceux qui construisent des usines, font de la recherche, développent de nouvelles techniques et de nouveaux procédés, ou encore montent de grandes opérations immobilières. Ce qu'on appelle le boom, est une période de prospérité générale. Mais une prospérité non également répartie, «*déséquilibrée*» qui, en priorité, se traduit par un allongement des processus de production, et une croissance plus rapide par rapport à la moyenne des secteurs et industries spécialisés dans la création de biens capitaux et la fabrication de produits intermédiaires. La caractéristique du boom est de faire glisser le centre de gravité de la structure industrielle d'un pays vers l'amont, vers les entreprises qui travaillent pour les marchés situés le plus loin de la demande finale. C'est par exemple dans ces secteurs que se situe l'essentiel des nouvelles créations d'emplois commandées par la conjoncture. Malheureusement, cette situation n'est pas stable.

Les entreprises ne peuvent se procurer les ressources qu'elles croyaient disponibles qu'en les disputant aux industries de consommation, où elles sont déjà employées. Cette surenchère est possible dans la mesure où précisément le crédit bancaire est bon marché. Par leur politique de crédit, les banques élargissent l'avantage de marges dont bénéficient les entreprises emprunteuses qui sont, dès lors, en mesure d'offrir des prix et des salaires plus élevés et de s'approprier les facteurs de production et les biens intermédiaires dont elles ont besoin. La conjoncture de surinvestissement, provoquée par l'inflation initiale de crédits, entraîne ainsi l'apparition d'un pouvoir d'achat supplémentaire nouveau, distribué au fur et à mesure de l'avancement des projets en cours. Celui-ci va gonfler la demande adressée aux entreprises produisant des biens de consommation. Mais ces entreprises sont précisément celles dont le développement relatif a été stoppé par la surenchère des industries situées plus en amont dans la hiérarchie des secteurs industriels. Conséquence: une situation caractéristique de surchauffe où la croissance de la demande dépasse les capacités immédiates de réponse de l'offre. La hausse des prix se généralise à toute l'économie. Les anticipations inflationnistes se développent, avec pour conséquence que les gens épargnent encore moins, et que les taux d'intérêt se mettent a grimper.

Le retournement vers la récession

En principe, cette augmentation du pouvoir d'achat dépensé devrait être équilibrée par l'arrivée sur le marché des biens produits dans les nouvelles usines financées à crédit. Mais nous avons vu que lorsque le crédit est offert à un taux d'intérêt inférieur au taux «*naturel*», cela incite les entreprises à recourir de préférence à des technologies fondées sur un allongement des processus de production. Ce sont des investissements dont le délai d'achèvement est long qui ont été, en priorité, sélectionnés. Donc des investissements qui sont encore loin d'être achevés lorsque la demande supplémentaire, nourrie par les salaires et revenus plus élevés versés à ceux qui concourent à leur réalisation (et financés par le crédit), commencent déjà à arriver sur le marché.

Les industries de consommation fonctionnent au contraire avec un horizon économique court. Il faut beaucoup moins de temps pour installer une épicerie que pour créer un laboratoire ou développer une usine nouvelle. Leurs propriétaires se précipitent à leur tour chez le banquier pour qu'on les aide à agrandir leur appareil de production. Leurs demandes s'ajoutent aux prêts en cours et, face à une offre de crédit abondante mais qui reste néanmoins limitée (d'autant que la généralisation des pressions inflationnistes pousse les pouvoirs publics à se montrer plus restrictifs à l'égard du système bancaire), font exploser les taux, notamment le segment des taux courts. Du jour au lendemain, la situation se renverse. Le décor est planté pour que le boom se transforme en récession, voire dépression.

La raison principale en est, d'une part, l'intensification de la concurrence sur le marché des facteurs, provoquée par le nouvel essor de la demande de biens de consommation au détriment de l'équilibre financier des industries de biens capitaux et de produits intermédiaires; d'autre part, la crise de crédit (*crédit crunch*) qui apparaît et s'accompagne d'un phénomène caractéristique d'inversion de la courbe des taux (taux courts qui passent au dessus des taux longs). Ceux qui s'étaient lancés dans de grands projets à fort contenu capitalistique voient en effet leurs coûts s'envoler avant même que leurs investissements ne soient arrivés à leur terme. Les espoirs qui avaient motivé leurs décisions s'envolent. Leurs projets avaient été conçus sur la base d'anticipations financières dont il apparaît désormais clairement qu'elles ne se réaliseront pas, donc qu'elles étaient erronées. Plutôt que de continuer à dépenser de l'argent pour terminer des travaux dont il s'avère qu'ils ne peuvent plus atteindre leur équilibre financier, les entreprises n'hésitent pas à tout arrêter, même si cela implique de passer par pertes et profits les équipements déjà achevés. Mieux vaut parfois se couper le bras ou une jambe que d'y passer tout entier. Les secteurs qui étaient à l'origine du déclenchement du «*boom*» se trouvent contraints de procéder à des révisions déchirantes. C'est le début de la grande purge: on restructure, on coupe dans les dépenses, on arrête les achats de machines et matériels, on licencie... Par ailleurs, la montée des taux d'intérêt réels au-dessus de leur niveau «*naturel*» provoque un phénomène inverse de celui initialement observé: plus l'écart se creuse, plus cela affecte la valeur des actifs des industries liées à des cycles de production longs. Celles-ci voient leurs garanties bancaires, et donc leurs capacités d'emprunt, s'effriter. Les banquiers deviennent de plus en plus méfiants. Privés d'un soutien aussi essentiel, les secteurs situés le plus en amont dans l'échelle des rapports interindustriels ne peuvent résister à la surenchère que leur livre, au niveau du marché des facteurs, une industrie de biens de consommation qui, elle, au contraire, est en pleine phase d'expansion.

Le passage à la crise

C'est la *crise.* Les entreprises ne peuvent plus faire face à la montée imprévue de leurs coûts. Elles n'ont plus les moyens de se procurer les équipements spécialisés nécessaires à la finition de leurs projets initiaux (ce qui, à son tour, par un effet d'interdépendance, remet en cause la viabilité d'autres investissements conçus en fonction de ce que certains entrepreneurs savaient des projets de leurs collègues). La crise s'installe, non pas parce que la demande a disparu, non pas parce que les consommateurs dépensent moins (c'est le contraire qui se passe), mais parce que le coût artificiellement bas des crédits initialement distribués à l'industrie a incité certaines entreprises à développer une politique de production dont la structure temporelle se révèle inadaptée au profil d'évolution réel de la demande. Le démarrage de la crise n'a rien à voir avec une défaillance du pouvoir d'achat. Ce qui se produit est une crise de l'offre d'un certain nombre de secteurs qui se rétractent soudainement à la suite d'un problème fondamental d'absence de coordination à l'origine duquel se situe un signal erroné du marché, dont la cause se trouve elle-même au niveau des institutions régulant le fonctionnement de l'offre de monnaie[28].

La consommation continue à se porter plutôt bien. Les entreprises les plus directement en contact avec la demande finale font des profits confortables. Mais, là encore, cette prospérité apparente ne peut durer qu'un temps. Les salariés, que les autres secteurs mettent au chômage, représentent autant de pouvoir d'achat en moins. A leur tour, les industries de consommation connaissent un ralentissement de leurs ventes. Le retournement de la conjoncture se généralise de proche en proche à l'ensemble de l'économie. Les pressions sur les prix s'atténuent. On entre alors dans un processus de désinflation. Mais il est encore trop tôt pour que les anticipations inflationnistes (notamment celles des autorités) intègrent cette nouvelle donne. Celles-ci ne s'ajustent qu'avec retard. Les taux d'intérêt nominaux restent donc toujours aussi élevés, alors même que les prix augmentent de moins en moins vite, voire même se mettent à baisser dans les secteurs les plus touchés. Résultat: les taux d'intérêt «*réels*», eux, continuent de flamber. Ce qui renforce d'autant les difficultés financières des industries de produits de base et de biens intermédiaires déjà touchées par la crise. Le processus de contraction s'intensifie. Les dépôts de bilan se multiplient. Les licenciements deviennent de plus en plus massifs. La psychose du chômage se répand. Même ceux qui

---

[28] Nous verrons comment les institutions monétaires créent ces perturbations de l'émission de monnaie dans la partie suivante de ce chapitre.

gardent leur emploi restreignent leurs achats, pour le cas où... A leur tour, les banques connaissent des difficultés du fait de leur trop fort engagement initial dans les activités qui, aujourd'hui, sont précisément les plus mal en point. L'augmentation du nombre de leurs sinistres, les pertes financières qu'elles enregistrent avec l'effondrement de la valeur d'un grand nombre de leurs actifs, fragilisent tout le système bancaire. Celui-ci réduit son offre. Les liquidités se font en conséquence de plus en plus rares. Ce qui pousse les taux courts vers des sommets toujours plus élevés, aggrave l'inversion des taux, incite désormais les agents économiques à donner la priorité au désendettement plutôt qu'à l'investissement, et incite plus que jamais les épargnants à délaisser les placements industriels et financiers pour leur préférer des choix spéculatifs et monétaires courts. La crise se généralise et gagne toute l'économie. On est entré dans un processus de récession-déflation, voire de déflation-récession dont la durée et l'intensité vont dépendre de la rapidité avec laquelle les autorités monétaires réagissent pour éviter l'écueil d'un processus cumulatif de déflation déclenché par l'apparition d'un phénomène de trappe monétaire.

Conclusion

Cette analyse reste évidemment très sommaire. Mais elle suffit néanmoins pour faire apparaître trois éléments essentiels.

1° *Il ne sert à rien de se livrer à une politique de «relance de la demande».* Ce n'est pas le problème. Relancer la consommation, d'une manière ou d'une autre, a au contraire pour effet de prolonger la récession. La raison de ce paradoxe? En agissant de façon préférentielle sur la consommation des ménages, on renforce l'avantage des industries de consommation par rapport aux autres secteurs dans la concurrence pour attirer les facteurs et les liquidités. On accroît les disparités dans l'évolution des coûts de production. On ne remédie en rien au *caractère inadapté de la structure temporelle de l'offre,* alors que c'est elle qui est au cœur du processus oscillatoire à l'origine de la crise.

2° *On ne peut pas dissocier la crise de ce qui s'est passé avant.* Dès lors qu'il y a *boom,* il y aura nécessairement *récession* ensuite. L'un découle inévitablement de l'autre. Le boom n'est pas en soi toujours un *bien,* ni la crise toujours un *mal.* C'est plutôt le contraire. Lorsqu'il est provoqué par l'abondance de trop d'argent trop bon marché, le boom est un phénomène agréable à court terme, mais en réalité annonciateur de malheurs à plus ou moins longue échéance. En rompant la logique de coordination industrielle par les prix relatifs, il conduit un grand nombre d'entrepreneurs et d'innovateurs à gaspiller un volume croissant de ressources dans la réalisation de décisions dont il apparaîtra plus tard qu'elles étaient en réalité fondées sur des anticipations erronées. La récession est, au contraire, une phase de nettoyage. Douloureuse dans l'immédiat, elle annonce le retour à une structure de production et de coordination des activités mieux adaptée à la structure réelle des préférences temporelles des agents économiques. Elle est la phase-clé au cours de laquelle les structures industrielles se reconstruisent de manière à éliminer les investissements et double-emplois inutiles, et ainsi créer la possibilité d'un retour à un véritable plein emploi des ressources[29].

3° *Le mouvement des taux d'intérêt joue un rôle central dans le déroulement de la dynamique cyclique.* De deux façons.

---

[29] Il faut souligner que dans beaucoup de pays et particulièrement en France, la phase de la crise n'est jamais complète dans ses effets, car les adaptations de la structure de production et les ajustements de prix sont contraints.

> C'est, d'une part, le divorce entre les taux d'intérêt observés dans l'économie et le taux naturel qui déclenche l'enchaînement oscillatoire qui conduit à la crise. C'est, d'autre part, l'inversion de la courbe des taux qui provoque le basculement du boom à la récession, puis, de manière inversée, la sortie de la crise. La baisse profonde des taux courts ne suffit pas à garantir la reprise, mais elle en est le point de passage obligé. Plus les autorités monétaires s'attardent à maintenir des taux d'intérêt réels élevés, plus elles prennent le risque de transformer en véritable dépression ce qui pouvait ne pas dépasser le cadre d'une crise, certes désagréable, mais d'ampleur limitée.

Ce schéma d'explication des cycles a été développé dans les années trente, par les économistes de l'école de Vienne, pour expliquer la Grande Crise[30]. Contrairement à ce que l'on pourrait croire, il n'a en rien vieilli — même si les pratiques keynésiennes de l'après-guerre ont en quelque sorte eu pour effet de le mettre temporairement «*en veilleuse*». Le keynésianisme n'a pas fait disparaître ces processus cycliques. Il a seulement eu pour effet de les occulter temporairement, en noyant dans l'inflation de crédit chaque retournement, et en raccourcissant ainsi les phases de réajustement conjoncturel. Mais cette pratique ne pouvait continuer indéfiniment dans la mesure où cela aboutissait à empiler les désajustements structurels sans jamais laisser au cycle le temps de les résorber. La limite de cette politique de Gribouille a été atteinte lorsque se sont généralisées, dans les années soixante-dix, les situations de stagflation. La crise récente à laquelle nous avons assisté est une conséquence des politiques monétaires de désinflation des années quatre-vingts, qui ont fait réapparaître au grand jour les mêmes situations de stagflation.

---

30 Notamment Friedrich Hayek lors d'une série de conférences à la London School of Economics.

La crise qui vient de s'achever est le symptôme du retour à un phénomène assez proche des cycles économiques classiques. Il s'agit d'une récession en partie commandée par des mécanismes endogènes au déroulement du cycle économique. Ce cycle est le produit d'une subtile dialectique faisant intervenir, d'une part, l'évolution relative des taux d'intérêt, et d'autre part, l'effet des mouvements de taux sur la structure de production. Il est intrinsèquement lié à la présence d'un régime de monnaie fiduciaire régulé par un cartel de banques sous le contrôle de la puissance publique. C'est donc un mouvement qui affecte inévitablement toutes les économies modernes dont on a pu briser les enchaînements pendant un certain temps, par la drogue de l'*inflation*.

LA CRISE MONÉTAIRE INSTITUTIONNALISÉE

N'importe quel observateur candide des problèmes économiques a, en effet, été confronté à des discours sur les taux d'intérêt et l'inflation. Il semble que les problèmes monétaires aient toujours existé. Même durant l'époque dorée de l'après-guerre, le système monétaire international s'est effondré peu à peu, comme négligé par les pays qui l'avaient cependant mis en place.

La monnaie est aussi importante que la roue. Comme nous venons de l'expliquer, la façon dont elle est émise, en quantité plus ou moins adéquate, conditionne l'ampleur des cycles économiques, le rythme des faillites d'entreprises, et donc la vie de milliers d'hommes et de femmes.

Il est donc aberrant de penser que les hommes de l'Etat s'ingénient à mettre en place des systèmes monétaires qui ressemblent à des «roues carrées». C'est en effet le diagnostic que l'on peut faire si l'on se penche, non pas sur l'histoire monétaire internationale du XXe siècle, qui n'est pas notre objet, mais sur l'histoire des différents systèmes monétaires européens depuis l'effondrement du *Gold Exchange Standard* en 1968, avec la création du double marché de l'or.

Le Serpent Monétaire Européen: chronique d'un échec annoncé

En 1971, il existe huit fois plus de créances en dollar dans le monde que de réserves or aux Etats-Unis. Au lieu de choisir la voie de la dévaluation, le président Nixon choisit de suspendre la convertibilité du dollar le 15 août 1971. Pendant encore deux années, les monnaies seront définies selon un poids d'or (sans convertibilité) et en mars 1973, pour la première fois depuis la seconde guerre mondiale, la plupart des monnaies n'ont plus aucune référence à l'or. La crise de 1973 n'a rien à voir avec le pétrole, c'est une «dépression inflationniste» qui ne s'était jamais vue auparavant. N'ayant plus aucun référent commun, c'est-à-dire plus aucun numéraire, les monnaies (qui n'étaient plus que des noms) ont vu leurs valeurs respectives se mettre à varier les unes par rapport aux autres: l'ère du système international reposant sur des changes flottants venait de s'ouvrir. A partir de cette époque, les hommes des Etats européens ont cherché à mettre en place différents systèmes institutionnels pour pallier le flottement des monnaies. C'est un bref aperçu de ces systèmes que nous devons réaliser afin de comprendre l'importance des problèmes monétaires actuels en Europe.

Depuis 1971, le système monétaire international est régi par des changes flottants. En 1972, les membres de la Communauté Economique Européenne décident de mettre en place une vaste zone monétaire à taux de change fixes. L'objectif est donc, à cette époque, de pallier les désordres monétaires internationaux résultant de l'effondrement du système de Bretton Woods.

La mécanique du Serpent

Les valeurs de certaines monnaies de la Communauté Européenne sont maintenues fixes entre elles avec une fourchette de fluctuation maximum de 2,25 % par rapport au taux de change défini comme référence. Ce système constitue le «Serpent Monétaire Européen», les valeurs des monnaies serpentent entre les limites des marges. De plus, les taux de change de référence doivent rester dans la fourchette de 5,5 % par rapport au dollar, ce qui constitue «le tunnel». Le Serpent est un système qui permet donc d'évaluer les mouvements relatifs des différentes monnaies européennes et dont l'objectif est de maintenir leur parité.

La production étatique de monnaie

Le Serpent Monétaire repose sur un cartel de banques centrales qui ont chacune le monopole de la production monétaire dans leur pays respectif. Les banques centrales ont pour rôle de gérer l'offre de monnaie dans l'économie, en monopolisant la production de monnaie manuelle et en contrôlant l'émission de crédits. Cependant, cette situation monopolistique revient à supprimer la discipline nécessaire pour produire une monnaie, et rien ne garantit que les monopoleurs pourront offrir ce que veulent les demandeurs. Les systèmes contemporains de production de monnaie sont gérés par les Etats: ils sont monopolistiques, hiérarchiques et nationaux[31]. Or, aucun de ces attributs n'est nécessaire pour produire de la monnaie, nous pouvons même dire qu'ils ne garantissent aucunement une production saine, et ce pour une seule raison: les producteurs ne sont pas *responsables* de ce qu'ils produisent (nous y reviendrons). Les hommes de l'Etat considèrent la monnaie comme un «bien particulier», dont la production doit être soumise à leur contrôle[32]. Mais la monnaie est un bien trop important dans l'économie pour être soustrait à la discipline du marché. Contrairement au marché libre, dans une situation de monopole, il n'existe pas de sanctions des consommateurs insatisfaits qui adressent leurs demandes à d'autres producteurs. Le monopole monétaire, dans un système où la monnaie supérieure est identique à la monnaie manuelle[33], ne peut pas calculer la demande qui lui est adressée. La valeur de la monnaie a donc de grandes chances de varier de façon non anticipée, au profit du producteur de monnaie qui empoche la différence.

---

[31] Pour une complète analyse des systèmes monétaires, cf. [141, Salin].

[32] La monnaie est l'exemple le plus important, mais d'autres biens sont également considérés comme «particuliers» par les hommes de l'Etat: la «culture» ou encore «l'électricité».

[33] C'est-à-dire un système où la convertibilité monétaire n'existe pas (le cours forcé).

Les problèmes du Serpent Monétaire

Dans le Serpent Monétaire, les différentes banques centrales ont pour objectif de maintenir un taux de change fixe entre les différentes monnaies du système, avec une marge de 2,25 %. Cette stabilité des taux de change implique une garantie de convertibilité des banques centrales. Si le taux de change fixe entre le mark et le franc est de 3 francs pour 1 mark, alors les banques centrales doivent pouvoir maintenir cette parité sans aucune limite dans les demandes de convertibilité qui peuvent leur être adressées.

Le problème vient du fait que la valeur d'une monnaie dépendra de la manière dont le monopole adapte sa production aux besoins du marché. Si le monopole produit plus de monnaie que les besoins réels du marché, la monnaie aura tendance à se déprécier (sa valeur en termes des autres biens diminuera, c'est l'inflation), et si le monopole produit moins de monnaie que les besoins réels du marché, la monnaie aura tendance à s'apprécier (sa valeur en termes des autres biens augmentera, c'est la déflation). Ainsi, le surplus de monnaie produit par une banque centrale doit être «absorbé» d'une facon ou d'une autre. Soit les prix intérieurs montent, et le taux de change ne peut plus être maintenu, soit on détruit le plus rapidement possible le surplus de monnaie créé de facon à maintenir le taux de change. Comme l'explique Pascal Salin[34], le fait de pouvoir définir des limites dans les variations des taux de change (c'est-à-dire d'instituer des garanties de convertibilité) implique de se poser deux questions:

1° Quelles banques centrales doivent intervenir et en quelles monnaies?

2° Quelle politique d'ajustement doit être décidée?

---

[34] Cf. [139, Salin].

Ces deux questions sont d'une importance majeure, car elles déterminent le «qui» et le «comment» du système monétaire. En effet, lorsqu'une banque centrale se trouve faire une politique monétaire expansionniste, le maintien des taux de change ne peut s'effectuer que si les banques centrales concernées (ou seulement l'une d'entre elles) rachètent le surplus de monnaie, et garantissent de cette façon la quantité de monnaie en circulation par rapport à sa demande réelle. Elles diminuent ainsi le niveau de leurs réserves, mais au moins elles maintiennent le prix de la monnaie (ou du moins elles pensent pouvoir le faire). Il faut souligner que ce type de comportement en change fixe revient à exporter l'inflation créée par un monopoleur dans l'autre pays. Les taux de changes fixes, de par leur nature et contrairement aux changes flexibles, ne permettent pas d'absorber le surplus de monnaie créé.

Pour fonctionner, un système de change fixe doit nécessairement être accompagné de politiques monétaires communes visant à maintenir la création de monnaie dans les différents pays à un niveau compatible avec le taux de change défini[35]. Nous avons également vu que le Serpent Monétaire est un cartel de monopoleurs. Dans beaucoup de cas, les cartels ne tiennent pas car chacun des membres est tenté de ne pas respecter l'accord aux dépens des autres. C'est bien ce qui se passe lorsqu'une banque centrale ne tient pas ses engagements en matière de création monétaire et oblige les autres membres à payer ses excès. La *surémission monétaire relative* de la part de certains pays est une première raison des difficultés considérables du Serpent Monétaire.

Cette première raison a un corollaire. Elle revient à dire que l'objectif externe d'une banque centrale (la fixité du taux de change) doit être compatible avec son objectif interne (offrir la

[35] Cependant, le calcul économique d'un monopole monétaire non convertible est impossible. En d'autres termes, le concept de politiques monétaires communes n'a pas de sens réel. Nous reviendrons sur ce point crucial plus loin.

monnaie demandée par ses utilisateurs). Or, *ces deux objectifs peuvent être contradictoires.* Prenons l'exemple suivant: on se trouve dans un système monétaire à taux de change fixe entre deux pays: la France et l'Allemagne. Supposons que la Banque de France fasse une politique expansionniste par rapport aux besoins monétaires *réels*[36]. La Bundesbank, qui veut maintenir la parité fixe entre le franc et le mark, décide donc de racheter les francs en trop sur le marché et vend des marks en échange. Cette situation aura pour conséquences d'accroître les réserves en francs de la Bundesbank, mais aussi d'augmenter la quantité de marks en circulation. La politique inflationniste de la Banque de France va ainsi se retrouver en Allemagne. L'objectif interne de la Bundesbank sera perturbé: il y aura, en Allemagne, un risque d'inflation supérieur à la situation précédente. Si la Bundesbank considère son objectif interne (le moins d'inflation possible par exemple) comme prioritaire par rapport à l'objectif externe, elle n'interviendra pas pour maintenir la fixité du taux, et si la Banque de France ne revient pas sur sa politique, le système s'effondrera. En résumé, la seconde raison de l'échec du serpent est qu'une *banque centrale ne peut pas avoir plusieurs objectifs en ce qui concerne la valeur de sa monnaie,* car ils peuvent s'avérer être incompatibles[37].

En référence au problème soulevé ci-dessus, il est intéressant de savoir qu'il existe un système monétaire très efficace pour éliminer les conflits d'objectifs: le *currency board.* C'est le système monétaire de Hong Kong depuis 1983, mais aussi celui de plusieurs pays, comme l'Argentine ou l'Estonie. C'est un système de changes fixes entre la monnaie locale et une monnaie

---

[36] Que la banque centrale ne peut pas de toute façon connaître sans convertibilité, comme nous le verrons ci-dessous.

[37] Il est intéressant de voir qu'en cette période de baisse du dollar, Alan Greenspan, le gouverneur de la Réserve Fédérale, ne cherche pas à maintenir le taux de change du dollar, mais seulement sa valeur interne (i.e. une inflation faible).

étrangère. Tous les *currency boards* actuels, notamment celui de Hong Kong, sont basés sur le dollar US. La structure institutionnelle de ce système de change pousse les autorités monétaires à n'avoir qu'un seul rôle: maintenir le taux de change[38]. Il en résulte que les autorités de Hong Kong n'ont pas d'objectif interne qui puisse entrer en conflit avec le maintien du taux de change. En d'autres termes, il n'y a pas de politique monétaire à Hong Kong, et le besoin de monnaie est satisfait par les exportations. Plus les exportations sont nombreuses, plus les habitants de Hong Kong achètent de la monnaie (des dollars US), et plus les importations croissent, plus les habitants vendent de la monnaie (des dollars HK). Le taux de croissance de la masse monétaire intérieure est limité par la quantité de réserves en devise de base. L'économie de Hong Kong étant entièrement tournée vers les échanges internationaux en dollar US, il est important d'avoir une monnaie dont le pouvoir d'achat par rapport au dollar US soit stable. Un *currency board* permet ce résultat, même si le différentiel d'inflation entre les Etats-Unis et Hong Kong n'est pas nul[39]. Un système de change fixe comme le *currency board* est à même de maintenir une parité fixe entre deux monnaies dans la mesure où l'obtention de la monnaie est *coûteuse* pour les habitants (et donc pour les banques qui ont le monopole d'émission des billets) car il faut vendre des biens en contrepartie. En ce qui concerne Hong Kong cependant, il aurait sans doute été préférable d'abolir le cours forcé et légal en 1983, en permettant à n'importe quelle monnaie d'être utilisée à Hong Kong. Le dollar US aurait sans doute été

---

[38] C'est ce que l'on appelle à Hong Kong «the peg»: 1 dollar US = 7,8 dollars HK. La particularité du système de Hong Kong est qu'il y a deux banques émettrices de billets et un *currency board* sous le contrôle des autorités monétaires.

[39] Il est à noter qu'en Argentine, l'inflation est passée de 2 000 % par an en 1990 à 3,9 % en 1994, après l'instauration d'un *currency board.*

choisi sur le marché, sans que cela ne pose de problème, si ce n'est celui de ne plus pouvoir faire de «nationalisme monétaire».

Revenons au Serpent et à la troisième raison de son échec. Pour résoudre les problèmes de surémission monétaire de la part de certains acteurs du cartel, il faut définir à l'avance «les responsabilités respectives des banques centrales, [les] politiques d'ajustement à utiliser et [...] la liberté d'intervention des banques centrales à l'intérieur de la marge de fluctuation»[40]. Ceci est une affaire extrêmement délicate car elle consiste à déterminer des *responsabilités,* ce dont les monopoleurs des banques centrales ont horreur. On peut penser que plus il y a de participants à un cartel, plus il est difficile de trouver un accord et de le faire respecter.

L'effondrement du Serpent

La Grande-Bretagne et l'Italie ont quitté le Serpent Monétaire Européen dès 1972. Le tunnel a été abandonné pour le reste des monnaies dès le 12 mars 1973. Ce qui veut dire que la tentative qui avait été faite de lier l'évolution du taux du Serpent européen à la monnaie américaine a échoué rapidement. De son côté, le franc a quitté par deux fois le Serpent Monétaire entre le 21 janvier 1974 et le 10 juillet 1975, puis à nouveau le 15 mars 1976.

Le Serpent Monétaire Européen est devenu dès le début, un système de changes fixes au sein duquel il est impossible de maintenir les parités entre les différentes monnaies qui le composent. Les trois raisons que nous venons de voir expliquent son effondrement en 1979, qui, il faut le souligner, était inévitable pour beaucoup d'économistes comme Friedrich Hayek. Même s'il est toujours facile de refaire l'histoire, nous pouvons

---

[40] Cf. [139, Salin]. Il faut souligner que ce problème n'existe pas à Hong Kong où seules les autorités monétaires du territoire s'occupent de la parité fixe (la Réserve Fédérale n'intervient pas).

affirmer aujourd'hui que l'échec du Serpent Monétaire était annoncé depuis le début par l'analyse économique, tout comme l'était l'effondrement du système de Bretton Woods, que Jacques Rueff avait prévu dès le début des années soixante.

Le Système Monétaire Européen: les mêmes causes provoquent les mêmes effets

Avec l'effondrement inévitable du Serpent Monétaire Européen, les membres de la Communauté ont cherché à mettre en place à la fin de l'année 1978 un remplacant qui ne posséderait pas les travers du premier. Il vaudrait mieux dire: «qui aurait plus de chance que le premier». En effet, de l'avis même des experts, le Serpent s'est effondré pour des causes difficilement maîtrisables (crises du pétrole et du dollar essentiellement...). Pour renouer avec la croissance et la stabilité des prix, il fallait un nouveau système monétaire éliminant les obstacles à l'investissement et aux échanges extérieurs[41].

Le 13 mars 1979 est entré en vigueur le Système Monétaire Européen (SME) auquel tous les pays ont adhéré, même si la Grande-Bretagne est longtemps restée en dehors. Depuis 1992, plusieurs pays en sont sortis, nous reviendrons sur ce point.

En quoi le SME était-il nouveau?

Dans le Serpent, les monnaies étaient définies les unes par rapport aux autres, avec un cours pivot comme référence (un numéraire) qui était l'une des monnaies du système. Ainsi, on pouvait connaître l'évolution du mark par rapport au franc en prenant comme référence les valeurs du mark et du franc en termes de livre Sterling. Ce système avait l'avantage de nous informer sur l'évolution des parités entre deux monnaies et de

---

[41] Cf. [139, Salin].

pouvoir ainsi identifier relativement facilement la banque centrale la plus responsable de la variation des cours (même si le Serpent ne pouvait pas empêcher l'inflation).

Avec le SME, en 1979, est introduit un numéraire composé de plusieurs monnaies à la place d'un numéraire unique: l'ECU (*European Currency Unit*), créé en décembre 1978. Le cours pivot des monnaies du SME n'est plus déterminé par rapport à une des monnaies du système, mais par rapport à l'ECU. La définition d'un cours pivot en termes d'ECU donne également la «grille des cours pivots bilatéraux», c'est-à-dire l'ensemble des valeurs des monnaies les unes par rapport aux autres. L'introduction de l'ECU est le seul changement véritable entre les deux systèmes monétaires qui se succèdent le 13 mars 1979.

Un panier de monnaies représente un numéraire abstrait et non pas une monnaie. L'ECU n'est qu'une unité de compte, même si les autorités européennes veulent lui donner le statut de «véritable monnaie»[42] d'ici la fin du siècle[43].

Le fonctionnement du SME est identiqué dans son principe à celui du Serpent. L'ECU sert de référence de valeur et permet de mesurer la variation des monnaies les unes par rapport aux autres. Comme dans le Serpent, il y a des marges de fluctuation pour chaque monnaie autour de leur cours pivot. Les marges de fluctuation étaient à l'origine de 2,5 %, puis elles ont été élargies pour certains cas à 6 %. Nous savons que récemment les marges de fluctuation du franc, de la peseta et de l'escudo ont été élargies à 15 %. En plus des marges de fluctuation, il existe un autre principe arbitraire dans le SME qui n'existait pas dans le Serpent, ce sont les montants de chacune des monnaies constitutives du système dans la définition de l'ECU. Ces montants sont

---

[42] Une monnaie est un bien qui doit être désiré par ses consommateurs, on ne peut pas créer une monnaie *ex nihilo*.

[43] Il faut quand même souligner que l'unité de compte européenne est devenue au fil des ans une «monnaie internationale» non négligeable et sert de devise sur les marchés obligataires internationaux.

fixes[44] et ils déterminent le poids des monnaies dans l'ECU. Le poids varie en fonction des variations du cours des monnaies.

Les problèmes du Serpent subsistent

Lorsqu'une monnaie nationale exprimée en ECU s'écarte de son cours pivot de référence en ECU et s'approche de sa limite de fluctuation maximum, il se pose les mêmes problèmes que dans le cas du Serpent, mais dans une mesure différente. En effet, lorsque le franc atteint son plancher en termes d'ECU (c'est-à-dire par rapport à toutes les autres monnaies du système), étant donné que personne n'émet d'ECU, il faut que la Banque de France intervienne en francs, accompagnée, si nécessaire, de certaines des autres banques centrales (ou de toutes), dans les limites respectives du montant de leur monnaie dans la composition de l'ECU (la banque centrale de Grèce aura un rôle moins important que la Bundesbank). Contrairement au Serpent où les monnaies d'intervention pouvaient être plus facilement déterminées, dans le cas du SME, on peut se poser la question: dans quelle monnaie doivent se faire les interventions? La Banque de France pouvant intervenir dans sa monnaie, mais aussi en ECU ou en tout autre monnaie du système, le risque est grand, comme l'explique Pascal Salin, de «déstabiliser l'ensemble de la structure des taux de change»[45]. D'autre part, plus le nombre de monnaies à l'intérieur du SME est grand, plus les problèmes d'ajustement et du choix de la monnaie d'intervention seront délicats.

Lorsque les politiques d'intervention des banques centrales ne fonctionnent pas (c'est-à-dire la plupart du temps), se posent les mêmes problèmes que dans le Serpent, à la différence près qu'il existe une façon supplémentaire de les «résoudre». En effet, les

---

[44] Par exemple, 1,1500 francs entrait dans l'ECU à la constitution du SME en mars 1979.

[45] Cf. [139, Salin, page 47].

autorités monétaires peuvent décider, tout comme dans le Serpent, de dévaluer (changer le cours pivot) et/ou d'élargir les marges de fluctuation (passage de 2,5 à 6 puis à 15 % pour certaines monnaies). Mais elles peuvent aussi décider de faire varier les montants des monnaies constitutives de l'ECU de façon à déplacer le système monétaire vers la ou les monnaies considérées comme les plus importantes. De cette façon, si le franc est relativement plus inflationniste que le mark, il est possible d'accroître légèrement le montant du premier dans la définition de l'ECU de façon à atténuer les effets de ses variations à la hausse. Ceci revient à transposer l'inflation d'un pays dans tous les autres par l'intermédiaire de leur cours pivot.

Il y a normalement des réexamens quinquennaux de la composition de l'ECU. Durant les années quatre-vingts, les poids des monnaies ont donc été changés deux fois: le 17 septembre 1984 et le 20 septembre 1989. A titre d'exemple, le montant du mark dans l'ECU est passé de 0,8280 mark (13 mars 1979) à 0,7190 mark (17 septembre 1984) puis à 0,6242 mark (21 septembre 1989). Le montant du franc dans l'ECU est passé de 1,1500 francs (13 mars 1979) à 1,3100 francs (17 septembre 1984) puis à 1,3320 francs (21 septembre 1989). Ceci revient à diminuer le poids du mark et à augmenter le poids du franc dans l'ECU, pour compenser leur hausse et leur baisse respective. Entre le 13 mars 1979 et le 14 septembre de la même année (juste avant la recomposition), le poids du mark dans l'ECU est passé de 33 % à 36,9 %, celui du franc est passé de 19,8 % à 16,7 % (sans que les montants ne varient). Les variations respectives des poids de ces deux monnaies montrent bien que le franc a été plus inflationniste que le mark, car ce dernier s'est apprécié relativement au premier en termes d'ECU durant la période. Ceci est illustré par la figure 1.1 qui montre la baisse constante de valeur du franc par rapport au mark au cours des quinze dernières années. La recomposition des montants constitutifs de l'ECU, le 17 septembre 1984, a donné au mark un poids de 32 % dans l'ECU (moins qu'en 1979) et au franc un poids de 19 % (à peine moins qu'en 1979, mais plus qu'avant la recomposition où le poids était tombé à 16,7 %). Depuis 1979, le montant du mark dans l'ECU n'a fait que baisser, diminuant artificiellement d'autant l'importance de cette monnaie dans l'ECU, au profit des autres monnaies moins désirées.

Contrairement à ce qui est affirmé régulièrement par les autorités monétaires, les réajustements n'ont pas pour objectif de redéfinir le montant des monnaies en fonction des poids relatifs des PNB des pays de la Communauté, ou encore en fonction de la contribution de chaque pays membre au budget commun, mais plutôt de réajuster les taux de change du SME à cause des différentiels d'inflation. C'est pour cette raison que les marchés financiers jugent perturbatrices les recompositions de l'ECU (même si elles ont été largement anticipées) puisqu'il s'agit de tirer un trait sur les «engagements» précédemment pris!

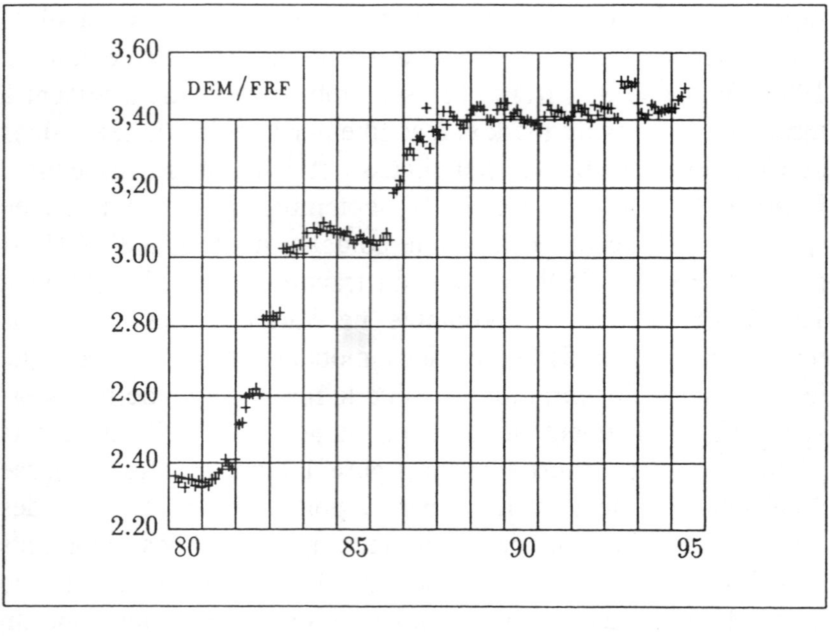

Fig. 1.1 — *Le mark contre le franc sur quinze ans.*

Le SME est-il aussi voué à l'échec ?

Nous comprenons bien que, contrairement aux déclarations des autorités en 1979, le SME ne permet pas de régler les problèmes du Serpent, puisque les mêmes causes provoquent les mêmes effets. Le problème de l'incompatibilité des objectifs internes et externes[46] est toujours présent avec, en plus, le fait que le système est potentiellement plus *arbitraire,* puisque les montants des différentes monnaies constitutives de l'ECU et les marges de fluctuation peuvent être changés selon les résultats des politiques monétaires. D'une certaine manière, le SME permet aux autorités des banques centrales de réaliser une moins bonne politique que dans le Serpent, puisque les résultats peuvent être «dissimulés» plus facilement. C'est la raison pour laquelle le SME s'effondre moins rapidement que le Serpent.

Les crises prévisibles, et prévues dès 1979 par beaucoup d'économistes[47], ont eu lieu à diverses reprises dans le SME. Le franc a été dévalué quatre fois au cours des années quatre-vingts, alors que le mark a été réévalué sept fois au cours de la même période. La première dévaluation du franc fut de 3 % en octobre 1981 et la seconde de 5,75 % en juin 1982[48]. La troisième dévaluation fut faite en mars 1983 (2,5 %) et la dernière en avril 1986 (3 %). De plus, son montant dans l'ECU a été augmenté à chaque recomposition et ses marges de variation par rapport à l'ECU ont été élargies jusqu'à 15 % en septembre 1993.

Si l'on en croit les autorités et les commentateurs de l'époque, les différentes crises qui ont abouti à la sortie de la livre et de la lire du SME, ont eu pour origine le comportement déstabilisateur des spéculateurs internationaux. De plus, ces monnaies

---

[46] C'est-à-dire, respectivement, les objectifs de taux d'inflation et de taux de change.

[47] Cf. [139, Salin] et [24, Centi].

[48] Contrairement aux promesses de l'exécutif français de l'époque...

étaient censées être bien moins stables que le mark qui est le pilier de référence du système. On peut cependant penser le contraire lorsque l'on observe le comportement de la livre depuis sa sortie du SME. Sa valeur est restée plus stable par rapport à l'or que celle du mark, ce dernier s'étant apprécié par rapport au métal précieux au cours des dernières années. On peut donc penser que le mark est une monnaie relativement déflationniste au sein du SME (sa valeur augmente lentement par rapport aux autres monnaies et aux biens). Il entraîne dans sa hausse relative l'ensemble des autres monnaies et en particulier le franc. La relative stabilité de la livre depuis sa sortie du système tendrait à confirmer cette thèse[49].

La politique du franc fort, qui consiste à maintenir le taux de change du franc et du mark le plus fixe possible, contraint la Banque de France à beaucoup de contorsions avec les taux d'intérêt. La monnaie allemande sert de plus en plus de monnaie de réserve internationale (aux dépens du dollar), ce qui en accroît la demande, relativement au reste des monnaies, et surtout aux monnaies du SME dont le franc. Ainsi, malgré un différentiel d'inflation très faible, voire même favorable au franc, le mark s'apprécie par rapport à ce dernier. Cette situation pousse vers le haut les taux d'intérêt en franc et crée de sérieux problèmes dans notre pays. Les britanniques l'ont bien compris, et nous pouvons nous poser la question de savoir pourquoi les gouvernements français soutiennent une opinion différente.

La situation actuelle peut être aussi interprétée grâce à la loi de Gresham qui nous rappelle que les taux de change peuvent également varier parce que la demande de monnaie varie (et pas seulement parce que l'offre varie). Ainsi que nous l'avons souligné ci-dessus, la monnaie allemande est une monnaie particulière dans le SME et sa très forte demande internationale rend le maintien des changes fixes encore plus difficile que dans

---

[49] Même si, comme pour toutes les monnaies, les incertitudes politiques ont actuellement un certain effet sur son cours.

une situation où aucune monnaie du système ne sert de monnaie de réserve au reste du monde. De ce point de vue, la loi de Gresham nous explique les raisons de la cherté du mark: dans un système où l'Etat maintient artificiellement des taux de changes fixes, la mauvaise monnaie chasse la bonne. En d'autres termes, la demande de détention pour la monnaie sous-évaluée s'accroît relativement à la demande pour la monnaie surévaluée.

Le SME est donc, comme le Serpent, voué à l'échec. On ne produit pas de la monnaie par décision étatique, en dépit des lois qui régissent la valeur et l'allocation des ressources. La seule monnaie véritable est celle qui est convertible.

Il n'y a pas de monnaie sans garantie de convertibilité

Les faits que nous venons de passer en revue nous montrent bien ce que la théorie explique: il est *impossible* de maintenir fixe la parité de deux monnaies non convertibles en une monnaie supérieure. On ne peut pas décider du prix d'une monnaie dans une autre, seul le marché le peut. Le problème est d'autant plus difficile que le nombre de monnaies participant au système de changes fixes est grand. La raison tient au fait que dans un système sans convertibilité (entre la monnaie manuelle ou scripturale et la monnaie-or), les producteurs n'ont pas d'informations suffisantes quant à la demande de monnaie qui leur est adressée. Lorsqu'une banque centrale dans un système convertible émet de la monnaie manuelle (billets) en quantité trop importante, elle reçoit des demandes de convertibilité qui l'obligent à puiser dans ses réserves et qui lui imposent donc une destruction de la monnaie ainsi surémise. *La convertibilité est l'aspect fondamental d'un système monétaire,* à condition qu'elle soit totale, c'est-à-dire que tous les utilisateurs de monnaie aient le droit de détenir de l'or et pas seulement les banques centrales ou une seule banque centrale (comme c'était le cas dans le système de l'étalon de change-or). De plus, ce qui compte, ce sont les demandes de conversion brutes et pas les compensations nettes entre banques. La raison vient du fait que les banques se doivent d'honorer les demandes de conversion à l'instant où celles-ci leur sont adressées (compensations brutes), et pas après un laps de temps qui leur permettrait de compenser ces sorties de réserves.

La meilleure illustration de l'importance de la convertibilité est l'épisode de la Banque de France au début du XIXe siècle. Alors que le gouverneur était nommé par l'Etat (par Napoléon Ier, au début du siècle) et que la banque servait à financer les guerres de conquête (90 % des prêts de la Banque), la valeur du franc n'a pas varié, ou presque, jusqu'en 1914. La Banque de France ne pouvait pas faire d'inflation. Il n'y a aucun mystère dans cet épisode monétaire de la France, l'explication repose simplement sur la convertibilité de la monnaie qui empêchait l'Etat, par l'intermédiaire de la Banque de France, de produire une mauvaise monnaie inflationniste. Il n'y avait donc *aucune politique monétaire* à l'époque. Les banques étaient soumises au droit commun. Les détenteurs de créances étaient assurés du remboursement de leurs titres (billets) par les banques. Ce n'est plus le cas aujourd'hui dans un système d'inconvertibilité. Cela montre combien sont inutiles les discussions actuelles sur l'indépendance des banques centrales en général, et sur la future banque centrale européenne en particulier. La question de l'indépendance ne se pose que si la monnaie doit être *manipulée,* c'est-à-dire s'il existe une politique monétaire. Dans ce cas seulement, il est peut-être intéressant de savoir par qui sera manipulée la monnaie. Le statut de la banque centrale est un aspect dérisoire du problème monétaire par rapport au problème fondamental de la convertibilité.

La théorie économique nous permet d'affirmer brièvement la proposition suivante: plus il y aura d'entraves à la production de substituts monétaires convertibles, moins la monnaie sera de bonne qualité et plus ses effets auront des répercussions dans l'économie. Un système de monnaie convertible avec une banque centrale et un cours légal[50] sera moins efficace qu'une situation de concurrence entre les producteurs de substituts monétaires. Les capacités de calcul économique des banques dans une situation de concurrence véritable (c'est-à-dire portant sur l'émission de substituts monétaires) sont bien plus importantes que celles d'un monopoleur. Les banques en concurrence ont des réserves en or, et pas en monnaie de la banque centrale, ce qui accroît leur réactivité face aux variations dans la demande de monnaie. Une banque centrale aura non seulement des ajustements à la variation de la demande de monnaie plus retardés (il faut passer la couche intermédiaire des banques de second rang), mais elle aura surtout plus intérêt à prélever des ressources sur les individus dans l'économie en reniant ses engagements, puisque, de toute facon, elle est en situation de monopole (ou de marché interdit à la concurrence). C'est ce qui s'est passé entre 1914 et 1971.

Que la concurrence soit libre entre les banques émettrices de créances monétaires, ou que seule l'une d'entre elles ait un monopole, est une question relativement secondaire dans l'état actuel du système monétaire européen et international. Le plus important est de comprendre qu'il y a deux systèmes qui s'opposent: d'une part le système actuel dans lequel les monnaies sont inconvertibles et où les Etats peuvent manipuler la monnaie[51], d'autre part le système de convertibilité métallique ou «étalon or»[52]. Le premier repose sur la coercition, c'est-à-dire le cours forcé. C'est donc une restriction de la liberté dans une économie capitaliste. Non content de permettre aux hommes de l'Etat de contrôler la monnaie, ce système génère de l'instabi-

---

[50] Le cours légal désigne l'obligation pour un individu d'utiliser un seul type de substitut monétaire sur un territoire donné.

[51] Cette manipulation ne se retrouve pas seulement en termes d'inflation mais aussi dans la capacité des Etats à accroître leur dette. En effet, la suppression du mécanisme de convertibilité favorise la monétisation de la dette à long terme.

[52] Nous simplifions ici l'analyse car il existe des variantes dans la convertibilité qui permettent de qualifier différemment la nature du système.

lité, des crises et aboutit à détruire l'harmonie sociale et la prospérité. Le second repose sur le marché, c'est-à-dire l'engagement, le droit. Il permet aux individus de prospérer en diminuant le plus possible l'incertitude qui existe sur les variations indésirables de prix et, de surcroît, il rend les échanges internationaux plus faciles. Il permet donc le développement du commerce à l'échelle de la planète et nous met à l'abri d'une grande partie des maux que nous vivons aujourd'hui.

Du Serpent à l'Union Economique et Monétaire: l'éternel recommencement

Les remarques précédentes nous permettent de comprendre pourquoi les différents systèmes monétaires établis en Europe depuis 1972 sont tous incapables de produire des monnaies de bonne qualité. Le serpent avait au départ un lien avec le dollar qu'il fallût rapidement abandonner. Ce lien ne pouvait pas être une garantie de non inflation puisque le dollar pouvait très bien être inflationniste par rapport aux besoins monétaires dans la Communauté. D'autre part, que ce soit dans le Serpent ou dans le SME, des politiques expansionnistes communes («involontaires») sont possibles, ce qui conduit à une situation où l'ensemble du système monétaire est inflationniste, même si les valeurs relatives des monnaies varient peu (si les changes restent quasiment fixes). En d'autres termes, le Serpent et le SME ne peuvent exister que pour limiter les différentiels d'inflation (ce qu'ils n'arrivent pas à faire) et pas pour limiter l'inflation elle-même. Ceci montre bien que le Serpent ou le SME ne garantissent pas une bonne monnaie, et que les objectifs de change fixes et d'une bonne monnaie sont différents.

Cependant, il semble que les autorités européennes et les gouvernements nationaux ne veuillent pas tirer les conclusions qui s'imposent. La future Union Economique et Monétaire est censée être la solution aux problèmes des pays de la Communauté. Selon le traité de Maastricht, les pays de la Communauté devront commencer par respecter des critères fixés, démontrant que leur économie est suffisamment «saine» pour pouvoir entrer dans le cadre de la monnaie unique[53]. Ensuite, l'établissement d'une banque centrale européenne indépendante produisant des euros pourra pallier les problèmes actuels du SME.

La première chose à dire devant ces faits, est ce qu'expliquent les économistes depuis Anne Robert Turgot et Adam Smith: ce n'est pas l'indépendance qui garantit la bonne qualité d'un bien, mais la concurrence libre; ce à quoi il faut ajouter la convertibilité en ce qui concerne la monnaie. L'UEM, avec une banque centrale européenne, va renvoyer l'Europe dans un système monétaire monopoliste, hiérarchique et quasi-national. Il y a fort à parier que les problèmes à résoudre seront très difficiles. Les Allemands n'accepteront pas de changer leur monnaie contre une monnaie de moins bonne qualité[54]. De plus, on peut se demander quelles seront les monnaies qui seront remplacées par l'euro, sachant que seulement deux pays satisfont entièrement les critères de Maastricht aujourd'hui: l'Allemagne et le Luxembourg. Nous pouvons nous demander ce que feront les pays dont les statistiques nationales ne permettront pas l'adhésion à l'Union. Ils n'auront pas accès à la monnaie unique. C'est peut-être un bien, car ils n'auront pas à supporter un troisième échec du système monétaire auquel ils appartiennent.

Une fois encore, la loi de Gresham jouera dans ce vaste système de changes fixes que sera l'UEM, et les mauvaises monnaies surévaluées chasseront la bonne sous-évaluée. Les critères pour entrer dans l'UEM ne garantissent en rien la bonne

---

53 Les critères portent sur le taux du déficit budgétaire et de la dette publique en termes de PIB (respectivement 3 % et 60 %), sur le respect des marges (2,25 %) de fluctuation des monnaies pendant au moins deux ans, et sur le taux d'inflation qui ne doit pas dépasser 1,5 % de la moyenne des taux des trois meilleurs pays en la matière.

54 Il faut rappeler que l'ECU s'est dévalué de près de 40 % par rapport au mark depuis sa création. Ceci explique pourquoi les autorités européennes tenaient tant à baptiser leur enfant, l'«euro», avant même sa naissance.

gestion d'une monnaie commune. Il faut comprendre que les concepts d'inflation et de déficit public n'ont rien de commun, ils sont de nature différente[55]. Au cours des années quatre-vingts, l'inflation a été complètement éradiquée aux Etats-Unis, alors que le déficit public a cru dans des proportions importantes, similaires à ce que peuvent aujourd'hui expérimenter les pays de la Communauté. Il est clair que les déficits publics durables sont incompatibles avec une croissance durable, simplement parce qu'ils détournent une partie importante de l'épargne prêtée[56] et non pas parce qu'ils sont créateurs d'inflation[57]: nous pouvons imaginer qu'un pays ait une monnaie parfaitement stable (si elle est convertible par exemple), tout en ayant un déficit public important[58].

Il est étrange que les autorités européennes cherchent encore des solutions du type «roue carrée», alors qu'il existe trois réformes simples à portée de main.

---

[55] Même si l'accroissement des déficits trouve souvent une solution dans la monétisation, comme nous le verrons dans la dernière partie de ce chapitre.

[56] Nous reviendrons sur ce point dans le chapitre 4.

[57] Même si la tentation inflationniste est une échappatoire courante.

[58] A l'intention de ceux qui pensent que les Etats-Unis sont dans une situation beaucoup plus mauvaise que celle des pays de la Communauté, il faut rappeler que le déficit budgétaire américain en 1994 a été de 2 % du PIB (5,8 % pour la France) et que la dette publique américaine s'élève à 68 % du PIB (58 % pour la France, plus de 120 % pour la Belgique, la Grèce et l'Italie).

On estime à près de 25 % de l'épargne prêtée (aux USA), l'épargne qui est «détournée» par l'Etat américain pour financer son déficit. Ceci est 2,5 fois plus important que dans les années soixante-dix. Les effets de ce détournement de l'épargne se font ressentir en ce qui concerne l'accroissement du stock de capital productif, de la productivité et du salaire réel qui culminent à 1 % par an aujourd'hui, contre 2,5 % il y a vingt ans.

Quelles réformes possibles ?

La première réforme possible serait de supprimer, comme l'a proposé Friedrich Hayek en 1976, le cours légal de toutes les monnaies dans les pays européens. Les habitants de la communauté pourraient utiliser la monnaie de leur choix dans leurs transactions. Il est fort probable que plusieurs monnaies disparaîtraient en Europe au profit de quelques-unes qui resteraient, sélectionnées comme les meilleures garantes du pouvoir d'achat qu'elles sont censées conserver. Cela aurait l'avantage de discipliner véritablement les autorités monétaires de chaque pays et de rendre les échanges beaucoup plus faciles qu'ils ne le sont aujourd'hui. Il faudrait cependant un courage dont les hommes de l'Etat ne semblent pas vouloir faire preuve, se réfugiant toujours dans le nationalisme monétaire devant l'idée d'une concurrence des monnaies en Europe[59]. Cette réforme a l'avantage de reposer sur des banques centrales en concurrence et non pas sur l'indépendance de l'une d'entre elles. Cependant, ce projet implique une monnaie non convertible en monnaie métallique, potentiellement moins stable qu'une monnaie convertible.

C'est dans le même esprit d'une monnaie non convertible que s'inscrit la seconde réforme. Elle consisterait à mettre en place une union monétaire européenne basée sur des *currency boards* en mark (ou en dollar). Les banques centrales de tous les pays européens se transformeraient en *currency board,* et échangeraient toutes les importations de mark sur le territoire contre de la monnaie locale à un taux défini contractuellement. Les banques centrales n'auraient, de ce fait, plus aucun rôle dans la production monétaire. Cette solution aurait l'avantage de stabiliser définitivement le système monétaire européen, puisque

---

[59] Il est pourtant peu probable que les monnaies nationales disparaissent dans ces conditions. Ce qui est certain, c'est que leur qualité en sera grandement améliorée.

la convertibilité représenterait un engagement de la part du *currency board* (qui peut être un organisme privé). Seule la gestion du mark par la Bundesbank deviendrait un enjeu vital en Europe. Cette solution, même si elle est meilleure que la situation actuelle, présente les mêmes défauts que la première.

La troisième réforme a déjà existé dans le passé à une époque où il existait une monnaie internationale: l'or. Cette monnaie était véritablement peu inflationniste comparée aux monnaies actuelles[60] car elle était coûteuse à produire (bien plus que les billets dans un système non convertible). Surtout, elle fournissait aux producteurs de substituts monétaires, l'information nécessaire à sa bonne gestion. Ce que John Maynard Keynes a appelé en son temps la «relique barbare» serait la meilleure monnaie européenne possible. Toutes les monnaies européennes seraient donc convertibles et tous les utilisateurs pourraient détenir de l'or. Cette proposition est celle du groupe de Paris (dénommé également Aristote en réponse au groupe Galilée critiquant la politique du franc fort), qui suggère de frapper des euros-or qui seraient définis par un poids d'or fin. Cette réforme aurait l'avantage de permettre de réaliser rapidement l'union monétaire européenne[61]. Le groupe de Paris propose donc d'abolir le cours forcé et le cours légal de chacune des monnaies nationales pour permettre ainsi à tous ceux qui le désirent d'utiliser l'euro-

---

[60] Il faut savoir que l'inflation s'est élevée à environ 1 % en France entre 1803 et 1914. Le franc a récemment fêté son bicentenaire, à cette occasion nous avons calculé la variation de sa valeur par rapport à l'or sur cette période. Le 15 août 1795, la première définition du franc est: 1 franc = 4,5 g. d'argent. Le 7 avril 1803, la valeur du franc germinal est: 1 franc = 0,29 g. d'or. Cette définition traverse le siècle jusqu'en 1914 date à laquelle la convertibilité prend fin. Le 17 août 1995, la valeur de l'or est la suivante: 0,29 g. d'or = 17,10 francs. Le franc a donc perdu près de 95 % de sa valeur depuis que les hommes de l'Etat s'occupent de gérer la monnaie (il aura seulement fallu 80 années pour le déprécier de 17 fois sa valeur), alors qu'il n'avait pas bougé sur plus de cent ans de gestion quasiment privée.

[61] Il suffirait d'une nuit pour introduire la convertibilité après avoir frappé les pièces libellées en euro-or et avoir choisi la bonne parité.

or ou toute autre monnaie de la Communauté à la place de leurs monnaies respectives et de pouvoir convertir leurs avoirs monétaires en euros-or. De plus, il propose de créer un billet en euros remboursable au porteur, et de permettre l'ouverture de comptes en euros. La proposition du groupe de Paris a le double avantage de pouvoir s'inscrire dans le projet de l'UEM d'une monnaie commune et de pouvoir établir un mécanisme de responsabilité de production monétaire par la convertibilité des monnaies nationales, sans avoir recours à une banque centrale européenne. Dans ce schéma, les producteurs monopoleurs de monnaies nationales retrouveront la discipline monétaire perdue depuis le début du siècle, et les consommateurs bénéficieront d'une monnaie beaucoup plus stable et surtout *commune* et non pas «unique» (adoptée par le marché et non pas imposée). Il faut bien le comprendre, l'UEM est la *destruction de l'idéal européen,* c'est la meilleure façon de ne jamais permettre à une communauté d'individus de pouvoir vivre en harmonie.

LES OBSTACLES À L'EMPLOI

Comme nous venons de le voir tout au long des trois parties précédentes, l'inflation engendre donc les cycles économiques *conjoncturels,* alors que l'impôt entraîne des modifications *structurelles* de l'incitation à produire des richesses. L'émission monétaire et l'impôt sont donc à la source de la crise économique qui nous frappe.

Mais comme nous allons maintenant le voir, ces liens de causalité ne s'arrêtent pas là. Le haut niveau de l'impôt implique la faiblesse des recettes fiscales et de la croissance[62]. De plus, il ne contribue pas, loin s'en faut, à l'amélioration de la situation de l'emploi, comme nous allons tenter de le montrer.

Autopsie du marché de l'emploi

Le chômage peut se définir comme l'écart entre le niveau effectif de l'emploi et un certain niveau d'emploi que l'on peut appeler le plein-emploi[63]. Il serait faux de croire que l'on peut définir le plein emploi de manière univoque (celui-ci dépendant en particulier du salaire réel), mais laissons cette question de côté pour le moment et adoptons provisoirement l'hypothèse selon laquelle il existerait un niveau de plein emploi bien déterminé. Il y a donc chômage si, pour les conditions existantes, la demande de services de travail (offre d'emplois) est inférieure à l'offre de services de travail.

Il est généralement admis en France que le retour au plein-emploi n'est pas possible sans une croissance «suffisante» et l'on ajoute d'ailleurs qu'il existerait des caractéristiques spécifiques de la France telles que la croissance serait particulièrement peu

---

[62] Nous allons revenir sur ce point dans la partie suivante.

[63] Le texte qui suit est tiré d'une version précédente pour la «Commission sur les obstacles à l'emploi» (1993) et il a constitué, dans une version légerement différente, un «rapport divergent» annexé au rapport principal. Cf. [143, Salin].

créatrice d'emplois. Seule une croissance très forte permettrait donc le retour au plein-emploi. Cette vision est erronée. Elle repose en effet sur une conception non-économique du problème de l'emploi, car elle suppose implicitement une relation de type technique entre production et emploi: il existerait une sorte de coefficient technique fixe entre le niveau de la production et la quantité de main-d'œuvre nécessaire pour obtenir ce niveau de production.

Or, le problème de l'emploi est un problème économique, c'est-à-dire un problème humain. La question qu'il convient de se poser consiste à savoir pour quelles raisons des offreurs de travail (demandeurs d'emploi) et des demandeurs de travail ne se rencontrent pas et n'arrivent pas à signer un contrat de travail. Quels comportements permettent d'expliquer pourquoi des hommes et des femmes qui ont les capacités et l'âge de travailler ne travaillent pas? Ce peut être parce qu'ils ne désirent pas travailler (chômage volontaire), ou parce qu'on ne désire pas les embaucher (chômage involontaire). Et la réalité est sans doute souvent un mélange des deux types d'explication, à savoir qu'un accord n'est pas réalisé entre un travailleur potentiel et un employeur potentiel parce que l'un et l'autre ne sont pas suffisamment satisfaits de ce que l'autre propose.

Pour chaque individu, les déterminants de l'offre ou de la demande de travail peuvent être extrêmement nombreux (intérêt du travail, proximité du lieu de travail par rapport au domicile, prestige du travail, etc...). Mais il existe un élément commun à tous: la rémunération du travail.

Pour simplifier le raisonnement, nous allons d'abord prendre en considération le seul salaire direct (en supposant, par exemple, que c'est la responsabilité propre du salarié que de choisir et de payer tel ou tel montant d'assurance-maladie, d'assurance-chômage ou de cotisations de retraite).

Un économiste explique nécessairement le fonctionnement du marché du travail comme il le fait pour le fonctionnement de n'importe quel marché, parce qu'il part de l'hypothèse fondamentale que les problèmes économiques résultent des choix conscients d'êtres rationnels[64]. Or, on ne peut pas parler de marché sans parler de prix, le prix du travail portant un nom spécifique, à savoir le salaire. Si, à un moment donné du temps, il y a chômage, c'est-à-dire que, pour les conditions de salaire existantes, l'offre de travail est supérieure à la demande de travail, c'est que le salaire réel est trop élevé. Plus précisément, le salaire réel est trop élevé par rapport à la productivité (marginale) du travail: dans un certain nombre d'activités, le rendement obtenu par l'emploi d'un salarié supplémentaire est inférieur au coût de ce salarié.

De ce point de vue, par conséquent, il existe un lien très étroit entre l'emploi et le salaire réel, mais il n'existe aucune relation entre l'emploi et la croissance. Ainsi, dans une économie sans croissance, c'est-à-dire une économie où la productivité du travail reste constante, le plein-emploi est assuré, à condition, bien sûr, que le salaire réel ne soit pas trop élevé par rapport à la productivité du travail[65].

Or, imaginons que dans une économie sans croissance, on impose un salaire minimum dont le niveau soit supérieur à la productivité marginale d'une partie de ceux qui sont effectivement employés. Ces salariés seront mis au chômage, l'accroissement de pouvoir d'achat de ceux qui conservent un emploi se faisant donc aux dépens de ceux qui perdent le leur[66].

---

[64] De ce point de vue, on peut dire qu'une proposition qui n'est pas compatible avec le savoir économique général est nécessairement et logiquement fausse. Nous reviendrons sur ce point dans la deuxième partie du chapitre 5.

[65] Ou, en d'autres termes, le plein emploi est assuré à condition que le salaire réel n'ait pas été élevé *artificiellement* par rapport à la productivité *naturelle* du travail.

[66] Il y a là une application typique de la théorie traditionnelle du monopole: par suite d'une législation imposée, le marché (du travail) est réservé à une partie des offreurs de travail. Ceux-ci font un «super-profit» aux dépens de ceux qui perdent leur emploi, mais le gain des uns a une valeur inférieure à la perte des autres. Il est bien évident que la suppression de ce type particulier de chômage ne peut provenir que de la suppression du salaire minimum.

Passons maintenant à l'hypothèse où il y a croissance. Celle-ci résulte nécessairement de processus par lesquels les hommes épargnent, investissent et innovent. Ils proposent ainsi de nouveaux biens qui satisfont les besoins de manière plus économique. En termes simples, on peut dire que la croissance implique nécessairement une augmentation de la productivité des facteurs de production «primaires»: une même quantité de travail permet d'obtenir une plus grande quantité de biens.

Ce sont donc les processus d'innovation qui déterminent à la fois la croissance de la productivité des facteurs de production et le taux de croissance global. *Quant à la croissance du salaire réel, elle est déterminée par la croissance de la productivité du travail.* Comme dans le modèle stationnaire examiné ci-dessus, il n'existe aucune relation entre le taux de croissance global et le niveau de l'emploi. Si le salaire réel n'augmente pas «trop» vite par rapport aux progrès de la productivité du travail, aucun chômage n'apparaît. Si le chômage se développe (ou si la croissance est incapable d'alléger le chômage), c'est que l'adaptation du salaire réel se fait mal, par exemple parce qu'il existe une détermination exogène du salaire réel ou d'une partie de celui-ci. L'exemple du salaire minimum peut être à nouveau cité. Si, comme cela a été le cas pour la France, le pouvoir politique décide arbitrairement une croissance du salaire minimum réel plus rapide que la croissance de la productivité du travail non qualifié, il en résulte évidemment du chômage (une grande partie du chômage des jeunes s'explique ainsi).

Mais il est maintenant nécessaire de ne plus limiter le raisonnement à la seule considération du salaire direct. En effet, ce qui intéresse l'employeur, c'est le coût global du travail (la distinction entre les cotisations du salarié et les cotisations de l'employeur étant, de ce point de vue, purement illusoire). Dans la mesure où la croissance du salaire indirect n'est pas compensée par une baisse suffisante du salaire direct (réel) de manière à maintenir les coûts du travail dans la limite de la croissance de la productivité, il y a chômage. Mais nous verrons ci-dessous que, même dans le cas où la baisse du salaire direct compense exactement l'augmentation du salaire indirect, le système d'incitations en est modifié et le chômage augmente.

Les relations qui existent entre croissance, amélioration de la productivité, salaire réel et emploi paraissent donc claires. Mais examinons pourtant ce qu'en dit le rapport «Choisir l'emploi» du *Commissariat Général du Plan*[67]. D'après ce rapport, il existerait une relation entre le niveau de l'emploi et le taux de croissance global, pour des raisons qui ne sont pas explicitées. Mais, d'après ce même rapport, pour une croissance donnée du revenu global, la croissance de l'emploi serait d'autant plus forte que la productivité du travail serait plus faible. Autrement dit, le raisonnement implicite qui est à la base du rapport du *Commissariat Général du Plan* serait le suivant: l'amélioration de la productivité signifie que l'on produit une unité de produit avec moins de travail. La croissance détruirait donc d'autant plus d'emplois que la productivité du travail augmenterait plus vite. On aboutit alors à cette conclusion difficile à accepter que la diminution du chômage impliquerait une croissance forte accompagnée d'une faible amélioration de la productivité du travail[68] !

L'idée très généralement admise en France selon laquelle la croissance française serait peu productrice d'emplois provient d'une erreur méthodologique grave, à savoir que l'on se contente du simple examen de séries statistiques choisies «au hasard» sans théorie sous-jacente: on constate que, dans les années récentes, il y a eu une certaine croissance du revenu global et

---

[67] Cf. [33, CGP]. Ce rapport a constitué l'un des points de départ de la réflexion de la *Commission sur les Obstacles à l'Emploi*.

[68] L'introduction du rapport de la *Commission sur les Obstacles à l'Emploi* laisse entendre qu'un coût du travail trop élevé peut induire du chômage, parce qu'il inciterait à augmenter la productivité et donc à licencier des salariés. Or, on n'accroît pas la productivité comme par miracle. Il faut des moyens financiers et humains pour cela. Mais le vrai problème vient plutôt de ce que la productivité ne peut pas augmenter autant qu'il le faudrait pour compenser l'augmentation *artificielle* du coût du travail.

simultanément une augmentation du chômage. On en déduit que la croissance francaise — pour quelque raison mystérieuse — est peu créatrice d'emplois. L'illusion statistique se traduit par l'observation d'une «trop» forte augmentation de la productivité du travail. La réalité est à l'opposé: il faudrait une augmentation beaucoup plus rapide de la productivité du travail pour permettre le financement de la croissance — en grande partie exogène — du coût réel du travail. Ceci implique une accumulation de capital plus rapide, donc une épargne plus forte, et un taux d'innovation plus élevé, c'est-à-dire une politique économique exactement inverse de celle qui a été pratiquée au cours des années récentes et de celle qui est préconisée par le rapport «Choisir l'emploi»: il faut supprimer les mesures désincitatives à l'égard de ceux qui épargnent, qui innovent et qui travaillent. Il est incohérent de vouloir à la fois une augmentation rapide du salaire direct et des prélèvements obligatoires, une faible augmentation de la productivité du travail et un taux de chômage faible.

Le véritable problème du chômage en France ne réside pas dans une mystérieuse alchimie par laquelle la «croissance ne produirait pas suffisamment d'emplois», par exemple parce que la productivité augmenterait trop vite! Il réside dans le fait que tout le système des incitations productives est bouleversé par les mécanismés de l'interventionnisme étatique. Ainsi, si un employeur potentiel demande des services de travail, c'est dans la mesure où le profit qu'il peut espérer, par exemple en embauchant un travailleur supplémentaire, n'est pas nul, c'est-à-dire que le coût du travail n'est pas supérieur à la productivité marginale (après impôts) de ce salarié.

On peut alors montrer que l'un des facteurs explicatifs essentiels de la baisse régulière de la demande de services de travail en France est constitué par la croissance continue des prélèvements obligatoires au cours des années récentes. La cascade des prélèvements qui frappent toute création de richesses (TVA, cotisations sociales, taxe professionnelle, impôt sur le revenu, etc...) est telle que la plus grande partie du bénéfice potentiel de l'employeur qui serait dû à l'embauche d'un travailleur supplémentaire est transférée à la puissance publique. Comme nous l'avons dit plus haut, dans certains cas, il ne reste au producteur que 10 à 20 % de la valeur qu'il a créée par ses efforts[69]. L'incitation à embaucher des travailleurs supplémentaires en est donc considérablement réduite. La croissance des réglementations (qu'elles concernent directement l'emploi de la main-d'œuvre ou qu'elles concernent plus généralement l'activité de l'entreprise) joue un rôle similaire en diminuant la rentabilité de l'effort de création de valeur. Or, il est un personnage que l'on oublie étrangement quand on parle de chômage, l'entrepreneur. Pour que des emplois soient créés, il faut pourtant que des entrepreneurs soient incités à les créer; cela devrait être une évidence. Si l'on veut bien voir que l'ensemble du système français décourage l'entrepreneur, punit la création de richesses et l'effort productif, on comprend mieux l'importance du chômage.

Il ne faut pas oublier par ailleurs que l'entrepreneur — ou, plus précisément, le propriétaire de l'entreprise, c'est-à-dire le capitaliste — a un rôle essentiel qui consiste à prendre le risque en charge. Or, aux risques normaux de l'activité économique — dont une partie est d'ailleurs réduite à notre époque par le fait qu'un nombre croissant de risques peuvent être assurés — s'ajoute le risque qu'une réglementation nouvelle ou une augmentation d'impôts réduise la rentabilité de l'activité entrepreneuriale et ce risque-là, contrairement au précédent, n'est pas assurable!

Le caractère particulièrement progressif et désincitatif du système français de prélèvements obligatoires doit donc être placé en tête de la liste des obstacles à l'emploi. Et il est vain d'attendre une amélioration notable de la situation de l'emploi sans une réforme radicale des prélèvements obligatoires.

---

[69] Cf. l'annexe A.

Un phénomène du même genre se produit du côté de l'offre de services de travail[70]. L'augmentation des cotisations sociales, par exemple, est supportée par les travailleurs et par les propriétaires d'entreprises dans des proportions qu'il est impossible de déterminer de manière générale, mais qui n'en est pas moins incontestable[71].

Cette remarque est importante pour la raison suivante. Un certain nombre de travaux effectués récemment en France et cités dans le rapport de la *Commission sur les Obstacles à l'Emploi* tendent en effet à montrer qu'une augmentation des prélèvements obligatoires est compensée par une diminution correspondante du salaire direct. Ce résultat serait le même que l'augmentation concerne la part censée être payée par les travailleurs ou la part censée être payée par les employeurs, la compensation s'effectuant cependant moins rapidement dans ce dernier cas. L'identité de nature entre les cotisations «salariés» et les cotisations «employeurs» est conforme à ce que le raisonnement permet d'affirmer. Mais en prétendant que l'augmentation des cotisations sociales est parfaitement et rapidement compensée par une diminution équivalente du salaire direct (ou une moindre progression de ce salaire direct), les

---

[70] C'est-à-dire de ce qu'il est convenu d'appeler les «demandeurs d'emploi». Naturellement, les chômeurs ne sont pas des «demandeurs d'emploi», mais bien des *offreurs de travail.* Les *demandeurs* (de travail) sont en fait les entrepreneurs.

[71] La part des cotisations effectivement supportée par les salariés et leurs employeurs n'a rien à voir avec la distinction purement administrative entre la cotisation de l'employeur et celle du salarié. Dans la mesure où, en l'absence des très nombreuses taxes qui existent en France, la rémunération des facteurs de production — i.e. du travail et du capital — serait complètement différente, il n'est pas vraiment possible de déterminer qui paie quoi.

Bien sûr, il n'en reste pas moins que la majeure partie des taxes assises sur le salaire est payée par le salarié et non par l'employeur. Mais celui-ci supporte un coût par le fait que son activité est réduite par le faible rendement du travail, par le coût du capital et par le fait que les revenus ne croissent pas. A la fin, personne ne peut échapper aux impôts, même à ceux qu'il ne paie pas directement.

travaux en question font une affirmation excessive, car on ne sait pas ce qu'aurait été le salaire direct en l'absence de cette augmentation de prélèvements. Or, il y a là un point extrêmement important. En effet, si l'on croit à la thèse de la compensation intégrale, on peut en déduire que l'augmentation des prélèvements obligatoires, en particulier des cotisations sociales, a peu de conséquences sur l'emploi. En effet, elle affecterait la structure du coût du travail mais pas son niveau et donc pas le chômage.

Or cette conclusion est logiquement fausse. Et de prétendues «évidences empiriques» qui vont à l'encontre de ce que la logique permet d'affirmer, ne peuvent être obtenues que par des méthodes erronées (par exemple le fait de laisser croire que l'on connaît ce que serait le salaire direct en l'absence d'une augmentation des prélèvements obligatoires). En effet, le salarié est sensible à son salaire direct, car le niveau de ce salaire détermine le pouvoir d'achat dont il pourra bénéficier. Par contre, le niveau des prestations sociales qu'il obtient est indépendant des cotisations qu'il paie. Il ne lui est donc pas indifférent que le coût de son travail lui revienne sous forme de salaire direct ou de salaire indirect. Si l'on augmente la part du salaire indirect, il y aura certes une pression à la baisse du salaire direct, mais il y aura surtout une moindre incitation des salariés à travailler et des employeurs à embaucher[72]. Il en résultera donc une diminution du niveau d'emploi.

C'est pourquoi l'on peut dire que l'augmentation du coût du travail due à l'augmentation des cotisations sociales est un obstacle essentiel à l'emploi. Elle réduit à la fois l'incitation à travailler et l'incitation à employer. Bien entendu, l'existence d'allocations-chômage et de revenus de substitution — même si on la considère comme parfaitement justifiée — réduit aussi l'incitation des gens à travailler et accroît donc le chômage. Le

---

[72] On peut montrer en effet qu'une partie des charges obligatoires est transférée sur l'employeur, comme nous l'expliquons ci-dessous.

problème du chômage en France ne résulte donc pas d'une croissance trop rapide de la productivité du travail dans les services, d'une insuffisance de demande globale, d'une croissance globale trop faible, ou de l'une des nombreuses causes que l'on invoque souvent. Le problème du chômage résulte du système d'incitations des employeurs et des salariés qui dépend lui-même essentiellement du système des prélèvements obligatoires.

On peut présenter les raisonnements ci-dessus d'une manière plus synthétique. Comme nous l'avons en effet souligné, le salaire naît de l'échange entre deux partenaires et il est la contrepartie des services de travail rendus par le salarié. Un impôt (cotisations sociales ou impôt sur le revenu, par exemple) qui est censé représenter un prélèvement sur une ressource (le salaire) est en réalité un impôt sur l'acte d'échange qui donne naissance au salaire. C'est donc, en réalité, la création de valeur due à l'échange qui est frappée par l'impôt. Comme on le sait bien à partir de la théorie économique générale, une taxe sur l'échange est supportée par les deux partenaires de l'échange, dans des proportions qui dépendent de leurs caractéristiques propres. C'est le cas avec un droit de douane qui est supporté aussi bien par l'exportateur que par l'importateur. De la même manière, pour le problème qui nous intéresse, un impôt qui est payé, du fait de l'existence du paiement d'un salaire, est supporté aussi bien par celui qui reçoit le salaire que par celui qui le paie. C'est pourquoi il est erroné de dire, par exemple, que les cotisations sociales représentent uniquement un impôt sur le travail (et les travailleurs). Les cotisations sociales constituent aussi un impôt sur l'activité entrepreneuriale. Et inversement, on pourrait montrer que l'impôt sur le bénéfice des sociétés est peut-être payé en partie par les salariés.

Nous ne savons pas exactement dans quelles proportions chacun des partenaires paie «l'impôt sur l'échange». Mais nous savons une chose avec certitude: plus l'échange est taxé, moins il est désiré. Le système fiscal et social actuel, qui punit dans des proportions invraisemblables la création de valeur due à un échange contractuel entre un employeur et un salarié, est le phénomène destructeur de l'emploi.

Il est écrit dans le rapport de la *Commission sur les Obstacles à l'Emploi*: «Tant que les salariés acceptent les cotisations comme substitut au salaire net, il n'est pas certain que les hausses de cotisation aient un impact sur le coût global du travail à moyen terme». Passons sur l'idée étrange selon laquelle tous les salariés «accepteraient» les cotisations comme substitut au salaire net, alors qu'ils se trouvent dans un système de monopole obligatoire: personne n'a le moyen d'exprimer son souhait éventuel d'avoir un salaire direct plus élevé et un système de protection différent. Il n'en reste pas moins que ce n'est pas seulement le coût global du travail qui importe, mais sa structure: la substitution d'un salaire indirect à un salaire direct est une cause de chômage, car elle modifie les incitations productives des salariés et de leurs employeurs.

A la limite, si le salaire indirect constituait l'intégralité du coût du travail, plus personne ne serait incité à travailler: *ce qu'il obtiendrait serait totalement indépendant de ses propres efforts.* Ce serait la mise en pratique de la grande utopie marxiste dont il faut reconnaître qu'elle est déjà largement mise en pratique dans notre pays. On a découvert avec surprise, au cours des années récentes, le total écroulement du système soviétique, pourtant facilement imaginable puisque le système était presque complètement destructeur des incitations productives[73]. Mais il faudrait maintenant réaliser que la France se trouve exactement sur le même chemin: l'effort productif est peu récompensé et il est d'ailleurs d'autant moins récompensé qu'il est plus productif, la collectivisation des ressources créées par les efforts individuels a progressé de manière continuelle et l'habillage statistique du chômage — qui consiste à appeler stagiaires ou préretraités ceux qui sont en réalité des chômeurs — est exactement le

---

[73] Dès les années trente, Ludwig von Mises ou encore Friedrich Hayek avaient montré l'impossibilité de l'économie de planification centrale.

parallèle de la technique des sureffectifs qui permettait de masquer le chômage en Union Soviétique, comme dans tant d'autres pays centralisés.

Il apparaît donc que les chiffres du chômage s'expliquent non seulement par l'affaiblissement des incitations des employeurs à embaucher, mais également par le comportement des offreurs de travail. C'est ce que l'on doit accepter d'appeler le «chômage désiré». De même que certains facteurs institutionnels expliquent la croissance exogène du coût du travail et la mauvaise régulation qui en résulte, des facteurs institutionnels expliquent la modification du comportement des offreurs de travail. De manière parfaitement rationnelle, si l'on modifie de manière exogène le prix relatif entre le travail et le «loisir», les individus modifient leur offre de travail. Or, dans le système institutionnel actuel, le gain marginal que l'on obtient en passant d'une situation de «non-travail» à une situation de travail est peu incitatif dans beaucoup de cas.

Aussi justifiées soient-elles, il faut bien reconnaître que les allocations-chômage accroissent le chômage, d'autant plus que les allocataires peuvent avoir recours au travail au noir. Mais l'encouragement au «non-travail» résulte aussi de beaucoup d'autres mesures, par exemple le fait qu'il existe un grand nombre d'allocations fournies indépendamment des efforts faits par les bénéficiaires[74]. Il existe aussi une caractéristique du système d'assurance obligatoire jamais soulignée, mais pourtant importante, à savoir que les cotisations dites de sécurité sociale sont assises sur le revenu. Ainsi, une femme qui ne travaille pas reçoit des prestations du fait que son mari travaille et paie des cotisations et elle est «punie» de choisir une situation de travail parce qu'elle doit alors payer des cotisations élevées (en même temps qu'un impôt sur les revenus plus élevé ainsi que d'éven-

---

[74] Il existe même des aides qui *ne sont fournies que si le revenu du bénéficiaire est inférieur à un certain montant,* ce qui constitue une prime évidente à la productivité la plus faible possible.

tuels frais de garde pour ses enfants). Il est tout à fait étonnant qu'une femme mariée qui décide de ne plus travailler — et qui recoit même peut-être des allocations-chômage pendant un certain temps[75] — obtienne exactement les mêmes prestations sociales qu'auparavant sans payer aucune cotisation[76].

Le chômage et la faible croissance viennent en grande partie de ce que l'on se trouve dans un système de collectivisation des gains, mais d'individualisation des coûts: les satisfactions obtenues sont indépendantes de l'effort, les prix payés sont proportionnels ou plus que proportionnels aux efforts. En renforçant quelque peu ce système, on arriverait à une situation de collectivisation totale et d'irresponsabilité généralisée: tout serait fourni «gratuitement», et l'on dépendrait de la bonne volonté de certains (ou de la contrainte) pour créer les richesses.

Ainsi, la croissance du chômage s'explique-t-elle essentiellement par l'intervention de l'Etat dans le contrat du travail, par une détermination directe du coût du travail (cas du salaire minimum), ou par une croissance volontariste du salaire indirect qui provoque deux effets: elle peut diminuer la rentabilité à court terme d'un salarié si cette croissance exogène du salaire indirect n'est pas compensée immédiatement par une diminution équivalente du salaire direct; elle modifie en tout état de cause la structure du coût du travail entre le salaire direct et le salaire indirect, ce qui modifie les incitations productives et crée donc du chômage.

On minimise le rôle du coût du travail pour expliquer le chômage français en affirmant que ce coût serait «internationalement compétitif». Or, le problème est un problème intérieur

---

[75] Pour peu qu'elle ait «réussi» à se faire licencier...

[76] Et il se trouve même des gens pour réclamer que l'on verse un salaire aux femmes mariées qui ne travaillent pas, alors qu'elles sont déjà largement subventionnées par le système de protection sociale! Notons aussi qu'une femme célibataire ne bénéficie pas des mêmes avantages si elle décide d'arrêter de travailler. Telles sont certaines des aberrations coûteuses de notre système de protection sociale.

français et non un problème de compétitivité internationale. S'il y a chômage, c'est parce que la hausse du coût du travail est trop forte par rapport à l'amélioration de la productivité et parce qu'elle se traduit essentiellement par une augmentation du salaire indirect.

La référence à la «compétitivité internationale» est caractéristique d'un mode de raisonnement très répandu en France. Lorsqu'on souhaite étudier un problème quelconque, on commence par établir des comparaisons internationales et on se demande si la France se trouve dans une situation exceptionnelle par rapport à la «moyenne des pays considérés». Mais, comme le dit un dicton plein de sagesse méthodologique, «comparaison n'est pas raison». Les faits, par eux-mêmes, ne peuvent d'ailleurs rien dire. Or, quelle est l'analyse implicite qui peut justifier de telles comparaisons internationales de coût du travail? Elle n'existe tout simplement pas[77]. Si, par exemple, la productivité est plus faible dans un pays que dans un autre et si le coût du travail y est identique, le chômage y sera plus élevé. La simple comparaison de coûts de travail ne nous donne aucune information utile.

Pour les mêmes raisons, la concurrence des pays à bas salaires qui provoque tellement d'inquiétude, ne doit pas être considérée comme une des causes du chômage français. En important certains produits de ces pays, on améliore l'efficacité de l'économie française et la satisfaction des consommateurs français. Certes, cette concurrence peut être fatale à certaines entreprises ou à certains secteurs, mais elle ne constitue pas un

[77] Peut-être peut-on imaginer la séquence implicite suivante: une trop faible «compétitivité» entraînerait un déficit commercial qui diminuerait d'autant la demande globale et donc l'activité économique. Mais les idées selon lesquelles le chômage s'expliquerait par une insuffisance de demande globale et qu'un déficit commercial serait regrettable, nous paraissent totalement erronées. Elles inspirent malheureusement la plupart des raisonnements sur le chômage.

problème collectif[78]. Le progrès passe toujours par des changements de structures productives. En voulant s'y opposer, on ne peut que freiner la croissance et donc empêcher les améliorations de productivité qui aideraient à surmonter le problème du chômage.

Implications pratiques

Ces implications pratiques sont une conséquence logique de l'analyse des causes du chômage que nous avons esquissée, et il n'est donc pas nécessaire de les développer longuement.

La réforme du système des prélèvements obligatoires

Si — comme nous le pensons — la nature même du système de prélèvements obligatoires est la cause essentielle du chômage, proposer des remèdes à la situation de l'emploi revient évidemment à proposer une réforme de ce système. Sans vouloir entrer dans le détail d'une réforme des prélèvements obligatoires à ce stade de l'ouvrage, nous voudrions en souligner deux lignes essentielles, dès à présent:

1° Il est tout d'abord indispensable de réintroduire les techniques de l'assurance dans le domaine de la protection sociale de manière à responsabiliser les assurés et à leur permettre d'évaluer et de choisir la couverture des différents risques. En d'autres termes, il conviendrait de

---

[78] En effet, l'achat de produits à l'étranger implique nécessairement que les étrangers nous achètent quelque chose en retour. Les emplois «perdus» par une industrie seront forcément «regagnés» par une autre. Le seul problème étant d'ailleurs que cette deuxième industrie n'ira pas chercher le ministre du «travail» ou la presse pour expliquer comme sa situation est merveilleuse, alors que la première ira se plaindre de la structure des prix qui ne lui permettent plus de «faire face à la concurrence des pays à bas salaires».

modifier progressivement le système de façon à ce que les cotisations payées soient fonction des risques, la solidarité — à l'égard, par exemple, des handicapés, des plus démunis, des familles — étant financée par des mécanismes de type fiscal.

2° Il faut, par ailleurs, atténuer les effets désincitatifs du système des prélèvements obligatoires. La progressivité de l'impôt sur le revenu et la multiplicité d'impôts et de cotisations qui portent sur une même assiette fiscale détruisent, dans beaucoup de cas, l'incitation à travailler, à produire et à épargner.

Il nous paraît, en tout cas, impossible d'enregistrer une résorption significative du chômage, quelles que soient les mesures prises, si une modification profonde de ce système n'est pas amorcée.

L'assurance chômage

Le fonctionnement de l'assurance-chômage est un exemple particulier de ce système général d'irresponsabilité que nous avons évoqué. Ainsi, tout le monde sait pertinemment qu'il existe des abus considérables dans le système français d'assurance-chômage. Certaines personnes optimisent leur situation en faisant alterner des périodes de travail et des périodes de chômage pendant lesquelles elles travaillent au noir et sont dispensées de bien des paiements qui sont imposés à ceux qui travaillent. Elles vivent ainsi, dans une large mesure, aux dépens des autres et elles refusent éventuellement les emplois qui leur sont proposés. Mais il y a là un tabou qu'on n'a pas le droit d'ébranler sans se heurter à tous les bien-pensants du consensus français. Remettre en cause l'assurance-chômage, telle qu'elle existe, ce serait porter atteinte aux «acquis sociaux» et nuire aux plus démunis! En réalité, la défense du *statu quo* conduit à maintenir la rente de situation dont bénéficient les moins scrupuleux aux dépens des plus honnêtes et des plus actifs. Acceptera-t-on de dire au grand jour que la société française est ainsi minée par une multitude de phénomènes de parasitisme qui portent atteinte à la prospérité de tous, qui créent frustrations et rancœurs et qui détruisent le sens moral? Mais il ne suffit pas de dénoncer ou de lutter contre les abus. Il faut changer de système pour que les «abus» soient plus difficiles à réaliser.

Le système actuel est un système d'irresponsabilité. Lorsque le gain marginal que l'on peut obtenir en acceptant un emploi est faible par rapport à ce que l'on peut obtenir sans travailler grâce aux allocations-chômage, il est évident que l'incitation à travailler en est réduite d'autant. Symétriquement, une entreprise peut avoir davantage intérêt à licencier un salarié qu'à le garder à temps partiel. Mais la première solution est évidemment plus coûteuse pour l'ensemble des cotisants que la seconde. Autrement dit, il serait préférable d'avoir un système plus nuancé que le système actuel, c'est-à-dire un système qui offrirait certaines garanties de ressources (qu'il s'agisse d'un chômage total ou d'une simple réduction d'activité), mais qui permettrait par ailleurs de réintroduire la responsabilité individuelle[79].

On sait bien que, par nature, un système d'assurance présente toujours cet inconvénient d'inciter les assurés à faire supporter les conséquences de ce qu'ils font par l'ensemble des assurés et donc à créer des dommages et à prendre des risques. Mais il n'en reste pas moins vrai qu'il est toujours possible de trouver des moyens de limiter le recours à un tel comportement. C'est précisément ce que l'on pourrait attendre d'une privatisation de l'assurance-chômage qui permettrait d'imaginer des systèmes beaucoup plus variés et mieux adaptés aux situations particu-

---

[79] A ce titre, la réduction *obligatoire* des heures de travail participe au mouvement de déresponsabilisation des individus sur le marché du travail et, de surcroît, empêche les ajustements de productivité de pouvoir s'effectuer.

lières[80]. A titre d'exemple, que le système reste public ou qu'il soit plus ou moins privatisé, on pourrait s'inspirer des techniques du «bonus-malus» qui sont facilement entrées dans les mœurs en ce qui concerne l'assurance automobile. Elles consistent à élaborer des «profils de risque» individuels en fonction des événements enregistrés au cours d'une période passée. Ainsi, il serait logique que la cotisation d'assurance-chômage soit plus élevée pour ceux qui choisissent périodiquement de se mettre au chômage afin d'optimiser leur situation, pour ceux qui refusent un emploi qui leur est proposé ou pour ceux qui choisissent délibérément un métier à activité très irrégulière (mais qui peut éventuellement leur rapporter beaucoup au cours des phases de travail)[81]. Il n'est en tout cas pas possible de maintenir le système actuel en l'état et de se contenter de négocier périodiquement des augmentations de taux de cotisation.

Le SMIC est-il nécessaire ?

De plus en plus nombreux sont ceux qui commencent à ébranler courageusement le tabou du salaire minimum. C'est ainsi qu'il est écrit dans le rapport de la *Commission sur les Obstacles à l'Emploi* que «l'existence d'un salaire minimum s'analyse comme une barrière d'entrée sur le marché du travail légal». Il convient cependant de préciser les raisons pour lesquelles on devrait défendre l'idée que le salaire minimum doit être supprimé. En effet, des propositions de ce genre pourraient être mal interprétées et être considérées comme une atteinte aux moyens d'existence des travailleurs les plus démunis.

---

[80] L'Union de Banques Suisses a proposé récemment que l'Etat prenne en charge une allocation minimale (financée par une cotisation identique pour tous) et que le complément soit apporté par des assurances privées en fonction des souhaits des assurés.

[81] Nous pourrions imaginer un système d'assurance chômage par capitalisation. Nous reviendrons sur ce point dans l'annexe B.

Les justifications de ces diverses propositions sont en réalité les suivantes:

1° Tout d'abord, le salaire minimum — ou revenu minimum — pourrait être pris en charge par d'autres mécanismes. Nous l'avons déjà dit, les victimes du salaire minimum sont d'abord les travailleurs peu qualifiés qui, de ce fait, se trouvent au chômage. Il serait donc bien préférable que le salaire soit déterminé par le marché[82], et qu'il permette ainsi de fournir un emploi au plus grand nombre et que, par ailleurs, des filets de sécurité soient mis en place, mais de manière la plus personnalisée possible.

2° En deuxième lieu, il convient d'adopter une vision réaliste, c'est-à-dire dynamique, de l'emploi et du travail, et non

---

[82] S'il n'existait pas un salaire minimum légal, les travailleurs non qualifiés recevraient tout de même l'équivalent de ce qu'est actuellement le SMIC, certains même davantage mais d'autres moins. Mais ces derniers ne peuvent pas travailler à l'heure actuelle.

Il ne faut, en tout cas, pas penser que le montant du salaire minimum qui prévaudrait s'il n'y avait eu ni indexation sur le pouvoir d'achat moyen, ni «coups de pouce» serait le salaire en vigueur aujourd'hui pour les travailleurs non qualifiés en l'absence de ces ajustements. Le marché aurait très probablement imposé des montants minimaux plus élevés.

En effet, il est stupide de croire que les augmentations du SMIC ont été génératrices de hausses de salaire. Seule la productivité du travail détermine son prix. Ainsi, le SMIC ne joue-t-il pas à la hausse des salaires. En revanche, s'il augmente plus vite que la productivité marginale du travail, le salaire ne peut pas suivre le mouvement. Or, employer quelqu'un et le payer plus que sa productivité marginale, signifie faire des pertes nettes pour un employeur. Ainsi, le SMIC ne joue-t-il un rôle que dans les licenciements.

Les hausses des salaires ne sont donc dues qu'à la hausse de la productivité du travail des personnes les moins qualifiées, et non à l'altruisme dont feraient preuve les hommes de l'Etat. *A contrario,* comme la croissance économique aurait été beaucoup plus forte en l'absence de chômage, il est possible de dire que les travailleurs — à qualification inchangée — auraient eu des salaires beaucoup plus importants aujourd'hui en l'absence de SMIC.

> une vue statique. La vue statique consiste à imposer un salaire minimum donné à un moment donné, quel que soit l'apport effectif d'un travailleur à la production. Cette pratique — évidemment inspirée par la démagogie politique — a pour conséquence d'exclure du marché du travail, parfois pour une très longue période, des hommes et des femmes qui, à ce moment-là, ne peuvent pas apporter une contribution suffisante à la production pour qu'une entreprise soit incitée à les embaucher[83].

Or, les capacités des êtres humains se modifient dans le temps, parfois de manière extraordinaire et imprévisible. A titre d'exemple, un jeune qui cherche un emploi a nécessairement une faible productivité du fait de son manque d'expérience et de savoir. En imposant à une entreprise de lui payer un salaire et des charges sociales trop élevés par rapport à sa productivité, on l'empêche d'entrer sur le marché du travail et de développer ses capacités de manière telle qu'au bout d'un certain temps, il pourrait obtenir un salaire réel au moins égal au salaire minimum ou même supérieur[84]. Et ce qui est vrai pour un jeune est également vrai, par exemple, pour quelqu'un qui effectue une conversion d'activité.

La prospérité — c'est-à-dire des revenus élevés et des emplois abondants — est le résultat d'une multitude de processus

---

[83] Le drame d'un licenciement lié au niveau trop élevé du SMIC *réel* — i.e. du coût charges comprises d'employer un «smicard» — réside dans le fait que la personne mise au chômage aura du mal à retrouver un emploi. En effet, son licenciement est dû au fait que sa productivité marginale est trop faible, compte tenu du niveau du SMIC *réel*. Or, l'inactivité s'accompagne d'une forme d'«obsolescence» du capital humain — i.e. de la formation — de la personne en question. Ainsi, avec le temps, la productivité des chômeurs, i.e. leur salaire maximum, décroît, alors que le SMIC s'accroît. Les chances de retrouver un emploi s'amenuisent alors.

[84] Ainsi que nous le montrons dans l'annexe A, les prélèvements obligatoires sur le SMIC peuvent atteindre 45,25 %.

d'essais et d'erreurs. En imposant aux hommes (entrepreneurs ou salariés) de faire comme si un résultat certain était déjà obtenu (salaire élevé), on empêche ces processus de découverte de se développer. Bien entendu, on ne peut pas avoir la certitude que toutes les entreprises pourront prospérer si on les laisse libres de fixer les salaires par des procédures contractuelles individuelles; on n'est pas non plus certain que tous les salariés connaîtront une hausse continue de leurs salaires. On peut, par contre, avoir la certitude qu'en introduisant des rigidités dans ces processus, on freinera la création d'emplois bien rémunérés.

On pourrait certes dire que l'allégement des charges sur les bas salaires, que nous critiquons par ailleurs, est en fait le moyen de compenser un salaire minimum qui est trop élevé. Autrement dit, il existerait deux systèmes équivalents: dans le premier — le système qui se met actuellement en place — le salaire minimum est «trop» élevé, mais les charges sont réduites d'autant. Dans le deuxième, le salaire minimum est à son niveau «normal» (et les charges adaptées à ce niveau), mais les titulaires de bas revenus reçoivent éventuellement des transferts compensateurs (qu'il faut bien financer, de la même manière qu'il faut bien financer les allégements de charges). Il existe pourtant une différence essentielle entre ces deux systèmes, à savoir que, dans le second, on peut adapter les transferts aux circonstances spécifiques de ceux qui en bénéficient. Ainsi, il ne serait pas justifié de donner la même allocation à un jeune sans expérience, à faible productivité, qui vit chez ses parents et qui reçoit un salaire (temporairement) faible et à un père de famille qui reçoit le même salaire. L'allégement des charges sur les bas salaires est un mécanisme totalement aveugle, parce qu'il réalise des transferts implicites qui peuvent fort bien n'être justifiés à aucun point de vue[85].

---

[85] Une telle mesure conduit également à déconnecter un peu plus les efforts et les prestations que peuvent recevoir les individus. Elle s'inscrit donc à l'encontre d'un retour à une plus grande responsabilité morale. Il serait incompatible de défendre un tel point de vue avec la dénonciation de l'irresponsabilité institutionnelle que nous faisions dans la première partie de ce chapitre.

Les décisions politiques

L'idée que le salaire minimum est créateur de chômage est encore plus éloignée de l'esprit de nos élites politiques que l'idée que l'impôt tue l'emploi. Et même si un tel point de vue commence à être murmuré entre deux portes dans les ministères, il n'en reste pas moins que l'opinion publique n'y est pas encore prête. Ceci peut changer très rapidement. Tout comme les idées fiscales vraies se répandent petit à petit, nous pouvons nous attendre à ce que le droit du travail finisse par être reconnu comme la grande cause de l'absence de travail. Aux Etats-Unis, la bataille intellectuelle est âpre, et mêmes les démocrates ne sont pas forcément en faveur de l'existence d'une telle législation. Il faut dire que les intellectuels sont moins conformistes là-bas qu'ici et acceptent de confronter leurs idées à la réalité des faits: il existe maintenant de nombreux tests économétriques qui prouvent que le salaire minimum a un effet négatif sur l'emploi en général, et sur celui des jeunes et des individus peu qualifiés en particulier. Comme l'explique le prix Nobel d'économie, Gary S. Becker, toutes les études correctement menées sur le plan méthodologique sont unanimes pour reconnaître ce phénomène:

> «Au cours des dernières années, de nombreuses études ont montré que le salaire minimum réduisait de façon significative le niveau de l'emploi des adolescents et des salariés peu qualifiés. [...] [Des études] montrent que l'augmentation en deux temps du salaire minimum fédéral de 3,35 dollars à 4,25 dollars, intervenue en 1990 et 1991, a significativement réduit l'emploi des adolescents, de ceux qui ont abandonné leurs études et d'autres travailleurs à bas salaires.
>
> «L'ordre de grandeur de ces suppressions d'emplois apparaît vraisemblable, particulièrement après prise en compte des effets de la récession qui sévissait à l'époque. [...] Une augmentation du salaire minimum de 25 % réduit l'emploi des jeunes hommes et des jeunes femmes de moins de 20 ans de 12 % et de 18 %. Pour

ceux qui ont abandonné leurs études secondaires, la baisse est de 6 %».[86]

Des études françaises analogues ont été menées depuis fort longtemps. A notre connaissance, la plus ancienne se trouve être celle de Jean-Jacques Rosa, réalisée pour un colloque de l'*American Enterprise Institute for Public Policy Research* tenu en 1980, et qui présentait de tels résultats dans le cas français[87].

Bien sûr, elles n'émanent pas toutes de penseurs *a priori* libéraux. En particulier, nous pourrions évoquer les conclusions du *Rapport Général sur le Projet de Loi de Finances pour 1993*. Dans ce document officiel[88], établi sous la présidence d'un député socialiste, nous pouvons lire:

«Sur le plan théorique, le salaire minimum ne peut exercer une influence sur l'équilibre du marché du travail que s'il se situe à un niveau supérieur à celui qui permettrait d'en assurer l'ajustement au sens classique du terme. L'impact du salaire minimum risque d'être d'autant plus fort sur une catégorie (secteur d'activité, classe d'âge, qualification, sexe) que, sur ce segment du marché du travail, le niveau du salaire minimum est proche de celui du salaire moyen pratiqué, qu'il évolue plus rapidement que ce dernier ou que la productivité et qu'une fraction plus élevée de la main-d'œuvre est directement rémunérée à ce taux.

«En ce qui concerne les jeunes, de telles études montrent qu'aux Etats-Unis l'élasticité de l'emploi des jeunes aux relèvements du salaire minimum serait de -0,1 à -0,3, ce qui signifie qu'une hausse de 1 point du salaire minimum entraine une baisse de 0,1 à 0,3 point de l'emploi des jeunes. En France, où le nombre de salariés payés au SMIC était de 10,9 % en juillet 1990, les études les plus récentes mettent en évidence un impact nul du SMIC sur les

[86] 86. Cf. [12, Becker].

[87] 87. Cf. [129, Rosa].

[88] Cf. [32, Assemblée Nationale, pages 103-104].

adultes, mais défavorable pour les jeunes avec des différences allant de -0,1 à -0,23 ou de -0,2 à -0,6 selon les sources. Au regard des résultats de ces études, les statistiques du Ministère du Travail font apparaître une baisse du pourcentage des jeunes parmi les salariés payés au SMIC (43 % en 1987, 36 % en 1990) qui serait la conséquence d'un double mouvement: la baisse du nombre des jeunes actifs entre 16 et 25 ans, en liaison avec la forte progression de la scolarisation et, d'autre part, une transformation des conditions d'entrée dans la vie active, les jeunes plus qualifiés étant embauchés à un niveau supérieur au SMIC cependant que les jeunes sans qualification passent fréquemment par des emplois aidés.»[89]

A ce titre une réforme possible et rapide du SMIC pourrait consister à le rendre supplétif[90]. Ceci permettrait de ne prati-

---

[89] Si nous sommes agréablement surpris que de tels propos puissent être tenus officiellement, nous ne pouvons partager tous les points de ce paragraphe. En particulier, si le SMIC a un impact «nul» sur les salariés les plus âgés, cela provient du fait que peu d'entre eux ont un faible capital humain. En d'autres termes, cela signifie que le niveau actuel du SMIC ne permet pas de distinguer le petit nombre frappé par le SMIC dans l'ensemble de la population active: ceci provient d'une faiblesse des méthodes statistiques actuelles. Mais si les mêmes tests étaient menés dans les populations de chômeurs non qualifiés, les résultats ne seraient plus du tout les mêmes.

De la même façon, il est curieux de présenter les choses de façon aussi ambiguë à propos du chômage des jeunes: si les jeunes voient leur part baisser parmi les salariés payés au SMIC, cela ne peut pas laisser penser que ce dernier perd de son importance. En particulier, les auteurs vendent la mèche en affirmant que de plus en plus de jeunes sont employés à travers des systèmes d'aide. *Ceci signifie que l'impact du* SMIC *se fait plus fort.*

Ajoutons peut-être que les statistiques sur le chômage des jeunes sont faussées par les méthodes statistiques. En effet, si l'on considère le taux de chômage des jeunes — soit 27 % environ au sens du BIT — on parle alors du rapport entre les jeunes chômeurs et les actifs de moins de 25 ans. On exclut alors tous les jeunes gens scolarisés. Ainsi, le chômage des jeunes reflète-t-il le *chômage des moins scolarisés d'entre-eux*. Si l'on fait le rapport du nombre des chômeurs sur la population de majeurs de moins de 25 ans, le taux est de 8 % environ.

[90] C'est-à-dire «juridiquement non obligatoire», comme le propose le juriste Patrick Simon.

quement changer aucun des textes juridiques et fiscaux y faisant explicitement référence tout en donnant la possibilité aux individus de contracter librement en matière de travail.

Mais si le rôle des intellectuels consiste précisément à expliquer de nouvelles idées, ou plutôt à reformuler des idées anciennes dans le langage des nouvelles générations[91], l'acceptation de la réalité par l'opinion publique peut prendre un temps précieux.

De ce point de vue, une réforme fiscale profonde peut paraître un moyen plus rapide de parvenir à obtenir simultanément un nombre d'objectifs assez divers. Outre les fluctuations monétaires et le chômage, elle peut avoir un effet non négligeable sur le déficit budgétaire; et ceci dans un sens tout à fait inattendu pour les hommes de l'Etat, comme nous allons maintenant le montrer.

---

[91] Pour paraphraser le prix Nobel d'économie, Friedrich Hayek!

DES DÉFICITS BUDGÉTAIRES

Si l'on veut appréhender le problème du déficit budgétaire en France, il convient de se souvenir qu'il n'a cessé d'augmenter au fil des 5 ou 6 dernières années passant de 1 % du PIB à près de 6 %. Concrètement, il absorbe plus de 300 milliards de francs par an, soit une ponction considérable sur l'épargne des Français. Un tel chiffre représente plus de 820 millions de francs par jour, soit un peu plus que le revenu d'une surtaxe de 10 % sur l'ISF[92].

Plus simplement, le déficit de l'Etat représente la somme de deux SMIC par seconde, jour et nuit, en semaine comme le week-end. Depuis le début de la lecture de cette page, la dette de l'Etat s'est accrue de 60 SMIC. Elle se monte à près de 3 000 milliards de francs[93].

Comme nous allons maintenant le voir, une telle accumulation de dettes, si elle n'est pas rare dans l'histoire, constitue tout de même un signal grave. Elle a souvent poussé les gouvernements à recourir à des expédients économiquement néfastes dans un grand nombre de situations analogues.

---

[92] Le produit de l'ISF est dépensé par le déficit budgétaire dès midi, le 9 janvier de chaque année.

[93] Ces chiffres sont plus faibles que dans la réalité. En fait, le déficit prévisionnel de 1995 est de 321 milliards de francs. A ce déficit, s'ajoutent ceux de la sécurité sociale dont le montant cumulé provisoire pour 1994-1995 est de 118 milliards.

De plus, il y a de fortes probabilités statistiques pour que la faiblesse des recettes fiscales du premier semestre se traduise sur l'année par un accroissement de ces deux déficits de plus de 20 milliards chacun. Ainsi, à la fin 1995, les déficits publics auront dépassé les 410 milliards en rythme annuel.

Ceci ne tient d'ailleurs pas compte des déficits des communes, des départements, ou des entreprises publiques.

Déficits et inflation: les leçons du présent

Déficits budgétaires et dépenses publiques exercent des effets très importants depuis des siècles et pourtant les leçons de l'histoire semblent échapper, dans la plupart des pays industrialisés, à l'opinion publique. L'Allemagne et la Suisse sont, à cet égard, de notables exceptions. Les questions soulevées par les déficits budgétaires paraissent souvent abstraites ou «trop techniques» pour être comprises par un citoyen non spécialiste[94].

Pour saisir l'enjeu de ce problème, il suffit d'imaginer un individu dépensant régulièrement plus que ses revenus. Dans un premier temps, cet individu finance son «déficit» (c'est-à-dire son excédent de dépenses) en utilisant ou plus précisément en consommant ses économies. Son épargne diminue jusqu'à épuisement. L'endettement, acceptable pour financer des biens durables, devient rapidement impossible pour régler des dépenses de consommation courante.

L'individu qui accepte cette situation n'a pas seulement dilapidé ses économies, il ne peut plus, en outre, compter sur le revenu de son épargne. Il s'est appauvri, il a réduit son revenu global et il doit alors diminuer sensiblement ses dépenses courantes. Son niveau de vie s'en trouve amoindri d'autant.

Le même type de conséquences apparaît lorsqu'un groupe de personnes, un pays par exemple, se livre à une «politique financière» dite «déficitaire». Lorsqu'un Etat engage plus de dépenses de fonctionnement courantes que l'ensemble de ses revenus, il n'«investit» pas, il s'endette. Cet endettement public

---

[94] Il faut toutefois noter que la dette publique augmente dans la plupart des pays industrialisés de la planète, y compris en Suisse.

De même, si aujourd'hui l'Allemagne satisfait encore aux critères de l'Union Monétaire, sa dette publique est passée de 23 % du PNB en 1989 à un peu plus de 40 % en 1995 (prévisions).

Cependant, l'opinion dans ces pays a sensiblement freiné l'accroissement des dettes publiques.

n'est pas simplement «une dette de la société sur elle-même» sans importance, c'est au contraire une situation ne permettant que trois solutions.

Pour combler ce «trou», en principe, l'Etat peut (jusqu'à un certain point) lever des impôts, emprunter les fonds nécessaires, ou «monétiser» la dette nouvelle, c'est-à-dire avoir recours à la création monétaire. Historiquement, nous pouvons découvrir une tendance qui fonctionnerait ainsi: dans un premier temps, les dépenses publiques sont suffisamment restreintes pour être financées par l'impôt. Dans un second temps, lorsque les dépenses s'alourdissent jusqu'à rendre l'impôt trop impopulaire, les dépenses publiques excédentaires, le déficit budgétaire, nécessitent un recours à l'emprunt public. Enfin, lorsque cette ressource vient à s'épuiser, ou lorsque la conjoncture s'assombrit, les autorités publiques utilisent l'inflation monétaire pour résoudre la crise financière.

Dans une première période (qui peut durer des années), cette inflation monétaire semble résoudre plusieurs problèmes en même temps. D'une part, les dépenses publiques supplémentaires sont financées sans impôt ni emprunt nouveaux. D'autre part, l'expansion économique générée par la politique monétaire n'entraîne pas d'inflation proportionnelle des prix.

Mais cette phase d'expansion monétaire vient nécessairement à terme. Soit les «autorités monétaires» arrêtent la création monétaire et il s'ensuit un réajustement économique général, communément appelé récession (ou parfois dépression), soit pour éviter cette «crise de stabilisation», les responsables politiques continuent la monétisation de la dette publique supplémentaire. La prolongation de cette politique «expansionniste» engendre, à la longue, une seconde phase au cours de laquelle l'augmentation des prix a tendance à s'accélérer. Lorsque le rythme de l'augmentation des prix rejoint celui de l'inflation monétaire[95],

---

[95] Nous désignons par «inflation de la monnaie», l'accroissement de la masse monétaire qui n'aboutit pas nécessairement à l'augmentation immédiate et

l'instabilité économique et monétaire engendre une anticipation généralisée de l'inflation par tous les acteurs économiques confondus. L'hyperinflation apparaît, une troisième phase commence. Au cours de cette phase, les prix augmentent plus vite que la masse monétaire (quelle qu'en soit sa définition) et la monnaie se dévalorise à un rythme accéléré. Il en résulte généralement une crise monétaire au cours de laquelle la monnaie perd toute valeur et disparaît.

Lorsque l'expansion monétaire engendre une forte hausse des prix, la solution logique serait l'arrêt de cette création artificielle de monnaie et de crédit. Mais précisément, le crédit bancaire, nouvellement créé, ne provient d'aucune épargne, il est artificiel et stimule provisoirement les industries de biens d'équipement, au détriment des industries de biens de consommation. La création monétaire artificielle a engendré une distorsion de la structure de production. Le réajustement des diverses industries est d'autant plus pénible que l'inflation monétaire a été longue et importante quantitativement. L'arrêt de l'expansion monétaire et «la crise de stabilisation» qui s'ensuit présentent des problèmes politiques d'autant plus difficiles à résoudre que la gestion de la monnaie a été «expansionniste». Arrivé à ce point, il est fréquent d'imposer un contrôle généralisé des prix et des salaires.

Ce contrôle est voué à l'échec puisqu'il n'empêche pas la hausse des prix réels effectivement payés par les consommateurs et qu'il engendre la désintégration économique et le bouleversement des structures productives.

La situation de l'économie française d'aujourd'hui présente des risques sérieux de dérapages financiers et monétaires. Depuis plusieurs années, il est fréquemment répété que les taux d'intérêt sont «trop élevés» et que la politique monétaire «restrictive» est en grande partie responsable de ce phénomène. Il en résulte une

---

générale des prix. Ce concept est donc à distinguer de «l'inflation des prix» ou «hausse des prix».

demande implicite, et parfois explicite, de relance de l'économie par une politique monétaire dite moins «restrictive», en réalité inflationniste («un peu d'inflation n'ayant jamais tué personne», entend-on dire en privé).

Dans cette perspective, les taux d'intérêt «trop élevés» pourraient baisser; mais cette baisse de caractère artificiel, couplée à un redémarrage de l'inflation des prix, ne pourrait engendrer les «effets positifs» d'un «boom classique» que sur une période relativement courte au delà de laquelle la «reprise» s'arrêterait. Comme nous l'avons vu dans la deuxième partie, consacrée au cycle, les prix continueraient, au contraire, d'augmenter et une stagflation à la française s'ensuivrait. Quant à l'idée qu'une «petite inflation» peut être à la fois bénéfique et «durable», elle s'est révélée dans le passé, y compris dans le passé récent, n'être qu'une illusion. Ainsi, une fois passé un certain seuil, les prix augmentent proportionnellement plus que la masse monétaire. L'inflation légère dépasse les taux prévisionnels et la tendance à l'accélération rend l'inflation (des prix ou de la monnaie) incontrôlable.

La manipulation de la monnaie, pour «stimuler» l'économie, engendre beaucoup de problèmes sans pour autant résoudre ceux qui existent. Il faut donc chercher ailleurs leurs origines et leurs solutions. Sans monétisation, les déficits publics engendrent des difficultés de financement de l'économie d'autant plus grands qu'ils représentent une part substantielle de l'épargne disponible. Ainsi, ce qui caractérise les déficits de ces dernières années par rapport aux précédentes, ce n'est pas leur *existence,* mais leur *ampleur*: en France, la dette de l'Etat n'a presque jamais été aussi importante qu'aujourd'hui, du moins en temps de paix.

Les déficits budgétaires financés par l'emprunt engendrent inévitablement une hausse des taux d'intérêt réellement pratiqués sur le marché, par rapport au taux que l'on peut qualifier de taux naturel de l'intérêt[96]. L'augmentation des déficits budgétaires,

---

[96] Pour reprendre le terme de Knutt Wicksell (Cf. [163, Wicksell]).

dans une hypothèse de stabilité monétaire, engendre inévitablement la hausse des taux d'intérêt et la baisse de l'épargne destinée aux investissements productifs.

Ceci est à la fois la cause de la transformation des épargnants en «rentiers» de l'Etat[97] et une source de fluctuations cycliques de nature analogue à celles que nous décrivions dans la deuxième partie de ce chapitre[98].

Paradoxalement, la quantité de fonds épargnés augmente également. *Mais cette augmentation, bien loin de financer les progrès de la productivité économique, ne sert qu'à financer l'augmentation de la dette publique.* D'une part, l'épargne supplémentaire est consommée par les dépenses publiques au lieu d'être investie productivement[99], à l'avantage général. D'autre part, l'épargne destinée à l'économie et au financement de son progrès diminue. C'est le fameux *effet d'éviction* par lequel «les besoins de financement de l'Etat sont satisfaits aux dépens de ceux du secteur privé»[100]. Cette disparition d'une épargne productive prive l'économie des fonds indispensables à son progrès, tout en augmentant les taux d'intérêt payés par les entreprises et les emprunteurs individuels[101].

---

97 Transformation que nous dénoncions dans la première partie de ce chapitre.

98 Toutefois, dans ce cas ci, la variation du taux d'intérêt qui déclenche le cycle n'est pas engendrée par l'émission inadéquate de monnaie mais par une variation de l'offre de titres publics.

99 L'utilisation de l'épargne pour financer le déficit public est, par essence, improductive.

100 Cf. [142, Salin, page 108].

101 Nous pouvons illustrer ce phénomène par la figure 1.2:

«La courbe *D* représente la demande de fonds prêtables en l'absence de déficit budgétaire [...]. Il en résulte un taux d'intérêt d'équilibre, r_e, et un niveau T_e de fonds prêtés.

«Supposons maintenant qu'un déficit budgétaire, égal à *G*, apparaisse, toutes choses restant égales par ailleurs. Ce déficit correspond à un accroissement de la demande de fonds prêtables: la courbe *D* se déplace, selon un vecteur horizontal *G*, pour donner la courbe *D'*. Le nouvel équilibre est obtenu à un taux d'intérêt plus élevé, r_1, et à un montant de fonds prêtés plus élevé, soit T_1.

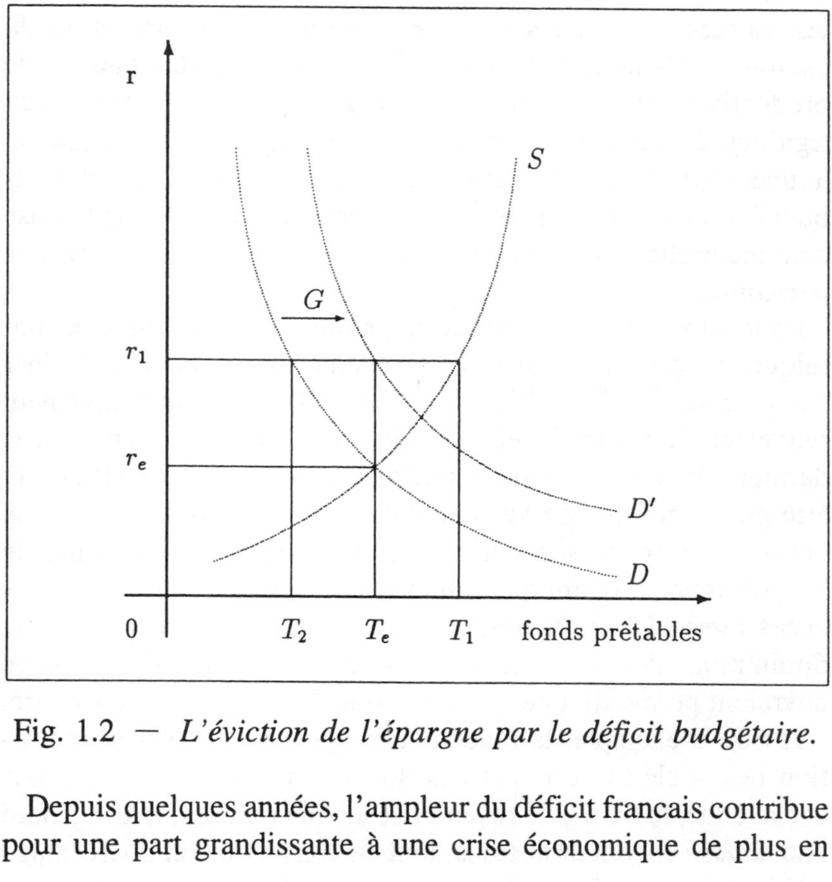

Fig. 1.2 — *L'éviction de l'épargne par le déficit budgétaire.*

Depuis quelques années, l'ampleur du déficit francais contribue pour une part grandissante à une crise économique de plus en

---

«Pour pouvoir placer ses emprunts sur un marché des fonds prêtables qui était à l'équilibre, l'Etat doit proposer un taux d'intérêt plus élevé, et par là-même, il fait monter tous les taux d'intérêt du marché, tout au moins pour les nouveaux prêts» (Cf. [142, Salin, pages 109-110]).

Ajoutons que si tout ceci se passe à un moment où l'on augmente la fiscalité sur l'épargne, et donc sur les fonds prétables, les entreprises privées vont devoir faire face à une raréfaction problématique de leurs sources de financement. C'est en ce sens que la combinaison d'une fiscalité forte et d'un déficit budgétaire persistant est un handicap majeur pour le marché du travail.

plus *structurelle* et de moins en moins *cyclique,* au sens traditionnel de ce terme.

Contrairement aux fluctuations cycliques au cours desquelles les baisses de revenus sont *provisoires,* la consommation du capital résultant des déficits publics engendre des baisses de productivité et de niveaux de vie *permanentes.* Couplés aux rigidités du marché du travail, à une fiscalité antiéconomique et à une réglementation paralysant les innovations, les déficits budgétaires exercent un effet de synergie qui transforme la crise conjoncturelle en véritable *crise de structure à caractère permanent.*

Pour retrouver le chemin de la prospérité, la politique économique française ne peut pas se contenter de simplement freiner l'augmentation des déficits publics, elle doit impérativement renverser la tendance et *réaliser* une forte réduction de ces derniers. Bien que les privatisations ne puissent, par définition, être pratiquées que provisoirement, le système politique français permet à ceux qui sont en charge, à un degré ou à un autre de la politique économique du pays, d'effectuer les réformes nécessaires. La réduction des gaspillages côté dépenses, la diminution des taux marginaux d'imposition côté recettes devraient permettre une réduction sensible du déficit budgétaire.

A titre d'exemple, la réduction progressive du taux d'imposition des sociétés au cours des douze dernières années n'a pas occasionné de baisse de revenu fiscal. Au contraire, il a engendré une *hausse* en valeur absolue, tout en conservant un pourcentage stable du revenu fiscal global sur la période concernée. Il ne faut donc pas renverser cette politique fiscale, au prétexte fallacieux que la France serait au dessous des «normes» européennes; il faut au contraire la renforcer et la prolonger[102]. Cette mesure fiscale a valeur d'exemple. Elle montre en effet que techniquement et politiquement, elle a pu se réaliser facilement. Sa

---

[102] Nous allons longuement développer les aspects théoriques et pratiques de cette question dans les deux chapitres suivants.

continuation ne devrait pas poser beaucoup de problèmes supplémentaires. Des mesures de même nature pourraient être décidées et, bien expliquées aux Français, ne manqueraient pas d'obtenir leur adhésion. La France doit, sans manquer de sérieux, mettre de l'ordre dans ses finances publiques. La stabilité du franc depuis plus de dix ans le permet et en sortira renforcée. Dans le cas inverse, l'inflation ne manquerait pas d'effectuer sa réapparition à un rythme très supérieur à celui des années 1970-1980.

Les économistes les plus illustres, depuis Adam Smith et Jean-Baptiste Say, jusqu'à Ludwig von Mises, Friedrich Hayek et Milton Friedman ont montré, avec insistance, les dangers des déficits budgétaires: consommation des capitaux productifs, inflation, contrôle des prix, chômage et désintégration économique.

Mais leurs analyses théoriques ne sont pas des abstractions sans connexion avec la réalité, comme nous allons maintenant tenter de le montrer.

Déficits et inflation: les leçons du passé

En 1976, Robert Schuettinger[103] a rendu publique une étude historique des contrôles des prix résultants de déficits budgétaires monétisés par l'inflation. Son étude remonte à l'Egypte ancienne, à Babylone, aux Grecs et aux Romains. Elle montre que la récurrence déficit budgétaire, inflation et contrôle des prix, remonte à l'Antiquité et que nous la retrouvons de nombreuses fois à travers les pays et les siècles. Sans rechercher, comme l'auteur, l'exhaustivité, nous tâcherons d'illustrer les propos théoriques précédents par six expériences historiques à commencer par celles des Romains, puis en second l'altération des monnaies tout au long du Moyen Age. En troisième lieu,

---

[103] Cf. [22, Schuettinger].

nous examinerons l'inflation du XVe siècle, puis l'expérience du système de Law, les assignats sous la Révolution française et quelques expériences américaines, à commencer par les problèmes budgétaires des colonies avant 1776, puis l'inflation par le congrès continental à partir de 1776 et enfin la fameuse expérience des «*Green Backs*» entre 1862 et 1879.

Les Romains

Ludwig von Mises explique qu'«il est certain que l'Empire Romain du IIe siècle, à l'époque des Antonins, les 'bons' empereurs, était parvenu à un haut degré de division sociale du travail et de commerce interrégional. Plusieurs métropoles, un nombre considérable de villes moyennes et de nombreuses petites villes étaient les sièges d'une civilisation raffinée. Les habitants de ces agglomérations urbaines étaient fournis de nourriture et de matières premières non seulement par les districts ruraux, mais aussi par les provinces éloignées. Une partie de ces provisions fluaient vers les cités comme revenus de leurs riches citoyens possesseurs de terres agricoles. Mais une part considérable en était achetée en contrepartie des achats des populations rurales en produits fabriqués en ville. Il y avait un commerce très large entre les diverses régions de l'immense Empire. Non seulement les industries de transformation, mais aussi l'agriculture, manifestaient une tendance à des spécialisations croissantes. Les diverses parties de l'Empire avaient cessé d'être autarciques. Elles étaient interdépendantes.»

«Ce qui entraîna le déclin de l'Empire et la décrépitude de sa civilisation fut la désintégration de cette interdépendance économique, et non les invasions barbares»[104].

Bien que l'opinion inverse ait été soutenue par un grand historien comme Louis André, en 1939, dans son livre «Histoire économique depuis l'Antiquité jusqu'à nos jours», il nous semble

---

[104] Cf. [107, Mises, pages 806 et 807].

que l'interprétation de Ludwig von Mises soit la bonne. Ainsi, lorsque Louis André écrit qu'«il y eut [dans l'Empire romain], un énorme mouvement économique, mais [qu']il s'effondra [...] lorsque celui-ci se disloqua sous les coups répétés des barbares»[105], son interprétation ne nous paraît pas conforme à l'analyse économique de cette période. Pour comprendre l'inflation monétaire et le contrôle des prix qui s'en suivit, il est indispensable de remonter aux dépenses publiques de l'Empire romain. Ces dépenses publiques augmentèrent dans un premier temps progressivement et furent couvertes par l'impôt. Puis, l'impôt ne suffisant pas et produisant même des effets négatifs, on eut recours au déficit budgétaire, financé par l'inflation. En ce qui concerne les dépenses publiques et leur augmentation, nous disposons du jugement de Jean Imbert et Henri Le Gohérel dans «L'histoire économique des origines à 1789». Les dépenses publiques de l'Empire romain ayant considérablement augmenté, les historiens précités estiment[106] «que les conséquences économiques d'une telle démagogie [furent] catastrophiques». La monétisation de la dette publique sous un régime monétaire métallique emprunta une voie particulière qui se retrouvera d'ailleurs au Moyen Age à savoir *l'altération des pièces métalliques*[107]: les pièces altérées peuvent financer les déficits publics et les dépenses publiques. Bien évidemment, selon la loi de Gresham, que nous avons eu l'occasion d'évoquer dans la troisième partie, ces pièces, dont la valeur est artificiellement diminuée, chassent les pièces qui sont de meilleure qualité, d'un titre métallique supérieur, et, par conséquent, la multiplication des «mauvaises» unités monétaires entraîne inévitablement une hausse des prix.

L'empereur Dioclétien tâcha de freiner cette tendance mais il utilisa une technique tout à fait inappropriée: le fameux édit

---

105 Cf. [3, André, page 10].

106 Cf. [71, Imbert, page 106].

107 Cette altération s'appelle aussi parfois le seigneuriage.

de 301, consistant tout simplement en un contrôle généralisé des prix à travers l'Empire romain.

Il s'en suivi précisément la désintégration dont il est parlé précédemment, et les conséquences en furent tout à fait dramatiques. Les villes n'étaient plus approvisionnées, les campagnes produisaient moins, il en résulta un mouvement généralisé de dépopulation des villes et les personnes qui fuyaient les cités se retrouvaient habituellement dans les campagnes. Il s'en suivit une économie moins urbaine, plus rurale, et progressivement se mirent en place de petites régions autarciques qui préfigurèrent celles que l'on retrouve plus tard au Moyen Age. C'est dans ces conditions qu'il devint beaucoup plus facile à ceux que l'on a appelés les Barbares de traverser les frontières, et c'est ainsi que dans un temps relativement bref, l'Empire romain d'Occident s'écroula définitivement.

Le Moyen Age

Cet enchaînement de causes et d'effets ne se retrouve pas identiquement dans les dix siècles qui suivirent. Le Moyen Age est marqué, certes, par des déficits budgétaires financés par la dévaluation des pièces de monnaie métalliques, mais l'inflation des prix qui s'en suivit ne fut pas jugulée par des contrôles des prix de même nature que l'édit de Dioclétien. Ainsi, au cours du Moyen Age, les différentes monnaies qui circulaient furent progressivement dévalorisées, qu'elles soient d'argent ou d'or, et les prix augmentèrent progressivement de leur côté.

Dans son livre «L'inflation dans l'histoire», Albert Despaux écrit, en 1922, que «les mutations de monnaie réelle consistant en la frappe de pièces neuves avec des pièces dépréciées, c'est-à-dire démonétisées obligatoirement par l'Etat, ou billionnées, c'est-à-dire démonétisées volontairement par leur possesseur — à cause de la réduction de leur valeur légale ou du renchérissement des métaux — ainsi que la conversion en monnaie des métaux précieux, avaient un intérêt fiscal, car elles fournissaient des recettes au Trésor. Les hôtels des monnaies percevaient, en effet, à cette occasion, un droit de seigneuriage, c'est-à-dire fixaient à leur gré le prix auquel les pièces ou métaux étaient achetés, prix qui pouvait être fixé très bas, de façon à ménager une marge sensiblement supérieure aux frais de fabrication»[108]. Le seigneuriage et l'inflation qui en résultèrent furent analysés et condamnés par Nicolas d'Oresme, évêque de Lisieux, envoyé de Jean Le Bon auprès du Pape Urbain V, dans son fameux traité monétaire[109] de 1355.

Malgré ces critiques, l'inflation monétaire et la dépréciation des pièces continuèrent jusqu'en 1795, date à laquelle la valeur de la monnaie fut stabilisée en France pour plus d'un siècle[110].

La grande inflation du XVIe siècle

A la suite de la découverte de l'Amérique par Christophe Colomb en 1492, les métaux précieux, à savoir l'or et l'argent, affluèrent en Europe dans des proportions très importantes. En l'espace de quelques décennies, au XVIe siècle, la quantité d'or et d'argent fut multipliée de dix à douze fois. Il s'en suivit une hausse rapide des prix, en particulier après 1550. Cette hausse entraîna un essai de contrôle des prix par différents souverains européens, et, comme bien souvent, ce contrôle fut totalement inefficace et les prix continuèrent d'augmenter. Dès 1568, Jean Bodin, en France, et Bernardo Davanzetti, en Italie, publièrent des analyses de ce mouvement des prix dans lesquelles ils montrèrent qu'ils augmentaient précisément en fonction des quantités d'or et d'argent mises en circulation. La production d'argent

---

108 Cf. [38, Despaux, page 81].

109 Cf. [114, Oresme].

110 Pendant plus d'un siècle, le franc ne perdra pas un pour-cent de sa valeur en or et aucune dévaluation ne sera nécessaire entre 1803 et 1914.

ayant été nettement supérieure à celle de l'or, le ratio or/argent, qui était de 1 pour 10, passa rapidement à 1 pour 15[111].

La déroute de la Banque de Law

Une quatrième expérience de déficit budgétaire augmentant considérablement la dette publique est la fameuse expérience de la banque de Law, de 1716 à 1720. Elle a fait suite aux déficits budgétaires accumulés par Louis XIV qui engendrèrent une dette publique si considérable qu'à sa mort le régent eut les plus grandes difficultés à la maîtriser. Il décida donc de s'adresser au financier écossais John Law qui vint à Paris où il créa une banque d'émission.

A la suite de cela, il mit en place un ensemble d'opérations appelé le Système, qui généra une inflation dont la caractéristique est d'être une inflation fiduciaire et de crédits bancaires. Dans un premier temps, la création de cette banque permit l'émission de billets, donc de monnaie fiduciaire, au départ convertible en monnaie métallique, mais rapidement ce billet fut soumis au cours forcé et, par conséquent, devint totalement inconvertible. De même, la banque accorda largement des crédits, engendrant ainsi *une inflation à la fois de monnaie sous forme de billets,* ce qui était nouveau par rapport aux inflations précédentes, mais aussi une inflation de crédits à travers la banque et le Système.

C'est la raison pour laquelle nous pouvons considérer, comme Wilhem Röpke, le célèbre économiste allemand, que lorsque les prix se mirent à augmenter fortement, et qu'en 1720 l'ensemble du Système s'écroula, l'expansion et la dépression qui suivirent l'expérience de Law constituent, en réalité, le premier cycle des temps modernes.

---

[111] Soit une perte pour l'argent de 50 % de sa valeur par rapport à l'or. Ce ratio restera relativement stable pendant longtemps.

Ce premier cycle correspond évidemment à une expérience à la fois bancaire et de monnaie fiduciaire. La création artificielle de crédit pour la première fois responsable d'une crise cyclique au début du XVIIIe siècle, se répétera régulièrement au siècle suivant.

Une lecon de cette période? Sans doute car malgré la forte hausse des prix, déclenchée par l'inflation monétaire, il ne s'est pas mis en place de système de contrôle des prix efficace: la crise s'est terminée par l'écroulement de l'ensemble du système de Law.

Les assignats

La cinquième expérience du cycle infernal «déficit public, inflation, et contrôle de prix» est l'expérience française des assignats entre 1790 et 1796. Comme bien souvent, cette expérience est due au fait que les déficits publics avaient considérablement grandi jusqu'en 1788; ils étaient en particulier dus au soutien militaire des Américains dans leur lutte pour l'indépendance. En 1789, la dette publique était considérable, et lorsque les Etats Généraux se réunirent en mai de la même année, ils avaient pour principal objet de résoudre cette crise financière.

Par la suite, la nouvelle Assemblée Nationale Constituante décida la création d'un moyen monétaire nouveau. Ce moyen monétaire nouveau fut appelé assignat. Les assignats furent, dès le départ, un véritable papier monnaie qui n'était pas convertible en or ou en argent.

S'il y avait une certaine convertibilité théorique au départ, cette convertibilité n'existait pas de fait pour un simple porteur d'assignats et, par conséquent, n'a pas de signification économique générale. De toute façon, dès l'année 1790, le papier monnaie «assignat» se mit à financer de façon très systématique la dette précédente ainsi que les nouveaux déficits créés au cours de l'année 1789. Les assignats destinés à financer la dette publique étaient considérés comme tout à fait passagers, et leurs principaux créateurs pensaient qu'aucune inflation des prix ne s'en suivrait.

Ce n'était pas l'avis de Pierre Samuel Dupont de Nemours, ainsi que d'autres économistes membres de l'Assemblée Constituante, qui, dès le départ, montrèrent le danger inflationniste considérable de ce nouveau papier monnaie. Effectivement, la quantité d'assignats émise détériora rapidement la valeur de l'unité monétaire — à l'époque la livre — et il s'en suivit donc une augmentation des prix de plus en plus importante. Sur cette augmentation de prix, il fut instauré un contrôle qui se voulut extrêmement strict, et éventuellement puni de mort. La guillotine devait faire respecter ce contrôle, et le point intéressant est que, malgré cette répression extrême pour quiconque ne respectait pas le contrôle des prix, il fut tout à fait impossible de le faire respecter.

D'une part, la production, en particulier la production agricole, déclina très fortement, et d'autre part, un certain nombre de prix pratiqués dépassèrent très largement les prix fixés. Par conséquent, on peut voir clairement que même la terreur de la guillotine n'est pas suffisante pour faire respecter une réglementation sur les prix[112]. Il est tout à fait intéressant de noter que, dès 1776, Adam Smith, dans son livre célèbre «la Richesse des Nations»[113], avait effectué une analyse de 150 ans de dettes publiques croissantes. Il en avait montré les dangers potentiels et avait aussi prévu que cet accroissement ne pouvait durer indéfiniment et que s'il continuait, il pouvait s'en suivre des désordres considérables, susceptibles de mettre en péril l'économie de l'Angleterre.

---

[112] Cf. [30, Coquelin, page 77].

[113] Cf. [151, Smith, livre V].

Les Etats-Unis

En sixième lieu, il est, semble-t-il, intéressant de considérer les problèmes de déficit budgétaire et d'inflation consécutive que l'on observe aux Etats-Unis, plus exactement en Amérique, à trois reprises: tout d'abord, avant 1776, c'est-à-dire avant la révolution américaine et la Déclaration d'Indépendance; une seconde fois en 1776 lors, précisément, de la Déclaration d'Indépendance et de la guerre révolutionnaire qui s'en suivit; et enfin lors de la période qui va de 1862 à 1879, dite des «Green Backs» (qui servirent à financer la guerre de Sécession).

En ce qui concerne la première période, les colonies américaines, qui n'avaient pas encore conquis leur indépendance, devaient faire face à des augmentations de dépenses croissantes et, par conséquent, décidèrent l'émission de papier monnaie. Ces monnaies furent imprimées dans des proportions de plus en plus importantes. Elles avaient cours forcé et déclenchèrent des augmentations de prix très considérables. La Pennsylvanie constituait cependant une exception intéressante, dans la mesure où, dans cette colonie, il y avait bien un papier monnaie à cours forcé, mais que celui-ci était émis dans des proportions moins déraisonnables. Adam Smith, dans «La Richesse des Nations»[114], fait remarquer que, malgré ce papier monnaie inconvertible, la Pennsylvanie bénéficiera, pendant une période de temps assez importante, d'une monnaie stable et d'une augmentation des prix faible ou nulle.

Ce commentaire est tout à fait intéressant. Il signifie qu'en l'absence de création monétaire, l'inflation des prix ne peut pas se manifester. La modicité des dépenses publiques, en Pennsylvanie, explique ce résultat. En 1776, le Congrès Continental, réuni à Philadelphie, décida, par la Déclaration d'Indépendance, de se séparer de la couronne britannique. Cette décision entraîna une guerre acharnée de plusieurs années contre l'Angleterre. Les

---

[114] Cf. [151, Smith, livre II, fin du chapitre 2].

colonies obtinrent le soutien de la France[115]. Les conséquences de leurs politiques financières ne se firent pas attendre. Albert Despaux les commente ainsi: «de même, explique-t-il, que la Révolution Francaise arrêta à peu près la perception des impôts alors que le Trésor allait avoir à supporter la charge des guerres intérieures et extérieures, de même l'indépendance de l'Union ne procura pas de ressources nouvelles que refusèrent les Etats et tarit à peu près les ressources anciennes consistant surtout en taxes de douanes dont le rendement souffrit beaucoup de l'arrêt des opérations commerciales avec la métropole.»

«Comme les gouvernements révolutionnaires de France, les gouvernements indépendants d'Amérique vécurent en payant leurs dépenses avec du papier. Le congrès continental émit 6 millions de dollars de billets continentaux de crédit en 1775, puis 19 millions en 1776, encore 13 millions en 1777, 63,5 millions en 1778, et enfin 140 millions furent émis en 1779, soit un total de 241 millions de dollars. Simultanément les gouvernements des 11 colonies émirent aussi du papier monnaie pour une somme totale de 209,5 millions jusqu'en 1783, dont 128,5 millions pour la seule Virginie et 33 millions pour chacune des deux Caroline. Ils continuèrent d'ailleurs leurs émissions après cette date.»[116]

Cette inflation monétaire entraîna une inflation des prix très importante: le dollar or, qui valait à peu près un dollar papier en janvier 1777, s'apprécia progressivement pour valoir quarante fois plus[117] en avril 1780.

---

[115] Ce qui occasionna une augmentation de la dette publique francaise, comme nous venons de le dire.

[116] Cf. [38, Despaux, pages 279-280].

[117] Une appréciation du dollar or correspond à une dépréciation du dollar papier: entre janvier 1777 et janvier 1778, le dollar or a augmenté jusqu'à 3,25 dollars papier, puis 4,25 en juillet 1778, 7,42 en janvier 1779, 14,77 en juillet 1779, 20,30 en octobre 1779, 25,93 en décembre 1779, 29,34 en janvier 1780, 33,22 en février 1780, puis 37,36 en mars de la même année.

Cette expérience se termina naturellement par un abandon complet de ce papier monnaie et «de même qu'après l'avènement du Directoire en mars 1796, les assignats furent échangés contre des mandats territoriaux, dans la proportion de trente pour un, de même à partir du 1er avril 1780, les billets anciens de l'Union furent échangés contre des billets nouveaux, '*new tenor*', à raison de 40 pour 1»[118].

Cette monétisation des déficits publics s'arrêta au XIXe siècle, dans les pays d'Europe comme aux Etats-Unis. Mais ceux-ci furent amenés, au cours de la guerre de Sécession, à réintroduire du papier monnaie à cours forcé. Les impôts n'étant pas suffisants, les Etats du Nord financèrent les dépenses de guerre par des émissions de billets ayant pouvoir libératoire jusqu'au 1er janvier 1879, c'est-à-dire bien après la guerre de Sécession (1861-1864). Pour Albert Despaux, «dans les Etats fédérés du Nord, qui dépensèrent 23 milliards de francs environ, la loi du 6 février 1862 autorisa l'émission de 150 millions de dollars de billets et d'obligations à 6 %. La loi du 7 juin en créa 150 millions, celle du 13 janvier 1863 encore 100 millions; ce qui porta le total à 400 millions, chiffre qui fut majoré temporairement de 50 millions en juin 1864; en outre, il fut créé 40 millions de billets à 6 % à 1 ou 2 ans, 40 millions à 3 ans, 150 millions de National Bank, 150 millions de State Banks couverts à concurrence de 90 % par des obligations fédérales, et 226 millions de billets portant intérêt. La dette des Etats-Unis, qui avait à peu près disparu en 1835, et qui n'était encore que de 75 millions de dollars en 1861 après la guerre du Mexique (dont l'aboutissement fut la conquête du Texas), atteignit 2.846 millions de dollars en 1865». Les Etats confédérés du Sud décidèrent également de financer une partie importante de leurs dépenses militaires par la création de papier monnaie. C'est ainsi «que les banques émirent 85 millions de dollars de billets dès 1861; le gouvernement confédéral en émis 290 millions en 1862,

---

[118] Cf. [38, Despaux, page 280].

ce qui tripla le prix des marchandises, puis jusqu'à 600 millions en 1863, auxquels s'ajoutèrent ceux des Etats, des villes, des chemins de fer, des usines, etc... Le dollar or valut alors 20 dollars-billets, malgré une taxe d'un tiers par billet.»

«La circulation ayant grossi jusqu'à 700 millions en 1863, le dollar or valut 26 dollars-billets, puis 100 dollars en 1865. Les Etats du Nord n'ayant pas reconnu les dettes des Etats du Sud, les billets perdirent toute valeur après la paix. Dans les Etats fédérés du Nord, malgré la loi du 17 juin 1864 interdisant la vente de l'or et du change, le prix de l'or — variant selon les vicissitudes de la vie politique et militaire — atteignit 134 dollars en 1862, au maximum 286 en juin 1864».

«Il déclina ensuite à 233 dollars en 1865, à 167 en 1866, à 150 en 1868, à 162 en 1869, à 123 en 1870, à 115 en 1871, à 117 en 1875, à 107 en 1878»[119].

Cette inflation monétaire américaine n'entraîna pas de contrôle des prix généralisé comme sous la Révolution Française; cependant, l'Américain Andrew Dickson White écrivit dès ces années-là un pamphlet dont le dessein était d'éviter aux Etats-Unis un sort analogue à celui de la France[120].

Conclusion

Tous les épisodes que nous venons d'examiner possèdent le même déroulement causal: les autorités politiques décident d'accroître le niveau de redistribution dans le pays. Elles accroissent les impôts et ainsi le déficit public. Prises dans la spirale qui consiste à dépenser toujours plus de ressources créées par les individus et les entreprises, elles finissent par monétiser le déficit budgétaire pour éviter l'impopularité de nouveaux impôts.

---

[119] Cf. [38, Despaux, p. 410-411].

[120] Cf. [162, White].

L'endettement public et l'inflation ont toujours abouti à la destruction de la coopération sociale, du capital accumulé, de l'épargne propre et du système des prix. Là où la paix et la prospérité auraient pu être la règle, les différents pouvoirs politiques instaurent le chaos et la pauvreté. Trop souvent, l'endettement public a entraîné l'inflation et la désintégration économique, sans que l'enchaînement causal ne soit clairement perçu. Pourtant, l'engrenage «déficits publics — inflation — contrôle des prix — régression économique» n'est pas une fatalité: il résulte de choix politiques. Il peut être évité par le contrôle des dépenses, la privatisation, la baisse des impôts et une monnaie saine.

Anticipant guerres, inflations et suspensions des paiements, Adam Smith écrivait dans le chapitre «dettes publiques» de «*La richesse des nations*»: «Le progrès des dettes énormes qui écrasent à présent [1776] toutes les grandes nations de l'Europe, et qui probablement les ruineront toutes à la longue, a eu un cours assez uniforme». Si les Européens, et en particuliers les Français, veulent éviter les conséquences des déficits contemporains, ils doivent, sans tarder, renverser les tendances modernes à l'endettement public.

CONCLUSION PARTIELLE

Comme nous venons de le voir longuement ci-dessus, l'impôt a des implications importantes dans les grands maux dont souffre l'économie francaise. En particulier, il paraît presque évident à chacun d'entre nous que le chômage est, pour une bonne part, la conséquence de la structure des taux d'imposition et de leur niveau.

Nous avons également noté qu'une baisse des taux d'imposition est la seule politique industrielle possible, i.e. qui ait une chance d'être efficace lors des retournements de conjoncture.

Lorsqu'on connaît l'impact de l'impôt sur l'accumulation de capital et donc sur la croissance, on réalise qu'une telle mesure serait bénéfique.

Une multitude d'arguments plaide donc en faveur d'une société plus libre, c'est-à-dire moins imposée.

La principale objection à toute baisse des impôts réside dans le respect de l'équilibre budgétaire. Si nous avons clairement montré dans ce qui précède que le mieux serait de ne pas laisser filer les dépenses, nous ne pouvons pas laisser passer un tel sophisme. En effet, comme nous allons maintenant le voir dans les deux chapitres qui suivent, aussi bien en théorie (chapitre 2) qu'en pratique (chapitre 3), la baisse de l'impôt s'avère, aujourd'hui, le moyen le plus sûr de revenir à l'équilibre budgétaire à moyen terme, parce qu'elle est seule susceptible d'engendrer les hausses de recettes fiscales nécessaires.

Chapitre 2

UNE THÉORIE RÉALISTE DE L'IMPÔT

INTRODUCTION HISTORIQUE

Une des conclusions les plus célèbres de ces dernières années en matière fiscale est probablement celle d'Arthur Laffer disant que «trop d'impôt tue l'impot»[1]. Le monde l'a découverte dans les années 1980-1984, lors du premier mandat du président Reagan, qui en avait fait le principe de sa politique économique. La récession économique prédite par les adeptes de Lord Keynes s'était alors rapidement transformée en forte croissance.

Pourtant, les économistes — en tous cas ceux nés avant la longue nuit intellectuelle de l'étatisme-providence — connaissaient assez bien ce principe, et depuis fort longtemps. En particulier, Henry Hazlitt avait consacré tout un chapitre à ce thème dans son livre à succès «*Economics in One Lesson*»[2]:

> «Il existe un effet similaire lorsque les revenus commencent à être taxés à 50, 60 ou 70 pour-cent. Les gens commencent à se demander pourquoi ils devraient travailler six, huit ou neuf mois pour le gouvernement, et seulement six, quatre ou trois mois pour eux-mêmes et leur famille. S'ils perdent un dollar complet lorsqu'ils perdent, mais ne peuvent garder qu'une fraction de dollar lorsqu'ils gagnent, ils décident que c'est absurde de prendre des risques avec leur capital. De plus, le capital destiné à la prise de risque se réduit énormément. Il est taxé par avance avant de pouvoir être accumulé. En bref, on empêche la création d'un capital susceptible de produire de nouveaux emplois, et la partie

---

[1] Une version humoristique à la française dit que «les hauts taux tuent les totaux».

[2] «*L'économie en une leçon*». Cf. [66, Hazlitt].

> qui viendrait à exister serait alors découragée de créer de nouvelles entreprises. Le gouvernement aggrave le problème [...] qu'il était censé résoudre»[3].

Mais cet auteur n'avait pas fait seul cette *immense découverte.* Il est l'héritier de Ludwig von Mises, économiste de l'école de Vienne, qui écrivait déjà dans son *magnum opus* que

> «Le vrai paradoxe de la fiscalité doit être vu dans le paradoxe suivant: plus les impôts augmentent, plus ils sapent l'économie de marché et, parallèlement, le système fiscal lui-même. [...] Chaque impôt, considéré en lui-même, et de même, l'ensemble du système fiscal d'un pays, se détruit lui-même en dépassant un certain niveau des taux de prélèvement»[4].

Ludwig von Mises lui-même était l'admirateur d'un grand économiste francais aujourd'hui oublié, Frédéric Bastiat. Si l'homme de l'Etat du vingtième siècle souffre d'un manque de culture économique, Frédéric Bastiat nous apprend que ce fléau sévissait déjà à son époque et que «faire monter les recettes [fiscales] par un dégrèvement de taxes c'est, il faut l'avouer, un procédé hardi et encore inconnu chez un grand nombre de peuples»[5]. A son époque, pourtant, un nombre important de Français avaient avancé cette idée, comme Jules Dupuit[6], ou son aîné Jean-Baptiste Say:

> «Lorsqu'il est poussé trop loin, il produit ce déplorable effet de priver le contribuable de sa richesse sans en enrichir le gouver-

---

[3] Cf. [66, Hazlitt].

[4] Cf. [107, Mises].

[5] Cf. [11, Bastiat].

[6] «Si un impôt est peu à peu augmenté depuis zéro jusqu'au niveau où il devient prohibitif, son rapport est d'abord nul puis s'accroît peu à peu jusqu'à un maximum, au-delà duquel il diminue petit à petit jusqu'à redevenir nul.» Cf. [40, Dupuit].

> nement. [...] On ne peut donc prendre [au contribuable] une part de son revenu sans le forcer à réduire proportionnellement ses consommations. De là, diminution de demande des objets qu'il ne consomme plus, et nommément de ceux sur lesquels est assis l'impôt; de cette diminution de demande résulte une diminution de production, et par conséquent moins de matière imposable. Il y a donc perte pour le contribuable d'une partie de ses jouissances, perte pour le producteur d'une partie de ses profits, et perte pour le fisc d'une partie de ses recettes.»
>
> «C'est pour cela qu'un impôt ne rend jamais au fisc en proportion de l'extension qu'on lui donne; d'où est né cet adage dans l'administration des finances, que *deux et deux ne font pas quatre.* Un impôt exagéré détruit la base sur laquelle il porte; [...]»
>
> «Par une raison contraire, une diminution d'impôt, en multipliant les jouissances du public, augmente les recettes du fisc et fait voir aux gouvernements ce qu'ils gagnent à être modérés»[7].

Ludwig von Mises avait peut-être aussi entendu cette proposition en matière d'impôt dans la bouche de son professeur Carl Menger[8].

Plus tôt encore dans l'histoire des sciences, deux grands personnages anglo-saxons du XVIIIe siècle, l'économiste écossais

---

[7] Cf. [145, Say].

[8] En effet, Carl Menger avait enseigné ce point à d'autres de ses élèves. En particulier, dans les notes manuscrites du cours que Carl Menger avait donné au Prince Rudolf, fils de l'Empereur d'Autriche, nous pouvons lire que:

> «L'impôt signifie un sacrifice de la part des gens, et même les sentiments les plus patriotiques sont considérablement refroidis par un fardeau fiscal excessif; par conséquent, cela doit être un souci majeur des gouvernements de minimiser ce mal nécessaire, ou au moins de l'habiller sous des formes plus convenables, *ne serait-ce que pour des raisons égoïstes.*» Cf. [102, Menger] (Avec nos italiques).

Adam Smith[9] et le philosophe anglais David Hume[10] avaient eu une telle intuition.

La théorie fiscale n'est donc pas une élucubration intellectuelle pour chercheurs américains en mal de gloire politique. Le mérite du professeur Arthur Laffer[11] n'est donc pas d'avoir inventé une théorie mais bien plutôt d'avoir popularisé un concept vieux de plus de deux siècles.

Les détracteurs des baisses d'imposition, qui prétendent souvent adopter un point de vue keynésien, ne sont en fait pas au courant de la théorie économique. En effet, John Maynard Keynes lui-même acceptait explicitement un tel point de vue, puisqu'il avait popularisé ce concept fiscal dès 1933:

> «L'argument disant que l'impôt peut être trop haut au point de détruire son objet ne devrait pas sembler étrange; ni que, si un temps suffisant est attendu pour en récolter les fruits, une réduction d'imposition aura une meilleure chance qu'une hausse d'équilibrer le budget. Pour prendre le point de vue opposé... cela ressemblerait à un industriel qui, faisant des pertes, déciderait d'augmenter son prix, et, lorsque la baisse de ses ventes accroîtrait les pertes, s'enfermant lui-même dans la rectitude d'une arithmétique rigide, déciderait que la prudence lui impose d'augmenter encore les prix — et qui, lorsqu'à la fin son résultat est équilibré par deux zéros, se trouverait dire que cela aurait été un acte de joueur que de réduire le prix lorsque vous subissez déjà une perte»[12].

---

[9] « [...] des impôts lourds [...] engendrent souvent des recettes fiscales plus faibles que celles qui auraient pu être obtenues avec des taux plus modestes.» Cf. [151, Smith].

[10] «D'un autre côté, une taxe sur les biens se contrôle elle-même; et un prince découvrira bien vite, qu'une hausse de l'impôt n'entraîne pas une hausse de son revenu.» Cf. [70, Hume].

[11] Cf. [88, Laffer] et [25, Canto].

[12] Cf. [83, Keynes, page 338] cité par [76, Jepsen, page 40].

Il est donc urgent de se poser la question des fondements théoriques qui entraînent *logiquement* de telles propositions. Ils sont de deux natures. Tout d'abord, l'individu peut prendre soin de ne pas trop épargner pour consommer dans le futur, dans la mesure où les produits de son épargne seront taxés. Ensuite, nous pouvons penser qu'il arbitre dans l'instant présent entre les activités fiscalisées et celles qui ne le sont pas. Comme nous allons le voir, tout ceci a bien un sens et entraîne de façon inéluctable que l'impôt ne peut pas dépasser un certain niveau, et ce, *quelque soit sa nature.*

LES EFFETS DE L'IMPÔT SUR L'ARBITRAGE ENTRE LE PRÉSENT ET LE FUTUR

Le célèbre paradoxe de l'impôt auquel nous venons de faire référence s'inscrit dans une perspective générale des effets de l'impôt sur les choix individuels, et plus particulièrement des effets de l'impôt sur la formation de l'épargne. La question à laquelle nous nous devons de répondre est de savoir comment la formation d'épargne est affectée par les distorsions introduites par l'impôt. Cette question est fondamentale car il ne peut y avoir de croissance réelle sans épargne. Une rapide étude des taux de croissance réelle de la plupart des pays dans le monde montre que ceux dont la croissance est la plus soutenue sont ceux dont le taux d'épargne réelle est le plus élevé et le plus disponible pour l'économie; ce sont également ceux où l'impôt affecte le moins les choix individuels. C'est une idée que beaucoup d'économistes ont mise en avant, car loin de diminuer la «demande globale» présente, l'accumulation d'épargne réelle favorise la consommation de long terme et éloigne les récessions.

Ceci peut être vérifié en quelques secondes sur la figure 2.1 qui présente le lien entre l'épargne et la croissance dans les pays d'Asie du sud-est. Comme nous pouvons le constater, la croissance des revenus dans ces pays n'est pas due à une mystérieuse alchimie propre aux pays *neufs,* mais bien à une épargne considérable.

Ces chiffres sont issus du rapport[13] de la *Banque Asiatique de Développement* (BAD) d'avril 1995. Mais ils ne sont pas uniques. Même le FMI dénonce régulièrement la faiblesse de l'épargne — en particulier dans les zones européennes et nord-américaines — en l'attribuant à la pression fiscale et au haut niveau des déficits budgétaires. En particulier dans un rapport récent, cet organisme étatique dénoncait la hausse des taux

---

[13] Cf. [6, BAD].

d'intérêts qui, selon lui, serait due à la forte demande de capitaux pour financer les déficits publics qui évinceraient ainsi l'épargne privée à vocation industrielle. Si l'on se réfère aux données du FMI plutôt qu'à celles de la BAD, le résultat est identique et sans appel: le classement des zones géographiques par le niveau d'épargne donne le même résultat que par le niveau de croissance. En 1994, l'Asie épargnait 35 % de sa production en moyenne, contre 20, 18, et 17 % pour l'Europe, l'Amérique du Nord et du Sud, et l'Afrique respectivement.

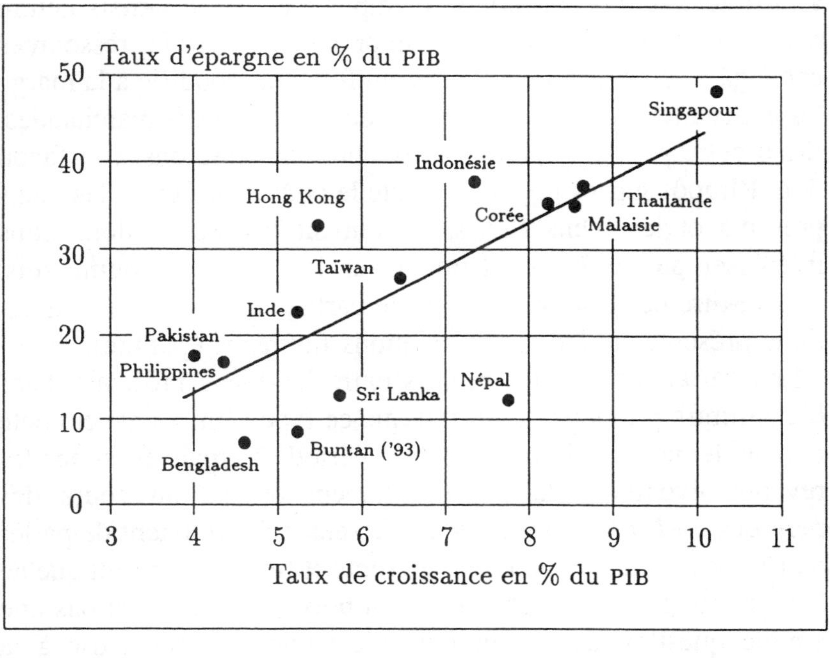

Fig. 2.1 — *Lien entre l'épargne et la croissance.*

Nous allons donc nous concentrer sur les liens entre le niveau de l'impôt et celui de l'épargne. Pour simplifier les choses, nous allons présenter, d'une part, l'incidence de l'imposition sur les choix entre le présent et le futur et, d'autre part, l'incidence sur les choix entre le travail et le loisir. Nous ferons référence à trois types d'impôts, mais l'étude portera plus particulièrement sur l'impôt sur les revenus.

L'impôt sur les revenus produit une cascade complexe d'effets sur le système des prix et en particulier sur les prix relatifs entre les biens présents et les biens futurs. Compte tenu des préférences des individus, les distorsions introduites par l'impôt apparaîtront comme plus ou moins importantes. En effet, que l'impôt modifie légèrement les activités d'échange des individus où qu'il les altère totalement, il n'en reste pas moins qu'il capte une partie des gains à l'échange. Il est donc intéressant de connaître les conséquences de l'impôt lorsqu'il devient insupportable au point que les individus modifient leur comportement d'échange afin d'échapper à son poids. L'impôt n'est donc jamais neutre dans la mesure où il représente un prélèvement sur les ressources échangées, c'est-à-dire un paiement forcé qui modifie à la marge les gains attendus par les individus de leurs activités marchandes. Dans cette première partie, nous nous intéresserons à la façon dont l'impôt sur les revenus affecte le coût relatif entre les biens présents et les biens futurs. Autrement dit, nous allons nous intéresser aux effets de l'impôt sur les choix intertemporels, c'est-à-dire ceux qui concernent le partage entre les consommations présentes et les consommations futures (l'épargne).

Les variations de prix relatifs entre les biens présents et les biens futurs proviennent du fait que ce type d'impôt est collecté non seulement sur le revenu de la période *n,* mais aussi sur les revenus éventuels de l'investissement obtenu au cours des périodes $n+1$, $n+2$, etc. C'est en ce sens qu'il convient de parler de l'impôt sur *les* revenus — présents et futurs — plutôt que de l'impôt sur *le* revenu (sous-entendu présent). Ceci n'est pas une simple question de sémantique: c'est une aide précieuse à la compréhension profonde des effets temporels de cet impôt. Dans un raisonnement sur deux périodes, nous allons montrer les effets de l'impôt sur le taux d'intérêt, c'est-à-dire sur les prix relatifs entre les biens présents et futurs.

L'impôt sur les revenus: l'analyse classique

Supposons qu'un individu dispose d'un revenu R_1 sur la période 1 et d'un revenu R_2 sur la période 2. Supposons également qu'il consomme respectivement C_1 et C_2, et que C_1 soit inférieure à R_1. L'épargne constituée durant la première période est donc $S = R_1 - C_1$, qu'il peut prêter à un taux r sur le marché pour obtenir $S\ (1 + r)$ à la seconde période. La figure 2.2 représente cette situation, c'est-à-dire celle d'un monde à deux périodes où les choix intertemporels ne sont contraints que par la préférence de l'individu pour la consommation présente par rapport à la consommation future. C'est un monde sans impôt. La droite *AB* représente la contrainte de budget intertemporelle, c'est-à-dire l'ensemble des consommations possibles en fonction des revenus obtenus sur les deux périodes, en prenant en compte le transfert possible de consommation dans le temps (i.e. l'épargne)[14]. On suppose sur la figure que l'individu se trouve au point *C*, c'est-à-dire qu'il a décidé de consommer moins que son revenu en période 1 (il épargne *S*) et par conséquent, plus que son revenu en période 2 (les points *R* et *C* ne sont pas confondus). En *C*, l'individu tire la plus grande satisfaction possible de ses choix entre les consommations présentes et futures.

---

[14] Nous ne rentrerons pas dans les détails de l'analyse intertemporelle, mais il nous faut préciser que l'on suppose que le taux prêteur est le même que le taux emprunteur, ce qui est faux dans la réalité, mais qui ne change rien aux conclusions de l'analyse, au contraire.

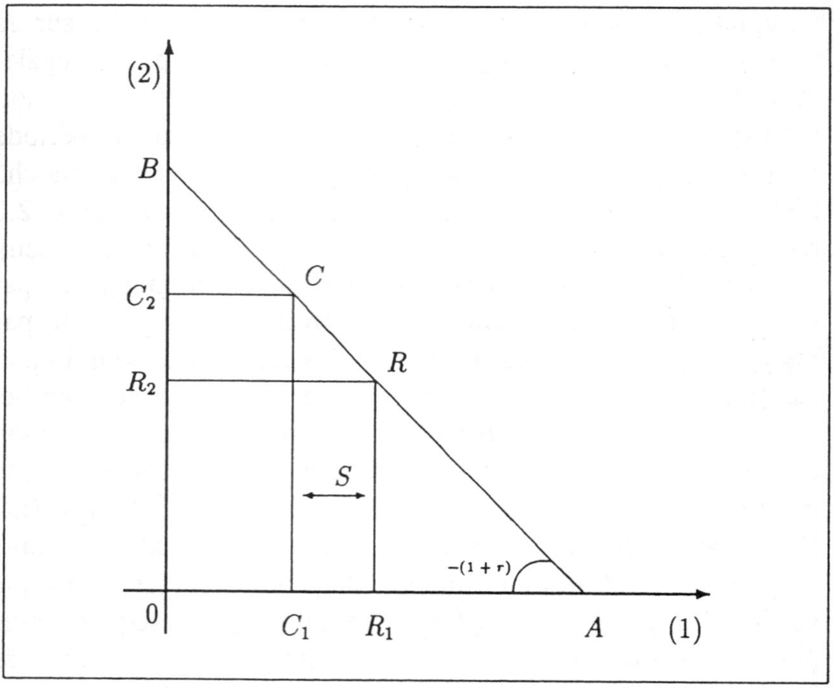

Fig. 2.2 — *Analyse classique.*

Dans un monde où il existe un impôt proportionnel sur les revenus de taux t, les sommes disponibles pour la consommation sont respectivement pour les périodes 1 et 2, $(1-t)\ R_1$ et $(1-t)\ R_2$. Ceci implique que la contrainte de budget *AB* se déplace, restreignant d'autant l'ensemble des consommations intertemporelles possibles. La figure 2.3 représente cette nouvelle situation où les choix de l'individu sont contraints par l'impôt. La surface *OAB* (l'ensemble des possibilités compatibles avec le budget de l'individu) se trouve réduite à la surface *OA'B'*, ce qui revient à dire que la satisfaction que l'individu peut tirer de ses choix intertemporels est diminuée. L'individu se trouve en *C'*, qui est un niveau de répartition de la consommation inférieur à celui de *C*. Il suffit de souligner que *C'* est à un niveau inférieur de *C* pour conclure que l'individu trouve sa satisfaction diminuée par l'intervention coercitive de l'Etat[15].

Nous constatons dans l'analyse classique ici présentée que le niveau absolu de l'épargne et de la consommation diminue avec la présence d'un impôt, et c'est là l'important. C'est le cas si les comportements d'épargne et de consommation présente varient positivement avec le revenu[16]. On pourrait imaginer, par exemple, que le taux d'épargne baisse lorsque le revenu augmente, mais ce genre d'hypothèse est assez peu réaliste. En revanche, on ne peut rien dire, dans l'analyse classique, quant à l'effet de l'impôt sur le prix relatif entre les biens présents et les biens futurs. Dans le cas classique, l'impôt est «temporellement neutre».

---

[15] Dans la mesure où la structure de consommation est différente lorsque l'Etat n'intervient pas. On considère que les individus préfèrent la situation initiale par le fait que celle-ci était le résultat de leurs préférences et en tant qu'économistes, c'est la seule chose que l'on peut observer. Nous ne prenons pas en compte ici ce que les hommes de l'Etat offrent en contrepartie des prélèvements qu'ils effectuent, car même si certains individus améliorent leur situation grâce à la redistribution forcée, seules les préférences *démontrées* nous permettent de connaître les richesses effectivement créées.

Contrairement aux préférences dites «révélées» — i.e. par le discours — les préférences démontrées s'intéressent à l'action: seuls les agissements humains révèlent *véritablement* les goûts individuels.

[16] S'ils sont des biens dits «normaux».

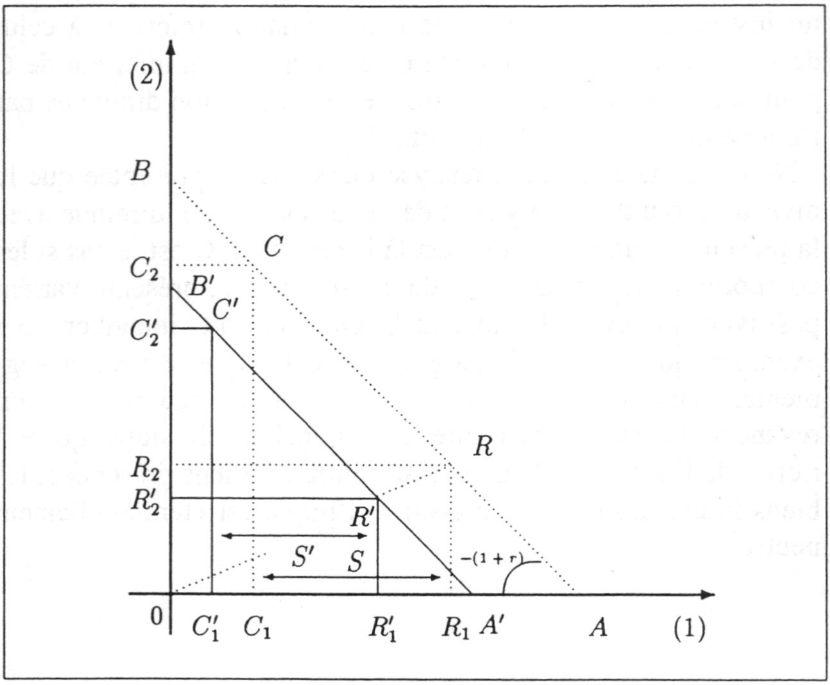

Fig. 2.3 — *Le déplacement de la contrainte de budget.*

L'analyse classique revisitée

L'analyse présentée ci-dessus s'avère fausse: elle donne à l'impôt sur les revenus une apparente neutralité temporelle. Quel que soit le niveau de l'impôt sur le revenu dans l'analyse classique, il n'y a pas de distorsion des prix relatifs. Il n'en est rien: l'impôt sur les revenus introduit en fait une modification de la pente *A'B'*. En effet, la somme *S* épargnée en période 1 est prêtée sur le marché au taux *r*. Le taux rémunère l'abstention à consommer de l'individu sur la première période. Or, cette rémunération de l'épargne est aussi un revenu et est donc taxée au taux t. Si un individu emprunte pour financer sa consommation présente, il doit faire face à un taux d'intérêt réel débiteur de r %. En revanche, s'il épargne, l'individu bénéficiera d'un taux d'intérêt créditeur de $(1-t)$ r %[17]. En d'autres termes, l'impôt portera sur les revenus tirés de l'épargne prêtée (ou vendue), mais pas sur les revenus empruntés (ou achetés). Le segment *A'B'* est donc en fait composé de deux demi-segments, car le revenu après impôt de l'épargne de la période 1 est amputé du montant de l'impôt, c'est-à-dire S $(1-t)$ r. Nous constatons sur le graphique 2.4 que l'épargne est fortement diminuée par rapport à la situation où les revenus de l'épargne ne sont pas taxés. Plus le taux d'imposition augmente et plus la pente de la contrainte de budget s'aplatit. Dans le cas extrême où le taux d'imposition sur les revenus de l'épargne tend vers 100 %, le rendement de l'épargne devient nul et l'épargne prêtée disparaît.

C'est exactement ce qui s'est passé dans les années soixante-dix en Grande-Bretagne où le taux marginal d'imposition des revenus de l'épargne était de 98 %[18]. Avant que le gouvernement de Margaret Thatcher ne diminue les taux d'imposition, la taxation des rendements de l'épargne (ou du «capital» ce qui est la même chose) était tellement élevée à la marge que l'accumulation de capital avait considérablement diminué. L'économiste américain Paul Craig Roberts prend l'exemple suivant à propos de la Grande Bretagne à cette époque[19]. Les personnes se trouvant dans la tranche supérieure des revenus (de l'épargne) et disposant de 100 000 dollars pouvaient les investir à 17 % par an. Ce type d'investissement rapportait donc 17 000 dollars dans

17 Il faut rappeler que nous n'avons pas fait l'hypothèse de taux créditeur et débiteur différents. Mais, cela ne change rien à l'analyse présente qui serait en fait renforcée dans ses conclusions si nous ajoutions cette hypothèse.

18 Comme nous le verrons dans le chapitre 3, le taux marginal de l'impôt sur le revenu était de 83 % seulement!

19 Cf. [126, Roberts].

l'année avant impôt, mais seulement 340 dollars après taxation (les 2 % qui restent après impôt). Ce genre de taxation conduisait les individus à consommer leurs ressources plutôt qu'à prêter de l'épargne pour accumuler du capital dans l'économie.

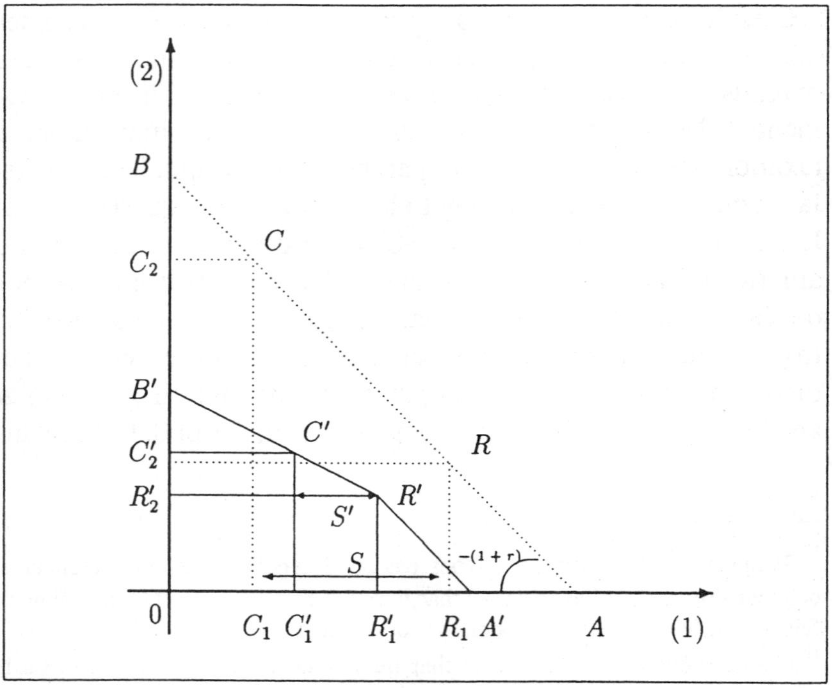

Fig. 2.4 — *L'analyse classique revisitée.*

Ainsi, Paul Craig Roberts explique que le coût, en termes de revenus sacrifiés, d'une Rolls Royce à 100 000 dollars n'était pas de 17 000 dollars par an, mais de 340 dollars. L'acheteur potentiel de ce type d'automobile n'avait donc que 340 dollars *par an* à perdre pour obtenir une Rolls Royce, ce qui est somme toute très peu, comparé aux 17 000 dollars. Dans les années soixante-dix, le nombre de voitures de luxe s'est accru en Grande-Bretagne, alors que l'accumulation de capital dans l'économie (résultante de l'épargne prêtée) est devenue négative[20]. Les conséquences à long terme auraient été catastrophiques si le gouvernement de Margaret Thatcher n'avait pas changé la situation.

Nous savons qu'en France, comme dans beaucoup de pays, les taux d'imposition sur l'épargne prêtée sont différents des taux frappant les «autres types de revenu»: Ils sont en général plus faibles car l'imposition peut souvent faire l'objet d'un prélèvement libératoire. Cependant, ils ne sont pas nuls, et entraînent donc des distorsions de prix relatifs entre les biens présents et les biens futurs. Les justifications sont multiples, mais elles ont souvent en commun le fait que les marchés financiers sont inutiles, voire même nuisibles à l'économie, et que, de plus, des individus «s'enrichissent en dormant» en prêtant simplement leur épargne. Ce genre d'idée est, bien entendu, totalement erroné, puisque sans marchés financiers, il n'y a pas de transfert d'épargne et donc moins de production possible[21]. Il faut en tout cas comprendre que l'impôt sur les revenus (dont ceux de l'épargne prêtée) a un effet sur la préférence pour le présent. Il n'y a pas de neutralité en la matière, et dès que l'on frappe les

[20] La fuite de l'épargne à l'étranger et surtout dans les îles anglo-normandes a été très importante. Nous évoquerons ce phénomène dans le cas allemand dans la première partie du chapitre 4.

[21] Il faut aussi ajouter que les marchés financiers permettent le financement des déficits publics, notamment grâce à l'invention des produits dérivés. Ceux qui condamnent ces marchés, tout en y faisant appel pour financer les déficits publics que leur mauvaise gestion a généré, sont donc inconséquents.

revenus de l'épargne prêtée, on diminue la quantité d'épargne allouée dans l'économie par rapport à une situation où les revenus de l'épargne ne sont pas taxés[22].

L'effet de l'impôt sur les revenus sur le taux d'intérêt

Pour les prêts, les obligations ou encore les actions, ce sont ceux qui ont fait l'avance du capital qui acquittent l'impôt. Celui-ci peut prendre respectivement la forme d'un impôt sur les revenus, sur les coupons ou encore sur les dividendes. On peut penser que la raison de cette façon de faire payer l'impôt résulte de la volonté du législateur de faire payer ceux qui détiennent l'épargne et perçoivent ses revenus. Cependant, même si ce sont les prêteurs qui supportent l'impôt, il est illusoire de penser que cet impôt n'a pas de conséquences sur les emprunteurs. L'impôt sur les revenus diminue le rendement des fonds prêtés sur le marché, ce qui a pour conséquence d'augmenter le coût marginal de l'activité de prêt par rapport aux autres alternatives qui s'offrent à l'individu. Sachant que l'on ne peut pas répercuter une taxe vers la consommation, l'individu qui doit supporter un impôt sur les revenus de son épargne subira nécessairement une baisse de son revenu disponible (i.e. le rendement de l'épargne diminue). La conséquence majeure à prévoir dans cette situation est une diminution de l'épargne prêtée, car les offreurs margi-

---

[22] Dans l'optique de l'impôt sur le revenu, il faut souligner le fait qu'il est néanmoins cohérent de taxer les revenus de l'épargne prêtée dans la mesure où:

1° l'impôt sur les revenus a pour objectif de taxer l'ensemble des revenus monétaires (et ceux de l'épargne en font partie),

2° et tout revenu monétaire est le résultat d'une épargne passée (épargne qui peut être personnelle ou effectuée par autrui, comme pour les parents qui éduquent leurs enfants).

Bien sûr, pour notre part, nous ne sommes pas partisans d'un tel impôt, et en conséquence n'adoptons pas le point de vue précédent. Nous reviendrons sur ce point dans la dernière partie du chapitre 4.

naux se retireront du marché, le rendement attendu n'étant plus assez important pour eux. Ceci aura pour conséquence de diminuer la longueur de la structure de production dans l'économie, car l'épargne étant plus rare, des stades de la production éloignés (de la consommation) ne pourront plus être mis en œuvre. Les ressources qui étaient auparavant allouées à la production seront maintenant soit allouées à l'épargne non marchande[23], soit consommées. D'autre part, l'offre d'épargne se raréfiant sur le marché, le niveau du taux d'intérêt montera si la demande reste constante. Les demandeurs d'épargne sur le marché supportent donc également une partie de l'impôt sous la forme d'une augmentation du taux d'intérêt à cause de la diminution à la marge du nombre d'offreurs. Ceci aura pour conséquence de faire sortir du marché les demandeurs marginaux, pour qui le taux d'intérêt est devenu trop haut. Pour les autres, le gain à l'échange diminue, même s'il reste positif. L'impôt est donc supporté par l'ensemble des échangistes du marché de l'épargne, car il sanctionne l'échange.

Analyse des effets de l'impôt sur la dépense globale et de l'impôt de capitation

Nous venons de voir que l'impôt sur les revenus introduit une distorsion dans le prix relatif entre les biens présents et les biens futurs. Cette distorsion n'existe pas lorsqu'il n'y a pas d'impôt sur les revenus, ce qui montre que cet impot, comme tout impôt, ne peut être neutre dans ses conséquences[24]. De ce fait, l'impôt

---

[23] Comme l'épargne non prêtée sur le marché, par exemple la thésaurisation.

[24] Il convient de préciser que le concept de neutralité est souvent utilisé avec deux sens différents. Le premier est «la neutralité dans la procédure»: un impôt est neutre s'il est indépendant des choix de l'individu. C'est-à-dire si, quels que soient ses choix, le montant imposé ne pourra pas changer, comme cela est le cas pour l'impôt de capitation. Le second est la «neutralité dans les conséquences» qui signifie qu'il serait possible de prélever un impôt qui ne modifierait pas les

sur les revenus apparaît comme un impôt destructeur de l'épargne prêtée, ne favorisant pas l'accumulation de capital à long terme.

L'impôt sur la dépense globale

Comme nous allons le voir, il existe deux formes d'impôt qui n'entraînent pas de telles distorsions de prix relatifs: l'impôt de capitation et l'impôt sur la dépense globale. Ce dernier consiste à ne retenir comme base fiscale que la seule partie du revenu effectivement consommée. L'impôt sur la dépense globale est, de ce point de vue, «discriminatoire» par rapport à l'épargne et peut représenter une solution au problème de distorsion des prix relatifs temporels[25]. L'impôt sur la dépense globale a pour base l'ensemble des dépenses de consommation d'un contribuable sur une période donnée. Comme l'explique Pascal Salin, avec l'impôt sur la dépense globale, «on essaie de taxer l'*usage* des biens plutôt que la simple possession des biens (impôt sur le capital) ou les ressources obtenues au cours de la période (impôt sur le revenu)»[26]. La justification de cet impôt réside donc dans le fait qu'il représente une taxation de la destruction de richesses

---

choix de l'individu, *par rapport à une situation où l'impôt n'existerait pas.*

Seul le premier sens pourrait être acceptable, car l'impôt est toujours supporté par quelqu'un, ce qui rend le second sens inutilisable. Cependant, le concept de neutralité de l'impôt est une chimère, car il n'y a que deux façons d'allouer les ressources dans l'économie: par l'échange ou par la coercition. Il n'existe donc pas d'impôt neutre, *i.e. équivalent à un prix dans l'échange,* car l'impôt est le fondement de la coercition par l'Etat.

[25] Nous pouvons faire une remarque sur l'application du concept de discrimination. Contrairement à ce que l'on pourrait croire, l'impôt sur les revenus n'est pas discriminatoire par rapport aux sources de revenus, et donc par rapport aux rendements monétaires de l'épargne prêtée, qui sont un revenu et qui doivent être normalement taxés au même titre que le reste des revenus. Encore une fois, tout revenu est un revenu d'une épargne passée (prêtée ou non). En revanche, l'impôt sur les revenus est discriminatoire dans les choix intertemporels de l'individu.

[26] Cf. [140, Salin]. Les italiques sont de l'auteur.

et non pas de leur formation. Il ne pénalise pas l'accumulation d'épargne car il n'introduit pas de variation dans le prix du temps, étant donné qu'il ne frappe pas les rendements de l'épargne, si ces derniers ne sont pas consommés[27]. Certains pourraient alors penser que l'accumulation d'épargne devient infinie dans un tel régime fiscal. Or cet impôt, en ne faisant pas varier les prix relatifs entre les biens présents et les biens futurs, ne peut logiquement pas aboutir à une hausse illimitée du taux d'épargne. L'épargne n'est qu'un transfert de la consommation dans le temps. Même si la consommation présente est taxée, on peut imaginer qu'elle ne diminuera qu'en rapport de l'importance du taux d'imposition. En d'autres termes, la fuite dans l'épargne ne sera totale que si le taux d'imposition de la consommation est «prohibitif» (proche de 100 %). Ce qui est certain, c'est que la consommation diminuera au profit de l'épargne, puisque, à la marge, le coût d'opportunité de la consommation présente, en termes de consommation future, s'accroît.

En résumé, l'impôt sur la dépense globale ne taxe pas le transfert de richesses dans le temps, mais seulement leur destruction «immédiate»[28]. De ce point de vue, on peut considérer qu'avec un système d'imposition comme l'impôt sur la dépense globale, transférer du pouvoir d'achat dans le temps (et par le marché) n'est pas considéré comme un acte créateur de valeur «taxable». L'accumulation d'épargne prêtée est donc un îlot de «liberté fiscale», dans un océan d'imposition.

L'impôt sur la dépense globale ne taxant pas le transfert de ressources dans le temps et par le marché, il semble certain que l'accumulation d'épargne sera plus forte avec cet impôt qu'avec l'impôt sur les revenus. De plus, l'impôt sur la dépense globale permet d'étaler le paiement de l'impôt dans le temps. Il est

---

[27] Nous développons une analyse complète de l'impôt sur la dépense globale, dans la troisième partie du chapitre 4.

[28] Même si la consommation prend du temps, ce n'est pas un acte d'épargne.

possible, par exemple, d'étaler dans le temps l'imposition d'un bien de capital au fur et à mesure qu'il produit un rendement (non réinvesti). Ceci est préférable à un prélèvement direct au début de la vie de l'actif, car l'impact des rendements attendus (en valeur actualisée) est bien moins important. Comparé à l'impôt sur les revenus, l'impôt sur la dépense globale conserve la structure des prix relatifs intertemporels d'une situation sans impôt. Bien entendu, on ne peut pas parler de neutralité dans la procédure avec l'impôt sur la dépense globale puisque un comportement de fuite dans l'épargne est possible[29]. Mais, c'est là l'intérêt de cet impôt: il permet de maintenir l'accumulation de capital, relativement à la consommation, à un niveau semblable à celui d'une situation sans impôt.

L'impôt de capitation

L'impôt de capitation est un prélèvement monétaire effectué par les hommes de l'Etat à chaque période. Ce prélèvement est indépendant du niveau de revenu ou de dépense de chaque individu et peut donc être vu comme une sorte de cotisation à un club (l'Etat) dont chaque citoyen serait un membre *contraint* de verser une contribution périodique. A première vue, l'avantage d'un tel impôt est qu'il est «neutre dans la procédure», c'est-à-dire qu'il n'influence pas les choix individuels de partage entre consommation et épargne. Il ne fait pas varier les prix relatifs entre les biens présents et futurs, il diminue simplement les possibilités de consommation intertemporelles. L'individu, quel que soit son comportement, ne peut pas échapper au paiement de l'impôt (sauf dans l'immigration ou la mort). Cependant, cette apparente neutralité dans la procédure n'est pas si véritable

---

[29] Peut-être faut-il souligner qu'un tel comportement est hautement improbable de la part d'un individu qui voudrait simplement échapper à l'impôt: en effet, ses investissement ne pourraient pas être consommés sans être frappés par l'impôt. De ce point de vue, la fuite dans l'épargne est un moyen d'éviter l'impôt beaucoup plus pénible que de se consacrer entièrement aux loisirs.

qu'elle en a l'air. Avec l'impôt de capitation, l'individu ne peut pas échapper au paiement de l'impôt, même en se réfugiant dans une activité non marchande, par exemple. On peut se demander alors si cet impôt n'est pas plus dangereux que les autres car il n'autorise pas la vie d'ermite, ou encore la création de richesses non monétaires. Cela revient à dire que l'impôt de capitation n'est en fait pas neutre dans la procédure, car il pourra pousser un individu à échanger sur le marché, même s'il avait choisi une vie de troc, d'ermite ou strictement limitée à un revenu monétaire inférieur au montant de l'impôt. Cet impôt aura donc une influence sur les choix de l'individu. De plus, *ceteris paribus,* l'impôt réduisant le volume de l'offre d'épargne, il pourrait avoir une conséquence sur le niveau du taux d'intérêt[30].

Ajoutons enfin que la détermination du niveau de l'impôt de capitation est relativement arbitraire. Si ce dernier dépasse un certain seuil, nous pouvons penser que les contribuables «déserteront» à la manière des jeunes conscrits en temps de guerre, ou bien encore, se révolteront. Si un tel phénomène se généralisait, il est bien évident qu'il entraînerait une dissolution rapide de la coercition étatique. A cet égard, l'exemple anglais de tentative d'introduction de taxes forfaitaires au niveau local (la «*poll tax*») ne peut pas être négligé. C'est sans doute un aspect important d'autolimitation du niveau de l'impôt, qui expliquerait qu'aucun Etat ne l'utilise aujourd'hui.

Conclusion

Nous venons de montrer que l'impôt sur les revenus peut être analysé comme un prélèvement sur les ressources présentes et futures des individus. Ce type d'effet a pour conséquences de diminuer l'épargne accumulée dans l'économie et donc de

---

[30] Ceci est valable dans le cas d'un grand pays, dont l'offre d'épargne serait importante en terme de l'offre mondiale. Cf. [87, Lacoude].

réduire le capital nécessaire à la production future. L'impôt sur les revenus est donc un impôt spoliateur de l'accumulation de capital car il n'est pas discriminatoire entre les différentes sources de revenu, mais entre les choix présents et futurs. L'impôt sur la dépense globale quant à lui, est discriminatoire entre les différentes sources de revenu, mais il laisse les prix relatifs intertemporels inchangés: tout comme l'impôt de capitation, il n'est pas discriminatoire dans les choix entre présent et futur. En ce sens, l'impôt sur la dépense globale n'est pas un impôt «exhaustif»[31], car il laisse la porte ouverte à une allocation fondamentale des ressources: l'investissement. Pour compléter cette première analyse, il nous faut maintenant étudier le second effet fondamental de l'impôt, celui sur les choix présents.

[31] Nous utilisons le terme «exhaustif» dans le sens du mot anglais «comprehensive», i.e. *le fait d'inclure la totalité des caractères renfermés dans une situation générale.* Une «comprehensive tax» est un impôt ayant une base la plus large possible, dans le sens où il ne laisse pas ou peu de fuite à l'individu devant l'impôt.

L'IMPÔT ET L'ARBITRAGE ENTRE ACTIVITÉ MARCHANDE ET NON MARCHANDE

Le second type d'effet que peut entraîner l'impôt est celui sur le prix relatif entre activité marchande et activité non marchande. Plutôt que de raisonner en termes de travail et de loisir, il nous semble plus juste de raisonner en termes d'activité d'échange marchand et monétaire, d'une part, et d'activité autarcique ou d'échange non monétaire d'autre part. Cette dichotomie met en avant le critère de fiscalisation des activités humaines. Ce n'est pas la création de valeur, mais l'échange monétaire qui est le critère contemporain de la fiscalisation. L'impôt a donc une base monétaire et sanctionne les activités d'échange qui passent par le marché, comme le travail. Ces activités sont, en ce sens, marchandes et fiscalisées. Cependant, on peut tout à fait imaginer des impôts qui n'aient pas une base monétaire[32], ce qui permet de taxer des activités non marchandes[33]. Dans ce genre de fiscalité, il est néanmoins souvent difficile, voire impossible, de discerner le rendement du capital du capital lui-même. Les résultats reviennent donc, en général, à taxer le capital, c'est-à-dire à détruire la source de la richesse. Il faut insister sur le fait que les hommes de l'Etat ne peuvent pas lire dans la tête des individus, et ne peuvent donc pas taxer le profit psychique — qui est la seule richesse — que les individus tirent de leurs activités.

On comprend bien que si l'impôt influe sur le prix relatif entre les activités fiscalisées et celles qui ne le sont pas, l'accumulation d'épargne et de capital risque d'en être fort perturbée. Encore une fois, sans accumulation forte de capital, il ne peut pas y avoir d'enrichissement des individus dans la société par

---

[32] Comme la confiscation par l'Etat du capital des entreprises ou encore le service militaire.

[33] Les activités autarciques, par exemple.

l'accroissement de leur niveau réel de vie, i.e. du nombre de besoins qu'un individu peut satisfaire dans l'échange.

L'impôt sur les revenus à taux proportionnel

Nous allons représenter le revenu disponible en fonction du temps passé dans les activités non marchandes sur la figure 2.5. T_0 représente le temps total disponible pour les activités non marchandes de l'individu dans une période. L'individu se trouve en *E,* il a un revenu R et travaille $T_0 - T$ unités de temps. Nous savons qu'en *E,* l'individu travaille de telle sorte que l'utilité marginale qu'il obtient de la dernière heure de travail (ou activité marchande) soit juste supérieure à celle qu'il obtient de la première heure de loisir (ou activité non marchande). L'introduction d'un impôt sur les revenus diminue la pente de la droite qui représente le salaire réel (passage de la droite AT_0 à $A'T_0$) et donc diminue le rendement de la dernière heure travaillée. Autrement dit, le sacrifice d'une heure de loisir en termes de travail diminue. Il est donc fort possible que l'individu accroisse son temps de loisir lorsque l'impôt est introduit ou lorsque le taux d'imposition augmente, pour la raison qu'il lui en coûte plus cher de travailler à la marge, comparativement à la situation sans impôt. La substitution de loisir au travail ne se fera pas forcément dans le court terme pour la raison que l'individu a des contraintes et qu'il doit tenir des engagements (rembourser une dette par exemple). Mais dès qu'il peut faire varier les contraintes qui pèsent sur lui, il vendra moins les services de son travail pour accroître les activités non marchandes qui lui rapportent plus en termes de satisfaction.

Nous passons du point *E* au point *E'* sur la figure 2.5 avec un accroissement du temps dédié aux activités non marchandes (T à T'). L'impôt sur les revenus n'est donc pas neutre du point de vue du partage entre activités marchandes et activités non marchandes. L'individu se trouve en *E'* à un endroit où il ne se serait pas trouvé en l'absence d'impôt, sa satisfaction a donc diminué.

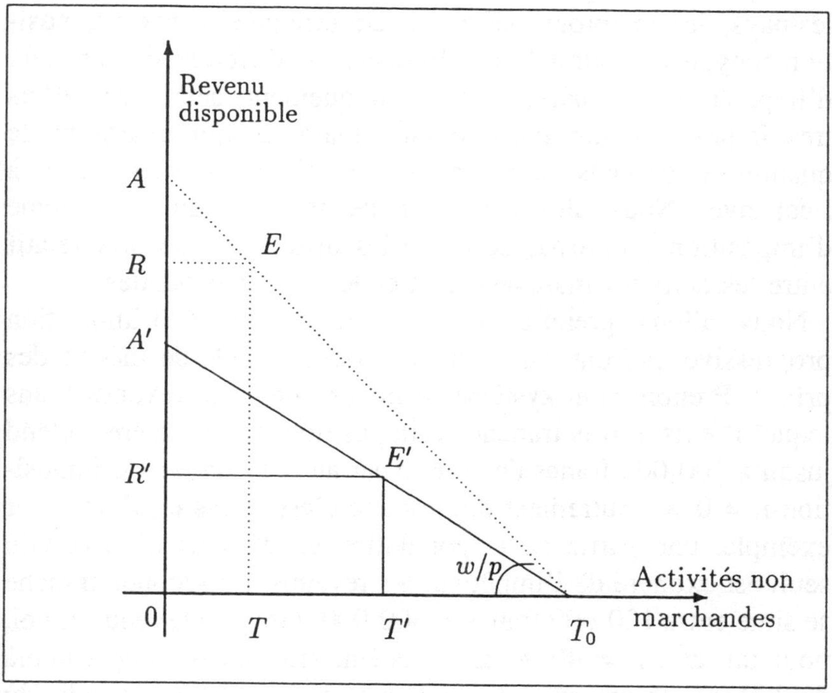

Fig. 2.5 — *Impôt sur le revenu proportionnel.*

Cette analyse est également valable pour les individus ayant un contrat de travail (avec un nombre d'heures légal), car les économistes ont pu observer que des hausses d'impôt sur les revenus pouvaient entraîner une diminution de l'intensité de travail, une augmentation des retards ou de l'absentéisme chez les salariés. L'impôt sur les revenus pousse donc les individus dans l'autarcie ou du moins dans des activités non monétaires (loisir) ou non fiscalisées (travail au noir). Le problème fondamental que relève cette analyse est encore une fois celui de l'impossibilité de ne pas discriminer entre les revenus monétaires et ceux non monétaires.

L'impôt sur les revenus à taux progressifs

Le système d'imposition sur les revenus est, dans presque tous les pays, de type progressif. Ceci veut dire que le taux d'imposition moyen que subit le contribuable est différent de son taux d'imposition *à la marge*[34]. Economiquement, cela a des effets très importants, car c'est le taux marginal qui détermine la quantité d'activités marchandes que l'individu veut offrir à l'échange. Nous allons essayer de montrer qu'un système d'imposition progressif accentue les distorsions de prix relatif entre les activités marchandes et celles non marchandes.

Nous allons prendre un exemple classique d'imposition progressive, présent dans tous les bons manuels de théorie des prix[35]. Prenons un système d'imposition des revenus dans lequel il existe trois tranches d'imposition. La première s'étend jusqu'à 100 000 francs de revenu par an pour un taux d'imposition t_1 = 0 %. Autrement dit, comme c'est le cas en France par exemple, une partie de la population en dessous d'un certain seuil est exonéré de l'impôt sur les revenus. La seconde tranche se situe entre 100 000 francs et 300 000 francs de revenu annuel, pour un taux t_2 = 40 %. La troisième tranche se situe au-delà de 300 000 francs annuel, pour un taux t_3 = 60 %. Un individu qui obtient 500 000 francs de revenu par an en vendant les

---

[34] Il est à noter que les Républicains du Sénat américain, derrière les sénateurs Newton Gingrich et Robert Dole, veulent proposer une réforme fiscale visant à imposer une taxe à taux unique sur tous les revenus. Le taux pourrait varier entre 15 et 20% (certainement 17 %).

En 1983, le sénateur démocrate Dennis De Concini avait également déposé un projet de réforme fiscale basée sur un impôt proportionnel à taux unique de 19 % (applicable aussi aux sociétés) avec un abattement de 5 500 dollars pour une famille de quatre personnes.

[35] Cf. [52, Friedman] ou [98, McCloskey].

services de son travail sera donc imposé de la façon suivante[36]. Zéro franc pour les premiers 100 000 francs, puis 200 000 × 0,4 = 80 000 francs pour les 200 000 francs suivants, et enfin 200 000 × 0,6 = 120 000 francs pour la dernière partie de son salaire. Il paiera donc 80 000 × 120 000 = 200 000 francs d'impôt sur les revenus dans l'année, ce qui représente 40 % de son revenu total. Le taux moyen d'imposition pour cet individu est donc de 40 %, alors que le taux marginal est de 60 %.

Puisque la totalité de l'impôt payé par l'individu représente 40 % de ses revenus, la question intéressante serait de savoir ce qui se passerait si un impôt proportionnel de 40 % était adopté, au lieu du système progressif jusque là en vigueur? Nous savons que l'individu offrira les services de son travail sur le marché (ou se livrera à une activité marchande) de telle manière que la valeur de la dernière unité de travail après impôt sera juste supérieure à la valeur marginale d'une unité de loisir (ou d'activité non marchande). Supposons que l'individu travaille 2 000 heures par an ($T = T_0 - 2\ 000$), et qu'il gagne 250 francs de l'heure. Dans la tranche imposée à 60 %, il paie 150 francs d'impôt, il ne lui reste donc que 100 francs, qui correspondent à la valeur marginale de la dernière unité d'activités marchandes. Si le système d'imposition devient proportionnel au taux de 40 %, l'individu ne paiera alors plus que 100 francs d'impôt par heure travaillée, et il lui restera 150 francs de revenu disponible. Ses activités non marchandes, en termes d'activités marchandes, deviennent plus coûteuses pour lui, puisque maintenant le sacrifice d'une heure de travail lui coûte 150 francs au lieu de 100 francs dans le système progressif. Il va donc accroître son offre de travail (vendre plus d'activités non marchandes) jusqu'à ce que la valeur marginale de son heure de loisir soit tout juste

---

[36] Nous supposons que l'individu tient compte du montant de l'impôt dans son offre de travail. Autrement dit, cette situation d'imposition est donnée pour lui, ce qui n'est pas le cas en France où la loi de finance est votée en fin d'année (ce qui a pour conséquence d'aggraver ces conclusions).

inférieure à 150 francs. L'individu va travailler plus, recevra plus de revenu et sera plus satisfait que dans la situation précédente. Ce raisonnement est présenté sur la figure 2.6. Avant impôt, l'individu se trouve en E pour un taux de salaire lui procurant un revenu R (droite de budget T_0A). Après impôt, l'individu se trouve sur la droite de budget segmentée T_0BDA''. Il choisit de travailler moins, au niveau T'', et au point E''. Le passage à un impôt sur le revenu proportionnel de 40 % (droite de budget T_0A') permet à l'individu d'accroître son offre de travail (passage de T'' à T') et d'obtenir plus de revenus après impôt (passage de R'' à R'). De plus, au delà de l'intersection entre les contraintes T_0A' et T_0BDA'', l'Etat obtient plus de recettes fiscales dans le système proportionnel que dans le système progressif, car l'individu travaille plus et paye toujours 40 % (en moyenne) de ses revenus en impôt.

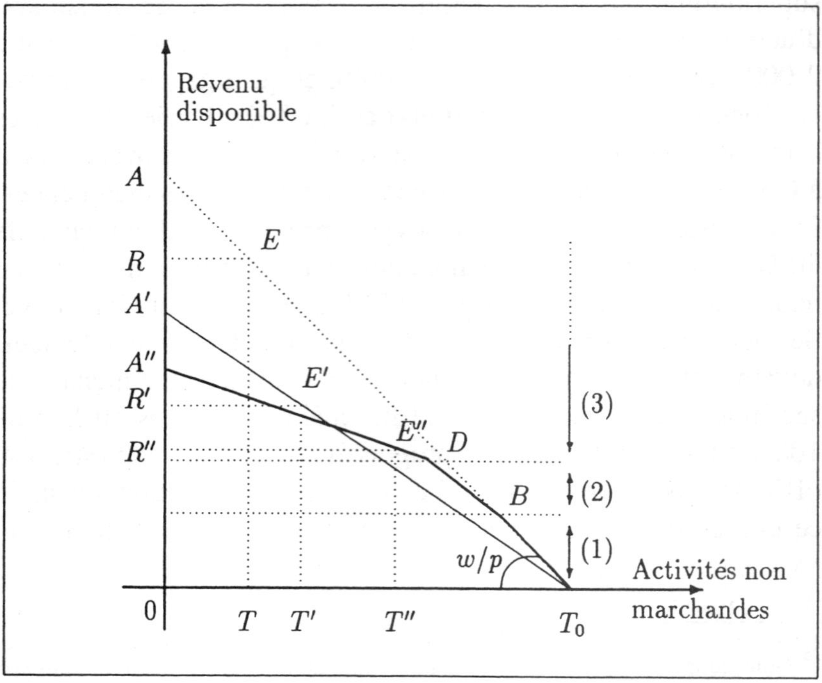

Fig. 2.6 — *Impôt sur le revenu progressif.*

L'existence de taux progressifs accentue donc l'effet de l'impôt sur le partage entre activités marchandes et non marchandes puisque, dans un tel système, les opportunités de revenu sont plus fortes pour les faibles quantités de travail, et inversement. En conséquence, l'individu accroît son offre de travail lorsque les taux marginaux baissent (dans l'exemple, le taux marginal passe de 60 % à 40 %). L'individu substitue du travail au loisir lorsque le travail devient moins taxé à la marge (lorsque le loisir devient plus cher relativement).

Analyse des effets de l'impôt sur la dépense globale et de l'impôt de capitation

Nous venons de voir que l'impôt sur les revenus à taux proportionnel introduit une distorsion dans les prix relatifs entre activité marchande et activité non marchande. Cette distorsion est accentuée par l'impôt progressif, qui l'intensifie à la marge, rendant l'impôt encore plus destructeur de travail. On peut se demander si l'impôt sur la demande globale et l'impôt de capitation que nous avons brièvement analysés précédemment introduisent eux aussi des distorsions entre les activités marchandes et non marchandes.

L'impôt sur la dépense globale

L'analyse de l'impôt sur la dépense globale est similaire à celle de l'impôt sur les revenus. La différence tient dans l'importance *relative* de la part consacrée à l'épargne dans le revenu disponible. Mais qu'en est-il exactement du point de vue des causes?

En première analyse, on peut penser que si un individu ne consomme pas son revenu monétaire disponible (il en épargne donc 100 %), il ne sera pas frappé par l'impôt. Dans ce cas, l'impôt sur la dépense globale n'aura aucune influence sur le partage entre les activités marchandes et celles qui ne le sont pas. En revanche, s'il consomme 100 % de son revenu monétaire, l'impôt sur la dépense globale aura le même effet que l'impôt sur le revenu. Dans ce cas, l'impôt sur la dépense globale (donc l'impôt sur le revenu) aura une influence sur le partage entre travail et loisir. Dans tous les cas intermédiaires, l'impôt sur la dépense globale aura une influence sur le prix relatif du travail et du loisir qui sera moins forte que celle de l'impôt sur les revenus, pour la raison qu'un franc de revenu consommé n'est pas taxé de la même façon qu'un franc de revenu épargné. Cet effet sera d'autant plus important que le revenu consommé est taxé de façon progressive. Cependant, cette première analyse n'est pas tout à fait exacte, car il semble que le partage entre épargne et consommation ne soit pas affecté par cet impôt[37].

Nous savons qu'avec l'impôt sur la dépense globale, le transfert de ressources dans le temps n'est pas imposé, ce qui a pour conséquence de rendre l'activité d'épargne moins chère à la marge que ce qu'elle est avec l'impôt sur les revenus (le prix relatif entre biens présents et biens futurs ne varie pas avec l'impôt sur la dépense globale). La question à se poser est de savoir quelle en est la causalité: l'effet (étudié précédemment) de l'impôt sur le revenu sur les prix relatifs peut-il avoir de l'importance dans le choix entre épargne et consommation, d'une part, et entre activité marchande et activité non marchande, d'autre part, dans le cadre de l'impôt sur la dépense globale? La difficulté dans l'analyse de l'impôt sur la dépense globale vient du fait que les effets sur les choix temporels sont liés aux effets sur les choix d'activités présentes. Il est clair que toutes les ressources que l'individu décidera d'allouer à la consommation seront taxées comme pour l'impôt sur le revenu. Ce qui implique que les mêmes effets à la marge se retrouveront, à savoir une

---

[37] En d'autres termes, le choix entre épargner et consommer serait indépendant du niveau du taux de l'impôt sur la dépense globale, ce qui n'est pas soutenable bien entendu.

fuite dans les activités *présentes* non taxées (activités non marchandes). Ce type d'effet *se combinera* avec la fuite dans l'épargne (activité *future* non taxée) qui existe également à la marge (car le revenu épargné est relativement moins taxé que le revenu consommé). Nous pouvons donc établir la proposition suivante: plus le taux (ou les taux progressifs) de l'impôt frappant les revenus alloués à la consommation est élevé, plus les ressources des individus seront allouées à des activités non taxées (activités non marchandes et/ou épargne). Pour un taux $t = 0$, les choix entre les activités marchandes et non marchandes et les choix intertemporels seront «naturels», c'est-à-dire non contraints par la coercition. Plus le taux d'imposition s'accroît et plus les choix s'éloigneront de cette allocation «naturelle» des ressources pour se réfugier dans les activités non taxées. Pour un taux de 100 %, les individus alloueront toutes leurs ressources dans l'épargne et dans les activités non marchandes[38]. La *causalité* de l'allocation des ressources dans le cadre de l'impôt sur la dépense globale repose donc sur le niveau des taux d'imposition marginaux. Il n'y a rien de surprenant à cela. C'est le niveau des taux, et seulement lui, qui poussera les individus à s'éloigner de leurs choix «naturels» pour se réfugier dans l'épargne et dans les activités non marchandes.

On peut donc penser qu'avec l'impôt sur la dépense globale, les effets de fuite dans les activités présentes et futures non taxées existeront tout autant qu'avec l'impôt sur le revenu, avec la différence que l'impôt sur la dépense globale est «neutre» envers l'épargne (il ne taxe pas les revenus alloués à l'épargne, i.e. les rendements de l'épargne non consommés). Ceci est contraire à l'impôt sur les revenus qui pénalise l'accumulation

---

[38] La différence avec l'impôt sur les revenus tient donc au fait que les activités non taxées sont à la fois présentes (loisir, comme pour l'impôt sur le revenu) et futures (contrairement à ce dernier). C'est ce double effet qui rend plus efficace la fuite devant l'impôt. L'impôt sur la dépense globale est donc moins coercitif de ce point de vue que l'impôt sur les revenus. Ses effets sur l'économie seront donc moins nuisibles.

de capital, i.e. qui favorise relativement plus les activités non marchandes.

L'impôt de capitation

Le prélèvement monétaire qui correspond à l'impôt de capitation est indépendant du niveau de revenu ou de dépense de chaque individu. Comme nous l'avons montré ci-dessus, cet impôt est «neutre dans la procédure» en ce qui concerne le prix relatif des biens présents par rapport aux biens futurs. Il est simple de montrer qu'il en est de même en ce qui concerne le partage entre activités marchandes et activités non marchandes: l'impôt de capitation est «neutre dans la procédure», c'est-à-dire qu'il n'est pas discriminatoire envers l'une quelconque de ces deux activités. La figure 2.7 montre l'effet non discriminatoire de l'impôt de capitation. Avec le prélèvement de l'impôt de capitation, la droite de budget AT_0 devient $A'T'_0$, elle se déplace parallèlement à elle-même. Ce déplacement signifie que le taux de salaire réel et le prix relatif entre activités marchandes et non marchandes ne varient pas.

Nous voyons que le temps total disponible pour les activités non marchandes est passé de OT_0 à OT'_0, c'est-à-dire que l'individu est contraint de se livrer à une activité marchande pour un temps au moins égal à $T_0T'_0$. Nous pouvons alors encore une fois légitimement nous demander comment pourrait y faire face l'individu dont les rendements du capital physique et humain sont inférieurs à ce que pourrait exiger l'impôt de capitation[39]. Il convient de rappeler que même si l'impôt de capitation est non discriminatoire en ce qui concerne les choix intertemporels et marchands, il prélève quand même des ressources par la contrainte et, par conséquent, appauvrit les contribuables. On voit bien, sur le graphique, que si le contribua-

---

[39] Mais ceci est peut-être, en même temps, un «avantage» de cet impôt, qui ne peut pas être trop élevé.

ble veut maintenir son niveau de revenu monétaire, il doit diminuer considérablement son temps dédié aux activités non marchandes (passage de *OT* à *OT'*).

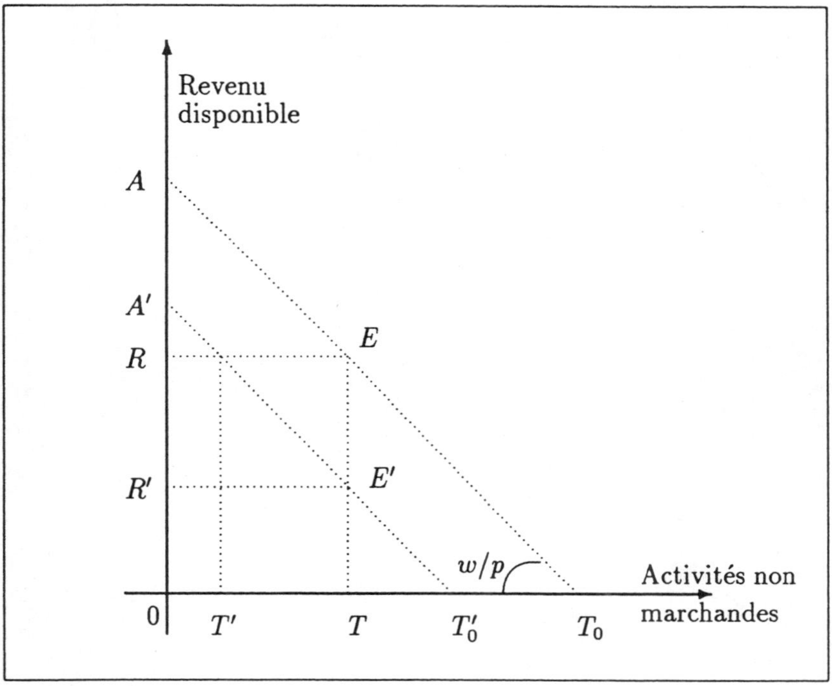

Fig. 2.7 — *Impôt de capitation.*

Conclusion

L'impôt sur les revenus introduit un second effet dans les choix individuels: il pousse les individus à se «réfugier» dans les activités présentes non taxées, i.e. les activités non marchandes. L'impôt sur les revenus est donc un impôt destructeur des échanges marchands; autrement dit, il contribue à diminuer les activités de commerce, créatrices de richesses. L'impôt sur la dépense globale, même s'il atténue cet écueil, ne permet malheureusement pas de l'éliminer, car c'est un problème général de l'impôt, comme nous allons le voir maintenant.

L'EFFET LAFFER EST UN PHÉNOMÈNE UNIVERSEL

L'analyse de l'impôt sur les revenus que nous venons d'effectuer montre que l'impôt n'est pas neutre sur le comportement des individus. Au contraire, l'impôt étant une façon non choisie d'allouer les ressources, il apparaît nécessairement comme une contrainte pour ceux qui le paient[40]. Le concept de non neutralité de l'impôt est aussi fondamental que celui de non neutralité de la monnaie. Cela veut dire que l'existence d'un impôt ou la variation de l'importance de l'impôt à la marge aura des conséquences sur les choix d'allocation des ressources effectués par les «contribuables»[41]. Nous pourrions alors nous résumer en reprenant les termes de Murray Rothbard:

1° «la théorie économique ne peut pas établir de principe de l'impôt qui soit juste, et personne n'a jamais pu le faire»[42].

2° «un impôt neutre, qui semble un idéal pour beaucoup de gens, est conceptuellement impossible. Les économistes doivent donc abandonner leur quête futile de l'impôt juste ou neutre»[43].

---

[40] Même si l'on pense que les individus peuvent être satisfaits par ce qu'ils reçoivent des hommes de l'Etat en contrepartie de leurs impôts, il est impossible d'affirmer que l'impôt est la résultante d'un choix libre, car il repose nécessairement sur la coercition.

[41] Il est intéressant de souligner que l'administration fiscale française dénomme ceux qui paient des impôts les «contribuables», dans l'espoir sans doute de laisser penser que tout le monde «contribue» de sa pleine volonté au budget de l'Etat. Le vocable anglo-saxon est de ce point de vue plus réaliste. Les contribuables aux Etats-Unis sont des «tax payers», c'est-à-dire des «payeurs d'impôts», ni plus ni moins.

[42] Ce caractère «arbitraire» de l'impôt est exposé en détail dans l'ouvrage de Pascal Salin, *L'arbitraire fiscal*. Cf. [140, Salin].

[43] Cf. [132, Rothbard, page 161].

Présentation du paradoxe de l'impôt

Il reste cependant à faire le lien entre ce que nous avons expliqué ci-dessus (les effets sur l'arbitrage entre présent et futur d'une part et sur l'arbitrage entre activités marchandes et activités non marchandes d'autre part) et l'effet Laffer que l'on a présenté dans l'introduction. Cet effet est une conclusion très puissante de la théorie économique. Il consiste à dire que le «rendement» de l'impôt (pour les hommes de l'Etat) n'est pas constant[44]. Pour être plus précis, l'effet Laffer stipule que le rendement de la taxation commence par être croissant du taux d'imposition, puis devient décroissant au-delà d'un certain point. Nous savons à ce stade de la discussion que l'impôt a des effets sur les choix individuels, mais nous ne savons pas encore pourquoi son rendement est variable selon le taux d'imposition (au lieu d'être linéaire).

Intuitivement, il est facile de comprendre que pour un taux nul, les recettes fiscales seront nulles, et qu'il en sera de même pour un taux de 100 %, car les individus n'auraient aucun intérêt à échanger. Entre ces deux taux, il est facile de comprendre que les recettes fiscales sont positives. Cependant, il est plus difficile de comprendre pour quelle raison les recettes fiscales sont croissantes du taux dans un premier temps et décroissantes ensuite. Pour tout individu, l'impôt aura un effet contraignant sur ses choix, car ainsi que nous l'avons montré ci-dessus, il réduit systématiquement le domaine des possibles et pousse l'individu dans une situation qui n'était pas désirée à l'origine. L'individu substituera du loisir au travail ou encore de la consommation à l'épargne. Ce faisant, il travaillera moins, épargnera moins et

[44] Il est important de comprendre que nous employons ici la terminologie fiscale de «rendement» dans le but d'être didactique. Il est clair que cet emploi est un détournement du concept de rendement qui ne peut s'appliquer qu'à des ressources épargnées et investies par un individu qui agit. Le rendement de l'impôt n'est, en ce sens, qu'un rendement comptable, mais pas un rendement issu d'une action d'économie de la part d'un individu.

accumulera moins d'épargne monétaire. Le rendement de son capital — humain et physique — à moyen terme en sera donc diminué. En d'autres mots, l'impôt réduit, pour chaque individu, le montant de richesses qu'il aurait créées (en son absence) et prélève en plus une partie de celles qu'il a finalement décidé de produire. Cette analyse nous permet de comprendre que *l'impôt détruit en quelque sorte par deux fois des richesses*: une première fois en les empêchant d'exister, et une seconde fois lors du prélèvement. Ce double effet est en lui-même suffisamment important pour qualifier la nuisance de l'impôt. Il nous permet de dire que plus il existe un impôt confiscatoire, moins les individus créeront et disposeront de richesses. Cependant, pour bien comprendre pourquoi le rendement de l'impôt est «en cloche», il nous faut expliquer l'existence de la *base fiscale*.

La base fiscale est l'ensemble des richesses monétaires créées qui sont soumises à un prélèvement fiscal obligatoire. La naïveté des hommes de l'Etat est telle, qu'ils pensent en général qu'une variation des prélèvements obligatoires aura un effet purement mécanique sur les recettes fiscales[45]. Il n'en est rien car, comme nous venons de le montrer, il existe une relation directe entre le niveau de l'impôt et les richesses créées. L'impôt détruit par deux fois des richesses[46]. Plus le taux marginal d'imposition est fort, plus les richesses monétaires qui auraient existé en l'absence d'impôt sont importantes. Les richesses créées par chaque individu se réduisent comme une peau de chagrin chaque fois que les hommes de l'Etat expriment un désir supplémentaire quant à la confiscation des ressources des «contribuables». L'un des résultats principaux de la science économique est d'avoir montré que les choix d'un individu sont régis par la satisfaction qu'il obtient de la dernière unité du moyen qu'il utilise dans son

---

[45] Heureusement, certains hommes d'Etat avisés ont compris, dans l'histoire, que l'accroissement de l'impôt tue la prospérité et l'harmonie sociale (Cf. chapitre 3).

[46] Il est important de comprendre que cette proposition est une métaphore dont le but est de mettre en évidence deux conséquences de l'impôt.

action. L'une des conséquences est que l'effet Laffer est lié au taux marginal d'imposition, et pas au taux moyen. C'est toujours l'utilité marginale qui importe — i.e. l'utilité de la dernière unité du bien utilisé dans l'action. Le taux marginal d'imposition est donc fondamental car il influe sur l'utilité marginale.

Ce qui se passe pour chaque individu existe aussi pour les hommes pris dans leur ensemble. Lorsque l'on accroît les taux d'imposition, il existe deux effets contraires: une augmentation des richesses confisquées et une diminution des richesses créées. Ces deux effets étant de sens opposé, lorsque le taux marginal d'imposition sur les revenus s'accroît de 1 % par exemple, la quantité de richesses créées diminue par rapport à son niveau «naturel» (ou libre), alors que la quantité de richesses confisquées (en rapport à la richesse totale) augmente. Plus ce taux s'accroît, plus les richesses créées diminuent et plus les richesses confisquées constituent une part importante de ce qui est créé. Comme nous l'avons montré ci-dessus, la raison fondamentale de ce double effet croisé est l'augmentation, avec le taux d'imposition marginal, du coût d'opportunité. Plus le taux d'imposition marginal augmente, plus les individus auront intérêt à se porter vers des activités non fiscalisées. Il existe un taux (différent pour chaque individu) où le prélèvement fiscal est suffisamment important à la marge pour faire diminuer la base fiscale dans des proportions supérieures au surcroît de recettes[47]. C'est la raison pour laquelle le rendement de l'impôt est en «cloche». Il faut souligner que certains économistes se posent encore la question de savoir combien de sommets possède la

---

[47] On comprend maintenant mieux pourquoi les hommes de l'Etat ont intérêt à voter la loi de finance une fois que les richesses monétaires ont été créées dans l'économie. A court terme, ceci diminue le risque de voir la base fiscale s'abaisser à la suite d'une hausse des impôts. Dans le chapitre 5, nous ferons une analyse plus complète de ce problème.

courbe de Laffer. Cette question est sans objet une fois que l'on a compris le phénomène à l'origine de l'effet Laffer[48].

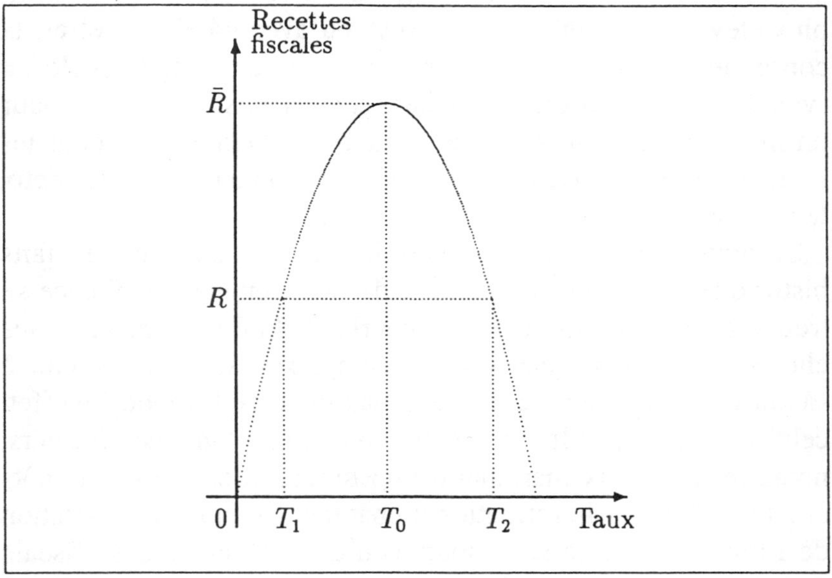

Fig. 2.8 — *Courbe de* Laffer.

Ce paradoxe de l'impôt peut se résumer à une diminution à la marge de la base de l'impôt en proportion de son poids marginal. Nous proposons donc de nommer cet effet: *la loi de la base marginale décroissante*. Si le taux marginal d'imposition en France était de 90 % et le taux moyen de 30 %, la quantité de richesses monétaires détournée par les hommes de l'Etat serait plus faible que dans le cas où le taux marginal serait de 45 %

[48] De plus, le raisonnement à partir d'une simple courbe de production permet de comprendre qu'il ne peut pas y avoir plusieurs sommets. (Cf. chapitre 5).

avec le même taux moyen (de 30 %). Nous pouvons affirmer cette proposition sans aucun risque car elle est le résultat d'une analyse utilisant la logique et s'appuyant sur la réalité de l'action humaine.

En supposant le taux moyen égal au taux marginal (i.e. un taux proportionnel), la question est de savoir si les recettes seraient plus élevées avec un taux de 20 % ou avec 44 %. En effet, la conséquence de l'existence d'un rendement de l'impôt en cloche (voir courbe de Laffer, figure 2.8) est qu'il existe deux taux pour un même rendement fiscal, et un taux «*optimum*» (T_0) pour les hommes de l'Etat. La même recette *R* est obtenue avec les deux taux T_1 et T_2.

Comme nous le verrons dans le chapitre suivant, les faits historiques montrent que le taux de prélèvements en France se trouve au-delà du sommet de la courbe de Laffer. Cependant, les choses deviennent relativement complexes si l'on cherche à savoir où se trouve le rendement maximum de l'impôt. En effet, celui-ci va dépendre d'un nombre important de facteurs, notamment le taux marginal d'imposition, la nature des impôts et leurs effets sur la formation d'épargne. De plus, une variation de l'imposition aura sans doute peu d'effets sur la base fiscale dans le court terme, mais beaucoup dans le moyen terme, une fois que les ajustements par rapport aux contraintes (engagements contractuels en particulier) auront été effectués[49].

[49] Cependant il est des exemples dans l'histoire où une réforme de l'impôt a donné des effets très rapides. Nous verrons ces exemples dans le chapitre 3. Le chapitre 5 présente une analyse détaillée du problème de l'horizon politique et de l'effet Laffer.

La loi de la base marginale décroissante et les principaux impôts

Cette brève analyse des conséquences de l'impôt sur sa base fiscale nous permet de comprendre pourquoi le paradoxe de l'impôt est un phénomène universel. La raison est double. Premièrement, tout impôt représente une contrainte à la marge, ce qui veut dire que tout impôt détruit par deux fois des richesses, comme nous l'avons souligné ci-dessus. Deuxièmement, tout impôt peut se ramener à un impôt sur la production de revenus monétaires[50]. Ce qui signifie que toute imposition, quel que soit son aspect, est de la même nature que l'impôt sur les revenus monétaires, et ses conséquences peuvent donc être étudiées de la même façon. La cause de cette affirmation est la connaissance du fondement de la théorie économique: la théorie de la valeur. Les prix sur le marché sont uniquement déterminés par les offres et les demandes des acteurs ultimes sur le marché (les «consommateurs»). Ainsi, il ne peut exister autre chose qu'une taxation de la production, pour la raison que la valeur des biens est déterminée par les consommateurs ultimes et non par les producteurs. Ces derniers ne peuvent fixer que le prix que les consommateurs acceptent de leur payer et ne peuvent donc pas leur transférer d'impôts. Tout impôt est un prélèvement sur les richesses produites par des individus qui agissent. Il ne peut pas en être autrement, les richesses ne préexistent pas aux actions individuelles.

La loi de la base marginale décroissante se retrouvera alors pour *toutes* les formes d'imposition. Pour commencer, nous avons montré qu'elle s'applique à l'impôt sur les revenus à taux proportionnel ou à taux progressif. Nous savons également que

---

[50] Il faut répéter encore une fois la grande vérité de l'impôt. Les hommes de l'Etat sont dans l'impossibilité de taxer la seule véritable richesse: le profit psychique que les individus obtiennent de leurs actions. En ce sens, il ne peut pas exister de «science fiscale» qui consisterait à déterminer scientifiquement — ou objectivement — le niveau de l'impôt. *L'impôt est donc toujours arbitraire.*

l'impôt sur la dépense globale peut se ramener à l'étude des effets de l'impôt sur les revenus, même si son influence sur les choix individuels est très différente. La loi s'applique donc aussi à cet impôt.

En vertu de ce que nous avons expliqué ci-dessus, il n'est pas possible de transférer un impôt vers la consommation: tout impôt est un impôt à la production. Ceci permet de dire que l'analyse d'une taxe à la consommation (accises) ou d'une taxe sur la valeur ajoutée, revient à analyser une taxe sur la production (ou sur les revenus monétaires, ce qui est la même chose). Ces impôts seront donc eux aussi soumis à la loi de la base marginale décroissante. Plus un droit d'accises sur un produit augmente, plus il aura tendance à diminuer le rendement des investissements des producteurs, et plus il fera diminuer sa base. Ceci est aussi valable pour les prélèvements obligatoires sur salaire, qui, il faut le dire, sont des impôts et pas des assurances obligatoires[51]. Ces prélèvements peuvent s'analyser comme une diminution du rendement du capital humain. Comme pour tout impôt, ils ont pour effet de diminuer la base sur laquelle ils reposent.

L'impôt de capitation

L'impôt de capitation est, quant à lui, assez particulier. Son analyse va dépendre d'un détail important: la forme sous laquelle s'effectue son paiement. Si les individus peuvent payer l'impôt en nature, l'analyse de l'impôt de capitation revient à celle de l'impôt sur les revenus. Prenons l'exemple d'un ermite qui élève de la volaille. S'il peut payer son impôt en nombre de volailles, il n'aura pas à se porter sur le marché pour obtenir des unités monétaires. L'impôt de capitation sera donc pour lui un impôt

---

[51] Une assurance obligatoire représente une contrainte différente du cas des prélèvements obligatoires sur salaire, pour la raison que les individus peuvent toujours changer d'assureur en fonction du prix du marché.

sur ses revenus en nature[52], avec la différence qu'il peut être totalement spoliateur, nous y reviendrons. Dans cette hypothèse, nous retrouvons le double effet croisé et l'impôt comme prélèvement sur les revenus. Dans le cas où le paiement doit s'effectuer en unités monétaires, les individus ne se livrant pas à l'échange marchand devront offrir le produit de leur travail sur le marché pour obtenir de la monnaie. L'impôt de capitation a donc un effet supplémentaire qui n'existe pas avec les autres impôts[53], il pousse les individus à échanger leur travail. Cette remarque est fondamentale, car les individus auront beaucoup de mal à échapper à l'impôt en se réfugiant dans des activités non taxées, puisque c'est le fait de *vivre* qui est soumis à l'impôt, et pas celui de *produire* des revenus monétaires. On peut donc penser que la base fiscale individuelle ne peut pas vraiment varier, puisque les individus doivent obligatoirement se porter sur le marché pour obtenir des revenus monétaires nécessaires au paiement de l'impôt (si l'impôt est supérieur aux ressources monétaires qu'ils obtiennent). Cependant, il est évident que certains niveaux de l'impôt de capitation seront totalement spoliateurs (comme le taux de 100 % dans le cas de l'impôt sur les revenus). Dans ce cas, il pourra détruire sa base encore plus sûrement que l'impôt sur les revenus puisqu'il n'existe alors que quatre façons d'y échapper: l'émigration, la clandestinité, la révolte ou la mort. En effet, puisque les effets de substitution entre les différentes activités sont très faibles, on peut supposer que plus le poids marginal de l'impôt de capitation augmentera, plus il existera *à la marge* des individus qui chercheront à immigrer, à entrer dans la clandestinité ou encore à se révolter, ce qui finira par diminuer la base fiscale et donc les recettes

---

[52] Cependant, cette situation est très peu réaliste: pour des raisons évidentes, les impôts sont, en général, levés par l'Etat sous forme monétaire.

[53] Ceci n'est pas vrai dans la situation actuelle de la fiscalité en France pour la raison que tout propriétaire doit des impôts (comme les impôts fonciers, et les taxes d'habitation), même s'il est ermite et ne produit donc aucun revenu monétaire.

fiscales. La loi de la base marginale décroissante existe bien, mais elle repose cette fois-ci non pas sur la diminution individuelle de la base fiscale, mais sur sa diminution globale par le phénomène de fuite des individus devant l'impôt[54].

L'impôt sur l'héritage

Les droits de succession[55] sont également intéressants à examiner sous l'angle de l'effet Laffer. Comme précédemment, il nous faut savoir si cet impôt détruit par deux fois des richesses et s'il peut se ramener à un impôt sur la production de revenus monétaires. Autrement dit, le taux d'imposition sur le capital transmis au moment de l'héritage a-t-il une influence sur sa base fiscale?

Pour pouvoir répondre à cette question, il faut d'abord remarquer que les individus trouvent beaucoup de satisfaction à léguer du capital qu'ils ont accumulé au cours de leur vie (et dont ils avaient peut-être eux-mêmes hérité en partie). Cette satisfaction n'est bien entendu pas *post mortem;* mais *ante mortem,* elle relève donc de l'utilité que tire un individu à disposer de ses biens. Nous ne nous attarderons pas sur les justifications habituelles de l'impôt sur l'héritage, car ce n'est pas l'objet du présent chapitre[56]. Nous voulons simplement souligner, avant d'étudier leurs effets économiques, que les droits de succession reposent, comme tous les impôts, sur une *violation des droits de propriété.*

---

[54] Nous pouvons imaginer qu'un impôt de capitation entraîne des révoltes au-delà d'un certain niveau. C'est sans doute la raison pour laquelle ce type d'impôt n'est pas utilisé.

[55] Ou *impôt sur l'héritage,* que l'on devrait plutôt nommer *impôt sur la transmission intergénérationnelle du capital.*

[56] Cf. [140, Salin] pour une discussion exhaustive au sujet de l'impôt sur l'héritage.

L'impôt sur l'héritage est en général progressif, c'est-à-dire que le taux moyen est inférieur au taux marginal. Il constitue un impôt sur le capital physique. Cependant, l'impôt sur l'héritage n'est pas un simple impôt sur le capital. Il ne taxe le capital qu'une seule fois, au moment du décès de son propriétaire; il représente en ce sens une «taxation finale» du capital. Autrement dit, il ne reviendrait pas du tout au même de supprimer l'impôt sur l'héritage et d'établir un impôt sur le capital annuel, pour la raison que l'accumulation du capital serait totalement différente. En effet, les droits de succession peuvent être entendus comme une taxation du capital «à la sortie», et non pas «à l'entrée». La différence réside dans le temps qui sépare les moments où le capital est taxé. Etant donné que le capital est, en quelque sorte, du temps accumulé, plus il existe de temps entre les deux moments où le capital est taxé, plus la différence dans l'accumulation de capital sera grande[57]. En résumé, la caractéristique principale de l'impôt sur l'héritage n'est pas qu'il soit un impôt sur le capital, c'est qu'il *taxe le capital en fin de période.* Cette caractéristique est importante pour nous permettre de comprendre comment la loi de la base marginale s'applique à cet impôt.

Etant donné que les droits de succession sont prélevés en fin de période, et que la durée de cette période est largement imprévisible, l'importance de la loi de la base marginale décroissante est difficile à mettre en évidence. Lorsque le taux d'imposition augmente au-delà d'un certain niveau, il existe un effet Laffer si le capital transmis (i.e. la base fiscale) diminue. En ce sens, on peut supposer que si l'on imposait toute transmission de capital à 90 %, le capital transmis serait moins important que si l'impôt était fixé à 10 %. Nous savons en effet que les individus tirent profit de la transmission de capital à leurs héritiers. Si une telle opération est fortement taxée, cela diminue les incitations à transmettre les biens que l'on possède à ses héritiers. Comme pour tout impôt, plus le taux augmente, plus

[57] Nous revenons sur ce sujet dans l'annexe C.

les individus chercheront à échapper à la pression de l'impôt en léguant leur bien sous une forme non taxable. C'est ce que l'on peut observer aujourd'hui en France où il existe une législation permettant de léguer ses biens (à concurrence d'un certain montant) avant de décéder, sans que les héritiers n'aient de droit à payer. Beaucoup de retraités en profitent ainsi pour léguer à leurs enfants une partie de leur capital qui échappe de cette façon à l'impôt sur l'héritage[58]. Cependant, ce genre d'opération ne représente qu'une diminution légale du taux moyen de l'impôt sur l'héritage, ce n'est pas à proprement parler une fuite des individus dans une activité non taxée. C'est un «abri fiscal».

On peut supposer que l'effet Laffer sera d'autant plus fort que le capital peut être transmis sous une forme non physique. Par exemple, les parents investiront massivement dans l'éducation de leurs enfants, plutôt que de chercher à leur léguer du capital fortement taxé. Une partie du capital accumulé pourra aussi être dissimulée de façon à ce qu'elle n'apparaisse pas officiellement au moment de l'héritage. Les individus pourront également faire des dons de leur vivant, mais cela reste en général limité pour des raisons légales[59]. Comme précédemment avec l'impôt de capitation, il existe peu de fuites possibles devant l'impôt, ce qui peut le rendre très fortement confiscatoire. L'émigration, la clandestinité (des transmissions du capital physique et/ou des hommes qui l'accumulent) et la transmission du capital sous forme humaine (investissement dans ses enfants), sont les seules façons d'échapper à cet impôt, et donc de diminuer sa base fiscale[60].

---

[58] Il faut remarquer que ce genre d'opération n'est pas complètement exempte de droits, même si elle permet actuellement d'exempter chaque héritier jusqu'à 300 000 francs de droits de succession par parent et par décennie.

[59] Il est en effet difficile en France d'offrir une maison à ses enfants, sans payer des droits de succession.

[60] Ce à quoi il faut ajouter les possibilités légales d'échapper à cet impôt qui viennent d'être mentionnées.

La loi de la base marginale décroissante s'applique donc à l'impôt sur l'héritage, mais sans doute, pour des taux assez élevés. Les hommes de l'Etat ont ainsi plus intérêt à taxer les héritages que les revenus pour la raison que les individus sont beaucoup plus «captifs» dans le premier cas que dans le second. En revanche, les droits de succession ont un effet très important sur l'accumulation de capital à long terme. Ils détruisent la plus longue épargne qui soit, à savoir l'épargne transmise entre les générations[61]. C'est essentiellement parce qu'il limite l'accumulation de capital sur le long terme, que l'impôt sur l'héritage est soumis, comme tous les impôts, à la loi de la base marginale décroissante. Détruisant le capital lors de sa transmission intergénérationnelle (taxation finale), il empêche l'accumulation de capital de long terme et diminue ainsi sa base fiscale. L'effet sera d'autant plus fort, que le niveau de l'impôt peut être modifié sans que les individus puissent l'anticiper.

L'impôt sur la transmission intergénérationnelle du capital est sans doute l'impôt pour lequel l'effet de la base marginale décroissante est le plus faible. En d'autres termes, les échappatoires à l'impôt sont peu nombreuses[62]. Cependant, dans le long terme, et même si cet effet est contrecarré par le phénomène de taxation finale (ou «à la sortie»), un fort taux d'imposition sur l'héritage détruit sa base fiscale aussi sûrement que dans le cas de l'impôt sur les revenus, car il empêche tout simplement l'accumulation de capital à longue échéance, diminuant ainsi les avantages que peuvent obtenir les individus de la production de leurs ancêtres. *In fine,* l'accumulation de capital sera *nécessairement* moins importante que dans le cas où l'impôt n'existe pas. C'est en ce sens que l'effet Laffer s'applique à l'impôt sur

---

[61] Il est intéressant à ce propos d'entendre les hommes de l'Etat faire de longs discours sur la stimulation de l'épargne longue, alors que la plus sûre manière de la détruire est de maintenir des droits de succession progressifs.

[62] Toutefois, il est possible de se réfugier dans la consommation au lieu d'accumuler du capital. Contrairement à l'impôt de capitation, la mort n'est pas une solution pour échapper à cet impôt.

l'héritage. De plus, en empêchant l'accumulation de capital de long terme, il diminue les revenus monétaires et non monétaires que les individus peuvent obtenir de leur capital. C'est donc un impôt qui frappe les revenus intergénérationnels du capital physique.

L'impôt d'inflation

Il nous reste à mentionner un impôt que l'on aborde rarement, il s'agit de l'impôt d'inflation, plus généralement appelé «inflation». Le concept d'impôt d'inflation implique que seul l'Etat, en tant que producteur monopoliste de monnaie, peut faire de l'inflation, alors que le marché libre ne le peut pas (et donc ne peut pas lever d'impôt car c'est l'attribut de l'Etat). A notre connaissance, il n'existe pas de périodes inflationnistes en dehors de celles où l'Etat a contrôlé la production de monnaie. Même la grande inflation du XVIe siècle était d'origine étatique, puisqu'elle a eu pour cause l'afflux d'or du Nouveau Monde, ramené par les *conquistadores* qui étaient pour la plupart des représentants de la Couronne d'Espagne. Il faut aussi rappeler que cette «grande inflation» n'a pas dépassé 1,5 % par an d'après les études historiques que nous avons aujourd'hui, ce qui, selon les normes actuelles, est une inflation quasi inexistante[63].

La première question à se poser est: pourquoi l'inflation peut-elle être considérée comme un impôt? Pour répondre à cette question, il faut d'abord définir l'inflation. L'inflation est le phénomène de hausse constante des prix des biens en termes de monnaie, ou réciproquement, c'est la baisse constante du prix de la monnaie en termes de biens. Il va sans dire qu'un tel phénomène n'est possible que dans un système monétaire non conver-

---

63 Il faut rappeler encore une fois que l'inflation en France entre 1803 et 1914 (à l'époque de l'étalon-or) n'a pas dépassé 1 % sur toute la période.

tible et monopoliste[64]. Sans entrer dans l'analyse de l'inflation, qui est un phénomène complexe, nous pouvons affirmer que celle-ci résulte d'une production non désirée d'encaisses monétaires nominales. En d'autres termes, l'inflation résulte d'une surabondance de monnaie par rapport à la quantité nécessaire pour réaliser les transactions dans l'économie. Lorsque l'offre de monnaie est supérieure à la demande, il se passe le phénomène qui existe sur tout marché: il y a une variation du prix. En l'occurrence, la monnaie perd de sa valeur, son pouvoir d'achat diminue, les prix des biens en termes de monnaie augmentent. Cependant le phénomène ne s'arrête pas là. En effet, cette baisse de la valeur de la monnaie n'est pas neutre. Etant donné que la monnaie est introduite dans l'économie par le biais du producteur d'encaisses (l'Etat en l'occurrence), cette surproduction monétaire lui permet d'en tirer «profit»[65]. Supposons une situation dans laquelle l'offre et la demande de monnaie sont stables. Supposons maintenant, alors que le reste ne change pas, que l'Etat vende des encaisses monétaires (contre des biens) à certains acteurs dans l'économie. Cette vente d'encaisses monétaires peut être faite de plusieurs manières, par le détour du crédit bancaire ou simplement par le biais de créances monétaires pour régler les dépenses étatiques. Mais ces subtilités ne sont pas importantes pour notre discussion. Les acheteurs de ces pseudo-créances se retrouvent en possession d'unités de monnaie qui ne correspondent à aucune production réelle antérieure. Ils disposent donc d'un pouvoir d'achat créé *ex nihilo*. Ce pouvoir d'achat, ils vont s'en servir en détournant à leur profit des ressources de l'économie contre lesquelles ils échangent ces pseudo-créances. Les détenteurs initiaux des

---

64 Le cours forcé est nécessaire pour produire une monnaie inflationniste. Encore une fois, aucun régime d'étalon or dans l'histoire n'a jamais été inflationniste.

65 Il vaut mieux parler de profit pour l'entrepreneur qui prend un risque en allouant une partie de son épargne à la production. Ici, il s'agit plutôt de détourner des ressources.

nouvelles unités monétaires vont donc détourner à leur profit des ressources qui auraient été utilisées à d'autres usages. Les ressources ainsi détournées au moyen de cette monnaie nouvellement créée[66], et qui sont investies dans l'économie représentent une «épargne forcée». Cette situation implique une baisse de revenu réel pour certaines personnes dans l'économie, car dans le court terme, les ressources sont fixes, et ce qui est détourné par les uns ne peut pas être utilisé par les autres. Cette nouvelle monnaie va s'échanger contre des biens, mais comme elle n'est pas désirée, elle ne sera pas détenue et finira par faire baisser la valeur de toutes les unités monétaires. Les derniers acteurs qui viendront à échanger des biens contre ces unités monétaires seront floués, car ils auront à faire face à une structure de prix relatifs différente de celle que les premiers ont rencontré et dont ils ont bénéficié. Les derniers détenteurs de ces nouvelles encaisses ne trouvent pas le pouvoir d'achat dont ont bénéficié les premiers, car les prix ont augmenté entre temps. Ils doivent donc subir une perte nette, car ils ont vendu du travail ou des produits pour reconstituer la valeur de leurs encaisses.

Il y a bien eu un transfert non consenti de ressources vers le producteur de monnaie. Ce transfert est un impôt puisqu'il résulte à l'origine de l'usage de la coercition et non pas de l'échange volontaire. L'accroissement d'encaisses monétaires dans la société ne s'est traduit que par une augmentation des prix et non pas par un gain en pouvoir d'achat. Cependant, il faut remarquer que l'inflation ne nuit pas à tous les individus de la même façon. En d'autres termes, le transfert non consenti de ressources vers le producteur de monnaie n'est pas de la même nature que dans le cas du paiement d'un impôt à l'administration fiscale. En effet, ceux qui sont au début de la chaîne n'ont pas

---

[66] Nous pouvons souligner le fait qu'il n'existe pas de différence entre la monnaie ainsi créée et la fausse monnaie, à l'exception du fait que les hommes de l'Etat punissent les faux monnayeurs, alors qu'ils ne sont pas inquiétés pour leur mauvaise monnaie.

encore à faire face à une nouvelle structure de prix relatifs, ce qui n'est pas le cas de ceux qui viennent par la suite et qui sont obligés de reconstituer leurs encaisses en vendant des ressources. Une fois que la structure des prix relatifs a changé, ce sont les individus qui reçoivent cette nouvelle monnaie qui subissent le véritable transfert. Les hommes de l'Etat bénéficient donc de l'inflation, mais ils en font bénéficier aussi quelques autres. Une fois encore, cette analyse est cohérente avec ce que nous savons de la façon dont les hommes de l'Etat accordent les faveurs de la redistribution à certains groupes dans l'économie[67]. Comme nous l'avons vu dans le premier chapitre, dans un système de convertibilité métallique, un producteur de monnaie (plus exactement de substituts monétaires) ne peut pas produire plus de monnaie que ce qui est demandé par le marché, pour la raison qu'il doit faire face à des demandes de convertibilité en monnaie supérieure: ce mécanisme n'existe pas lorsque l'Etat produit lui-même la monnaie supérieure comme il le désire.

La question qu'il reste maintenant à résoudre est celle de savoir si la loi de la base marginale décroissante s'applique à l'impôt d'inflation. Il nous faut donc savoir si, premièrement,

---

67 Il est un exemple d'hyperinflation actuel qui illustre bien ce qui précède. A la fin de l'année 1993, l'inflation en Serbie était «mesurée» à 3 113 000 % par an (soit 60 % par jour): un billet de 500 000 000 000 de dinars a même été imprimé. Les commentateurs de l'économie serbe ont montré que la production de dinars avait servi à acheter des marks allemands à hauteur de 6 milliards. Ceux-ci ont disparu des réserves de la banque centrale serbe. C'est bien d'un impôt dont il s'agit puisque l'Etat serbe a prélevé des ressources sur l'économie déjà exsangue en achetant des devises étrangères (Cf. [55, Gélie]).

Un tel exemple n'est pas rare dans le monde. L'inflation argentine était de 2 000 % par an en 1990.

En Allemagne, sous la république de Weimar, le mark était coté à 4,2 marks par dollar en juillet 1914. Il passa de 493,2 marks par dollar en juillet 1922 à 4 200 000 000 000 marks pour un dollar en novembre 1923: le secret d'une telle inflation tient simplement au fait que 150 imprimeurs faisaient tourner 2 000 presses, jour et nuit, pour imprimer des billets de banque (Cf. [115, Peikoff, page 176]).

l'inflation représente une contrainte à la marge, i.e. si elle détruit par deux fois des richesses, comme c'est le cas pour les autres impôts; et si, deuxièmement, l'inflation peut se ramener à un impôt sur la production de revenus monétaires. La monnaie est désirée par les individus car elle représente un *pouvoir d'achat généralisé.* Plus elle est inflationniste, moins elle joue correctement son rôle de pouvoir d'achat et donc moins les utilisateurs désirent en détenir. On peut penser que le phénomène est plus complexe, car il va dépendre des anticipations individuelles en ce qui concerne l'inflation. Si l'inflation n'est pas anticipée (si elle est soudaine), ou encore si tout le monde pense qu'elle va prendre fin à la période suivante, alors le comportement des individus sera de reconstituer leurs encaisses réelles désirées en accroissant la quantité d'encaisses nominales à leur disposition (car on suppose que les déterminants de la demande de monnaie n'ont pas varié). Comme nous l'avons vu ci-dessus, les individus supportent alors un coût non désiré. En revanche, si l'inflation future est anticipée, les individus chercheront à détenir moins de cette monnaie qui joue moins bien son rôle, ils s'en débarrasseront en achetant des biens. C'est un comportement bien connu des économistes: la *fuite devant la monnaie*[68].

Pour mieux comprendre ce phénomène, supposons qu'un individu détienne 100 unités monétaires et que le «niveau général des prix» soit de un (P = 1). Il possède 100 d'encaisses nominales (M = 100) qui sont aussi 100 d'encaisses réelles (m = 100) car la relation entre les deux types d'encaisses est: m = M/P. Si les prix doublent (P = 2), pour posséder toujours 100 d'encaisses réelles (m = 100) il devra obtenir M = 200 d'encaisses nominales (100 = 200/2). Pour ce faire il vendra des biens ou les services de son travail. S'il anticipe une hausse continue de l'inflation avec P = 4 par exemple à la période suivante, il diminuera sa demande d'encaisses réelles à m = 70 par exemple. La quantité d'encaisses nominales nécessaire sera

---

[68] Cf. [142, Salin] ou [141, Salin].

de M = 280 (70 = 280/4). Dans le cas d'une inflation anticipée, les individus augmentent leur demande d'encaisses nominales au fur et à mesure que les prix des biens augmentent, mais en même temps ils réduisent leur demande d'encaisses réelles (celles qui sont un véritable pouvoir d'achat), car la monnaie joue moins bien son rôle. Les individus substituent des biens aux encaisses réelles qu'ils détenaient auparavant. Ce sont maintenant les biens qui jouent en partie le rôle de réserve de valeur.

On retrouve donc bien le phénomène mis en avant pour tous les impôts. Lorsque le poids de l'impôt augmente à la marge, la quantité de richesses créées diminue. Dans le cas de l'inflation, les individus réduisent leur demande d'encaisses réelles, ils fuient devant la monnaie, ce qui revient à réduire la base de l'impôt d'inflation. Nous savons que plus l'inflation sera importante, plus la fuite devant la monnaie sera grande, et plus la base de l'impôt d'inflation se réduira. La proportion de richesses prélevées dans l'économie sera de plus en plus importante, mais le nombre de richesses créées diminuera. On retrouve ici le fait que l'impôt d'inflation détruit par deux fois des richesses: il diminue leur création et prélève celles qui existent. Nous savons que dans les cas d'hyperinflation avec contrôle des changes total, la fuite devant la monnaie est telle, que le phénomène suivant se développe: une monnaie parallèle circule en plus de la monnaie officielle. Cette monnaie peut être sous la forme de biens (on retrouve ici l'origine de la monnaie): des paquets de cigarettes ou des bouteilles de Vodka, comme dans certains pays de l'Europe de l'Est. Mais elle peut aussi être une autre monnaie étrangère, comme le dollar dans l'ex-Union soviétique[69]. La loi de la base marginale décroissante est donc également vérifiée avec l'impôt d'inflation. Plus l'inflation est forte, plus la base de l'impôt diminue, plus la proportion de richesses prélevées augmente et plus les individus substituent à la monnaie des biens non monétaires qui finissent par devenir

---

[69] Cette utilisation étant strictement prohibée par le cours légal.

monnaie à leur tour. Il est important de souligner que ce comportement a sans doute deux causes. La première est la volonté d'échapper à la spoliation de l'impôt. La seconde est celle de préserver la structure de prix relatifs qui est fondamentale pour qu'une économie fonctionne. Nous savons que l'hyperinflation détruit en grande partie le calcul économique en brouillant complètement les signaux que représentent les prix. La fuite totale devant une monnaie inflationniste est en quelque sorte un comportement de survie de la part des individus, qui, spontanément, retissent une toile de prix relatifs dans l'économie, de manière à pouvoir rétablir les échanges. Ce phénomène est de même nature que le marché noir[70]. La destruction de la monnaie entraîne nécessairement la destruction de l'économie.

CONCLUSION

L'effet Laffer, ou loi de la base marginale décroissante est un effet universel du prélèvement de richesse. Quelle que soit la forme de l'impôt, nous savons maintenant que:

1° il ne sera pas neutre sur les choix individuels;
2° et en conséquence, sa base sera décroissante du niveau marginal de prélèvements.

Les hommes de l'Etat ne peuvent pas taxer les citoyens en ignorant cette loi, sauf à vouloir courir à leur perte ainsi qu'à la destruction de l'harmonie sociale et du bien-être des individus. C'est malheureusement aujourd'hui le cas en France et dans beaucoup de pays du monde, où les impôts sont très élevés, ainsi que le chômage et le déficit public. Il a cependant existé des

---

[70] On peut même être plus précis et penser que le comportement de fuite totale devant la monnaie s'effectuera avant que la structure de prix relatifs ne soit complètement perdue, pour pouvoir remplacer l'ancienne par la nouvelle, en prenant la précédente comme base de calcul.

époques de prospérité et de croissance après des réformes de l'impôt, comme nous allons maintenant le montrer dans le chapitre suivant.

Chapitre III

DES RÉFORMES FISCALES DANS LE MONDE

INTRODUCTION

La décénnie 1980 a été l'occasion de réformes fiscales importantes à peu près partout dans le monde. Les Français n'ont pas saisi leur chance à ce moment-là, pour des raisons diverses[1], et nous pensons qu'ils paient aujourd'hui très chèrement cette erreur passée.

Il nous sera rétorqué que la France a bénéficié d'une réforme fiscale après l'alternance politique d'avril 1986. S'il est vrai que celle-ci semble avoir eu un effet positif sur les recettes de l'Etat et le niveau du chômage, il n'en reste pas moins qu'elle ne peut pas être comparée aux réformes présentées dans le tableau 3. Dans ce dernier[2], nous pouvons constater que les taux marginaux de l'impôt sur les revenus, dans les pays concernés, sont tous descendus en dessous de 50 %. En France, il reste de 56,8 % pour la tranche supérieure.

De plus, la France a la particularité d'être l'un des rares pays où l'impôt sur les sociétés a plus décru que l'impôt sur le revenu. Bien qu'il en soit rarement fait mention par les hommes politiques, c'est en fait l'impôt sur les sociétés qui a fait l'objet

---

[1] Bien sûr, nous pouvons penser aux raisons politiques qui ont fait que la France était gouvernée à cette époque par des gouvernements dont la doctrine en matière économique n'inclinait peut-être pas naturellement à de tels changements. Mais il existe des raisons plus profondes, comme la culture colbertiste qui imprègne le mental des dirigeants francais de tous bords, et qui leur fait considérer l'action de l'Etat de façon bienveillante. Peu d'entre-eux ont eu à cœur de s'informer et d'informer sur les bouleversements fiscaux qui avaient lieu chez nos proches partenaires économiques...

[2] Cf. [90, Lecaillon].

de la plus importante réforme fiscale. Pourtant, celle-ci a été oubliée et l'on peut se demander dans quelle mesure le fait qu'elle ait été réalisée essentiellement par des gouvernements socialistes n'a pas eu pour conséquence le silence qui l'entoure: les uns ne parlent pas d'un succès de leurs adversaires, les autres n'osent pas mentionner une réforme qui, bien que profitable, n'a pas le don de faire vibrer les cordes sensibles de leur électorat.

Cependant, le taux français de 33 % n'est pas beaucoup plus élevé que celui de nos voisins. Mais cette baisse du taux d'imposition sur les sociétés n'a-t-elle pas entraîné la chute des recettes prévue par les Cassandre du Ministère de l'Economie et des Finances? Nous examinerons cette question plus en détail à la fin de ce chapitre.

	Impôt sur le revenu		Impôt sur les sociétés	
Pays	Ancien	Nouveau	Ancien	Nouveau
Australie	60%	49%	46%	39%
Canada	34%	29%	36%	28%
Colombie	49%	30%	40%	30%
Indonésie	50%	35%	45%	35%
Israël	60%	48%	53%	48%
Japon	70%	50%	42%	38%
Mexique	55%	40%	42%	36%
Suède	75%	50%	56%	30%
Roy. Uni	83%	40%	52%	35%
Etats-Unis	70%	28%+5%	46%	34%

Source: Jacques Lecaillon, [90].

Tab. 3.1 — *Les réformes fiscales au cours des années 1980 dans le monde — Anciens et nouveaux taux marginaux.*

Ce type de question devrait être systématiquement posé à chaque fois qu'une baisse de l'impôt est pratiquée. A force d'y apporter une réponse négative, l'*intelligentsia* française a fini par ne plus s'interroger sur les implications de sa réponse. Pourtant, comme nous l'avons dit dans le chapitre précédent, cela signifierait non seulement que la loi de l'offre et de la demande est systématiquement fausse, mais aussi que l'homme serait insensible à son niveau de rémunération et accepterait indifféremment de consacrer l'intégralité de son temps à lui-même et ses proches, ou bien au financement de l'Etat.

Ceci est tout naturellement suspect, et l'on ne voit pas pourquoi nous devrions l'accepter *a priori,* d'autant que la théorie de l'impôt mentionnée précédemment semble correcte puisque logiquement dérivée d'une axiomatique vraie, à savoir que l'action humaine est une action de propos délibéré et que le temps et les ressources physiques sont rares.

Presque tous les économistes français nous apprennent pourtant que l'effet Laffer n'a jamais pu être mis en évidence au cours de l'histoire de l'humanité. Les discours officiels, et plus encore les brochures qui émanent des administrations centrales[3], regorgent d'exemples de professions de foi en la matière. Ainsi, les dirigeants politiques[4] sont-ils entourés de conseillers leur apprenant que:

> «L'observation des faits ne permet pas cependant d'étayer les affirmations [d'Arthur Laffer] aussi bien d'un point de vue macro-économique que micro-économique.
>
> «Au plan macro-économique, les diverses études empiriques ne sont pas en mesure de démontrer que la croissance économique,

---

[3] Chargées du recouvrement de cet impôt...

[4] En France, les hommes politiques, leurs conseillers et les universitaires, ont un niveau de culture générale beaucoup plus faible que leurs homologues anglo-saxons. Nous reviendrons sur ce point que nous démontrerons à l'aide d'études chiffrées dans le chapitre 5.

pas plus d'ailleurs que le taux d'investissement, est fortement corrélée au taux de prélèvements obligatoires.

«Au plan micro-économique, les approches empiriques ne permettent pas de valider globalement les hypothèses des économistes de l'offre, en particulier pour ce qui concerne l'offre de travail. Certes un taux marginal de 100 % ou proche de ce dernier serait sans nul doute confiscatoire et aurait un effet négatif sur l'offre de travail; mais cette situation ne correspond pas à la réalité: ainsi, en France, selon l'article 885 V bis du Code Général des Impôts, le prélèvement total correspondant à l'impôt sur le revenu et à l'impôt de solidarité sur la fortune, ne peut excéder actuellement 85 % du revenu imposable (le taux était de 70 % avant 1991). Dans les faits peu de contribuables sont concernés par l'application de cet article.

«Ainsi, que ce soit au travers d'enquêtes, d'expériences sociales (en particulier aux Etats-Unis) ou de travaux économétriques, une incidence nettement négative de taux marginaux élevés sur l'offre de travail des chefs de famille n'a pu être relevée. Tout au plus, il semblerait qu'un effet dissuasif plus marqué puisse apparaître chez les femmes mariées appartenant à un foyer fiscal imposé à un taux marginal élevé»[5].

Laissons un instant le premier point et notons ce que les auteurs de ce texte considèrent comme un taux confiscatoire, i.e. un taux de 100 %. Pour eux nous sommes loin d'un taux confiscatoire puisque la somme totale de l'impôt sur le revenu et de l'impôt sur les grandes fortunes est plafonnée à un taux de 85 %. Mais ceci ne tient pas compte du fait que ce taux se superpose aux charges sociales et autres impôts que l'Etat essaie de cacher aux contribuables, mais qui existent bel et bien. Admettons un instant que le taux effectif d'imposition d'un individu soit à la marge de 90 %[6]. Cela signifie que s'il décidait

---

[5] Cf. [23, CF, page 57].

[6] Comme nous le verrons dans l'annexe A, ce taux est vraiment une hypothèse conservatoire. Le taux réel est plus élevé.

d'aller travailler 10 heures, le 31 décembre, le taux d'imposition moyen de sa journée marginale étant précisément égal à son taux marginal, il travaillerait pour lui-même durant 1 heure, et pour l'Etat pendant 9 heures.

Comment peut-on alors écrire qu'un tel taux n'est pas confiscatoire? Comme nous le verrons[7], les taux *moyens* effectifs d'imposition peuvent atteindre 66 % très facilement. Les individus qui les subissent travaillent donc pour l'Etat en janvier, février, mars, avril, mai, juin, juillet, août. Et pour eux-mêmes en septembre, octobre, novembre et décembre. Il n'y a rien là de très confiscatoire...

Bien sûr, il se pourrait que tout ceci importe peu si «peu de contribuables [étaient] concernés par cet article». Mais dans le cas exposé, une telle réflexion n'a aucun sens: le fait que peu de contribuables soient concernés par une telle guillotine fiscale indique simplement que l'être humain, plus rationnel que le rédacteur de tels textes de loi, s'est arrêté de travailler et n'entre plus dans cette tranche.

D'ailleurs, les faits ne sont même pas en accord avec cette proposition, car si l'on regarde le projet de loi de finance pour 1993, cette mesure de limitation de l'impôt à 85 % des revenus a eu un coût[8] effectif de l'ordre de 10 % du montant des recettes de l'impôt de solidarité sur la fortune. En d'autres termes, il existe un nombre non négligeable de Francais qui versent jusqu'à 85 % de leur revenu imposable à l'Etat. Si une telle mesure n'existait pas cela aurait pour conséquence de les obliger à vendre leurs biens pour payer leurs impôts[9].

---

[7] Cf. Annexe A.

[8] Le mot «coût» est le vocable consacré au Ministère de l'Economie et des Finances, pour exprimer une somme que, dans sa grande mansuétude, l'Etat décide de ne pas prendre de force au contribuable.

[9] Ceci arrive dans le cas où ils ne peuvent pas vivre des 15 % de revenus que l'Etat leur laisse... De ce point de vue, l'impôt de solidarité sur la fortune est un impôt «*expropriatoire en nature*» au sens où il peut obliger à vendre des biens pour être acquitté.

Mais revenons sur la théorie économique elle-même. Les auteurs nous apprennent que «tout au plus, il semblerait qu'un effet dissuasif plus marqué puisse apparaître chez les femmes mariées appartenant à un foyer fiscal imposé à un taux marginal élevé». Ceci est très exactement le contraire de ce que l'on peut trouver dans la *majorité* des études réalisées sur l'offre de travail, qui concluent que les femmes mariées sont les seules susceptibles de réduire leur offre de travail lorsque leur revenu salarial horaire augmente[10]. Ceci s'explique d'ailleurs très bien par le fait que l'augmentation de revenu consécutive à leur augmentation de salaire horaire leur permet de dégager en moins de temps le complément de revenu qui sert d'«argent de poche» au ménage. Ceci est la raison pour laquelle ce phénomène est généralement constaté sur le deuxième revenu du ménage, i.e. sur celui des femmes mariées, lorsque l'on considère des agrégats statistiques[11].

Plus généralement, et comme nous allons maintenant le voir, les auteurs ignorent une partie de la littérature scientifique contemporaine qui conclut très exactement dans le sens opposé au leur. La position de la *nomenklatura* francaise est un mystère, car on ne peut pas croire à la mauvaise foi généralisée. Pour donner une idée plus précise de l'ignorance en la matière, nous pouvons distinguer deux types de profession de foi:

1° il existe un certain nombre de personnes qui nient tout effet Laffer théorique. Ils rejettent donc non seulement le

---

De tous les impôts, il est le seul avec l'impôt de capitation à impliquer l'entrée forcée dans un échange éventuel pour dégager les sommes exigées. En d'autres termes, il ne frappe pas l'échange.

[10] Cette proposition est exactement inverse de celle des auteurs, mais de toute façon, leur position ne peut pas être expliquée par la théorie économique.

[11] Le lecteur pourra se référer aux textes [91, Lemennicier], [61, Hausman], [110, Nakamura] et [111, Nakamura] pour des études sur l'offre de travail en France, au Canada et aux Etats-Unis.

contenu de ce chapitre mais aussi celui du chapitre précédent,

2° d'autres se contentent de penser que rien n'a jamais été prouvé en la matière.

En particulier, dans la première catégorie, nous retrouvons le journal *Le Monde* qui, sous couvert de «*neutralité*», pratique en fait le nihilisme philosophique sous la plume de Laurent Mauduit ou Erik Izraelewicz:

> «La fameuse courbe de Laffer est à l'économie ce que le théorème de Fermat est aux mathématiques: plaisante intellectuellement, mais indémontrable ou, à tout le moins, indémontrée. [...] Aucun économiste n'a pu établir qu'en cas d'augmentation de la pression fiscale, l'effet de dissuasion (l'impôt dissuade de travailler) joue davantage que l'effet-revenu (l'impôt suscite un surcroît d'activité pour compenser la baisse de revenu)»[12].

ou encore

> «Le principe numéro un de la «reaganomie» dit qu'une réduction massive de la fiscalité directe libère l'initiative, l'investissement et l'épargne. Elle conduit ainsi à dynamiser la croissance et a alors, en théorie, un double impact sur les finances publiques: elle apporte des recettes supplémentaires dans les caisses de l'Etat et elle aide à réduire certaines dépenses, les dépenses sociales notamment. [...] Ce bel enchaînement théorique ne s'est pourtant pas déroulé au cours des huit années Reagan, de 1981 à 1988. Le président américain a [pourtant] tenu ses promesses fiscales: il a fortement diminué en plusieurs étapes, le barème de l'impôt sur le revenu»[13].

Tout ceci est naturellement complètement faux comme nous allons le voir dans les pages qui suivent. N'en déplaise à

---

[12] Cf. [100, Mauduit].

[13] Cf. [74, Izraelewicz].

l'auteur, l'existence de la courbe de Laffer comme le théorème de Fermat sont maintenant bien établis par les scientifiques. Il suffit de changer de journal pour en être informé.

La rhétorique est toujours la même: elle utilise pleinement la dichotomie épistémologique «analytique-synthétique» de la philosophie des sciences développée par l'idéalisme allemand, en d'autres termes, l'opposition entre «théorie» et «pratique». Cela conduit un certain nombre de libéraux — qui acceptent la théorie de la courbe de Laffer — à dire que nous n'avons aucun exemple pratique de réduction des impôts qui ait provoqué une augmentation des recettes[14].

Trois minutes de discussion avec certains hauts fonctionnaires du Trésor ou de la Prévision suffisent à se convaincre du fait qu'ils adhèrent à des thèses inlassablement répétées et auxquelles ils ont fini par se rattacher. Peut-être cela vient-il de ce que l'enseignement français des sciences économiques et politiques est peu diversifié — au moins pour ce qui concerne les dirigeants français qui sortent finalement tous des mêmes établissements d'enseignement supérieur — et qu'une certaine forme d'indépendance d'esprit nous a interdit d'aller lire la littérature anglo-saxonne. Ceci est d'autant plus vrai que bizarrement chacun — au moment même où il rejette l'idée d'un effet Laffer — accepte l'idée que l'impôt est trop fort en France:

---

[14] De nombreux défenseurs d'une baisse de la fiscalité ne réalisent pas le lien inverse entre le niveau de l'impôt et celui des recettes à partir d'un certain niveau.

C'est le cas, par exemple, de Maurice Lauré, qui, dans son excellente présentation juridique de l'impôt, attribue la hausse des recettes fiscales aux Etats-Unis dans les années 1980 à la suppression d'exemptions fiscales qui auraient élargi la base (Cf. [89, Lauré, page 204]).

Ceci se retrouve dans presque tous les manuels fiscaux de ce type, et, même si leur objectif n'est pas de traiter de l'aspect économique de l'impôt, ou sous une forme purement comptable, ils ont porté un préjudice considérable aux contribuables français.

> «En France, les travaux préparatoires au plan quinquennal ont régulièrement souligné depuis le *VI*^e^ plan (période 1971-1975) jusqu'au *X*^e^ plan (période 1989-1993) que le taux de prélèvements obligatoires atteignait un niveau maximal pour l'économie nationale»[15].

Le rejet de la connaissance vraie est donc un facteur explicatif important de la situation fiscale actuelle. Pourtant l'examen de bon sens des économies marxistes de tous les pays du monde nous apprend qu'il existe un seuil à partir duquel trop d'Etat tue absolument *toute* initiative individuelle. Il doit donc être possible de chiffrer l'impact de l'impôt.

Pour y parvenir, nous devons adopter une meilleure méthodologie que celle consistant à s'intéresser à la seule pression fiscale en terme de produit intérieur brut. En effet, il importe de savoir si une baisse des taux marginaux d'imposition a des effets positifs sur le niveau des revenus des gens qui subissent les plus hautes tranches d'imposition. De nombreux autres facteurs peuvent indiquer l'impact d'une réforme fiscale, comme l'écart entre les prévisions de recettes et les recettes réelles. Il est aussi possible d'étudier l'impact d'une réforme sur le 1 % de contribuables les plus riches, i.e. ceux dont nous sommes en droit de penser qu'ils ont les plus fortes réactions aux variations du taux plafond d'imposition.

Nous allons donc, dans les pages qui suivent, étudier les effets empiriques des réformes fiscales, effets dont nous connaissons les causes depuis le chapitre précédent.

---

[15] Cette citation est extraite du même texte que celle ci-dessus. Elle la précède de 35 lignes exactement. Nous pouvons donc nous demander comment il peut se faire que le taux de prélèvements obligatoires ait atteint un niveau maximal puisque, d'une part, les contribuables sont insensibles à l'impôt, et que, d'autre part, les taux d'imposition de 85 % sont normaux et non spoliateurs... (Cf. [23, CF]).

LA RÉFORME FISCALE EN GRANDE BRETAGNE DANS LES ANNÉES 1980

En mai 1979, le gouvernement anglais nouvellement élu s'est trouvé face à un problème budgétaire crucial et sans précédent dans ce pays. Les besoins de financement des entreprises nationalisées allaient croissant du fait de déficits de plus en plus importants de leurs comptes; les demandes syndicales en matière de salaire handicapaient les comptes des administrations centrales et, dans le même temps, les recettes fiscales se faisaient plus rares.

Les déficits budgétaires menaçaient d'exploser alors même que les membres de ce nouveau gouvernement avaient fait campagne sur leur maîtrise. Dans le premier budget prévisionnel, le *Besoin de Financement du Secteur Public*[16] était évalué à 8 milliards de livres[17]. Parmi ses engagements budgétaires, ce gouvernement avait pris l'engagement de baisser une inflation qui avoisinait le taux de 10 %, et qui servait en grande partie au financement de ce déficit. Pour ce faire, et à partir de 1980, le gouvernement britannique a mis en place un plan concernant la *Stratégie Financière à Moyen Terme*[18] et qui annoncait à l'avance la stratégie monétaire de la Grande-Bretagne, en vue de lutter contre l'inflation. La technique consistait à publier à l'avance la croissance de la masse monétaire pour les années à venir, exprimée sous forme de pourcentage de M3£[19]. Ceci allait se révéler une arme à double tranchant dans la mesure où cet engagement moral devait être tenu une fois annoncé. Mais son existence permettait d'opposer des fins de non-recevoir aux

---

[16] En anglais, P.S.B.R., c'est-à-dire *Public Sector Borrowing Requirement.*

[17] Soit à peu près 80 milliards de francs de l'époque.

[18] En anglais, M.T.F.S., c'est-à-dire *Medium Term Financial Strategy.*

[19] La composante M3£, ou Sterling M3, de la masse monétaire comporte les dépôts à vue, et tous les dépôts à terme à moins de quatre ans.

syndicats du secteur public décidés à s'engager dans des conflits sociaux durs[20] à propos de la question des salaires.

Il apparaissait donc périlleux de baisser les impôts dans un tel contexte. Pourtant, sous l'influence d'économistes libéraux, le gouvernement anglais s'est lancé dans une importante réforme fiscale. En fait, et parce que la situation des comptes publics était mauvaise, c'était la seule façon d'augmenter les rentrées fiscales et de combler les déficits publics. En tous cas, l'équipe dirigeante en était fermement convaincue et pensait qu'il fallait en finir avec la politique consistant à combler chaque déficit par la création d'un impôt nouveau. Plus encore, le raisonnement disant que la cause de tels déficits était due à cette politique était l'argument décisif qui devait l'emporter[21].

De fait, une réforme fiscale eut lieu pour ramener, par étapes, le taux maximal d'imposition de 83 % à 40 %. La première étape consista à passer le taux plafond de 83 % à 60 %. Cette mesure, dont on supposait à l'époque qu'elle coûterait fort cher, fut financée par une augmentation de la taxe à la valeur ajoutée dont les taux de 8 % et 12 % devaient être amenés à 15 %.

Si l'on fait l'hypothèse que le taux marginal de 1978 s'était appliqué en 1988, c'est une réduction d'impôt de 1,5 milliard de livres dont a bénéficié le 1 % d'anglais les plus riches en terme de revenu imposable[22]. Un tel calcul est fallacieux car ces gens ont précisément fait varier leur offre de travail à la suite de cette

---

[20] En fait, cette contrainte purement artificielle allait être quelque peu violée par la suite, mais dans des ordres de grandeur peu importants.

[21] Les chiffres avancés dans ces pages peuvent être trouvés dans un article de Paul Ashton (Cf. [5, Ashton]) ou dans le livre de Patrick Minford (Cf. [104, Minford, pages 198-200]).

[22] Dans toutes les études suivantes, nous allons massivement réutiliser ce concept de répartition de la population par *centiles*. Celui-ci est très utile pour isoler les résultats des variations d'impôt à la marge. Le «1 % d'anglais les plus riches» signifie les foyers fiscaux ayant les plus hauts revenus et dont l'effectif s'élève à 1 % du nombre total des foyers fiscaux anglais.

réforme. Mais il donne l'ampleur du gouffre qu'un expert n'acceptant pas la théorie fiscale n'aurait pas manqué de prévoir.

Mais cette prévision ne s'est pas réalisée. Au lieu de baisser leur contribution totale de 1,5 milliards de livres, le pour-cent d'anglais les plus riches les a augmenté de 300 millions de livres. Cet effet pourrait-il être dû à l'inflation? Nous savons que celle-ci a été plus faible à partir de cette même époque. Il n'en est donc rien. Pour en être sûrs, il faudrait pouvoir vérifier que le 1 % d'anglais les plus riches a plus augmenté sa contribution que la moyenne des autres foyers fiscaux. Le chiffre est disponible... et le 1 % d'anglais les plus riches a vu sa contribution au budget national croître de 7,1 % de plus que les autres catégories de revenu.

Nous sommes donc face à un (faux) paradoxe: les gens les plus riches — qui sont les principaux bénéficiaires des baisses d'imposition, paient plus d'impôt en volume lorsqu'ils en paient moins en taux. Ceci montre donc que l'effet Laffer est très important dans ce cas-là, car cela ne peut pas signifier autre chose qu'une hausse considérable des revenus imposables de ces individus. Cette hausse est même tellement importante qu'elle permet à la part d'impôts payée par les gens les plus riches de progresser en termes relatifs par rapport aux gens les plus pauvres et qui ne bénéficieraient pas — selon la théorie standard — des baisses d'imposition. Sur la période étudiée, le revenu imposable du 1 % d'anglais les plus riches monte de 11,8 % de plus que la moyenne de celui des anglais, et celui des 5 % les plus riches, de 14,7 % (entre 1979 et 1984).

Pour des catégories d'individus qui bénéficient d'une baisse de moitié de leur taux marginal d'imposition, de telles hausses rendent suspectes toutes les «théories» fiscales qui n'accorderaient pas une place centrale aux effets désincitatifs de l'impôt. Bien sûr, il pourrait exister des causes externes à l'effet observé, et nous pourrions lever trois contre-arguments facilement imaginables et qui ont été opposés à Paul Ashton[23]:

1° Le revenu moyen aurait pu être abaissé par la montée du chômage.
2° Les plus hauts revenus ont été dopés par des entrées non salariales comme les dividendes et les intérêts.
3° La demande de main-d'œuvre qualifiée aurait augmenté plus vite que l'offre, ce qui ne serait pas le cas de la main-d'œuvre non qualifiée.

En fait, Paul Ashton fait remarquer que si l'on avait utilisé le revenu *médian* en lieu et place du revenu *moyen,* les revenus du 1 % d'anglais les plus riches n'auraient augmenté que de 3 % de moins par rapport au calcul effectué avec le revenu *moyen.* Or, le revenu *médian* est insensible (ou presque) aux variations de revenu dues au chômage. L'argument n'est donc pas recevable.

Le deuxième point est également réfutable. Notons tout d'abord que les revenus dont nous avons fait mention ne tiennent pas compte des «gains en capital», i.e. des plus-values. Ainsi, s'il s'agit de bénéfices boursiers, ceux-ci ne peuvent prendre la forme que de dividendes ou d'intérêts. De plus, une telle réforme fiscale change le rendement du capital et du travail. Elle modifie toutes les offres et les demandes sur les différents marchés. Que l'effet Laffer se traduise via une augmentation de salaire des dirigeants d'entreprises ou via une hausse des bénéfices des firmes, ces deux phénomènes peuvent être indifféremment la cause d'une hausse de l'offre de travail. Tous les dirigeants qui sont aussi salariés de leur entreprise peuvent comprendre ce point instantanément. Enfin, pour le cas qui nous concerne, la hausse de salaires fut de 10 % supérieure à la hausse des produits financiers pour le 1 % d'Anglais les plus riches.

[23] Ces arguments ont été opposés aux économistes libéraux par Patrick Kellner (Cf. [82, Kellner]).

Peut-être peut-on ajouter que ce ne sont pas les salaires de base qui ont connu une réelle augmentation mais plutôt les primes salariales obtenues sur les performances personnelles des dirigeants d'entreprises. Pour les cadres supérieurs, les bonus ont augmenté de 121 % de plus que la moyenne anglaise, et de 142 % de plus pour les consultants et les vendeurs. Ce dernier point est intéressant. En effet, les vendeurs sont tout à fait susceptibles de moduler leur effort productif en allant démarcher plus ou moins de clients. Il en va de même pour les consultants. Les dirigeants d'entreprises peuvent avoir plus ou moins de cœur à l'ouvrage, même si leur offre de travail est moins facilement modifiable que celle d'un représentant de commerce ou d'un consultant. A cet égard, les deux chiffres ci-dessus sont parfaitement cohérents avec la théorie fiscale que nous avons avancé plus haut.

Enfin, le dernier «contre-argument» est amusant parce qu'il va nous permettre d'introduire une mesure très particulière des effets de la fiscalité: les flux migratoires. Avant 1979, les Anglais les plus qualifiés[24] quittaient un pays qui n'offrait plus les mêmes opportunités de profit que les pays voisins. Après 1979, ces personnes franchirent la frontière en sens inverse pour revenir travailler dans leur pays, et le flux de personnel qualifié atteignit jusqu'à 0,5 % en 1985[25].

Bien sûr, la cause des flux migratoires est peut-être due à la conjoncture. Mais nous pouvons nous poser la question de savoir à quoi est due cette amélioration de la conjoncture.

La position des économistes qui refusent la théorie fiscale est donc extrêmement fragile, surtout à propos du cas anglais. Elle l'est d'ailleurs d'autant plus que ces réformes fiscales impossibles *a priori* n'ont pas entraîné le déficit budgétaire attendu.

---

[24] En 1976, l'émigration des individus qualifiés fut de 0,3 % de la population active, contre 0,1 % chez les ouvriers et les employés.

[25] Ce qui n'est pas le cas chez les employés et les ouvriers dont le flux migratoire fut quasi-nul sur cette période.

Si l'on analyse la hausse des déficits budgétaires de l'Etat britannique, tous les dérapages proviennent du nécessaire refinancement des entreprises nationalisées qui avaient pris l'habitude de solliciter le gouvernement à chaque difficulté engendrée par des hausses de salaires inconsidérées[26]. C'est ainsi qu'en 1981, il a fallu rajouter 1 milliard de livres de plus que prévu pour *British Leyland,* une somme analogue pour les charbonnages, et encore une autre pour couvrir les pertes de la *British Steel Corporation*[27].

De ce point de vue, une politique de baisse des impôts réussie, c'est-à-dire sans déficit budgétaire, ne peut se concevoir sans un désengagement de l'Etat du secteur industriel. Il n'est pas concevable de traîner les boulets que sont les entreprises nationalisées comme nous en avons pris l'habitude en France. Les déficits de ces entreprises sont toujours de nature structurelle et jamais uniquement conjoncturelle; ceci parce qu'il s'avère que l'homme politique ne prend jamais à temps les décisions difficiles qui s'imposeraient à des actionnaires ne pouvant pas recourir à la manne du budget de l'Etat. De plus, ces mêmes entreprises sont toujours plus performantes lorsqu'elles sortent du secteur public parce que leurs règles de gestion changent du tout au tout.

---

[26] C'est-à-dire ne correspondant pas à des hausses de productivité de la part de ces firmes.

[27] Soit près de trente milliards de francs de l'époque, alors que ces entreprises avaient été régulièrement recapitalisées par l'Etat dans les années précédentes. La *British Steel Corporation* avait par exemple reçu l'équivalent de 50 milliards de francs entre 1975 et 1979. En novembre 1979, elle présentait pourtant une perte *semestrielle* de près de 1,5 milliards de livres... De même, les charbonnages avaient reçu deux milliards de livres entre 1974 et 1979, et affichaient toujours des pertes de 350 millions de livres par an en 1981...

	British Airways		*Air France*	
Profits (Millions de £)	1980 1993	-141 +320	1980 1993	+1 -570
Profits par salarié (£)	1993	+6,81	1993	-13,33
Tonnage par kilomètre et par employé	1980 1992	153 305	1980 1992	194 264
Passagers-kilomètre par employé	1980 1992	773 1541	1980 1992	764 866
Chiffre d'affaire par employé (en milliers de $)	1980 1992	145 190	1980 1992	150 168
Total des effectifs	1980 1992	51955 47205	1980 1992	33215 42756
Heures de vol par membre du personnel navigant technique	1980 1992	154 175	1980 1992	161 154
Kilométrage moyen d'un vol	1980 1992	2434 2748	1980 1992	2353 2553
Utilisation des avions en heures par jour	A320 B737 B747 B767	6,18 6,93 13,37 9,56	A320 B737 B747 B767	6,83 4,70 11,47 6,85

Source: Association of European Airlines, Airline Business, Avmark Aviation, The Economist, The Sunday Times.

Tab. 3.2 — *Comparaison de l'évolution des principaux ratios de British Airways et d'Air France au cours des quatorze dernières année.*

L'exemple de *British Airways* et d'*Air France* est très parlant. D'un côté, nous avons une firme privatisée au prix d'un plan de redressement modeste. D'un autre côté, nous avons une firme publique moribonde qui ne peut survivre que grâce à l'injection de 20 milliards de francs des contribuables français. Bien sûr, le sacrifice initial a été plus important chez *British Airways* qui a vu ses effectifs fondre jusqu'au milieu des années 1980, se stabiliser, puis réaugmenter légèrement à mesure que sa situation s'améliorait. Mais les résultats finaux sont sans équivoque, comme nous pouvons le constater dans le tableau 3.2; si la compagnie française arrivait en tête pour presque tous les ratios en 1980, elle a vu ses résultats se dégrader, aussi bien relativement qu'absolument[28].

Pourtant, il n'existe aucune fatalité qui pourrait empêcher les Français de vendre des trajets aériens aussi bien que les Anglais; encore une fois, les problèmes rencontrés par *Air France* ne proviennent pas seulement de son personnel qui serait trop nombreux ou d'un mauvais encadrement. Ils proviennent du fait qu'en l'absence d'actionnaires, les décisions ne sont plus prises en fonction de critères économiques. Ceci est la *cause* première des déficits de la compagnie. L'hétérogénéité du parc, le personnel pléthorique ou les grèves à répétition ne sont finalement que des *conséquences*. Il faudrait cesser de jeter l'anathème sur les personnels des sociétés nationalisées, en les qualifiant d'*irresponsables* alors qu'on leur a, par ailleurs, appris que les décisions prises dans leurs sociétés sont indépendantes du coût des facteurs de production. En termes plus clairs encore, nous pensons que les pouvoirs publics ont une responsabilité bien plus grande que certains syndicats d'*Air France* dans les moments difficiles qu'elle traverse. Nier cela, c'est s'arrêter en chemin dans la recherche des chaînes de *causalité*.

Une partie des problèmes français en matière de budget tient au fait que ces résultats se généralisent si l'on compare d'autres secteurs de l'économie comme l'informatique, la banque, ou les transports ferroviaires dans lesquels l'Etat français est toujours

---

[28] Cf. [35, CI].

obligé de mettre de l'argent alors même que l'Etat britannique s'est désengagé[29].

Pour le bien-être des employés des firmes «nationales», c'est-à-dire pour leur emploi sur le long terme, et pour l'équilibre du budget de l'Etat, il vaut donc mieux que l'Etat ne soit pas engagé dans leur gestion. Ainsi, le fait que le déficit anglais se soit creusé d'environ trois milliards de livres de plus que prévu pour les années 1980 et 1981 ne peut précisément pas être imputé à la réforme de l'impôt. Nous devons alors noter qu'un léger déficit budgétaire, à condition qu'il préfigure l'abandon d'une rente négative par l'Etat, est éventuellement supportable comme l'a montré le cas anglais.

Ajoutons encore que le phénomène «Laffer» n'était pas complètement inconnu en Grande Bretagne avant 1979. En effet, il joue dans les deux sens, à savoir aussi bien à la hausse qu'à la baisse des recettes fiscales. Or, les hausses d'imposition qui avaient eu lieu entre 1970 et 1979 avaient conduit à une baisse des recettes fiscales sur la période. En particulier, les 1 % et 5 % d'Anglais les plus riches en terme de revenus imposables avaient diminué leurs revenus de 17,8 % et 9,6 %, respectivement, par rapport à la moyenne des Anglais. Même si l'on ne peut pas exclure d'autres facteurs explicatifs, il est impossible de ne pas penser à un effet de type «Laffer».

Aussi, pour étayer notre théorie fiscale, penchons-nous sur la riche histoire américaine qui regorge d'exemples de variation des taux marginaux d'imposition, et voyons quels ont été leurs impacts réels.

---

[29] Pour les cas de *Bull* et du *Crédit Lyonnais*, on pourra se référer aux livres de Jean-Pierre Brulé et d'Eric Leser (Cf. [19, Brulé] et [94, Leser]).

LES ÉTATS-UNIS D'AMÉRIQUE: UN SIÈCLE DE RÉFORMES FISCALES

Les suites de la première guerre

Les guerres sont une source importante d'augmentations fiscales. Au cours de telles périodes, il est facile d'augmenter le taux d'imposition ou de créer de nouveaux types de prélèvements. Lorsque le pays est menacé à ses frontières, les citoyens acceptent beaucoup mieux de verser une contribution aux dépenses de l'Etat. D'autre part, peu de gens osent passer pour des traîtres en mettant en garde contre le risque qu'une démocratie puisse devenir une dictature spoliatrice par le fait même qu'elle lève trop d'impôts... pour combattre la dictature. De fait, en de telles périodes de crise, peu de gens comprennent qu'il est dangereux de marcher sur la *Route de la Servitude,* même pour la «bonne» cause[30].

Ceci a pour conséquence l'apparition systématique de nouveaux impôts au cours des grands conflits, et va avoir un effet un peu particulier. En effet, il est fort possible que l'objectif des individus change avec le cours des choses. Si l'impôt est fort, il n'aura pas ou peu de caractère désincitatif, à cause de l'acceptation implicite des sacrifices par les individus. Un taux «spoliateur» en période de paix peut donc être un taux politiquement «pertinent» en période de guerre. En d'autres termes, l'état de guerre ou de paix d'un pays influe sur le taux de taxation qui maximise les recettes fiscales d'un pays. Le sommet de la courbe de Laffer n'est pas situé au même endroit selon que l'on est en conflit armé ou non, selon que la cohésion de la nation est forte ou non, et selon que la menace est tangible ou lointaine[31].

---

[30] Cf. [62, Hayek].

[31] Cf. [150, Sempé] et [26, Carlson].

Si nous gardons ceci à l'esprit, nous comprenons qu'une hausse de l'impôt en période de guerre, si elle n'est pas suivie d'une réduction après l'armistice, puisse conduire à une crise fiscale très importante, malgré la stabilité de l'impôt. Autrement dit, si les réactions des individus changent, à taux d'imposition constant, ce dernier peut passer de part et d'autre du sommet de la courbe de Laffer.

Ceci s'est probablement produit aux Etats-Unis à la suite de la première guerre mondiale. Un impôt sur les revenus individuels n'est apparu que peu avant le conflit. Au départ, avant l'entrée en guerre des Etats-Unis, il n'était censé toucher que les Américains les plus riches — un sur deux cents en pratique — et son taux marginal maximal n'était que de 7 %. Comme toutes les bonnes idées fiscales, elle s'est peu à peu propagée à l'ensemble des contribuables à mesure que les besoins de l'administration fédérale s'accroissaient du fait du conflit. Ce nouvel outil de prélèvement a touché de plus en plus de foyers à des taux toujours plus hauts.

D'après Bruce Bartlett, le montant moyen de recettes par foyer fiscalisé n'était initialement que de 114,80 dollars[32]. En 1916, le taux le plus bas a été porté de 1 à 2 pour-cent et le taux supérieur de 7 à 15 %. Le taux maximal est ensuite passé à 67 %, l'année suivante, en 1917. Bien sûr, ces hausses se doublèrent d'une chute des tranches d'imposition, ce qui aggrave le phénomène. De 1913 à 1915, la première tranche allait de 0 à 20 000 dollars, alors qu'en 1917, elle passait à 2 000 dollars. En revanche, pour atténuer le passage de 7 % à 67 % du taux supérieur du barème, les tranches supérieures avaient été relevées de 500 000 à 2 000 000 de dollars dans un premier temps.

Comme tout contribuable perspicace pouvait s'y attendre, ce répit fut de courte durée et dès l'année suivante, le taux de 67 %, applicable aux revenus de plus de 2 000 000 de dollars,

---

[32] Cf. [7, Bartlett].

est devenu un taux de 77 applicable à partir de 1 000 000 de dollars.

De telles hausses d'imposition n'auraient pas été possibles dans un pays aussi attaché à la liberté que les Etats-Unis à cette époque, sans l'impérieuse raison de la guerre. Peut-on imaginer en effet, de multiplier par 10 un taux d'imposition sans provoquer immédiatement une révolte?

Pourtant celle-ci ne s'est pas produite. Pas même après la victoire de 1918. En 1919, les taux se sont maintenus, de même qu'en 1920. Cependant, un républicain, Warren G. Harding, allait être élu cette année-là président des Etats-Unis. Son parti avait une forte majorité au Sénat et à la Chambre des Représentants. Le nouveau secrétaire d'Etat au Trésor, Andrew Mellon, était fortement attaché à l'idée d'une baisse des impôts aux Etats-Unis. Une de ses premières déclarations publiques fut pour dire qu'il ne connaissait «pas de problème intérieur plus urgent que d'alléger les épaules du peuple américain du fardeau de la fiscalité de guerre».

Malgré l'opposition des démocrates américains pour qui «les millionnaires et multimillionnaires qui avaient profité de la guerre n'auraient pas du bénéficier ne serait-ce que d'un dollar» de réduction d'impôt, le *Revenue Act* fut promulgué à la fin de novembre 1921. Deux ans plus tard, après la mort du Président Harding en août 1923, Andrew Mellon a «profité» du changement politique pour tenter d'imposer une nouvelle baisse du taux marginal d'imposition. Il serait difficile de rendre compte du combat qui a opposé les Démocrates à Andrew Mellon sans plagier l'excellente présentation qu'en a faite Bruce Bartlett. Il convient tout de même de dire qu'Andrew Mellon s'est même senti obligé de publier un livre sur l'impôt, de bon niveau scientifique, dans lequel l'auteur présente les grandes lignes de ce que l'on appellerait aujourd'hui l'économie de l'offre.

Le combat politique eut pour issue l'adoption du *Revenue Act* de 1924. Le taux maximal est donc passé de 73 % en 1921, à 58 % en 1922, à 46 % en 1924, à 25 % en 1925. Andrew Mellon ne s'est pas arrêté en si bon chemin. Des lois ont été votées à nouveau en 1925 et 1928, provoquant une chute des taux marginaux d'imposition de 25 à 24 %, et du taux de la première tranche de 3 à 1,5 %, puis 1,125 %, puis 0,375 %. En fait, pour être honnête, il convient de répéter que les montants des tranches d'imposition se sont continuellement réduits dans le même temps.

	Foyers	Revenus	Impôts	Taux moy.
1918	4499	990	470	47%
1920	3649	727	321	44%
1924	5715	1239	304	25%
1928	15977	4451	714	16%

Source: Bruce Bartlett, [7].

Tab. 3.3 — *Recettes fiscales en millions de dollars courants.*

Le tableau 3.3 concerne les revenus de plus de 100 000 dollars. Nous voyons bien la décrue fiscale au cours du temps à la lecture du taux moyen d'imposition dans la dernière colonne. Ceci a très clairement provoqué un mouvement des recettes fiscales de sens opposé à celui de la variation des taux marginaux.

Comment pouvons-nous expliquer ce phénomène? A la lecture du tableau, la cause est clairement une hausse très importante des revenus des individus concernés par les changements de fiscalité. Cette hausse s'explique essentiellement par le fait que le loisir voyait son prix augmenter en terme de production marchande. De plus, nous pouvons lire ce que nous expliquions plus haut, à savoir qu'à la fin d'une guerre, les réactions des individus se rapprochent de ce qu'elles étaient avant le conflit, engendrant une baisse des recettes à taux d'imposition inchangé. La baisse des recettes fiscales et des revenus entre 1918 et 1924 s'explique très probablement par ce phénomène et par des ajustements tardifs.

Nous devons également noter que l'enrichissement des Américains a été très important à cette époque. Ceci se retrouve dans le nombre de foyers gagnant plus de 100 000 dollars et qui quadruple entre 1920 et 1928, passant de moins de 4 000 à près de 16 000. Plus de 44 % des foyers fiscaux ont été exemptés au cours de ces baisses d'imposition. Le nombre de gens déclarant moins de 5 000 dollars par an a baissé de 55 % sur la période. Ceci signifie clairement qu'au moins la moitié de l'effectif de cette catégorie a accru son revenu. Dans le même temps, parallèlement, les gens gagnant plus de 5 000 dollars sont devenus plus nombreux de près d'un cinquième. L'effet positif de cette baisse fiscale sur la situation économique est donc un fait indéniable...

Toutes les catégories de revenus ont bénéficié de cette baisse d'imposition, *y compris celles qui ne payaient pas d'impôt.* D'après une étude de James Gwartney et Richard Stroup[33],

> «mesuré en dollars constants, le revenu net des contribuables situés dans la tranche comprise entre 5 000 et 10 000 dollars [par an] a augmenté de 63,1 % entre 1921 et 1926, soit une hausse saine de plus de 10 % annuels. Pourtant, ceux situés dans des tranches plus élevées ont connu des gains encore plus rapides. Pour ceux compris entre 10 000 et 25 000 dollars, le revenu net déclaré aux impôts a augmenté de 82,9 %. Les personnes ayant des revenus compris entre 25 000 et 100 000 dollars ont enregistré des gains de plus 100 % durant cette période. Au sommet de l'échelle, où les taux d'imposition furent réduits drastiquement de 73 % à 25 %, le revenu net déclaré sur les revenus de plus de 100 000 dollars a augmenté de 421,9 % (soit un taux annuel de 39 %) en seulement cinq ans! Comme l'avait prévu le secrétaire Mellon, les hauts revenus ont ajusté leur activité, substituant les différentes formes de déductions particulières et le loisir au gain de revenu taxable, alors même que leurs taux marginaux se réduisaient substantiellement».

---

[33] Cf. [59, Gwartney].

Remarquons que les chiffres donnés par les deux auteurs sont corrigés des effets de l'inflation, ce qui signifie que ces hausses sont de nature réelle. Les baisses des taux marginaux d'imposition ne «profitent donc pas qu'aux riches», comme voudraient nous le faire croire tous ceux qui continuent de penser que la morale consiste à souhaiter que l'homme productif ait le revenu le moins différencié possible du consommateur de services publics.

Une baisse d'imposition profite toujours aux catégories sociales peu aisées, parce que celles-ci comptent dans leurs rangs les toutes premières personnes disponibles sur le marché du travail lorsque les plus riches augmentent leur demande de main-d'œuvre pour ajuster leur activité à la suite d'une telle réforme.

La chape de plomb intellectuelle qui ferme la marmite de la réforme fiscale au nom du principe que les «riches» seraient déjà bien assez riches, a pour première véritable conséquence d'interdire aux pauvres de s'enrichir. Certains prétendent qu'il vaut mieux qu'il y ait cinq millions de chômeurs plutôt que la moitié ou le tiers, plutôt que de voir les revenus des riches doubler ou tripler. Ces gens-là ne pratiquent pas le raisonnement, ils réagissent émotionnellement guidés par la jalousie. Auront-ils un jour l'humilité de reconnaître qu'il vaut bien mieux être deux fois plus riche, même si d'autres le sont trois fois plus? De quel droit peut-on préférer pour d'autres que soi-même qu'un certain écart de revenu se maintienne entre le «riche» et le «pauvre», au prix d'un revenu considérablement plus bas pour ce dernier? Si nous posons la question en ces termes à un homme gagnant 5 000 francs par mois: «Préférez-vous gagner 63,1 % de plus d'ici 6 ans (sachant que ceux qui gagnent plus de 100 000 francs verront leurs revenus croître de 421,9 %) ou bien préférez-vous continuer à voir votre revenu varier de 1 ou 2 % par an?», quelle sera sa réponse?

Ajoutons que ces chiffres montrent sans discussion possible qu'ils sont le fruit d'une réforme fiscale des tranches supérieures de l'impôt. En effet, pour n'importe quel économiste, il est évident à la lecture de ces chiffres que le rendement marginal du travail s'est considérablement accru, et ce, d'autant plus que le dit-revenu était élevé. Si ces chiffres avaient eu pour cause première autre chose qu'une réforme fiscale du taux plafond, les hausses des revenus des différentes catégories seraient beaucoup plus uniformes. Ici, il se trouve que ce sont les gens les plus concernés par la réforme qui réagissent le plus.

Ceci signifie donc bien que l'impôt a un effet considérable sur l'activité humaine lorsqu'il est élevé. Aucune contorsion intellectuelle *logique* ne peut parvenir à nier cette évidence. Les riches étant les plus concernés par les baisses fiscales, ce sont eux qui réagissent le plus fortement. Mais cela ne signifie pas que les riches sont devenus «plus riches». Cela signifie simplement qu'auparavant la fiscalité les rendait «plus pauvres». La réforme fiscale présentée ici n'a eu pour conséquence que de rendre à la fraction de la population qui en était le plus privée une partie de son *droit légitime aux fruits de son travail.*

Il nous sera peut-être opposé le fait que les riches bénéficiant de baisses d'imposition considérables, ils réduisent leur contribution au budget de l'Etat et donc à l'«effort collectif». En général, il n'en est rien. En effet, les accroissements de revenus des riches ont pour conséquence une hausse des recettes fiscales sur ces catégories. Ceci fait qu'en pourcentage, lors d'une baisse d'imposition profitant aux plus aisés et non aux plus démunis, les premiers voient leur contribution au budget de l'Etat augmenter, à l'inverse des seconds:

> «Les recettes fiscales agrégées étaient 2,9 % plus hautes en 1926 qu'en 1921, en termes réels. Pourtant, les recettes levées sur ceux gagnant moins de 25 000 dollars avaient décliné. Les recettes dérivées des revenus de moins de 10 000 dollars ont chuté de 155,1 millions en 1921 à 32,5 millions en 1926, soit une baisse de 79 %»[34].

---

[34] Cf. [59, Gwartney].

Notre deuxième expérience de décrue fiscale conclut donc que la baisse d'imposition avait entraîné une hausse considérable des recettes fiscales sur les gens qui, en théorie, avaient le plus bénéficié de cette baisse...

La crise de 1929

Malheureusement, les succès de cette baisse des impôts allaient être annulés par la crise monétaire de 1929. Avec le changement de majorité au Congrès en 1932 allaient revenir les taux d'imposition forts. Le taux supérieur fut relevé de 25 à 63 % cette année-là, puis à 79 % en 1936.

Les Etats-Unis ont donc abordé la deuxième guerre mondiale avec un handicap fiscal majeur. Loin de rester stables, les taux marginaux ont encore monté: d'abord de 79 à 81 % en 1941, puis à 88 % en 1942, pour finir à 94,4 % avec la guerre. Jusqu'en 1962, de tels taux sont restés en vigueur à 90 %, laissant la place à une réforme de l'impôt que nous étudierons plus loin.

Avant la guerre, l'idée qu'un gouvernement se devait d'équilibrer son budget était très largement acceptée par toute la classe politique. Ceci était particulièrement vrai dans les années 1920 qui précédaient les théories keynésiennes de la croissance économique par le déficit budgétaire. Ainsi, les Etats-Unis connurent une période durant laquelle le budget se soldait par un excédent. Cet excédent était d'ailleurs dû au fait que les recettes étaient si bien rentrées pendant les années de baisse des impôts[35]. Aussi, bien que la crise ait débuté en 1929, il fallut attendre 1931 pour que la réduction de l'assiette fiscale se traduise effectivement par un déficit du budget.

---

[35] Un vieux mythe dit qu'il est impossible d'équilibrer le budget à l'aide d'une baisse de la fiscalité... Ceux qui le colportent n'ont-ils jamais pris connaissance de la fiscalité aux Etats-Unis dans les années 1920?

Comme la situation se détériorait continuellement, et afin de couvrir ce déficit, le Président Hoover décida d'une augmentation de l'impôt en 1932, grâce à l'appui d'un Congrès démocrate nouvellement élu.

> «Avec un déficit de deux milliards de dollars durant l'année 1931, Hoover sentit qu'il devait faire quelque chose l'année suivante pour le combattre. La dépense par le déficit est évidemment un mal, mais un budget en équilibre n'est pas nécessairement un bien, particulièrement lorsque l''équilibre' est obtenu par une hausse des recettes et des dépenses. Pour équilibrer le budget, Hoover avait deux choix s'offrant à lui: réduire les dépenses, et ainsi libérer l'économie d'une partie du fardeau gouvernemental qui s'aggravait, ou bien accroître ce fardeau un peu plus par l'augmentation des impôts. Il choisit la deuxième voie»[36].

Cette hausse fut la plus forte de l'histoire des Etats-Unis en temps de paix. Aidé par Andrew Mellon, qui allait bientôt démissionner faute de pouvoir, le Président Hoover appuya le Congrès dans sa réforme des taux d'imposition qui passèrent de 1,5 % à 4 % pour les bas revenus taxables, de 5 % à 9 % pour ceux de 10 000 dollars, de 18 à 30 % pour les gens gagnant plus de 50 000 dollars, et de 25 à 56 % pour les revenus de 100 000 dollars. Alors que le taux effectif marginal était de 25 % en 1931, il passa à 63 % en 1932.

Que pouvait-on attendre d'une telle hausse, sinon récolter les mêmes recettes qu'en 1920, à l'époque où des taux comparables avaient été en vigueur? Durant la première année, les revenus des contribuables tombèrent de 4,7 %. Les mêmes causes produisent toujours les mêmes effets...

Mais cette chute n'eut pas la même ampleur sur toutes les tranches de revenus. Pour les hauts revenus, situés au delà de 300 000 dollars, elle fut de près de 50 %. Si l'on étudie les différents niveaux de revenu, la baisse décroît à mesure que le

---

[36] Cf. [131, Rothbard].

niveau de revenu considéré décroît. Seuls les revenus de moins de 10 000 dollars virent leur contribution nette absolue augmenter. Ceci ne signifie pas autre chose que de dire que *cette réforme fiscale fut une machine à produire des pauvres.* Car l'augmentation des agrégats sur les bas revenus s'explique essentiellement par la hausse de leur effectif.

Tranche d'imposition (en dollars de 1931)	Recettes fiscales collectées (en millions de dollars de 1931)		
	1931	1932	Variation
moins de 25 000 dollars	51,6	134,0	160%
de 25 000 à 50 000 dollars	40,1	48,1	20%
de 50 000 à 100 000 dollars	44,8	51,7	16%
de 100 000 à 300 000 dollars	51,9	66,2	28%
plus de 300 000 dollars	57,8	67,4	17%

Source: James Gwartney et Richard Stroup, [59].

Tab. 3.4. — *Les hausses d'imposition, les recettes fiscales et la grande crise.*

Pour ce qui est des recettes fiscales, elles augmentèrent de 49,2 % globalement, soit une variation bien moindre que celle des taux d'imposition. Ainsi, le triplement du taux marginal d'imposition ne provoqua qu'une augmentation de l'ordre de 50 % des recettes fiscales. Dans la tranche de revenus compris entre 50 000 et 100 000 dollars, un doublement des taux entraîna une hausse des recettes de l'ordre d'une quinzaine de pour-cent.

Comme nous pouvons le voir dans le tableau 3.4, le seul effet majeur de la réforme fiscale fut de transférer une grande partie du fardeau de l'impôt des épaules des riches vers celles des pauvres. La part contributive des individus gagnant moins de 25 000 dollars par an passa de 21 à 36,5 % du total des recettes de l'impôt, alors que celle des gens déclarant un revenu de plus de 300 000 dollars passa de 23,5 à 18,4 %. Tous ces effets ci-dessus sont des effets immédiats, de court terme. Du temps passa et la situation des recettes fiscales se mit à nouveau à se détériorer. Pour financer les grands travaux, les hommes de l'Etat de l'époque eurent recours à l'impôt et au déficit budgétaire. Ainsi le *New Deal* eut pour conséquence directe une hausse incroyable des impôts qui passèrent à 70 % puis à 94 % (en taux marginaux) pour les «besoins de la guerre».

Chaque hausse de l'imposition amena sa contraction de l'assiette fiscale, si bien qu'en 1960, lorsque le Président Kennedy prit le pouvoir, le financement de l'Etat se faisait au prix d'un déficit du budget important. L'époque radieuse des bas taux d'imposition et des excédents budgétaires était une histoire vieille de plus d'une génération.

La réforme du Président Kennedy

En 1961, le Président Kennedy, confronté à une crise économique importante et au refus catégorique de la Chambre des Représentants d'augmenter le déficit du budget, ne put faire la politique de relance qu'il avait promise. La «Nouvelle Frontière» s'est transformée en une diminution des impôts, la seule arme économique que l'administration avait à sa disposition pour, pensait-elle, relancer la consommation.

Il convient de rappeler que la récession de 1960 avait fait monter le taux de chômage à 7 %. Sous Eisenhower, le pays avait connu trois récessions en 8 ans, en partie dues à une politique monétaire restrictive.

Les taux marginaux de l'impôt sur le revenu sont passés de 91 % en 1963 à 77 % en 1964, puis à 70 % en 1965, comme le montre le premier tableau. Les économistes du Trésor américain ont depuis cherché à estimer l'effet de cette baisse des impôts sur les recettes fiscales, et, en particulier, sur celles qui concernent les fortes tranches de revenu. Ces dernières étaient les plus susceptibles d'être touchées par ces deux baisses successives. Sur chacune des trois tranches de revenus, nous pouvons noter une augmentation des recettes d'au moins 50 %. Pour les revenus élevés, cette augmentation avoisine 100 %. Si l'on considère le demi pour-cent de foyers les plus riches des Etats-Unis, leur part dans le total des recettes de l'Etat est passée de 15 % à 18 % en deux ans.

		Revenus (en millions de dollars)		
	Taux	plus de	de 500 000 à	de 100 000 à
Année	maximal	1 000 000$	1 000 000$	500 000$
1961	91%	342	297	1 970
1962	91%	311	243	1 740
1963	91%	326	243	1 890
1964	77%	427	306	2 220
1965	70%	603	408	2 752
1966	70%	590	457	3 176

Source: Michael K. Evans, [41].

Tab. 3.5 — *Effet de la réforme* Kennedy *sur les recettes fiscales.*

Les deux graphiques de la figure 3.1 représentent les recettes perçues sur les deux premières tranches de revenu au fil des années, de 1961 à 1966. En fait, dans les trois ans qui ont suivi cette baisse, les revenus des contribuables déclarant plus de 100 000 dollars par an ont quasiment doublé, passant de 2,294 à 4,223 milliards de dollars.

Si l'on regarde de près l'effet de cette réduction d'impôt sur les recettes fiscales, dans le tableau 3.6, nous constatons que la seule catégorie de revenus sur laquelle l'Etat fédéral ait perdu des recettes est la plus basse de toutes. Or, les individus qui gagnaient moins de 5 000 dollars par an n'étaient, par définition, pas touchés par la baisse, dans la mesure où, dans ces tranches, le taux était déjà voisin de zéro pour-cent et était resté inchangé.

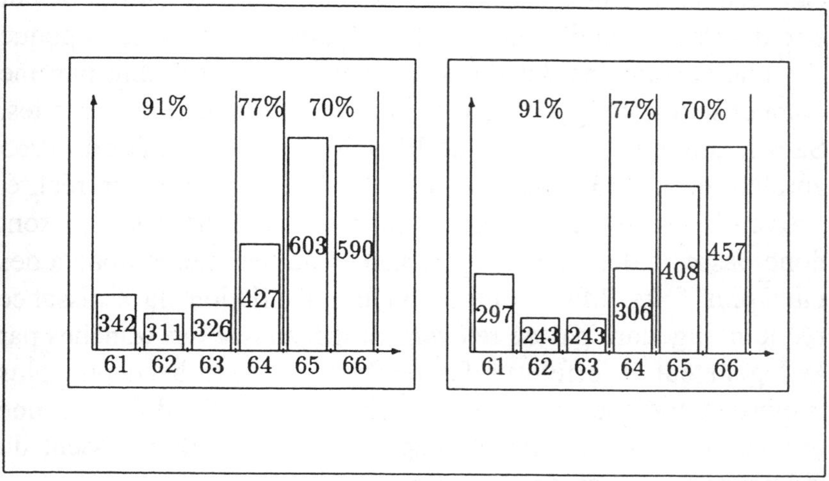

Source: Michael K. Evans, [41].

Fig. 3.1 — *Evolutions des recettes fiscales sur les revenus supérieurs à un million de dollars (graphique de gauche) et les revenus compris entre 500 000 et un million de dollars (graphique de droite) à la suite de la réforme* Kennedy *(en millions de dollars).*

Une bonne explication pourrait résider dans le fait que les pauvres ont vu leurs revenus baisser dans la période. Il n'en est rien. *L'explication réside dans le fait que cette catégorie a vu son effectif diminuer fortement.* Autrement dit, le nombre de pauvres a suffisamment baissé pour qu'il apparaisse une perte de rentrées fiscales. En fait, cette perte n'en est pas une. Les gens de la première tranche sont passés dans la deuxième, ceux de la deuxième dans la troisième, ceux de la troisième dans la quatrième, et ainsi de suite... Ceci est un piège inhérent au type d'étude que nous décrivons. Il serait grandement préférable de suivre un même échantillon de personnes. Mais l'enjeu économétrique n'est alors plus le même. La tâche est compliquée. La collecte de données, *a posteriori,* peut même être impossible.

La réduction d'impôt s'est donc traduite par une augmentation des recettes fiscales dès l'année suivante. En fait, ce qui devait être une réduction d'impôt de 12 milliards de dollars de l'époque — une soixantaine des dollars actuels — s'est traduit par une compensation intégrale l'année suivante au niveau des recettes. Sans la diminution d'impôt de 1964, les recettes fiscales de 1965 auraient été de 36 % inférieures à ce qu'elles ont été en réalité.

Avec la croissance réelle très forte des revenus, les gens sont donc passés à des tranches plus hautes du barème, et donc à des taux plus forts. Mais contrairement à l'inflation, la croissance réelle n'engendre pas de relèvement mécanique des tranches par le législateur. L'effet sur les recettes est donc beaucoup plus important lorsque les revenus croissent de 3 %, du fait d'une utilisation plus intensive du capital que lorsqu'ils croissent du même taux à cause de l'inflation.

Revenus bruts ajustés par tranches (milliers de $)	Prévisions		Réalisé		
	Pertes estimées	Montant prévu	Montant réel	Différence	En % des prévisions
0 à 5	1 656	4 374	4 337	-37	-0,85%
5 à 10	3 411	13 213	15 434	2 221	16,81%
10 à 15	1 412	6 845	10 711	3 866	56,48%
15 à 20	467	2 474	4 188	1 714	69,28%
20 à 50	914	5 104	7 440	2 336	45,77%
50 à 100	342	2 311	3 654	1 343	58,11%
100 et plus	204	2 086	3 764	1 678	80,44%
Total	8 406	36 407	49 528	13 121	36,04%

Source: IRS[37] — *Unité: Millions de dollars 1965.*

Tab. 3.6 — *Ecarts entre les prévisions et la réalité à la suite de la réforme* Kennedy.

[37] L'IRS — *Internal Revenue Service* — est l'équivalent américain de la DGI Direction Générale des Impôts française.

Nous pourrions imaginer que tous les chiffres présentés ici montrent des hausses de revenu nominales, mais qu'il faudrait tenir compte de l'inflation. En fait la réalité est toute autre. L'inflation a été quasiment nulle sur cette période. Soulignons alors qu'il est faux de s'imaginer qu'une hausse de la demande créera une tension sur les prix. L'inflation est toujours un phénomène monétaire. Les impôts ne peuvent pas créer ou réduire l'inflation.

Mais une autre erreur peut venir à l'esprit. Est-il possible d'avoir une inflation de 1 % par an pendant près de 5 ans et un taux de chômage faible? La courbe de Phillipps ne contredit-elle pas cette éventualité?

Là encore, la leçon de 1964 est intéressante. Contrairement à l'idée généralement propagée par les détracteurs des mesures fiscales, les réductions d'impôt n'engendrent pas l'inégalité sociale. Pourtant, ce sont les hauts revenus qui devraient profiter des baisses, *a priori*. En fait, ces mesures ont un effet d'entraînement de tous les revenus, comme le montre le tableau 3.6. Ensuite, elles ont un effet positif sur l'emploi. Pour reprendre l'exemple de la Kennedy Tax Cut, le taux de chômage s'est effondré, passant de 5 % en 1963 à 3,3 % en 1966.

Ceci est particulièrement net si l'on observe les taux de chômage des couches sociales «défavorisées»: le taux de chômage des noirs américains est passé de 12,8 % en 1961 à 5,3 % en 1969. Si nous regardons le tableau 3.7, nous pourrons constater à quel point les pauvres paient aussi les taux de 90 % sur les revenus.

L'amélioration de la situation économique vaut-elle le prix d'une réduction des prestations gouvernementales? Répondons à ceux qui se posent encore la question à ce stade de la lecture que la hausse de 17 % du produit national brut, entre les premiers trimestres 1964 et 1966, a rendu possible une hausse de 13,5 % des dépenses gouvernementales — sur la même période —

malgré des taux d'imposition plus faibles en pourcentage[38]. Même si la réduction d'impôt était faible — à peine 21 % — la réduction de 1964 est la plus probante sur le plan pratique. Elle concorde parfaitement avec ce que prédit la théorie. De plus, elle s'accompagne de politiques budgétaire et monétaire à peu près saines.

Ethnie	Année	Hommes		Femmes		Total
		Plus de 20 ans	Ensemble	Plus de 20 ans	Ensemble	
Blancs	1961	5,1	5,7	5,7	6,5	6,0
	1962	4,0	4,6	4,7	5,5	4,9
	1963	3,9	4,7	4,8	5,8	5,0
	1964	3,4	4,1	4,6	5,5	4,6
	1965	2,9	3,6	4,0	5,0	4,1
	1966	2,2	2,8	3,3	4,3	3,3
	1967	2,1	2,7	3,8	4,6	3,4
	1968	2,0	2,6	3,4	4,3	3,2
	1969	1,9	2,5	3,4	4,2	3,1
Noirs et autres	1961	11,7	12,8	10,6	11,9	12,4
	1962	10,0	10,9	9,6	11,0	10,9
	1963	9,2	10,5	9,4	11,2	10,8
	1964	7,7	8,9	9,0	10,7	9,6
	1965	6,0	7,4	7,5	9,2	8,1
	1966	4,9	6,3	6,6	8,7	7,3
	1967	4,3	6,1	7,1	9,1	7,4
	1968	3,9	5,6	6,3	8,3	6,7
	1969	3,7	5,3	5,8	7,8	6,4

Source: Bruce Bartlett, [8].

Tab. 3.7 — *Taux de chômage aux Etats-Unis entre 1961 et 1969.*

[38] Cf. [67, Heller].

L'inflation et le Président Carter

Au cours des années 1970, la distribution des revenus n'a pas cessé de se détériorer sous l'impulsion de la politique fiscale du Président Carter. De plus en plus d'Américains étaient touchés par les taux d'imposition les plus hauts. De l'autre coté de l'échelle, de plus en plus de pauvres montaient dans les tranches hautes d'imposition[39]. Mais cette fois, la croissance des revenus ne provenait plus du travail. Elle avait pour cause une inflation galopante, créée — rappelons-le — par une trop forte émission de monnaie, et non pas par des chocs pétroliers qui n'ont jamais eu et n'auront jamais de conséquence sur le niveau général des prix. Le résultat de ceci est le triplement de l'effectif de la tranche à 70 %, alors même que celui de la plus basse, à 14 %, baissait de 50 %. Encore une fois, notons que les pauvres ont payé assez chèrement les hausses des taux d'imposition via l'absence d'indexation des tranches et l'élévation du taux de chômage.

A cette époque, toutes les taxes que nous pouvons imaginer sont montées. En particulier sur l'essence, le tabac, et les contributions à la sécurité sociale. De plus, l'administration fédérale a eu pour priorité de créer un abattement d'impôt de 50 dollars[40]. Or, nous savons qu'un tel abattement a un effet quasi-nul sur l'activité des individus puisqu'il ne change pas leur taux de salaire réel marginal après impôt, mais qu'en revanche, il a un coût maximal sur les recettes de l'Etat.

Il a fallu que les citoyens américains attendent l'année 1984 pour voir les tranches d'imposition être indexées sur l'inflation. Avant cette date, chaque point d'inflation que créaient les hommes de l'Etat générait en lui-même des recettes fiscales supplémentaires. Il est bien évident que l'Etat est le seul vrai

---

[39] Ce phénomène est désigné sous le nom de «*bracket creep*» en anglais, soit mot à mot — «tranche grimpante».

[40] En fait, cette réforme fiscale ne put jamais passer au Congrès.

bénéficiaire de l'inflation, au moins à moyen terme. Ceux qui pensent qu'ils ont bénéficié de l'inflation, pour rembourser un prêt par exemple — ainsi que beaucoup de gens l'avancent — se leurrent: ils ne tiennent pas compte du fait que la facilité apparente avec laquelle ils ont remboursé les sommes qu'ils devaient ne s'explique que par le fait que quelqu'un a subi une perte de même nature que le bien-être dont ils ont l'illusion. Cette personne a anticipé un taux d'intérêt réel qui a été très différent de celui qui a prévalu. Dans le futur, elle ne s'aventurera plus à prêter, et, plutôt que d'épargner, elle choisira la consommation présente. Les capitaux disponibles se feront plus rares, la croissance de la productivité et de la production se ralentiront. Les gens qui avaient cru faire fortune grâce à l'inflation seront les premiers à pâtir de la nouvelle situation. Ils subiront à leur tour des pertes.

Les ressources rares ne sont jamais gratuites. Si l'Etat se met à créer plus de monnaie qu'il n'en faut dans l'économie pour réaliser des transactions marchandes à prix inchangés, il dilue la valeur de la monnaie.

Imaginons qu'une personne prenne un apéritif avec un ami et qu'elle n'ait pas assez d'argent pour acheter autre chose qu'un verre d'eau. Supposons que l'ami ait pris un jus d'orange. Si cette personne décide — aux dépens de cet ami — de mélanger le contenu des deux verres, il est impossible de prétendre qu'à la fin de l'opération, on ait bien obtenu deux verres de jus d'orange. En effet, nous pourrions tout aussi bien supposer que nous avons devant nous deux verres d'eau.

Pourtant, le sport favori des banquiers centraux est de nous faire croire à de telles inepties. Mais personne n'est dupe de la qualité du produit et son prix s'établit peu à peu à mi-chemin entre celui d'un simple verre d'eau et celui d'un jus d'orange.

Le problème de l'inflation reste que les détenteurs de l'«ancien» jus d'orange voient sombrer la valeur de leur bien: la valeur de leurs encaisses réelles monétaires s'effondre. Ainsi, la création nominale de monnaie est une destruction de monnaie réelle. La réaction des agents va être de tenter de détenir moins de monnaie dans le futur.

Le grand jeu inflationniste de l'Etat ressemble donc à celui qui consisterait à prendre dix litres de jus d'orange à son propriétaire, à couper ces dix litres avec deux litres d'eau, à rendre les dix litres en prétendant qu'ils sont inchangés, et à tirer profit des deux litres d'une mixture appelée «jus d'orange» au marché du coin. Au cours des deux ou trois premières périodes, personne ne remarque rien, mais ce jeu ne se répète pas longtemps.

D'une certaine façon, l'Etat fait encore plus fort, en ce sens qu'il possède le monopole de l'usage de la coercition sur un territoire donné. Ainsi, il peut décider que chaque propriétaire de jus d'orange (qu'il a pris soin de diluer auparavant) doit lui verser un pourcentage de sa production. Plus le premier larcin est gros, plus le deuxième est rentable.

L'administration Carter n'a pas eu besoin d'augmenter les impôts directs parce qu'elle pratiquait l'impôt d'inflation. Une inflation de 10 %, augmentant les revenus d'un même montant en volume, conduisait à l'époque à une augmentation de 123 dollars d'impôts pour une famille de quatre personnes gagnant 10 000 dollars par an. En trois ans, la hausse atteignait 448, 1 061 et 5 177 dollars pour des revenus initiaux respectifs de 10 000, 30 000 et 100 000 dollars[41].

Le principal résultat d'une telle politique fut de réduire l'assiette fiscale à mesure que les citoyens américains rentraient dans les tranches d'imposition les plus élevées. Par un processus qui nous est maintenant familier, la part d'impôt payée par les Américains les plus riches (en terme du total des recettes fiscales) a fortement décru entre 1970 et 1980.

Si nous étudions le tableau 3.8, nous constatons en particulier que la très forte hausse de l'inflation entre 1975 et 1979 ne parvient pas vraiment à redresser la tendance et qu'elle se traduit

[41] Ces chiffres ont été calculés par Bruce Bartlett (Cf. [8, Bartlett]).

in fine par une chute de la part des Américains les plus riches dans le total des recettes d'impôt sur le revenu.

Part des 0,5% d'américains les plus riches dans le total des recettes de l'Etat fédéral américain.							
Année	1968	1971	1973	1975	1977	1979	1981
Part	17,7%	15,4%	14,0%	14,6%	15,0%	15,5%	13,5%

Source: Robert Barro, [10].

Tab. 3.8 — *Le fardeau de l'homme riche.*

La situation en 1980 était assez loin des propos de campagne du candidat à la Maison Blanche qui avait déclaré en 1976:

> «Je souhaiterais garantir un système d'imposition véritablement progressif tel que plus l'on a de revenus, et plus le taux d'imposition que l'on paie sur ces revenus est élevé. L'effet global serait de reporter une hausse sensible vers ceux qui ont les plus forts revenus et de réduire l'impôt sur les bas et moyens revenus. [...] Je prendrais le revenu moyen ou médian; tout revenu qui serait au dessus serait haut, et tout ce qui serait en dessous serait bas»[42].

Comme l'a écrit alors Paul Craig Roberts:

> «Comme le veut le dicton, il est difficile d'apprendre de nouveaux tours à de vieux chiens, et les keynésiens, qui ont passé 4 décennies à penser en terme de dépense et de demande, trouvent les arguments à propos des incitations et de l'offre difficiles à comprendre»[43].

[42] Cette définition d'une profondeur abyssale plaçait les hauts revenus au dessus de 80 000 francs de l'époque, et les bas revenus en dessous... (Cf. [34, Carter]).
[43] Cf. [125, Roberts].

Mais, le vent fiscal allait faire un demi-tour. L'opinion changeait d'avis sur l'impôt, et une nouvelle génération d'hommes politiques allait tirer parti de cette situation. Bien que les Français aient découvert les idées de l'économie de l'offre lors de l'élection du Président Reagan, ce mouvement d'idée est devenu politique, dès mars 1977, lorsque le congressiste John Rousselot proposa une baisse de l'impôt, en lieu et place du projet présidentiel de remise forfaitaire de 50 dollars. Le vote ne fut pas vraiment serré — 148 voix pour et 258 contre — mais il marquait une forte cohésion des républicains.

La présidence Reagan

Après la baisse de 20 % des taux d'imposition de la *Kennedy Tax Cut* en 1964, nous pourrions supposer qu'il n'y avait plus de marge de manœuvre pour une réduction des tranches hautes, sans engendrer une baisse des recettes. En d'autres termes, nous pourrions supposer que si le taux de 91 % n'était pas «optimal» — *au sens de la maximisation des recettes* — le taux de 70 % s'approchait de ce qui était souhaitable pour l'Etat.

Lorsque le Président Reagan prit le pouvoir, la situation laissée par le Président Kennedy s'était donc assez fortement dégradée. Le taux de chômage était élevé, ainsi que l'inflation et le déficit budgétaire. La réforme fiscale devait d'abord être conçue comme une manière de faire revivre l'économie. De fait, le 18 février 1981, lorsqu'il s'adressa pour la première fois au Congrès pour une présentation de son projet, le Président Reagan expliqua qu'il souhaitait une baisse de la fiscalité en vue de créer de la croissance[44].

---

[44] Cf. [123, Reagan].

	1981	1986	Variation
Impôts payés par le 1% de revenus les plus élevés			
Montant total (Milliards de $)	51,0	96,7	+89,7%
Part du total	18,1%	26,1%	+44,2%
Taux d'imposition moyen	34,2%	31,1%	-9,1%
Impôts payés par les 5% de revenus les plus élevés			
Montant total (Milliards de $)	98,6	164,4	+66,7%
Part du total	34,9%	44,3%	+26,9%
Taux d'imposition moyen	26,5%	26,1%	-1,4%
Impôts payés par les revenus moyens (51e au 95e centile			
Montant total (Milliards de $)	162,6	182,7	+12,4%
Part du total	57,6%	49,3%	-14,4%
Taux d'imposition moyen	14,8%	12,1%	-17,8%
Impôts payés par les 50% de revenus les plus bas			
Montant total (Milliards de $)	21,1	23,9	+13,8%
Part du total	7,5%	6,4%	-14,7%
Taux d'imposition moyen	6,6%	5,7%	-13,6%

Source: Henri Lepage, [93].

Tab. 3.9 — *Evolutions de la pression et des recettes fiscales au cours des années 1980.*

Le projet de loi de 1981, voté en juillet mais appliqué seulement en octobre, a permis de passer d'un taux marginal de 70 % à 50 %[45]. En 1986, une nouvelle diminution fut votée. Dans ce

[45] Soit une baisse de 28,65 %.

barème, il ne subsistait plus que 4 des 25 tranches de 1980; leurs taux s'échelonnaient de 15 à 33 %. En fait, le taux de 33 % n'était pas un taux effectif. Il n'intervenait que pour des revenus intermédiaires à cause de certains décalages dans les déductions. Le taux effectif marginal des très hauts revenus était donc de 28 %[46] à la fin du deuxième mandat du Président Reagan. Pourtant, il faut ajouter que la réforme de 1986 ne fut pas une diminution nette des impôts pour tous les Américains, dans la mesure où la progression des tranches avait changé.

Si nous regardons maintenant les résultats de la baisse des impôts aux Etats-Unis entre 1981 et 1986 — au cours de la première réforme fiscale — nous constatons que les recettes ont fortement augmenté (tableau 3.9). D'autre part, *la répartition du fardeau de l'impôt s'est faite en faveur des plus bas revenus, contrairement à ce qui est si souvent avancé.* Leur contribution au montant total des recettes fiscales a diminué de 14,7 % en passant de 7,5 à 6,4 % en 1986, puis à 5,7 % en 1988. Comment cela est-il possible? En fait, nous lisons sur le tableau que les revenus des gens les plus riches ont plus fortement progressé que les revenus des plus pauvres. Autrement dit, les riches ont fortement réagi aux baisses d'impôt, ce que n'ont pas fait les gens moins aisés pour des raisons évidentes. Les revenus des riches ne se sont accrus que parce qu'ils travaillaient plus[47].

Autrement dit, il n'a jamais été fait d'autre cadeau aux riches Américains que de leur rendre le droit de travailler. Implicitement, ceux-ci ont rempli leur «contrat» en payant plus d'impôts qu'auparavant. Ces gens acquittaient 18,3 milliards d'impôt en

---

[46] Soit une nouvelle baisse de 44 %, ce qui portait la baisse totale à 60 %. En d'autres termes, à la marge, les Américains les plus riches virent leurs revenus se multiplier par un facteur de 2,4.

[47] Les élasticités revenu varient de 1 à 5 selon les groupes et les périodes étudiées. Ainsi, 1 % d'impôt en moins peut créer jusqu'à 5 % de revenus en plus chez les plus riches.

plus qu'ils ne l'auraient fait avec les taux antérieurs de 20 % supérieurs[48].

La figure 3.2, due au macro-économiste de l'Université de Harvard, Robert Barro, montre clairement les effets des hausses et des baisses d'imposition aux Etats-Unis. Comme le souligne l'auteur,

> «une preuve supplémentaire est survenue lorsque la hausse du taux marginal dans la loi de 1990 a été suivie par une baisse dans la part des taxes payées par les riches de 20 % en 1990 à 19 % en 1991. Ainsi, la direction dans laquelle changent les taux marginaux crée une vive réponse des revenus taxables déclarés dans la direction opposée, et ce aussi bien pour les hausses que pour les baisses de taux d'imposition»[49].

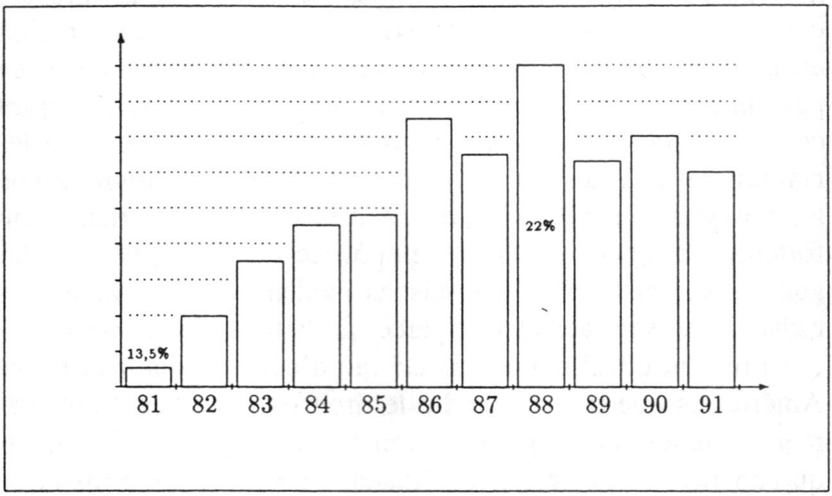

Source: Robert Barro, [10].

Fig. 3.2 — *Variations de la part d'impôt payée par le demi pour-cent d'Américains les plus riches au cours des années 1980.*

---

[48] Cf. [97, Lindsey].

[49] Cf. [10, Barro].

Mais il serait faux de conclure que les baisses de pression fiscale n'ont d'effet que sur les seuls riches. En effet, ceux-ci créent des emplois. Le taux de chômage a baissé de moitié sur la période. De même, les créations d'entreprises étaient nombreuses, faisant progresser le parc de plusieurs centaines de milliers d'unités nouvelles par an. Si la possibilité de déduire de son revenu les pertes subies dans un investissement en capital dans une PME a créé un jour un «abus», elle a rapporté au budget fédéral des sommes bien plus importantes que celles que dépensent chaque année les organismes publics à la promotion de l'emploi.

A ce propos, il convient de mentionner deux études importantes. La plus récente, celle du *Bureau of the Census* (1995), montre que l'effectif des «*pauvres*» dépend très fortement de la définition que l'on donne à cet état de richesse. Si l'on regarde les statistiques instantanées (mensuelles) de la pauvreté aux Etats-Unis, on dénombre 19 millions de pauvres. Mais si l'on considère des périodes plus longues (année), et que l'on ne conserve que ceux qui sont pauvres sur ces périodes, le chiffre tombe à 10,6 millions de personnes. L'explication tient à la très forte rotation de l'effectif des pauvres. On ne reste pas «pauvre» très longtemps aux Etats-Unis. En fait, le chômage de longue durée est beaucoup plus faible qu'en France[50]. Ainsi, ces mesures comptent comme pauvres ceux qui sont privés de revenus sur de courtes périodes. Un point intéressant de cette étude concerne les moyens d'éviter la pauvreté. Le premier qui vient à l'esprit est le niveau d'éducation; mais il n'arrive que deuxième dans les tests statistiques derrière le statut marital.

---

50 Selon l'OCDE, en 1989, à la fin de l'ère Reagan le chômage de longue durée (plus de 12 mois) concernait 5,7 % des chômeurs aux Etats-Unis, contre 43,95 % en France.

Ceux pour qui la solution au problème du chômage consiste à fustiger «*les petits boulots*» ou les «*emplois précaires*» devraient méditer ces chiffres.

Chez les pauvres chroniques, seulement 1,4 % vivent dans des familles avec des couples mariés[51].

La deuxième étude a été réalisée par Isabel Sawhill et Mark Condon du «*Urban Institute*» sur les années 1977-1986. Il s'avère que les croissances de revenu — relatives *et* absolues — les plus fortes ont été enregistrées parmi les familles se trouvant dans les centiles les plus bas au début des années 1980. Ceci n'est pas contradictoire avec les chiffres ci-dessus (tableau 3.9): cela traduit tout simplement la forte rotation de l'effectif des pauvres aux Etats-Unis. De plus, l'étude souligne que la baisse du chômage — continue pendant les sept années allant de 1982 à 1989 — est sans précédent par son ampleur dans l'histoire des Etats-Unis[52].

Le «*libéralisme dur*» du président Reagan fut finalement beaucoup plus facile à supporter pour les «*déshérités*» américains, que la social-démocratie *à la française* pour les «nouveaux pauvres». Les commentaires périodiques sur l'abaissement du niveau de vie des pauvres aux Etats-Unis à la suite de l'enrichissement des riches dans les années 1980 sont des mythes dangereux, malhonnêtes et mensongers.

A notre sens, le grand échec de la politique américaine dans les années 1980 doit être vu dans le déficit budgétaire. En effet, malgré une hausse des recettes fiscales en termes réels, l'Administration et le Congrès ont continuellement laissé se creuser le déficit budgétaire. Ceci a un effet néfaste sur les taux d'intérêt et sur la confiance dans la capacité de paiement de l'Etat sur le long terme. Aucun gouvernement ne peut vivre avec un déficit budgétaire important, et surtout lorsqu'il croît plus vite que le produit national brut. A cet égard, les déficits européens sont aussi inquiétants que le déficit américain.

Nous abordons ce point pour dissiper deux idées fausses. La première est que le déficit du budget aux Etats-Unis serait une

---

[51] Cf. [1, WSJ Europe].

[52] Cf. [29, Condon].

sorte de trou noir financier absorbant petit à petit toute l'épargne mondiale. S'il est préoccupant, il ne draine pourtant pas tous les fonds prêtables du monde. Comme nous l'avons déjà dit dans les deux premiers chapitres, d'autres Etats ont des déficits importants, tout à fait «concurrentiels» avec le déficit américain. A l'époque, les Etats français et allemand faisaient partie de ce groupe[53]. Or, ces pays n'ont pas connu la même croissance que les Etats-Unis. Avant 1987, le déficit budgétaire était plutôt plus préoccupant en France qu'aux Etats-Unis où la production ne progressait pas aussi vite qu'outre-Atlantique. Selon l'OCDE, il était de −2,9 % de la production intérieure brute en France, contre −2,4 % aux Etats-Unis pour l'année 1986. Ce n'est que par la suite que les rythmes d'accumulation de la dette publique se sont inversés en faveur de l'Etat français. Aujourd'hui, en 1996, c'est à nouveau l'inverse. Or, au début des années 1980, la France n'a pas connu les mêmes taux de croissance du produit national brut. Le déficit budgétaire américain n'est donc pas la cause d'une «relance keynésienne» comme cela a si souvent été dit par la presse: si tel était le cas, la France, l'Italie ou la Belgique auraient également vu leur situation s'améliorer grandement.

Une deuxième idée fausse est que la baisse des impôts serait à l'origine du déficit budgétaire. Cette idée suppose que l'on applique les anciens taux d'imposition sur les nouveaux agrégats de production. Mais ceci est quelque peu contestable: sans la baisse de 1981, jamais la croissance n'aurait été aussi forte aux Etats-Unis. La croissance résulte du changement de fiscalité et de politique monétaire. La hausse des recettes dépend essentiellement de ce changement. Le déficit budgétaire aurait été plus fort en l'absence de réforme fiscale.

Sa cause doit donc être cherchée du côté des dépenses et non pas du côté des recettes. Les budgets de la défense, les subventions à l'agriculture et les dépenses fédérales de pensions de

---

[53] Cf. [113, OCDE].

retraites ont respectivement progressé de 111 %, 300 % et 86 % pendant que l'inflation était de 44 %. De plus, ajoutons que les transferts aux plus nécessiteux ont cru de 47 % (malgré la baisse du chômage et la hausse des bas revenus). De même, rappelons que les dépenses de santé ont vu leur montant augmenter de 44 %. Malgré la volonté affichée de l'exécutif, l'Etat a continué de croître aussi vite que la production des individus[54].

«Lisez sur mes lèvres»

La situation fiscale laissée par le Président Reagan n'était donc pas si mauvaise que cela. En fait, il ne restait qu'à équilibrer le budget par les coupes franches et massives promises huit ans plus tôt. Mais les hommes de l'Etat ont toujours des réactions hystériques lorsqu'il faut faire le moindre effort budgétaire. Chaque économie de l'argent des contribuables correspond, hélas, toujours à une nécessité vitale pour une nuée de parasites pourvus en droits de vote.

Des gains de productivité de l'ordre de 3 à 4 % par an — qui sembleraient minimaux à n'importe quel prestataire de service privé — deviennent impossibles à obtenir lorsqu'il s'agit de l'Etat. Mais cela n'est pas grave: il est bien connu — au moins depuis Keynes — qu'un franc dépensé par l'Etat crée plus d'emplois que le même franc lorsqu'il est dépensé par celui qui l'a produit. Il ne peut donc pas être question de faire dans le privé un meilleur usage des richesses du pays.

Une nouvelle fois dans l'histoire des Etats-Unis, le président allait engager son pays vers une nouvelle hausse d'imposition pour combler le déficit budgétaire. Pourtant, lors de sa campagne, le Président Bush s'était écrié:

> «Read my lips! No new taxes!»[55]

---

[54] Cf. [93, Lepage].

[55] «Lisez sur mes lèvres! Pas de nouveaux impôts!».

Le résultat fut double pour le président américain. Tout d'abord, il s'assura l'opposition de nombreux intellectuels libéraux: certains poussèrent l'électorat à voter démocrate à titre de sanction[56] lors de l'élection présidentielle de 1992. Cette opposition au sein de son propre camp lui a coûté très cher. Personne chez les libéraux ne s'est levé pour défendre son bilan économique, contrairement à ce qui avait toujours eu lieu sous la présidence Reagan. Or, les démocrates avaient fait de l'économie le sujet principal de dénigrement de la politique présidentielle. Malgré les «succès» en politique étrangère, le président-candidat ne put jamais reprendre le dessus.

Deuxièmement, il réussit à réduire... l'assiette fiscale et le produit de l'impôt. Si l'on analyse le graphique précédent (figure 3.2), nous voyons que la hausse du taux marginal d'imposition de 28 à 31 % en 1990 a provoqué une baisse de 5 % des recettes fiscales due au demi pour-cent d'Américains les plus riches en terme de revenu.

En se basant sur des calculs d'élasticité réalisés sur des échantillons de ménages lors de la baisse d'imposition de 1986, Martin Feldstein a montré récemment que la hausse d'imposition proposée par le Président Clinton a de très fortes probabilités de se solder par une chute des recettes fiscales...

Ainsi, les réactions aux variations de taux sont-elles très rapides aux Etats-Unis. Les recettes continuent d'augmenter — même à court terme — lors de baisses d'imposition de l'ordre de quelques pour-cent. Pourtant, les taux *réels* de prélèvements obligatoires sont de l'ordre de 35 % sur les hauts revenus. Ceci signifie que si l'on tient compte d'effets intertemporels de l'impôt — à savoir qu'un impôt bas défavorise moins l'accumu-

---

[56] Arthur Laffer lui-même a appelé le peuple américain à voter pour le candidat Clinton plutôt que pour le Président Bush pour sanctionner ce dernier pour ses dédits en matière fiscale!

lation du capital — le taux «optimal»[57] d'imposition se situe peut-être en dessous de 25 %, tous prélèvements confondus...

---

[57] «Optimal» s'entend au sens de la maximisation des recettes de l'Etat. Ce taux n'est bien évidemment pas «optimal» au sens du contribuable qui préférerait sûrement l'absence d'impôt.

UNE EXPÉRIENCE FRANÇAISE

Une bonne méthode

La littérature sur les estimations de la courbe de Laffer est assez vaste. Elle remonte en général au début des années 1980 en Angleterre et au milieu des années 1980 en France[58]. Tous les articles en question sont critiquables et montrent une immense sensibilité des modèles économétriques aux échantillons testés. Ceux-ci reposent sur une expression économétrique intertemporelle du modèle d'Arthur Laffer. Ce modèle sert à régresser linéairement les recettes fiscales totales de l'Etat sur le produit national brut.

Une première critique qui vient à l'esprit est inspirée des sciences économiques. En effet, les individus réagissent aux valeurs marginales que prennent les variables économiques. Ce qui va déterminer l'offre de travail n'est donc pas tant le taux moyen que le taux marginal d'imposition. La simplification qui consiste à analyser l'effet de la pression fiscale totale sur la production totale ne tient donc compte ni des disparités de revenu, ni du fait que les taux marginaux sont forcément supérieurs à cette valeur moyenne, si l'impôt est progressif.

Un deuxième problème consiste à choisir les données à étudier. Il existe de nombreux échantillons disponibles qui représentent différentes notions de comptabilité nationale. Nous pourrions également définir les prélèvements de plusieurs façons différentes. De fait, les résultats varient selon le choix des données.

En retirant un seul point, les coefficients de régression changent radicalement de valeur. De plus, la progressivité de l'impôt — dont il n'a pas été tenu compte — va évoluer sur la période du test renforcant donc les faiblesses de l'estimation économétrique.

---

[58] Une critique de ces textes avait été faite par Bruno Théret et Didier Uri (Cf. [155, Théret], [156, Théret], [49, Fourçan], [4, Arvisenet], et [46, Fleurbaye]).

Malgré la valeur technique des papiers dont il a été fait mention plus haut, les résultats sont un peu décevants. Il faut citer (pour la France) les études «conclusives» à un effet Laffer de Philippe d'Arvisenet et d'André Fourçan qui avancent des taux limites de 52 % et 45,7 % respectivement. En fait, ces conclusions ont été immédiatement critiquées par les articles de Marc Fleurbaey, Sidi Mohamed Ould Biya, Pierre Ralle et Hélène Rousse et de Bruno Théret et Didier Uri, qui avancent des taux très élevés, voire pas d'effet Laffer du tout. La lecture de ces articles montre que l'échantillon statistique utilisé est d'une importance primordiale: son changement, même infime, renverse les conclusions d'une estimation statistique. Cela s'explique par la taille des échantillons retenus (20 ans donc 20 valeurs, parfois moins encore) et par le fait qu'il existe un antagonisme profond entre le caractère statique des spécifications retenues et la nature temporelle du phénomène fiscal.

Heureusement, il existe l'*autre façon* de se faire une idée de la nature de la fiscalité. Il faut abandonner l'espoir de connaître intégralement la courbe de Laffer. L'estimation ne concerne plus qu'une valeur ponctuelle de la pente de cette courbe: ceci n'est rien d'autre que la méthodologie des universitaires américains et anglais que nous avons utilisée jusque-là.

Nous avons dit dans le deuxième chapitre que les individus prenaient leurs décisions à la marge. L'idée est donc de considérer un groupe dont tous les membres seraient taxés au même taux marginal d'imposition, par exemple, le 1 % de gens qui ont les plus forts revenus. Nous pouvons imaginer que ce groupe n'est composé que de gens qui paient un impôt marginalement maximal. Il convient alors de comparer les réactions de ce groupe à celles de l'ensemble des foyers fiscaux.

Imaginons que les taux marginaux maximum décroissent. Le 1 % les plus riches sont tous touchés par la mesure. En revanche, une fraction importante des autres foyers ne voit pas sa situation changer. Ainsi, si la part d'impôt payée par les 1 % les plus riches augmente par rapport aux autres du fait de l'accroissement de leurs revenus, alors il existe un effet Laffer[59].

La pression fiscale en France

Comme nous le verrons dans l'annexe A, la pression fiscale est plus élevée en France qu'aux Etats-Unis. Les prélèvements obligatoires en terme de produit national brut sont d'à peu près 45 % et 30 % respectivement.

Il est, de plus, très largement admis que la progressivité des impôts est plus forte en France qu'aux Etats-Unis. Ceci est principalement dû à la très forte progressivité de l'impôt sur le revenu, qui bien que d'un taux maximal important, 56,8 %, a un des rendements les plus faibles du monde industrialisé. De fait, son taux moyen en 1988 a été de 12 % seulement[60]. En terme de produit national brut, ce rendement est de 5 % environ.

Si nous regardons les taux de prélèvements qui pèsent sur les ménages, nous constatons que la pression fiscale est très importante. En effet, celle-ci n'est pas seulement constituée d'impôt sur le revenu, mais aussi de taxes sur les salaires, de cotisations retraites, de cotisations maladie, de contributions aux comités d'entreprise, de prélèvements au titre des congés de

---

[59] Il est plus pertinent de comparer des échantillons entre eux que des chiffres dans l'absolu à cause de la croissance «naturelle» des revenus. Il ne faudrait pas faire de fausses conclusions. En effet, si tous les revenus augmentent à la suite d'une réforme fiscale, il faut, pour qu'il y ait un effet Laffer, que le revenu des contribuables les plus riches augmente plus fortement que les autres revenus. C'est la raison pour laquelle nous parlerons d'une augmentation relative des revenus lorsque la part des 1 % de contribuables les plus riches augmente dans le total des revenus. De la même facon, il convient de parler d'augmentation de la contribution aux recettes de l'Etat relativement aux autres catégories de revenus.

[60] Cf. [72, INSEE].

formation... D'après Didier Maillard[61], un smicard paie 44 % d'impôt. Un cadre supérieur ayant un salaire brut de 1 000 000 de francs supporte un taux de 63 %. Après transferts sociaux, les taux passent respectivement à -33 % et 53,5 % selon ces deux niveaux de salaire. Ces taux sont calculés sans prendre en compte la taxe sur la valeur ajoutée, le versement transport et les taxes indirectes. Si l'on tient compte de ces derniers, le taux *marginal* d'imposition d'un smicard célibataire monte à 57,66 % d'après nos calculs.

Aux Etats-Unis, le taux marginal de prélèvement d'un cadre gagnant un million de francs par an est de 35,4 % contre 72,4 % en France. Ce taux est de 55,3 % en Allemagne, et de 45,7 % au Royaume-Uni[62].

Supposons que les charges sociales soient d'un taux unique, uniforme et proportionnel de 20 %. Si le taux marginal d'imposition sur le revenu est de 50 %, un individu dans cette tranche paiera effectivement 20 francs de charges sociales puis 40 francs d'impôt, sur un revenu marginal de 100 francs. Son taux réel d'imposition est donc de 60 % et non de 50 %. Maintenant, si à la suite d'une décrue fiscale le taux maximal d'imposition passe à 25 %, le taux réel supporté par notre individu sera de 40 %. La baisse d'impôt sera de 20 % et non de 25 % comme nous aurions pu le penser.

Sachant que le taux maximal actuel de l'impôt sur le revenu est de 56,8 % et que le taux marginal calculé par Didier Maillard est de 72,4 %, nous comprenons qu'une baisse de la fiscalité puisse avoir un effet incertain. En effet, si le taux maximal passait de 56,8 % à 46,8 %, le taux marginal réel de prélèvement passerait de 72,4 % à 69,0 % en tenant compte des abattements de 10 % et 20 %. La baisse semble donc peu importante. En revanche, le taux passe d'un niveau très élevé à un niveau plus

---

[61] Cf. [99, Maillard].

[62] Toujours selon les calculs de Didier Maillard (Cf. [99, Maillard]). Selon nos propres calculs, actualisés pour 1994, ce taux serait de 72,74 % (Cf. l'annexe A).

bas. Or, nous avons répété dans le deuxième chapitre que plus le taux d'imposition est élevé et plus l'effet Laffer est susceptible d'être important. Autrement dit, la baisse est peut-être plus faible dans la réalité qu'à première vue mais elle concerne des taux plus hauts pour lesquels l'effet substitution a toutes les chances d'être significatif. En résumé, nous pourrions dire que l'important n'est pas seulement de savoir de combien varient les taux, mais aussi de savoir quelles étaient leurs valeurs initiale et finale.

Jusqu'en 1984, le taux maximal de l'impôt sur le revenu était de 65 %, hors majoration exceptionnelle; sa diminution à 56,8 % en 1987 n'est donc probablement pas très élevée en termes réels, mais elle peut avoir eu un effet non négligeable sur les choix individuels. En effet, les réactions des Américains sont restées importantes en 1991 après le relèvement du barème, malgré un taux marginal réel global de 35 % comme nous l'avons vu ci-dessus. Si les réactions des Français à l'impôt sont les mêmes que celles des Américains, il n'y a donc aucune raison pour qu'une baisse des taux d'imposition n'entraîne pas une hausse importante des recettes de l'Etat.

Les données en France

Dans un travail antérieur à ce livre[63], nous avions donc cherché à tester cette proposition, de façon simple, comme dans les études américaines que nous venons de présenter dans la partie précédente. Comme nous l'avons vu, la France n'a jamais pris le train de la baisse des prélèvements comme l'ont fait tous les autres grands pays du monde. Il existe donc peu de périodes de décrue fiscale dans notre pays. Cependant, la période 1987-1988 peut être utilisée comme un test, dans la mesure où elle a vu de nombreuses réformes fiscales, comme la suppression de

---

[63] Cf. [86, Lacoude].

l'impôt sur les grandes fortunes et la baisse de 65 % à 56,8 % du taux marginal d'imposition dont nous parlions à l'instant.

Sur la période 1979 à 1984, de nombreuses taxes sont venues alourdir la fiscalité française. L'impôt sur le revenu a notamment augmenté sur la période avec la création de la majoration conjoncturelle progressive de l'impôt sur le revenu. Cette majoration frappait plus les hauts que les bas revenus. L'impôt sur les plus-values a également plutôt augmenté sur cette période, notamment avec l'ajout du prélèvement exceptionnel de 1 % qui a été régulièrement reconduit. Nous pouvons ajouter la création de l'impôt sur les grandes fortunes, qui est probablement assez démotivant.

De fait, les résultats sont bien ceux attendus. Nous pouvons constater une baisse de recettes dans les deux tableaux 3.10 et 3.11, aussi bien pour le un pour-cent que pour le demi pour-cent le plus riche. Cette baisse ne s'explique donc pas seulement par la hausse de l'impôt sur le revenu. D'autres facteurs ont pu jouer. D'une part, les taxes nouvelles ont tendance à aggraver la baisse, d'autre part, l'évolution de la conjoncture — choc pétrolier contre croissance — joue en sens inverse du résultat.

Centiles	1979	1984	1988	1990	1991
Premier	25,58	25,05	28,55	29,33	29,56
dt premier demi	19,44	18,08	21,01	22,07	21,41
2 à 5	22,24	24,25	24,16	23,63	23,25
6 à 10	13,40	14,15	13,75	13,88	14,02
11 à 20	15,91	15,53	15,09	15,04	14,44
21 à 100	22,87	21,02	18,45	18,12	18,73

Source: Philippe Lacoude, [86].

Tab. 3.10 — *Part des centiles dans le totale de l'impôt payé.*

C'est probablement la raison qui fait que le résultat est peu contrasté. Les plus-values boursières de 1984 ont pu être à l'origine de la stabilité des revenus en pourcentage du total des revenus des ménages français.

Centiles	1979	1984	1988	1990	1991
Premier	2,08	1,83	7,92	8,13	8,29
dt premier demi	1,13	0,97	5,33	5,56	5,43
2 à 5	5,12	6,13	11,85	11,72	11,61
6 à 10	7,62	6,81	9,60	9,59	9,58
11 à 20	13,94	13,03	14,46	14,44	13,64
21 à 100	71,24	72,20	56,17	56,12	56,88

Source: Philippe Lacoude, [86].

Tab. 3.11 — *Part des centiles dans le total des revenus.*

En revanche, l'effet des réformes fiscales survenues entre 1984 et 1988 semble être plus net. Cette période a vu la suppression du taux marginal de 65 %, de la majoration exceptionnelle[64] et de l'impôt sur les grandes fortunes. Or, cet impôt était précisément payé par un effectif voisin de celui de l'échantillon des 0,5 % de Fançais les plus riches en terme d'impôt par part. Il est donc probable que sur les 125 000 foyers que nous avons étudiés, une grande partie ait payé ces deux impôts. Bien sûr, un impôt sur les grandes fortunes ne joue pas — à court terme — sur le partage entre travail et loisir. En revanche, il joue clairement dans le partage que les individus font entre la consommation et l'épargne. Il abaisse le coût de la consommation, comme le montre si bien Paul Craig Roberts à propos de la Rolls Royce. Il entraîne donc un effet Laffer du premier type, c'est-à-dire intertemporel[65]. De plus, il existe une disposition du code général des impôts — article 885 V bis — qui limite la somme de l'impôt sur le revenu et de l'impôt de solidarité sur

[64] La majoration exceptionnelle s'est élevée à 5,527 milliards de francs en 1982 et à 3,689 milliards de francs en 1983 (Cf. [72, INSEE]).

[65] Cf. chapitre 2, première partie.

la fortune à 85 % du revenu imposable. De ce fait, si le montant d'impôts à acquitter au titre de l'impôt sur les grandes fortunes est important et excède le revenu imposable, tout nouveau revenu est réellement taxé au taux de 85 %. La suppression de l'impôt sur les grandes fortunes et la baisse de près de 10 % du taux marginal de l'impôt sur le revenu peuvent donc entraîner une baisse réelle du taux marginal de 85 % à 56,8 %.

Notons, de plus, qu'à moyen terme, un impôt sur le capital va diminuer l'offre de travail dans la mesure où il rend l'épargne moins attrayante, c'est-à-dire l'effort de production en vue de consommer dans le futur moins attractif.

Les trois réformes fiscales mentionnées ci-dessus peuvent toutes expliquer que les revenus relatifs du demi pour-cent de Français les plus riches aient quintuplé. De même, elles rendent plausible l'hypothèse qu'un effet Laffer positif existe en France. Mais il existe de nombreux autres facteurs pouvant aller dans le même sens. En particulier, il semble que les gens les plus riches aient appris à utiliser les déductions d'impôt multiples et les régimes fiscaux particuliers. Il est singulier que la part de ces personnes dans les recettes n'augmente que de 15 %, alors que leur revenu se multiplie par cinq. Les «abris fiscaux»[66] sont près de 320 en France. La forte baisse du taux moyen d'imposition de ces gens les plus riches s'explique donc peut-être par l'usage habile du code des impôts. De ce point de vue, le coût pour l'administration fiscale de la création et de la gestion de ces exemptions, et le coût pour les individus de les utiliser, commanderaient leur suppression *en même temps qu'une baisse des taux marginaux*[67].

Nous mesurons aussi probablement la hausse des plus-values boursières qui s'étaient redressées après la forte baisse de 1987. L'impôt sur les sociétés a vu son rapport presque doubler sur la période 1984-1988 passant de 89 à 148 milliards de versements

---

[66] En d'autres termes, exceptions fiscales (ou « *Tax shelters*» en anglais).

[67] Si nous souhaitons une hausse des recettes fiscales...

perçus par l'administration. Rappelons que ce dernier avait baissé entre 1982 et 1984. Ceci est important dans la mesure où cette hausse de recettes sur l'impôt sur les sociétés s'est faite alors que les taux baissaient. Autrement dit, les hausses de bénéfices des sociétés avaient plus que compensé la baisse de l'imposition. Outre le fait que *ceci est une autre illustration du principe de Laffer*, nous pouvons imaginer que les personnes de notre échantillon ont vu leurs dividendes augmenter.

Nous devons donc être prudents en parlant d'un effet Laffer. En effet, même si la part des revenus du demi pour-cent de Français les plus riches s'est multiplié par plus de cinq, nous ne savons pas si nous mesurons l'effet Laffer dû à la suppression de l'impôt sur les grandes fortunes ou l'effet Laffer dû à celle du taux marginal de 65 % de l'impôt sur les revenus. S'il est incontestable, à notre avis, qu'il existe un fort effet Laffer en France, nous ne pouvons pas avancer de chiffres donnant les élasticités revenu dues à la suppression de l'impôt de solidarité sur la fortune ou à la baisse de l'impôt sur les revenus.

En revanche, il est clair qu'une baisse des taux marginaux d'imposition sera encore bénéfique, compte tenu de l'élasticité totale donnée par ces tableaux. Il serait souhaitable, si l'on veut que l'activité augmente et que les recettes rentrent, de revoir à la fois la fiscalité du capital et celle des revenus puisque les chiffres présentés prouvent sans conteste que la suppression de l'impôt sur les grandes fortunes, conjuguée à la baisse de l'impôt sur le revenu entraînent une *hausse nette* de l'activité.

Si nous regardons les chiffres, nous voyons que les Français les plus riches auraient eu une forte réaction à la baisse du taux marginal d'imposition. En termes de recettes fiscales, celles-ci sont passées de 38 à 48 milliards de francs, alors que les prix étaient presque stables. De même, ajoutons que le nombre de foyers déclarant plus de 500 000 francs de revenus est passé de 101 962, en 1986, à 175 454 en 1990[68]. Dans le même temps,

---

[68] Cf. [72, INSEE].

à l'autre bout de l'échelle des revenus, le nombre de foyers déclarant entre 0 et 40 000 francs a baissé de 134 640.

Il faut ajouter que contrairement à ce que nous pourrions penser, la hausse de la part du premier centile dans l'ensemble des recettes n'est pas due au fait qu'un nombre important de foyers aient été exonérés d'impôt en 1987. Si tel était le cas, la part des centiles 2 à 10 croîtrait également en pourcentage des recettes. Or, ces gens payaient l'impôt et continuent à le payer. Si d'autres ont été exonérés, ils devraient donc voir une hausse de leur contribution: ce contre-argument ne tient pas à l'examen.

La contribution à l'impôt des foyers les plus riches a d'ailleurs continué à augmenter après 1988, alors que des réaménagements successifs de la fiscalité rendaient l'impôt moins lourd. Ces modifications fiscales n'ont d'ailleurs eu lieu que parce que la hausse des recettes fiscales les rendaient possibles. A ce titre, la hausse continuelle de la fiscalité après 1991, avec l'introduction de la CSG et les hausses de cotisations sociales ne sont peut-être pas les méthodes fiscalement optimales pour accroître les recettes de l'Etat[69].

Il est également intéressant de noter que dans la période 1988-1991 où les revenus des salariés aisés — deuxième au dixième centile — ont été peu affectés par des changements de fiscalité, leur apport en terme de recettes relatives est resté inchangé. De même, leurs revenus n'ont pas varié. Nous pouvons noter à ce sujet la remarquable stabilité du revenu des centiles 6 à 10, à 9,60 %, 9,59 % et 9,58 % pour les trois années étudiées.

De ce point de vue, nous pouvons peut-être expliquer la progression relative des très hauts revenus par l'effet Laffer de long terme, lié aux effets de l'accumulation de capital. Nous savons que si les revenus de ces personnes ont beaucoup évolué, elles ont probablement épargné une partie importante du surplus. Cette épargne nouvelle peut être la cause de la progression de 1990-1991.

[69] Nous reviendrons sur ce point dans le chapitre qui suit...

La baisse relative de la part des 80 % les moins riches entre 1984 et 1988 ne signifie pas que les «riches sont devenus plus riches et les pauvres plus pauvres», comme nous l'entendons dire si souvent à propos des Etats-Unis sous l'ère Reagan. Cela signifie seulement que les revenus des individus les plus riches ont progressé plus vite que ceux des autres. Autrement dit, les pauvres ont pu s'enrichir, mais à un rythme moins soutenu. Encore une fois, ceci s'explique par le fait que les uns et les autres ont choisi de tels taux de croissance de leurs revenus. En effet, même si cela paraît choquant, les «pauvres» n'ont pas décidé de changer notablement leur offre de travail alors que d'autres l'ont fait. Cela provient du fait que, dans une période antérieure, les gens les plus riches ont été «bridés» dans leurs choix.

Nous pouvons d'ailleurs en profiter pour lever un doute qui pourrait apparaître. Les riches n'auront pas 100 % des revenus si les taux sont ramenés à zéro. En effet, plus les taux d'imposition seront bas et plus leurs réactions aux baisses de fiscalité seront voisines de zéro. Il est probable qu'il existe une structure relativement stable des revenus pour des faibles taux d'imposition, comme il en existe une pour des taux plus importants. Encore une fois, notons l'extrême stabilité des revenus des centiles 6 à 10 pendant les quatre années 1988-1991. De plus, dans l'étude que nous avons faite jusqu'ici des expériences françaises et américaines, nous n'avons pas abordé un point fondamental. L'augmentation relative des revenus des contribuables les plus riches à la suite d'une variation du taux maximal des barèmes est une réaction de court terme. Dans un premier temps, les hauts revenus progressent très vite, plus vite que les bas revenus qui ne réagissent pas à une réforme qui ne les concernent pas. Mais dans un deuxième temps, avec l'activité accrue des plus riches individus, les gens les moins aisés vont réagir à des variations sur le marché du travail. Autrement dit, la consommation accrue des riches créera les emplois qui manquaient. C'est la raison pour laquelle, après une forte baisse de la fiscalité, nous devrions constater d'abord un accroissement de la part relative des riches dans le total des revenus, suivie d'une légère décrue due à l'augmentation des bas salaires dans la deuxième phase. Ceci n'est pas invalidé par nos données où nous voyons les parts des centiles 2 à 5, et des centiles 6 à 10 baisser après 1988. Etant donné que ces effets ne sont pas très importants, il est pourtant risqué de les utiliser pour faire un raisonnement inductif.

A propos des effets de l'impôt sur le revenu, nous pourrions encore noter que si le nombre de foyers fiscaux ne payant pas d'impôt est resté stable depuis 1986 à près de 48 %, le nombre de foyers fiscaux a, en revanche, considérablement augmenté puisqu'il est passé de 25 139 311 en 1988 à près de 28 029 464 en 1990, soit une progression de 11,5 % en deux ans. La défiscalisation des bas revenus et le plafonnement du quotient familial jouent peut-être dans le sens de l'éclatement des foyers fiscaux. Si tel est vraiment le cas, il conviendrait peut-être de faire en sorte que la fiscalité soit «neutre» sur la structure familiale[70].

Une simple remarque...

Il est intéressant de se rappeler qu'il y a eu une baisse du chômage à la suite de chacune des trois baisses importantes de l'impôt sur le revenu aux Etats-Unis. En France, la seule période durant laquelle il y a eu une baisse du chômage est la période qui va de la mi-1987 à 1989[71]. Or cette baisse était due aux créations d'emplois. Sur la période 1981 à 1986, les destructions d'emplois étaient en moyenne de près de 125 000 par an. Elles sont la principale cause de l'aggravation du chômage.

---

[70] Le nombre de foyers exonérés est quasiment constant en part relative (Cf. [72, INSEE]).

[71] L'allégement des charges pesant sur le travail joue probablement un grand rôle dans les causes de ce phénomène.

Il existe donc un lien très fort entre les créations d'emplois et le niveau de la fiscalité. Les baisses de fiscalité créent des incitations à la création d'entreprises. Le taux important de créations d'entreprises aux Etats-Unis était également la source du succès de l'administration Reagan en matière de taux de chômage.

Bien sûr, le blocage du salaire minimum aux Etats-Unis entre 1981 et 1989 a probablement contribué à la baisse du chômage qui est passé de 10,2 % en 1982 à 5,5 % en 1986. De même, en France, la baisse des charges des entreprises a probablement eu une influence sur les créations d'emplois. De ce point de vue, il convient de nuancer un peu notre propos en disant que la fiscalité n'est pas le seul facteur qui ait une influence en la matière.

Des questions pour l'avenir...

Les résultats que nous avons obtenus confirment l'existence d'un effet non nul des taux d'imposition sur la création des richesses. Si les variations enregistrées étaient intégralement dues à un effet Laffer, l'importance de celui-ci commanderait une baisse massive des taux marginaux d'imposition. Il paraît donc urgent de mener des tests complémentaires. Leurs résultats vont probablement atténuer nos chiffres. Dans cette enquête, l'amélioration du contexte boursier a, par exemple, pu jouer dans le sens d'un effet Laffer. Mais, répétons-le, même si les élasticités revenu ne s'avéraient pas aussi fortes que pour le demi pour-cent de Français les plus riches, il est probable qu'elles sont positives. En tout état de cause, les résultats mentionnés ci-dessus imposent de rechercher des confirmations ou des infirmations à l'existence d'un effet Laffer en France.

Une première étape de travail pourrait concerner des tests relatifs à l'introduction de la CSG en France en 1991. Son effet est probablement faible, mais il sera peut-être possible de montrer qu'en 1992, les revenus des Français les plus riches n'ont plus progressé, voire régressé, en termes relatifs.

Une deuxième étape plus précise pourrait consister dans la sélection de deux échantillons de Français. Le premier groupe serait tiré au hasard parmi les Français les plus riches en terme de revenu, qui ne paient pas l'impôt sur le capital, et qui sont dans la tranche haute de l'impôt sur le revenu. Le deuxième concernerait des Français riches en capital mais qui n'acquittent pas beaucoup d'impôt par part (par exemple des familles nombreuses). L'avantage de travailler en panel est de suivre les *mêmes* individus au cours du temps. Avec les panels proposés ci-dessus, il serait possible de dissocier l'effet de l'impôt sur les grandes fortunes de celui de l'impôt sur le revenu.

Les scientifiques américains ont déjà une grande expérience du travail sur des panels. Nous pouvons par exemple citer les travaux éminents de Martin Feldstein et de Jerry Hausman[72]. En octobre 1993, dans son dernier article à ce sujet, Martin Feldstein expliquait que

> «l'estimation de la réaction du revenu imposable n'est pas la même chose que l'estimation de la réponse de l'offre de travail à des changements dans les taux d'imposition. Le revenu imposable peut être changé en variant non seulement l'offre de travail mais également les formes de compensations, l'investissement des actifs, et le montant des dépenses déductibles des impôts»[73].

Ceci explique que tout ce qui est fait en matière d'offre de travail ne puisse pas être transposé directement à l'étude des variations dues à la fiscalité. Il faudrait donc compléter le présent ouvrage pour voir si l'on obtient bien que l'élasticité du revenu imposable soit supérieure à celle de l'offre de travail. Nous allons un peu dans ce sens, à cette exception près que les travaux de Jerry Hausman ou de Martin Feldstein, réalisés dans le cadre du *Bureau National de la Recherche Economique* des

---

[72] Cf. [61, Hausman].

[73] Cf. [43, Feldstein].

Etats-Unis, organisme officiel américain, sont beaucoup plus précis économétriquement dans la mesure où ils suivent les mêmes individus, alors que nous suivons des ensembles changeants. Ces travaux sont plus «micro-économiques» alors que l'on pourrait qualifier de «macro-économique», ce que nous venons de faire. Autrement dit, ils s'attachent à mettre en évidence des effets au niveau particulier au lieu d'effets sur un contexte global.

Bien sûr, au niveau micro-économique, les résultats doivent s'accorder avec ceux que nous présentons. En effet, il doit exister une cohérence du système économique! Si l'on montre qu'il existe un effet sur un groupe d'individus, celui-ci doit alors se retrouver sur le comportement de chaque membre du groupe à des degrés divers. De ce point de vue, la récente analyse de Martin Feldstein conclut dans le même sens que celle de Bruce Bartlett ou de Paul Craig Roberts en montrant que

> «la réponse estimée des revenus imposables aux changements d'imposition a d'importantes implications pour l'estimation des recettes, pour la conception des impôts, et pour celle de la politique budgétaire. Par exemple, les plus faibles estimations des élasticités impliquent que le changement des taux décidé en 1993 va conduire à des recettes sur l'impôt sur le revenu plus faibles ou inchangées malgré le changement substantiel des taux marginaux. Il s'en suit que ces taux pourraient être réduits à leurs valeurs d'avant 1993 sans pertes de recettes fiscales»[74].

Pourtant, la méthode utilisée par Martin Feldstein est bien plus sophistiquée d'un point de vue économétrique que ce que nous avons présenté. Les statistiques utilisées sont beaucoup plus puissantes que de «simples» moyennes. Mais les résultats sont les mêmes et ceci parce que la science économique permet, par

---

[74] Cf. [43, Feldstein].

un simple raisonnement universel *introspectif,* d'appréhender complètement des phénomènes complexes.

CONCLUSION

La conclusion pratique de ces expériences fiscales est sans appel. Les augmentations d'imposition — lorsque les taux sont déjà importants — entraînent une chute des recettes fiscales.

Ainsi, la bonne méthode ne consiste-t-elle pas à rechercher l'équilibre budgétaire par la hausse l'impôt, mais au contraire par la baisse de celui-ci et des dépenses étatiques. Nous allons venir à ce point dans un instant.

Dans les années 1980, au parlement anglais, un réflexe est né. Aujourd'hui, lorsqu'un membre du parlement réclame une hausse des impôts, ses collègues prennent la parole pour poser la *vraie* question: «*Par quelle coupe dans les dépenses,* allez-vous financer votre hausse d'imposition?»

Chapitre 4

LES REMÈDES À LA CRISE FISCALE

UNE FISCALITÉ BASSE...

Constamment en France, certaines personnes prennent la parole à propos de la fiscalité pour proposer de complexifier le système, d'inventer une nouvelle exception pour corriger les effets pervers dus à une mauvaise allocation des ressources. Peu de gens réalisent que, la plupart du temps, ces «fiscalistes» cherchent simplement à corriger ce que leur système a créé artificiellement.

Le génie en cette matière semble inépuisable. L'action des politiques paraît guidée par le plaisir de parler d'un sujet dont on ne maîtrise en fait que le vocabulaire. Aussi de nombreuses propositions émergent-elles pour se transformer en impératifs catégoriques *a priori* de la raison... La sagesse imposerait pourtant de scruter leur valeur logique *avant* l'application de ces mesures.

Une taxe à la valeur ajoutée sociale ou une augmentation de la cotisation sociale généralisée?

Le sport favori des experts est la rhétorique à la Protagoras qui consiste à former deux équipes, de façon plus ou moins spontanée, et à trouver un anticoncept[1]. Le but du jeu consiste alors à développer le pour ou le contre, selon l'équipe à laquelle on a

[1] Un anticoncept est un terme rationnellement inutilisable, et par conséquent non nécessaire, destiné à remplacer et à détruire un concept légitime (ayant une référence à la réalité).

adhéré, tout ceci en prenant soin de ne jamais faire usage de la raison et d'éviter toute référence à la réalité.

Bien sûr, la question récurrente de savoir s'il convient de créer une TVA sociale ou d'augmenter la CSG, n'est pas aussi représentative de ce phénomène que la mode du petit ruban rouge des gens qui sont «contre» le SIDA. Mais elle a en commun de n'avoir point de sens.

Tout comme il ne peut être question d'être «pour» ou «contre» un virus[2], il est impossible d'être «pour» ou «contre» une forme nouvelle d'impôt. A moins de vouloir marcher sur *La route de la servitude,* les taxes nouvelles sont devenues impossibles, car tout nouvel impôt détruira lui-même les recettes qu'il est supposé rapporter.

Le seul débat qui devrait émerger de la discussion politique devrait donc être de savoir par quels impôts commencer la décrue fiscale et par quelles coupes dans les prestations combler les déficits. La bonne question n'est pas de savoir comment rétablir les comptes de la sécurité sociale, mais bien plutôt comment contrôler l'usage des fonds dont elle dispose.

Le désavantage d'un tel débat réside dans le fait qu'il n'est plus aussi simple et qu'il engage politiquement ceux qui y prennent part. Mais il a l'avantage d'être clair et lisible par tous. Il repose sur la reconnaissance des faits tels qu'ils sont. Il évite de reporter vers le futur des problèmes plus graves encore que ceux qui se posent aujourd'hui.

La théorie économique nous apprend que la décrue fiscale, si l'on veut qu'elle soit efficace économiquement[3], doit porter sur

---

[2] Lorsque nous entendons les délires hystériques des porteurs de ce signe «sans signification», nous pourrions parfois croire que le virus est sensible à la menace verbale!

Tout ceci ne serait pas grave si les hommes de l'Etat, avec l'argent des contribuables en poche, ne se sentaient pas irrésistiblement attirés par toutes les causes qui n'en sont pas.

[3] La décrue fiscale de 17 milliards de francs sur les revenus de l'année 1993 était le type même d'une réforme efficace politiquement — elle touchait les classes

la réduction des plus hauts taux d'imposition *réels*. Comme nous le verrons dans l'annexe A, les taux d'imposition *réels* sur le revenu peuvent dépasser 90 % du fait de l'existence de l'impôt de «solidarité» sur la fortune. Comme cet impôt est un mythe fiscal du point de vue des recettes, il est à supprimer d'urgence.

Viennent ensuite les hauts taux d'imposition sur les revenus. Leur effet néfaste n'est plus à démontrer. Comme nous venons de le voir, leur baisse engendre toujours une augmentation de l'activité économique. Aux Etats-Unis, alors même que la pression fiscale totale — i.e. incluant les cotisations sociales et les taxes sur la consommation — est de 35 % à la marge, Martin Feldstein montre qu'une baisse des impôts peut encore, malgré ce «bas» niveau de taxes, engendrer des recettes fiscales supplémentaires. Bien sûr, il nous sera rétorqué que la France n'est pas les Etats-Unis, mais il semble cependant qu'il puisse exister en France un gisement considérable en cas de baisse d'imposition. En effet, un cadre français ayant un haut salaire peut monter à 70 % de taux d'imposition réel (hors TVA et hors ISF). Soit plus du double d'un taux américain qui resterait, semble-t-il, encore trop «haut»[4].

La parade intellectuelle habituelle des hommes de l'Etat cherchant à lutter avec ces faits sera de dire que le marché français est plus «rigide» que le marché américain. Mais cela n'a aucun sens. En effet, cette différence de «rigidité» est artificielle:

---

moyennes — mais presque sans effets économiques. En effet, ce sont les taux marginaux qui influent le plus sur l'activité économique des individus; or, la décrue fiscale a porté sur une refonte du barème, sans retouche du taux maximal. Son effet ne peut donc se traduire que sur l'activité des gens dont le taux maximal était un de ceux des tranches intermédiaires. Ceci signifie que cette «réforme» aura eu un impact bien moindre que si elle avait touché les hauts revenus. En effet, la baisse de 20 % d'un taux d'imposition de 50 % a bien plus d'effets économiques que la baisse de 20 % d'un taux de 35 %.

[4] Trop «haut» s'entend au sens de la maximisation des recettes fiscales; naturellement, toute violation des droits de propriété — fût-ce par l'Etat — est en soi condamnable, et tous les impôts seront toujours trop hauts du point de vue de la *propriété naturelle*.

elle est *créée par la loi.* S'il convient de libérer le marché du travail, par exemple, pour que les baisses d'imposition soient vraiment efficaces en termes de croissance économique et d'emploi, nous ne voyons pas pourquoi cela devrait nous arrêter. Il est en effet incroyable de voir que ce type de raisonnement est constamment employé comme outil rhétorique contre la liberté. Des générations d'étudiants ont entendu leurs enseignants keynésiens dire que le modèle «néoclassique» ne «fonctionnait» que lorsque le marché du travail était flexible, que la croissance par le déficit budgétaire était la seule possible puisque dans la réalité le marché du travail était «rigide» (ou pire «visqueux»). Personne ne s'est jamais levé pour dire que la raison profonde des dysfonctionnements économiques venait de ce que *le marché du travail avait été rendu rigide par la loi.* Il est aberrant de voir à quel point les «théoriciens» sont capables de *compartimenter les problèmes de façon à ne pas leur trouver de solutions*[5].

Les revenus du (grand) capital sont-ils moins taxés que ceux du travail?

Il est un autre domaine où les dogmes sont érigés en axiomes. Il s'agit de la fiscalité du capital. Nous ne nous lancerons pas dans une comparaison internationale peu flatteuse pour la France. Tout d'abord parce que ce type de comparaison n'a pas de sens, et ensuite parce que d'autres que nous l'ont déjà fait[6].

Il nous faut simplement remarquer que tout capital est le fruit d'une épargne, donc d'un travail antérieur. Le capital a donc déjà

---

[5] Pourtant, les solutions à la crise morale et politique que nous traversons existent. Peu importe qu'elles ne passent pas par les dogmes keynésiens. Nous ne devrions donc pas hésiter à faire des hamburgers avec les vaches sacrées de l'étatisme si cela doit permettre aux producteurs de ce pays de créer de nouvelles richesses et de nouveaux emplois.

[6] Cf. [89, Lauré] et [99, Maillard].

subi l'impôt. Mais là n'est pas le plus important. Le point central d'une fiscalité moins destructrice de richesses repose fondamentalement sur la reconnaissance du fait que l'impôt sur le capital (ou sur ses revenus) est celui qui distord le plus la valeur relative des biens futurs en terme de biens présents.

Adopter une fiscalité dont une composante surtaxe les biens futurs, c'est inventer une machine à détruire la croissance. En effet, une taxation des biens futurs, même indirecte, va pénaliser l'accumulation de capital, va favoriser l'usage du travail plutôt que du capital, et va donc empêcher de produire plus de richesses avec moins de travail, ou avec un travail moins pénible.

Nous voudrions nous élever contre le mythe disant que la machine tue l'emploi, mythe souvent utilisé pour justifier des projets de hausses d'impôt sur le capital. Il est faux, comme le font certaines personnes, de dénoncer le «progrès à tout prix», «la course à l'équipement», ou la «course à la technologie». La compétition engendre, il est vrai, une évolution rapide des techniques et des produits. Mais elle n'est pas économiquement nuisible. Elle traduit *forcément* une amélioration du bien-être des individus qui rentrent dans cette compétition.

Quant à la question de discriminer le vrai du faux à propos de l'idée abracadabrante qui nous dit que les machines créent le chômage... Elle résulte d'une illusion statistique: les entrepreneurs ont le choix entre des investissements à forte productivité du travail ou à faible productivité du travail. Ils sélectionnent les uns plutôt que les autres en fonction de l'évolution des salaires. Tant que ces derniers sont déterminés par le marché libre du travail, il ne se pose aucun problème de chômage. *En revanche si les salaires sont augmentés artificiellement par l'action de l'Etat — via le salaire minimum par exemple — les seuls investissements rentables pour les entrepreneurs deviendront ceux à forte valeur ajoutée.* Au lieu de freiner l'accroissement du capital, il faut alors le laisser croître pour permettre le versement de salaires devenus trop importants par rapport au stock de capital du pays.

Le point fondamental qu'il faut toujours garder présent à l'esprit est le suivant: *le salaire rémunère la productivité marginale du salarié.* Un accroissement du stock de capital correspond bien à un accroissement de la productivité du travail, et donc à un accroissement de la richesse des salariés. Il convient de comprendre que *même si un homme ne change pas son capital humain, i.e. s'il n'apprend rien de nouveau, il verra son pouvoir d'achat s'accroître parce que d'autres que lui feront d'importants progrès techniques.*

> «Sans aller très loin, retournons-nous vers la *Richesse des Nations* d'Adam Smith, publiée en 1776. Le premier chapitre de ce livre remarquable s'intitule «De la division du travail», et sur la deuxième page de ce premier chapitre, l'auteur nous dit qu'un ouvrier sans connaissance des machines employées dans l'industrie des épingles ne «pourrait guère faire plus d'une épingle par jour, et n'en ferait certainement pas vingt», mais, qu'avec l'usage de ces machines, il peut en faire 4 800 par jour. Ainsi déjà, hélas, à l'époque d'Adam Smith, la mécanisation avait jeté de 240 à 4 800 faiseurs d'épingles au chômage pour chacun qu'elle avait conservé. Dans l'industrie de l'épingle, si les machines mettent au chômage, il y avait déjà 99,98 % de sans-emplois. Les choses pourraient-elles être plus noires?»[7].

En fait, il semblerait que oui dans la mesure où la révolution industrielle commencait à peine, et que les progrès de l'industrie de l'épingle ont dû être considérables depuis Adam Smith. Mais où sont donc passés tous ces chômeurs? Ils travaillent, ils produisent tous les biens qui n'existaient pas avant Adam Smith comme la voiture, les avions, les trains, les machines à laver, les téléviseurs.

La raison pour laquelle les industriels sont obligés de faire des progrès considérables de productivité se trouve là: *les usages alternatifs de la main-d'œuvre se développent à grande vitesse*

---

[7] Cf.[66, Hazlitt] et [151, Smith].

à cause de l'imagination sans limite de l'homme. Et comme le stock de main-d'œuvre est limité par la population, la compétition est vive pour acheter cette main-d'œuvre. Lorsque certains industriels ont fait des gains de productivité dans leur activité, ils peuvent offrir des salaires plus importants, ce qui oblige les autres domaines à substituer à leur tour du capital physique au capital humain.

La machine n'est donc pas une mauvaise chose en soi comme le clament les technophobes. *Elle ne le devient que si son usage est généralisé par des hausses artificielles des salaires, i.e. si l'Etat intervient sur le marché du travail pour instaurer des salaires minimaux.*

Fort de ceci, faut-il alors taxer les revenus du capital pour obtenir l'équilibre du marché de l'emploi? La réponse est bien évidemment négative. Elle l'est même d'autant plus que nous avons établi *qu'une des seules façons de sortir du chômage sans toucher au* SMIC *consiste justement à laisser croître le capital.*

Enfin, ajoutons que l'expérience fiscale étrangère prouve une fois encore que la fiscalité est une bien mauvaise chose. En Allemagne, les capitaux fuient à tire d'ailes depuis maintenant trois ans. Pour le seul mois de décembre 1994, le déficit de la balance des paiements est le double de celui de l'année précédente, à 7,3 milliards de marks. Le capital «productif» subit un véritable exode. De 1990 à 1993, les Allemands ont investi 76,8 milliards de dollars à l'étranger tandis que les étrangers n'investissaient que 9,9 milliards de francs en Allemagne. D'après certains calculs, ce sont 250 000 emplois nouveaux créés à l'étranger qui «coûteront» 7,7 milliards de pertes de recettes fiscales et 5,7 milliards de marks d'allocations aux chômeurs correspondants[8].

La cause de ceci n'est rien d'autre que la création d'une retenue à la source de 30 % sur les revenus du capital. *Ceux qui proposent une telle mesure dans notre pays trompent les*

---

[8] Cf. [117, Picaper].

Français. En effet, ceci ne rapporte pas un centime de recettes fiscales et détruit l'emploi. Dans le cas de l'Allemagne, cela n'a rapporté directement que 11 milliards de marks en 1993, et 16 milliards en 1994. Mais comme nous venons de le voir, elle a coûté 13,4 milliards de marks en recettes non réalisées. A ceci s'ajoute le fait que les 250 000 chômeurs dont nous parlions ne produiront aucune richesse, qu'ils achèteront bien moins de produits manufacturés, bref qu'ils ne créeront pas d'emplois en retour. Ainsi, le bilan final d'une telle mesure est-il très négatif. Qu'il plaise au peuple ne peut pas justifier que les hommes politiques s'abaissent à ne pas expliquer son côté destructeur.

Le plus remarquable de tout ceci est que cette mesure était censée rapporter 30 milliards de marks en 1993 contre 11 milliards en réalité. *L'écart entre les deux est dû à la disparition de l'assiette taxable,* partie sous des cieux fiscaux meilleurs. Ce phénomène est tellement grave que l'administration des impôts s'est sentie obligée de violer le sacro-saint secret bancaire allemand, de se faire donner les noms des gens ayant pratiqué des virements (pourtant légaux), et tente maintenant de confondre ces personnes sur d'autres aspects de leur comptabilité[9]. Les pressions sur les grandes banques sont très importantes pour qu'elles dissuadent leurs clients de se livrer à de telles pratiques.

En retour, l'arme des étatistes allemands est classique: ils demandent l'harmonisation fiscale en matière de placements financiers en Europe... Nous ne pouvons pas être dupes d'une telle démarche qui n'aboutira qu'à délocaliser à Hong-Kong ou Singapour ce qui l'était au Luxembourg...

---

[9] Cf. [117, Picaper].

Faut-il augmenter les cotisations sociales pour équilibrer les comptes sociaux?

Là encore, une telle question appelle une réponse négative. Il est bien évident qu'une hausse de la fiscalité est une machine à fabriquer les déficits. Il ne saurait donc être question d'accroître les taux de cotisation.

De la même façon, une baisse de la fiscalité, compte tenu du niveau des déficits à combler, ne peut plus être la seule solution à adopter pour résoudre la crise. Il convient donc de revoir radicalement la philosophie des services publics et de revenir à une définition précise des responsabilités de chacun. Ceci ne peut se faire que si les droits de propriété, et donc la responsabilité individuelle, sont respectés.

Il conviendrait de rompre avec l'habitude française qui consiste à faire confiance à l'Etat. L'irresponsabilité étatique est une vérité d'ordre absolu. Qui peut prétendre que si le Centre National de Transfusion Sanguine, Air France, Bull et le Crédit Lyonnais, entre autres, avaient été des *entreprises privées en concurrence,* nous aurions assisté à de tels scandales? Qui peut imaginer que des actionnaires privés auraient participé à la débâcle, *en spectateurs,* et avec la désinvolture de notre «élite» politique?

Il faudra un jour reconnaître le droit de ceux qui travaillent aux fruits de leur travail et revenir à la morale simple de la fable de la cigale et de la fourmi. Pendant des années, les lois françaises ont poussé des gens à devenir cigales. Mais il convient de ne pas oublier que si la fourmi est indispensable à la cigale, l'inverse ne l'est pas.

... NON PROGRESSIVE...

Nous avons montré précédemment que l'une des solutions les plus efficaces pour résoudre les problèmes actuels de l'économie française est de limiter fortement le niveau de la fiscalité. Les fausses solutions qui consistent à créer un nouvel impôt pour renflouer tel ou tel déficit public n'aboutissent qu'à accroître le poids total de l'impôt sur la création de richesses et ne conduisent donc, à terme, qu'à augmenter la taille du déficit. Il est une forme de l'impôt, que nous avons déjà abordée dans le chapitre 2, souvent comprise comme solution aux problèmes de la fiscalité en France, alors qu'elle contribue très fortement à leur aggravation. Cette forme de l'impôt est cependant très répandue dans le monde: il s'agit de *l'impôt sur les revenus à taux progressif.* Dans les développements qui suivent, nous allons souligner à nouveau quels sont ses effets économiques, puis nous examinerons plus en profondeur les controverses économiques et morales autour de cet impôt.

Les effets économiques de l'impôt à taux progressif

Lorsque l'impôt sur les revenus est à taux progressif, cela implique que le taux moyen est différent du taux marginal. Or, nous savons que le taux marginal est le taux le plus important, car c'est celui qui va déterminer, *in fine,* la quantité d'activités marchandes échangée par les individus. Nous avons montré dans le chapitre 2 que lorsque le système fiscal repose sur des prélèvements dont le taux marginal est supérieur au taux moyen, les distorsions dans les choix sont accentuées (les individus se réfugient plus dans les activités non marchandes) et la base de l'impôt décroît par rapport à la situation où le taux marginal est égal au taux moyen[10]. L'exemple du chapitre 2 montre les effets que nous venons de souligner. Un individu qui est imposé à 40 % de taux moyen et 60 % de taux marginal verra sa situation complètement changer si le système d'imposition devient proportionnel à 40 %. En effet, le coût d'opportunité marginal d'une heure d'activités non marchandes augmente, car l'heure marginale d'activité marchande est imposée à 40 % au lieu de 60 %[11]. L'individu aura intérêt (même s'il peut choisir de ne pas le faire) d'augmenter son offre de travail, c'est-à-dire de substituer du travail au loisir, car le loisir est devenu plus cher relativement. Il est également à noter que les recettes de l'Etat augmentent avec le changement de structure de l'impôt.

Certains économistes pensent que cet effet est possible, mais qu'il peut être contrarié par un autre effet qui est dû à ce que l'individu devient plus riche à la marge. Dans cette perspective pensent-ils, il est fort possible que l'individu n'accroisse pas son temps dédié aux activités marchandes: il pourrait même le diminuer[12]. Nous pensons que cette analyse n'a pas lieu d'être dans le cas présent.

La première chose à rappeler est que la loi de la base marginale décroissante est *toujours* valable lorsque l'on fait varier le taux de l'impôt. La raison est que, toutes choses égales par ailleurs, une variation du poids de l'impôt revient à faire varier artificiellement le coût d'opportunité de l'action. Plus le taux de l'impôt augmente, plus le coût d'opportunité de se livrer à des activités marchandes s'accroît à la marge. Les individus qui subissent une hausse du taux marginal d'imposition auront donc

---

[10] I.e. dans le cas où le taux est unique, i.e. dans le cas où l'impôt est proportionnel.

[11] Le passage d'un taux marginal de 60 à 40 % n'est pas anodin: il correspond à une augmentation du salaire horaire marginal de 50 %!

[12] En d'autres termes, l'offre de travail serait constante ou diminuerait à cause d'un «effet revenu», c'est-à-dire un enrichissement de l'individu lié à la soudaine augmentation de son revenu après impôt. Cette analyse est connue sous le nom d'offre «coudée» de travail.

intérêt à fuir dans des activités non marchandes, devenues moins chères relativement (à la marge). Cependant, il est possible qu'à court terme un individu ne diminue pas son offre de travail, voire même qu'il l'augmente pour compenser la perte de revenus monétaires. En effet, les ajustements ne peuvent jamais être faits instantanément et les individus sont souvent soumis à des contraintes (engagements contractuels, responsabilités familiales...) qui les empêchent de faire varier rapidement leur niveau d'activités marchandes. A moyen et long terme en revanche, les ajustements se réalisent, les individus substituent des unités d'une activité par des unités d'une autre. A terme, il est donc impossible d'obtenir une augmentation de la base fiscale avec un accroissement du poids marginal de l'impôt. Inversement, une diminution du poids marginal de l'impôt conduira toujours après ajustement à une augmentation de l'activité marchande. A terme, il est impossible qu'un effet revenu pousse les individus à diminuer leur offre de travail, pour la raison, encore une fois, que lorsque le poids marginal de l'impôt baisse, le coût d'opportunité des activités marchandes augmente. Même si, à court terme, les individus n'accroissent pas leur niveau d'activités marchandes, ils le font dès que cela est possible pour eux. En présence de l'impôt (ou du haut niveau de l'impôt), ils se trouvaient dans une situation sous-optimale. Le double effet croisé que nous avons mentionné dans le chapitre 2 est valable dès que le niveau de l'impôt est non nul. *Toutes choses étant égales par ailleurs,* seule la *substitution* à la marge d'une action par une autre constitue la réalité de l'action humaine[13].

Dans l'exemple du chapitre 2, seul le poids marginal de l'impôt varie, pas son poids moyen: l'individu fait donc face à une augmentation de son revenu après impôt dans les dernières heures travaillées, pas dans les premières. La valeur *marginale* des activités non marchandes baissera nécessairement pour l'individu lorsque le poids marginal de l'impôt diminue. *Toutes*

---

[13] Ceci correspond à l'enseignement de la théorie économique.

choses étant égales par ailleurs, l'individu aura intérêt à augmenter son offre d'activités marchandes: il substituera du travail au loisir, ce qui aura pour conséquence d'accroître sa base fiscale.

L'impôt à taux progressif, en liant le poids de l'impôt à l'effort du contribuable, diminue à la marge la création de richesses bien plus sûrement que ne peut le faire l'impôt à taux proportionnel. Plus l'effort productif augmente et plus le payeur d'impôt doit faire face à un prélèvement important de son revenu monétaire. Par conséquent, il est normal d'assister à une diminution de la base fiscale en rapport avec la progressivité de l'impôt. Il nous reste maintenant à examiner les raisons pour lesquelles un tel impôt été mis en place malgré ses effets pervers plus importants que ceux de l'impôt à taux proportionnel.

Les fausses raisons économiques en faveur de la progressivité de l'impôt

Pour comprendre l'existence de la progressivité de l'impôt, il faut se pencher sur un courant de pensée né au XVIIIe siècle avec Jeremy Bentham: l'utilitarisme. Cette doctrine identifie le bien avec le bonheur, et prend pour base le principe «du plus grand bonheur du plus grand nombre»; elle prend ainsi l'utilité[14] comme fondement de la morale. Elle est «conséquentialiste» dans la mesure où le critère de choix des lois et des institutions d'une société régie par ces principes est fonction des conséquences qu'elles produisent sur le «bonheur collectif», c'est-à-dire sur la somme des utilités individuelles. Il va sans dire qu'il est impossible de penser l'utilitarisme sans comparaison des peines et des plaisirs entre les individus, car une telle comparaison est indispensable pour établir l'état de la société où

[14] L'utilité pouvant être assimilée à la satisfaction que les individus obtiennent de leurs actions.

le bonheur de la collectivité est maximum. La liberté individuelle est donc rejetée lorsqu'elle entre en conflit avec le plaisir collectif, elle est «subordonnée» au bonheur qui est le bien «ultime».

Les fondements de l'économie du bien-être

Au XVIIIe siècle, le rôle de l'économiste était d'expliquer le monde économique, mais aussi de déterminer les principes des politiques économiques, c'est-à-dire de montrer celles qui menaient au bien-être social et celles qui menaient à la pauvreté. Parmi les fondateurs de l'économie du bien-être, l'économiste anglais Arthur Pigou montra que le but de la politique économique est de maximiser la valeur réelle du «revenu social». Son argument reposait sur trois points. Premièrement, il existe une corrélation directe entre le «bien-être économique» et le «bien-être social général»[15]. Deuxièmement, il est possible de comparer les satisfactions résultant des actions des individus. Enfin, la quantité à maximiser est la somme des surplus des consommateurs[16]. Ceci a donc permis aux partisans de l'utilitarisme d'obtenir un appui scientifique dans la théorie économique. En effet, ainsi que nous l'avons montré à plusieurs reprises ci-dessus, la loi de l'utilité marginale implique que plus un individu acquiert des unités d'un bien, moins la valeur marginale des unités additionnelles sera élevée. Par conséquent, plus un individu obtient un revenu monétaire élevé, moins il en estimera la valeur marginale des unités additionnelles. L'utilité marginale du revenu d'un riche serait donc inférieure à l'utilité marginale du revenu d'un pauvre. En d'autres termes, la satisfaction qu'un riche retire des dernières unités monétaires de son revenu serait

---

[15] Ces concepts n'ont, selon nous, que peu de signification. Le bien-être diffère selon les activités ou selon le nombre d'individus considéré.

[16] Le surplus du consommateur est le gain que le consommateur obtient dans l'échange.

moins importante que celle qu'un pauvre obtient de son revenu marginal. De ce fait, si les hommes de l'Etat imposent un impôt à taux progressif, le bonheur collectif ou l'utilité totale de la société n'en sera pas affecté. La progressivité de l'impôt se justifie donc grâce à la loi de l'utilité marginale (décroissante) et grâce à la doctrine utilitariste qui recherche le plus grand bonheur collectif. Nous pouvons alors affirmer que la théorie économique au début du XXe siècle justifie la progressivité de l'impôt. C'est la théorie économique du bien-être.

La critique de Lionel Robbins et la nouvelle économie du bien-être

Déjà dans les années 1870, certains économistes comme Stanley Jevons ne voyaient aucun moyen pour accomplir des comparaisons d'utilité satisfaisantes entre les individus: «Chaque esprit est étranger à tout autre, et aucun dénominateur commun des sentiments n'est possible», écrivait Jevons[17]. Cependant, il fallut attendre les années trente pour que Lionel Robbins reprenne l'argumentation d'Arthur Pigou en montrant que sa justification économique de la progressivité de l'impôt (et de la redistribution) repose sur une extension de la loi de l'utilité marginale à un domaine où elle est totalement illégitime[18]. En effet, Lionel Robbins explique que cette loi suppose que tout individu affecte les premières unités d'un bien aux utilisations qui lui donnent le plus de satisfaction. Mais c'est une chose que de supposer que l'individu peut établir un *ordre* dans l'affectation de ses ressources; c'est tout autre chose que de supposer qu'il y a derrière ces arrangements des grandeurs pouvant elles-

---

[17] Il est surprenant de savoir que Friedrich von Wieser, un économiste de l'école de Vienne du début du siècle, était en faveur de la progressivité de l'impôt. Cela montre que les implications des comparaisons interpersonnelles d'utilité n'étaient pas évidentes.

[18] Il faut ajouter à cela le fait qu'il est empiriquement impossible de mesurer une quelconque utilité individuelle.

mêmes être comparées les unes avec les autres. Cette comparaison est nécessairement *normative.* Ainsi, selon Lionel Robbins, les théories qui s'occupent de l'«utilité sociale» sont le développement d'un postulat éthique, mais elles ne découlent pas du tout des hypothèses positives de la théorie économique. Elles sont, écrit Lionel Robbins, «simplement le dépôt accidentel de l'association historique de l'économie politique anglaise avec l'utilitarisme».

Il semble étonnant que les économistes aient pu faire une telle erreur. En fait, le problème est apparu lorsque ces derniers, sous couvert de l'approche scientifique positive, ont cherché à établir des jugements sur les fins individuelles. Ils se sont alors heurtés à l'impossibilité d'obtenir une *norme objective* de l'utilité dont l'homme de l'Etat aurait besoin pour calculer le bonheur collectif. Nous retrouvons ici le problème que nous avons soulevé dans le chapitre 2. L'impôt ne pourra jamais parfaitement taxer la seule richesse à savoir la satisfaction (ou profit psychique) que les individus obtiennent de leurs actions. La nouvelle économie du bien-être a complètement rejeté les conclusions d'Arthur Pigou et les a remplacées successivement par celles de Vilfredo Pareto (critère d'unanimité), John Hicks et Nicholas Kaldor (principe de compensation), Paul Samuelson (préférence révélée) et enfin Murray Rothbard (reconstruction de la théorie du bien être en prenant pour base la préférence démontrée)[19]. Cependant, même si aujourd'hui il est *impossible* de fournir une démonstration économique valable pour soutenir la progressivité de l'impôt, des doctrines politiques qui n'ont jamais été publiquement discréditées, prennent toujours pour fondement les comparaisons interpersonnelles d'utilité[20]. Ainsi,

---

[19] Il est important de souligner que la théorie économique du bien-être s'est beaucoup développée en étant étrangement séparée des discours dominant de l'école keynésienne.

[20] Voir à ce propos Friedrich Hayek, «*The Constitution of liberty*», et surtout le chapitre: «*Taxation and Redistribution*» (Cf. [63, Hayek]).

le système d'imposition en France est fortement progressif, même si la progressivité de l'impôt sur le revenu a été atténuée depuis 1987 comme nous l'avons vu dans le chapitre 3. Il convient donc de se poser la question suivante: pourquoi l'impôt à taux progressif existe-t-il encore alors que nous connaissons son caractère délétère[21]?

Existe-t-il des raisons en faveur de l'existence de l'impôt progressif?

Après avoir montré les effets économiques désastreux de l'impôt progressif, il nous faut chercher à comprendre pourquoi tant d'hommes de l'Etat voient en cet impôt la norme de la justice.

Durant la campagne présidentielle française de 1995, l'un des deux candidats a clairement expliqué que l'impôt sur le revenu est d'autant plus juste qu'il est fortement progressif. La proposition sous-jacente à cette affirmation est que l'égalité des citoyens devant l'impôt n'est pas juste, en revanche, l'égalité des revenus l'est. Ceci revient à dire que la justice ne concerne pas le respect des droits individuels. Autrement dit, la définition négative de la liberté[22] n'est pas *la* norme de la justice, mais seulement *une* norme.

Le problème revient alors à montrer qu'une situation juste n'est pas celle qui émergera de l'interaction d'hommes libres (respectant donc la liberté d'autrui), mais plutôt de l'usage de la violence entre les hommes de façon à (re)distribuer entre eux les ressources que certains d'entre-eux avaient précédemment créées.

[21] Cette question est aussi valable pour l'impôt en général qui, il ne faut pas l'oublier, est le fondement de la coercition.

[22] La définition négative de la liberté consiste à affirmer que l'homme est libre s'il n'est pas contraint dans ses choix, autrement dit s'il peut pleinement exercer son libre arbitre. Les Dix Commandements de l'Ancien Testament en sont une excellente illustration.

Or, il est impossible de montrer que la violation des droits individuels peut aboutir à une situation plus juste que lorsque les hommes sont libres. C'est en effet une contradiction. Une situation juste est *nécessairement* la résultante du respect des droits individuels. Pour soutenir qu'une situation est juste si les ressources ont été redistribuées entre les individus de façon à harmoniser leurs revenus, il faut montrer que la norme de la justice est *l'égalité des revenus et non pas l'égalité des droits.*

Chercher à démontrer que l'égalité des revenus est la norme de la justice revient à chercher à montrer que tous les individus sont identiques dans leur intelligence, leurs moyens et leurs aspirations, ce qui est bien entendu empiriquement faux. La biologie ainsi que les sciences morales nous ont montré que les individus sont tous différents, sans exception. L'inégalité des individus devant l'impôt[23] ne peut donc être justifiée que par des raisons *arbitraires,* c'est-à-dire n'ayant rien à voir avec le concept de justice.

Les partisans de la liberté individuelle, dont nous faisons partie, et plus généralement ceux qui soutiennent l'égalité des individus devant l'impôt, affirment leur thèse en montrant notamment que la redistribution des revenus revient à retirer à l'individu tout ou une partie de sa souveraineté pour la transposer aux hommes de l'Etat. Loin de servir le noble idéal d'alléger le fardeau des pauvres, la redistribution conduit à la croissance de l'Etat dans des proportions dignes des romans décrivant des mondes totalitaires. Ce n'est pas la pauvreté que les hommes de l'Etat combattent, c'est l'accumulation de capital, la diversité des aspirations individuelles et, par dessus tout, la liberté de chaque homme. Le marché, contrairement à la coercition, ne distribue pas les revenus. Chaque homme obtient dans l'échange les revenus de son travail en fonction des services qu'il rend à

---

[23] Il faut garder à l'esprit que nous ne nous intéressons ici qu'à la progressivité de l'impôt, et pas à l'impôt lui-même, qui est cependant passible des mêmes critiques.

autrui. Pourvu que les ressources physiques initiales aient été acquises de façon légitime (c'est l'appropriation première), la transformation de ces ressources physiques en ressources économiques ne pourra aboutir qu'à une situation juste. L'inégalité des situations et des revenus monétaires qui peut en résulter n'est que la conséquence de la diversité humaine. Le marché libre, ou *laissez faire,* est donc le seul moyen d'établir une *société juste,* au sens unique du terme. Les résultats des actions individuelles sont justes parce qu'issus de *procédures justes* (respect des droits), et non parce qu'ils représentent une *conséquence* désirable par certains. En d'autres mots, la liberté individuelle est *positivement* la seule règle compatible avec la justice. La défense de la liberté individuelle repose donc sur les lois de la réalité. Seule une société basée sur la liberté individuelle permet aux hommes de satisfaire leurs besoins dans l'échange et d'atteindre le bonheur en choisissant leur propre finalité. Ce sont les lois de la réalité, et notamment les lois mises en évidence par la théorie économique (impossibilité de faire des comparaisons entre individus des utilités marginales personnelles) qui imposent la liberté comme pivot de l'organisation sociale. La destruction du marché implique la destruction de l'efficacité de la société libre à pouvoir répondre aux besoins des individus.

Le transfert de la souveraineté individuelle aux hommes de l'Etat, autrement dit la violation de la liberté individuelle, impose une situation qui résulte *nécessairement* de l'arbitraire de ceux qui (re)distribuent les ressources. Le concept de «justice» est complètement perverti aujourd'hui puisqu'il est devenu synonyme d'«arbitraire». L'un des aspects les plus importants de l'arbitraire aujourd'hui est la progressivité de l'impôt. C'est un moyen de faire accepter l'impôt par les bas salaires et les classes moyennes. En effet, si les riches payent plus d'impôt, il est alors plus facile de faire accepter l'impôt à l'ensemble de la population. L'impôt de solidarité sur la fortune, qui n'a de «solidarité» que le nom[24], en est le meilleur exemple actuel. Il ne rapporte rien à l'Etat[25], et pourtant, il est maintenu au nom du concept totalement arbitraire de «justice sociale»[26].

La progressivité de l'impôt trouve également sa justification dans l'inégale répartition des revenus monétaires. Etant donné que certains individus sont plus pauvres matériellement que d'autres, il convient de réparer cette situation en (re)distribuant les revenus entre les personnes. Cet argument repose sur deux prémisses: premièrement, qu'il est injuste que les revenus soient inégaux, et deuxièmement, que l'Etat a pour tâche de réparer cette injustice par son action de «solidarité nationale». Ces deux prémisses ne sont pas cohérentes avec les lois de la réalité.

Comme nous l'avons souligné ci-dessus, une situation ne peut être injuste qu'en vertu de la procédure suivie pour y parvenir. Si les revenus de certains individus sont obtenus par le vol, alors cette «distribution» des revenus sera injuste de par sa procédure (non respect des droits individuels). En revanche, l'inégalité naturelle des revenus qui émerge de la liberté d'action des individus sur le marché ne fait que refléter la diversité des capacités et des préférences individuelles. Chaque homme choisit la façon dont il veut mener son existence, et notamment l'importance des revenus monétaires dans sa vie. Tous les individus n'aspirent pas forcément à avoir de forts revenus

---

[24] La solidarité est un concept qui fait référence à une action volontaire. Les prisonniers dans les camps de concentration durant la seconde guerre mondiale étaient généralement solidaires les uns envers les autres (partage des rations journalières pour en donner aux plus faibles, par exemple), les religieuses qui aident ceux qui ne peuvent pas vivre de façon autonome le sont aussi envers ces derniers. Lorsque les hommes de l'Etat font appel à la «solidarité» pour lever des impôts (la «cotisation sociale généralisé» ou «l'impôt de solidarité sur la fortune» par exemple), ils ne font que chercher des justifications arbitraires à l'extension toujours continuelle de la coercition.

[25] A peu près 0,20 % du total des prélèvements obligatoires.

[26] Encore une fois, le concept de justice ne peut pas être basé sur la violation des droits individuels, i.e. de propriété.

monétaires pour la raison qu'il faut généralement travailler en conséquence et donc diminuer fortement son temps alloué à des activités non marchandes (famille, loisirs, etc...). L'idée de l'égalisation des revenus repose implicitement sur la notion d'un revenu préexistant à l'action. Il y aurait un gâteau (la «production nationale») à se partager, et certains (les plus faibles sans doute) en obtiendraient moins que d'autres, ce qui serait forcément injuste. Or, les richesses sont créées par les individus qui agissent et qui produisent, ils en sont donc légitimement (i.e. justement) les propriétaires. De plus, nous pouvons légitimement nous demander ce qui permet de défendre l'égalité des revenus comme normative sociale plutôt que leur inégalité. Non seulement le discours sur l'égalité fait disparaître du tableau le problème de la justice (qui est la seule question politique fondamentale), mais en plus, il repose sur la prémisse arbitraire de l'égalité des revenus comme normative sociale idéale. Le concept d'égalité n'a de sens que dans le cadre de la problématique de la justice, il ne peut pas en être séparé.

Etant donné qu'il n'est pas injuste que les revenus soient inégaux, les hommes de l'Etat ne peuvent pas avoir pour tâche de veiller à ce que les revenus soient égalisés, si ce n'est en supposant que l'Etat est là pour produire des inégalités[27]. La seconde prémisse sur laquelle repose l'argument des redistributionnistes est donc fausse si la première est fausse. Les hommes de l'Etat ne peuvent pas produire de la solidarité par la contrainte, c'est une contradiction dans les termes. La «charité obligatoire» ne peut pas être de la solidarité, ce n'est que l'imposition d'une morale à autrui: la *morale du sacrifice*.

Cette morale du sacrifice se traduit par une discrimination coercitive envers les individus les plus productifs grâce à l'impôt progressif. Pour quelle raison ceux qui ont décidé de travailler plus que d'autres devraient payer des impôts de façon plus que

---

[27] Car changer l'ordre naturel du marché, c'est produire des inégalités, ou violer les droits individuels.

proportionnelle? Pascal Salin prend l'exemple de deux individus identiques pour montrer l'arbitraire de cette discrimination:

> «Soient, par exemple, deux individus qui font exactement le même travail, l'un — Jean — comme salarié, l'autre Charles — pour son propre compte. Supposons que leurs recettes par heure de travail soient identiques, mais que Charles effectue un plus grand nombre d'heures de travail que Jean. Charles paiera un impôt supérieur à celui de Jean, c'est-à-dire qu'il travaillera plus longtemps pour couvrir les dépenses de l'Etat. Or, il n'y a aucune raison de dire qu'il est plus heureux ou même plus riche que l'autre: il dispose de moins de loisirs, il a moins de temps pour se cultiver, etc. En voulant créer une plus grande égalité verticale — c'est-à-dire entre des niveaux de revenus différents — la politique fiscale crée de plus grandes inégalités entre des gens socialement proches, elle impose différemment des hommes qui sont identiques à bien des points de vue (par exemple leurs capacités, la nature de leur travail, etc...), sauf du point de vue de leurs choix personnels: ils ont des préférences différentes entre le travail et le loisir»[28].

Cette discrimination coercitive aboutit à détruire l'efficacité des élites productives. Ceux qui travaillent énormément ou qui entreprennent sont rares; ils représentent de ce point de vue un noyau (ouvert) de la société qu'il ne faut surtout pas détruire sous peine de détruire plus généralement la base productive de la société. Nous l'avons montré au cours des précédents chapitres, le comportement de fuite devant les activités marchandes des individus est directement lié au niveau de l'impôt. Plus l'impôt est élevé, plus ceux qui le subissent diminuent leur assiette fiscale à terme. Cependant, il est plus facile pour les hommes de l'Etat de faire supporter l'effort de l'impôt par un petit plutôt que par un grand nombre d'individus.

La morale du sacrifice que nous avons mentionnée ci-dessus n'est pas la seule éthique que les hommes de l'Etat imposent à

---

[28] Cf. [140, Salin, pages 56-57].

autrui. Ils cultivent aussi l'«envie» ou encore la *haine du bien pour le bien.* L'envie consiste a reconnaître une valeur chez autrui, comme le travail par exemple, et à vouloir la détruire parce qu'on est incapable de l'adopter. Les hommes de l'Etat détruisent les élites productives parce qu'ils ne sont pas productifs et qu'ils ne le seront jamais. Ils détruisent les capacités de production des individus parce qu'ils savent que c'est là une grande valeur et qu'il ne peut y avoir d'accumulation de capital, de production forte et d'harmonie sociale sans elle. En un sens, la structure émotionnelle des hommes de l'Etat est inverse de ce qu'elle est chez l'individu qui produit pour autrui sur le marché dans le but de se réaliser. Le caractère nuisible des activités des hommes de l'Etat leur est bien connu[29], mais ils vivent de leurs nuisances et cette situation n'est supportable que s'ils méprisent les valeurs pour ce qu'elles sont, parce qu'elles existent chez les hommes qui les adoptent. C'est bien d'une inversion des valeurs de liberté et de réalisation de soi à laquelle nous avons assisté. Cette situation trouve sa source dans l'ignorance de la réalité et de ses lois.

---

29 Rares sont les hommes de l'Etat qui croient vraiment que l'impôt progressif améliore la production.

... ET PÉNALISANT MOINS L'ÉPARGNE

Comme nous l'avons vu à maintes reprises, mais surtout dans le chapitre 2, la fiscalité actuelle entraîne des distorsions dans les choix individuels entre les biens présents et les biens futurs. Autrement dit, la facon dont on prélève l'impôt (à savoir à la source de la création de richesse) incite à la consommation immédiate plutôt qu'à la consommation différée (c'est-à-dire à l'épargne).

Pour éviter ce phénomène, il faudrait remplacer l'impôt sur le revenu par un impôt qui soit neutre vis-à-vis des choix intertemporels des individus. Un tel impôt a été proposé par plusieurs économistes depuis près de 150 ans; il s'agit de *l'impôt sur la dépense globale*[30].

Il semblerait qu'on puisse attribuer la paternité de cette forme de taxation à John Stuart Mill (1806-1873). Ensuite Irving Fisher reprendra cette idée à son compte en 1942. En Angleterre, Nicholas Kaldor la remettra au goût du jour en 1955. Plus tard, vers la fin des années 1970, on trouve un nombre important de publications en Grande Bretagne, en France, en Suède, aux Etats-Unis et au Canada[31].

Principes comptables de l'impôt sur la dépense globale[32]

Le principe de l'*Impôt sur la Dépense Globale* est simple. Il s'agit de taxer la destruction de richesses plutôt que la création, comme cela est aujourd'hui le cas. En d'autres termes, l'assiette de l'impôt serait composée du montant cumulé des biens

---

[30] Les Anglo-saxons l'appellent du nom d'*expenditure tax*.

[31] Cf. [106, Mill], [45, Fisher], [79, Kaldor], [101, Meade], [96, Lévy-Lambert], [109, Musgrave], [159, Walker], et [160, Walker].

[32] Cf. [140, Salin] pour un exposé exhaustif des principes comptables de l'impôt sur la dépense globale.

consommés par une famille et non plus du revenu — i.e. de la production — de cette famille.

Bien évidemment, il n'est pas concevable de demander à chaque famille française de tenir une comptabilité de ce qu'elle achète puis détruit par des processus de consommation. Un tel système générerait de la fraude fiscale, une complexité politiquement inacceptable par les Francais, et de l'inquisition.

Cependant, on connaît le montant consommé par chaque ménage dans la mesure où, par définition, on a l'égalité comptable suivante:

$$R = C + S$$

où R désigne le revenu, C la consommation et S l'épargne nette du foyer fiscal. Au lieu de faire porter l'impôt sur le revenu R, on ferait alors tout simplement porter l'impôt sur la dépense globale C. On obtient donc ainsi la consommation:

$$C = R - S$$

Si l'on détaille le mode de calcul de la *Dépense Globale Annuelle* nous avons affaire à deux équations principales.

$$W = R + E + DR + V$$

Ressources = Revenu + Emprunts nouveaux + Dons recus + Ventes d'actifs

$$F = C + S + A + DE$$

Dépenses = Consommation + Epargne + Intérêts de la dette + Dons

L'égalité entre emplois et ressources, c'est-à-dire $W = F$, implique que

$$C = R + (V - S) + (E - A) + (DR - DE)$$

Consommation = Revenus + Désépargne nette + Emprunts nets
+ Dons nets perçus

Il convient donc de préciser ce que l'on entend par revenu et épargne: le problème est de trouver une frontière entre épargne et consommation et de définir la notion de revenu d'un individu[33].

La notion de revenu

L'ensemble des biens que nous possédons — voiture, maison, titres mobiliers — nous sont utiles au sens où chacun de nous tire parti de son capital. Compte tenu de nos préférences individuelles nous choisissons une structure particulière de patrimoine. Ceci s'explique par le fait que nous attachons à chaque type de bien une valeur marginale subjective différente. Certains biens sont pour nous relativement «meilleur marché» par rapport à leur prix monétaire habituel. C'est la raison pour laquelle nous les avons acquis. Nous ne possédons jamais de biens dont l'équivalent monétaire pourrait nous apporter une plus grande satisfaction si nous les vendions sur le marché (en tenant compte des coûts de transaction et d'information). Le système des prix de marché nous donne une valeur «moyenne» du capital pour l'ensemble des individus. Mais, à un instant donné, pour un individu quelconque pris isolément, la valeur subjective qu'il accorde à ses biens est supérieure à celle qu'il peut retirer de la possession de leur équivalent monétaire au prix de marché[34].

---

[33] La définition du revenu d'un individu se pose dans n'importe quel système fiscal et une telle question n'est évidemment pas propre à l'impôt sur la dépense globale. Mais nous pensons qu'elle n'était pas vraiment résolue dans le système actuel et ceci explique pourquoi nous souhaiterions revenir sur cette question.

[34] Ainsi, nous faisons des transactions parce que nous changeons nos préférences au cours du temps, parce que nous disposons à chaque instant d'informations

Si l'on adopte un autre point de vue, il existe deux types de biens: ceux qui rapportent un revenu monétaire et les autres. Mais, en fait, ceci relève d'une distinction fallacieuse. Par exemple, on possède un titre financier pour l'utilité que procurent les flux monétaires[35] que l'on en tire. En effet, on connaît grâce aux prix de marché l'ensemble des biens qu'ils permettent d'acquérir.

D'un point de vue subjectiviste, il n'est donc pas fondamentalement différent de posséder un briquet ou une obligation. Les deux objets apportent régulièrement un service à l'individu qui les possèdent. Ils peuvent être tous les deux réalisés[36] bien que l'un d'eux soit — à l'usage — plus liquide que l'autre.

Cet exemple peut paraître un peu caricatural au premier abord. Pourtant, même si un briquet est considéré par bien peu de gens comme une épargne investie, il n'en va pas du tout de même d'un tableau de maître ou d'une maison. Un tableau de maître apporte clairement un plaisir (disons un flux de satisfaction) à son propriétaire chaque fois qu'il le regarde.

On peut d'ailleurs s'assurer de la chose en voyant quel prix monétaire d'autres individus sont prêts à verser pour admirer d'autres tableaux du même peintre dans un musée. Pour ce qui est de la maison, le caractère monétaire des flux de paiement du capital peut clairement apparaître comme dans le cas d'une location. Or, si un individu ne loue pas une propriété immobilière, c'est parce qu'il en tire une utilité plus grande pour lui que s'il le faisait. Il est donc complètement faux de dire qu'il s'est privé d'un revenu. Au contraire, par définition, il en obtient un supérieur: *il s'est privé d'un revenu monétaire qui avait une faible utilité pour en obtenir un plus grand, toujours en termes subjectifs.*

---

nouvelles ou parce que nous trouvons intérêt à nous spécialiser dans certaines activités.

[35] Ou bien, la plus-value éventuelle.

[36] C'est-à-dire échangés contre un autre bien.

La notion d'épargne

Ainsi, la notion d'épargne n'est-elle pas aussi claire qu'il y paraît. Lorsque l'épargne a pour contrepartie un avoir financier, l'évaluation de son montant est relativement aisée. Mais il n'en va pas de même dans les cas ci-dessus.

Cependant, nous devons souligner que si un individu achète un tableau de maître ou un diamant — à savoir des biens qui ne rapportent pas un rendement monétaire — il serait faux de penser que ces placements sont «improductifs»: il serait en effet singulier qu'une personne achète des biens qui n'auraient aucune utilité pour elle. *A contrario*, de tels biens génèrent un profit *psychologique* en ajoutant au bien-être de leur possesseur. Le classement entre les biens qui sont productifs de richesses monétaires et ceux qui produisent «seulement» du bien-être est *arbitraire*. Il conduit à commettre une erreur dans la mesure où les biens d'ordre monétaire ne sont justement des *richesses* que dans la mesure où elles peuvent apporter une augmentation de bien-être *à leur possesseur*. Bien sûr, peu de gens considèrent l'épargne à caractère non monétaire comme une véritable épargne. Pourtant cela n'est pas cohérent avec la définition même de celle-ci, à savoir l'activité de reporter la destruction d'une certaine quantité de biens à une date ultérieure.

A priori, aucune forme d'épargne ne devrait donc être exclue du bénéfice de l'impôt sur la dépense. Le calcul de l'assiette fiscale devrait résulter de la déduction de certaines épargnes non monétaires du total des ressources de l'individu qui subit l'impôt[37].

Si l'on admet la nature subjective de la valeur, à savoir l'impossibilité de lire le bonheur d'autrui dans sa tête, alors il faut bien reconnaître que la distinction entre ce qui constitue

---

[37] Nous pouvons penser aux frais engagés dans les études des enfants qui constituent clairement un *investissement en capital humain* bien qu'il ne génère pas immédiatement de revenus.

l'épargne et ce qui constitue la consommation a parfois un caractère arbitraire. Le critère relativement simple nous est donné par la durée qui s'écoule entre l'achat d'un bien et sa destruction: plus cet intervalle de temps est long, et plus il devient clair que nous avons affaire à ce qu'il est convenu d'appeler de l'épargne.

Les aspects économiques de l'impôt sur la dépense globale

Accumulation du capital

Résumons-nous: l'impôt sur la dépense globale consiste simplement à ne pas payer d'impôt au moment de la constitution des richesses, mais bien plutôt au moment de leur utilisation.

Outre les avantages moraux d'un tel système (qui sanctionne la destruction plutôt que la création), nous voyons bien que, tant que nous accumulons des productions successives, celles-ci ne sont pas frappées par l'impôt.

En d'autres termes, les capitaux utilisés à l'accroissement de la production ne supportent pas l'impôt dans la période intermédiaire de cette production[38]. Il est bien évident que ces productions vont finir par subir un jour l'impôt. En effet, on ne peut pas produire durablement à perte; les coûts de production doivent donc être couverts par les ventes de produit. Ainsi, à terme, et parce que la consommation est taxée, le prix de vente des facteurs de production l'est également. *En particulier, le travail au noir, parce qu'il diminuerait l'épargne de la personne qui l'achèterait, supporterait l'impôt sur la dépense globale, de manière indirecte...*

---

[38] De ce point de vue, l'impôt sur la dépense globale ressemble à l'idée (fausse) que l'on se fait de la TVA: il est à cette dernière, ce que le «*Canada Dry*» est à l'alcool... Il en a le goût, la couleur mais pas les effets pervers.

En résumé, l'accroissement du stock de capital serait plus important, à recettes fiscales égales, qu'avec le traditionnel impôt sur le revenu[39]. La croissance des revenus serait donc également plus forte puisque les revenus dépendent essentiellement de deux paramètres: le capital disponible, et l'usage plus ou moins intensif que l'on fait de celui-ci[40].

Baisse du taux d'intérêt

La distorsion de prix relatif introduite par le traditionnel impôt sur le revenu se traduit dans les faits par un renchérissement du taux de l'intérêt.

Ceci est bien compréhensible. Imaginons que l'impôt sur le revenu soit de 50 %. Pour avoir 200 francs dans cinq ans en plaçant 100 francs aujourd'hui, il faut que le taux de l'intérêt soit de 29,73 %. Alors même que, si le taux d'imposition avait été de 10 %, un taux d'intérêt de 16,52 % sur un revenu de 100 francs donne 200 francs au bout de cinq ans.

Comme il est bien évident que l'offre de fonds prêtables dépend du rendement réel de ceux-ci, une baisse du taux d'imposition sur les revenus — ou, mieux, le passage à un impôt sur la dépense globale — abaisse le taux de l'intérêt demandé par les prêteurs. Cette baisse est une baisse du taux nominal qui est payé par les emprunteurs — par exemple les entreprises — , mais il est bien évident que pour les offreurs

---

[39] Les effets des différents impôts sur l'accumulation de capital entraînent de grandes différences dans les recettes de ces impôts. Le fait que l'accumulation de capital soit plus forte dans un système d'impôt sur la dépense globale (par rapport à un système d'impôt sur le revenu) fait qu'à terme les recettes dans ce premier système sont plus fortes (que dans le second).

[40] Cette réflexion a un caractère universel, et ne dépend pas de la forme que prend le capital en question. En termes de travail, cela signifie généralement que le revenu d'un individu est d'autant plus fort que son niveau de formation est plus important (capital humain) et que le nombre d'heures qu'il consacre au travail est grand (intensité de l'usage du capital humain).

cette baisse du taux d'intérêt nominal est également bénéfique dans la mesure où l'écart entre le taux nominal et le taux réel net d'impôt touché par ces derniers a considérablement diminué. En fait, la baisse du taux nominal est parfaitement compatible avec une hausse du taux d'intérêt réel.

Echanges internationaux

Comme chacun devrait le savoir, le déterminant de l'échange international — du «commerce extérieur» — entre deux pays est la structure des prix relatifs[41].

Dans la mesure où le passage à un impôt sur le revenu plus faible ou à un impôt sur la dépense globale entraînerait une variation du taux de l'intérêt réel, i.e. une variation de prix relatifs entre les biens futurs et les biens présents, tout cela aurait forcément un impact sur l'échange international. Le résultat serait de donner au pays qui adopterait un tel système d'imposition, un avantage en terme de prix relatif des biens futurs (par rapport aux biens présents).

Cela provoquerait un afflux de fonds étrangers qui viendraient s'investir pour profiter du fort rendement des fonds prêtables après impôt. D'une certaine façon, même avec une épargne faible, la croissance économique pourrait être plus élevée: il est singulier que personne n'avance cette remarque fondamentale lorsque l'on évoque les Etats-Unis dans les années 1980. Pourtant, ce pays réussissait à conjuguer la plus longue période de croissance de la production en *même temps qu'une épargne plus faible que la nôtre.*

D'une certaine façon, le niveau de l'épargne n'a aucun sens s'il n'est pas évoqué en même temps que la fiscalité. Une situation où l'on met de côté 120 francs aujourd'hui pour en espérer 250 demain est préférable à une situation où l'on épargne 150 francs aujourd'hui pour en obtenir 200 demain. Le fait que

---

[41] Et en aucun cas le niveau «absolu» des prix...

le taux d'épargne des Français ait été plus important que celui des Américains, alors *que la croissance des revenus était moins forte dans notre pays,* signifie que l'effort français d'épargne était moins productif de richesses. On ne peut pas se réjouir d'avoir un taux d'épargne fort et une croissance économique faible: *cela signifie qu'un effort important est gaspillé.*

La taxe sur la valeur ajoutée est-elle un impôt sur la demande globale ?

Comme le fait remarquer l'inventeur de la taxe *sur* la valeur ajoutée, le grand public continue de parler de taxe *à* la valeur ajoutée, du nom de l'ancien impôt que cette taxe a remplacé: la *taxe à la production*[42].

Comme le remarque Maurice Lauré,

> «La TVA est perçue sur la valeur ajoutée de la Nation toute entière, car aucun contribuable n'est désigné. Les consommateurs ne sont pas assujettis à déclarer leur dépenses pour asseoir la taxe. *Les entreprises,* qui déposent les déclarations, elles, *ne sont en la matière que les percepteurs* de la TVA, car elles se bornent à verser ce qu'il faut pour transmuter les taxes ayant frappé les produits qu'elles ont acheté en taxes frappant les produits qu'elles vendent: elles ne désignent pas le contribuable. Est, en fait, contribuable celui qui, ayant acheté le produit, ne déclare rien et ne récupère rien. C'est la Nation tout entière, prise en la personne des consommateurs qui la peuplent, qui est taxée.
>
> Bien que l'appellation de «taxe sur la valeur ajoutée» ne manquât donc pas de fondement, il est certain qu'une appellation telle que TAXE SUR LA PRODUCTION aurait également rendu

---

[42] Le lecteur pourra se référer au livre de Maurice Lauré, «inventeur de la taxe sur la valeur ajoutée», pour une description juridique de cette forme de taxation (Cf [89, Lauré]).

compte du caractère global de l'imposition de la richesse à l'échelon de la Nation»[43].

L'auteur ajoute d'ailleurs un peu plus loin que la TVA ne s'est pas appelée «taxe *sur* la production» parce qu'elle était censée remplacer les «taxes à la production» et que

> «Même un réformateur uniquement inspiré de considérations économiques, et étranger à l'action politique, ne pouvait se dispenser de manifester dans l'intitulé de ses propositions la réalité du changement. Or, la nuance qu'aurait apportée la substitution de «TAXE SUR LA PRODUCTION à «TAXE À LA PRODUCTION» n'aurait été perçue de pratiquement personne».

Après un tel aveu de la part du dit réformateur, il ne subsiste plus aucun doute sur la nature réelle de la TVA. Pour être encore plus simple que l'auteur, nous pourrions nous ramener à la réalité économique.

Un impôt sur le travail taxe un échange sur un marché particulier, qui est, bien sûr, le marché du travail. S'il n'existe pas de taxe à la valeur ajoutée sur le marché des biens, alors seul un des deux marchés est taxé. Mais réfléchissons un instant. Il n'existe fondamentalement que deux types d'agents économiques: les entrepreneurs et les offreurs de travail. Il est d'ailleurs fort possible d'appartenir aux deux catégories simultanément. Les entrepreneurs achètent du travail sur le marché et vendent en échange des biens de consommation ou des services. Dans une économie monétaire, les entrepreneurs demandent du travail contre de la monnaie, sur le marché du travail, et offrent des biens contre de la monnaie, sur le marché des biens.

En fait, nous devrions parler du marché des biens contre monnaie, et du marché du travail contre monnaie. En l'absence

---

43 Les italiques et les petites capitales sont de l'auteur (Cf. [89, Lauré]).

de monnaie, la situation serait la suivante: il n'existerait fondamentalement qu'un seul marché: celui du travail contre les biens.

A l'opposé, les offreurs de travail achètent des biens sur le marché des biens contre monnaie, et vendent du travail — ou achètent de la monnaie — sur le marché du travail contre monnaie. Nous tentons de souligner ici que nous sommes tous des échangistes. Il n'existe pas de producteur ni de consommateur en dehors des manuels de microéconomie. Dans la réalité, il n'existe que des échangistes. La notion d'offre d'épargne des ménages, ou de demande de fonds prêtables des entreprises, sont des abstractions flottantes qui n'appartiennent qu'aux cerveaux de ceux qui, dans les agences publiques, continuent avec opiniâtreté à dépenser l'argent des producteurs pour faire de la comptabilité «nationale».

Si l'on taxe maintenant le marché du travail — c'est-à-dire le marché du travail contre la monnaie — «grâce» à un impôt sur l'échange de travail contre monnaie — alors on crée un déséquilibre de l'offre et de la demande sur ce marché. Ce déséquilibre ne se règle que par une baisse du salaire net d'impôt perçu par l'offreur de travail. Celui-ci réduit son offre de travail car il dispose de moins de ressources à consacrer à l'achat de biens et services sur l'autre marché. Imaginons que la production de travail soit de 10 et que les élasticités soient de 2. Le montant des transactions sur le marché du travail sera alors de 10 avant impôt et de 8 après l'introduction d'un impôt de 10 % sur les revenus du travail.

Comme l'a si bien écrit Jean-Baptiste Say, «après que chacun a vendu ce qu'il a produit, et acheté ce qu'il veut consommer, il se trouve qu'on a toujours payé des produits avec des produits...»[44]. Ainsi, après le paiement de l'impôt, il ne reste plus que 8 à consacrer au marché des biens. Si l'économie était non monétaire, avant impôt, les transactions seraient de 10, soit 10 de travail si l'on regarde les transactions en terme de travail, ou

---

[44] Cf. [145, Say].

10 de biens si on les regarde en terme de biens. En l'absence de monnaie, il est très clair qu'il est indifférent de taxer le travail de 10 % ou les biens de 10 % puisque les uns sont la contrepartie de l'autre. Mais ce qu'il faut bien comprendre, c'est qu'à moins d'une variation des encaisses réelles dues à l'impôt, et dont nous pouvons nous demander pourquoi elle serait advenue, le phénomène est exactement le même dans une économie monétaire.

Autrement dit, s'il existe de la monnaie, nous aurons deux marchés, celui de la monnaie contre du travail et celui des biens contre de la monnaie. Mais, selon la loi de Walras, si l'équilibre est réalisé sur l'un des marchés, il le sera forcément sur l'autre. Cela provient d'ailleurs moins d'une cause économique profonde que d'un simple principe comptable de bon sens: introduire la monnaie, c'est adopter une unité de compte pour évaluer le montant des transactions sur les deux marchés[45].

Nous pouvons donc instantanément comprendre que si les biens étaient taxés en lieu et place du travail, c'est-à-dire si une taxe à la valeur ajoutée était introduite en remplacement de l'impôt sur le revenu, nous obtiendrions exactement les mêmes effets puisque les biens sont la contrepartie du travail lors de l'échange. La terminologie n'est d'ailleurs pas si mal choisie pour nommer ces deux types d'impôt. La taxe sur la valeur ajoutée pourrait fort bien s'appliquer au travail qui est une valeur ajoutée lors de la création des biens. Le travail est d'ailleurs la partie essentielle de ce que l'on appelle la valeur ajoutée si nous cherchons à en comprendre la comptabilité, tant au niveau de l'entreprise qu'au niveau de l'Etat. Notons d'ailleurs que lorsque nous voulons connaître le revenu moyen des Français, nous divisons le «produit intérieur brut» par le cardinal de l'ensemble

---

[45] Il ne faut pas oublier, malgré toute cette analyse, que la monnaie est un bien désiré pour les services qu'il rend aux individus, et, qu'en ce sens, il est totalement intégré à l'économie. La dichotomie mise ici en avant n'est que purement didactique.

des Français. Or, ce produit intérieur brut n'est rien d'autre que la somme des valeurs ajoutées au cours d'un exercice fiscal. Si la valeur ajoutée n'égale pas comptablement le revenu imposable des Français, cela s'explique simplement par le fait que de nombreuses formes de revenus n'entrent pas dans cette définition fiscale.

Une autre façon de voir les choses est de considérer non plus la comptabilité des marchés mais la comptabilité familiale. Quelle est la différence comptable entre payer un impôt de 10 % sur les ressources (salaires et autres revenus) et payer un impôt de 10 % sur les emplois? Comme à l'épargne près (mais laissons le temps de côté pour l'instant) les ressources égalent les emplois, il est clair qu'il est indifférent d'amputer la colonne des débits ou celle des crédits.

De façon plus complète que ce que nous avons dit au chapitre 2, l'économiste américain Murray Rothbard montre qu'il ne peut exister de taxe *sur* la consommation parce qu'«*aucune taxe ne peut être répercutée en aval*»[46]. En d'autres termes, un producteur ne peut pas répercuter une taxe *en aval,* i.e. sur les consommateurs, pour la bonne et simple raison, que si cela était possible, le producteur en question n'aurait pas vendu son produit à son *prix marginal maximum.*

> «Il devrait être évident que si les entreprises étaient capables de faire passer des augmentations d'impôt sur le consommateur sous la forme de prix plus hauts, elles auraient déjà augmenté ces prix sans attendre l'impulsion d'une hausse des impôts. Les entreprises ne fixent pas délibérément leurs prix au plus bas niveau qu'elles puissent trouver. Si l'état de la demande avait permis des prix plus élevés, les entreprises auraient tiré profit de cet avantage bien avant. Il pourrait être objecté qu'un impôt sur les ventes est général et du coup que toutes les firmes, ensemble, peuvent transférer l'impôt. Chaque firme, cependant, suit l'état de la courbe de demande de sa production propre, et aucune de ces courbes de

---

[46] Cf. [132, Rothbard].

demande n'a changé. Une augmentation d'impôt ne fait rien pour rendre des prix supérieurs plus attractifs.

> «[...] Le mythe qu'un impôt peut être transféré vers l'aval est comparable au mythe disant qu'une augmentation générale des salaires imposée par des syndicats peut être répercutée en aval sous forme de prix plus élevés, 'causant de l'inflation'. Il n'y a aucun moyen par lequel le vecteur des prix peut augmenter, et le seul résultat d'une telle augmentation des prix sera du chômage massif»[47].

En résumé, la différence entre la TVA et l'impôt sur la dépense globale tient à ce que la première porte sur la totalité de la valeur ajoutée, et que l'autre ne porte que sur la partie de la valeur ajoutée qui va être détruite. En termes de comptabilité nationale, l'une porte sur le PIB alors que l'autre ne porte que sur le PIB moins la formation nette de capital fixe[48].

Qu'est-ce que l'impôt sur la dépense globale?

Il est possible de montrer que l'impôt sur la dépense globale est en fait un impôt qui taxe la production actualisée d'un individu au cours de sa vie.

En fait, l'impôt sur la dépense globale réalise l'égalité comptable entre la production actualisée et la consommation

---

[47] Cf. [131, Rothbard].

[48] Au moins en théorie, car il serait difficile de faire admettre à un contribuable qui ne peut plus justifier de l'existence d'une maison qui vient de s'effondrer et qu'il avait précédemment déclarée en épargne, qu'il doit maintenant régler l'impôt sur la dépense globale sur le montant de cette maison!

Dans ce cas, l'impôt sur la dépense globale porterait sur le PIB moins la formation brute de capital fixe. De la même manière, l'amortissement comptable dans la comptabilité des firmes conduit à atténuer les effets de la TVA sur l'accumulation de capital.

actualisée de l'individu avant impôt[49]. En d'autres termes, c'est le seul impot qui soit à peu près «neutre» sur la façon dont un individu organise ses flux monétaires de recettes et de dépenses au cours de son cycle de vie[50].

L'impôt sur la dépense globale ressemble donc à un *impôt sur le revenu dans lequel les revenus de l'épargne sont défiscalisés*, ou à un impôt sur les dépenses actualisées, ou bien encore à un impôt sur les recettes actualisées...

Baisse de la demande ?

Un concept keynésien faux pourrait surgir lors d'une discussion de cet impôt. En effet, n'a-t-il pas pour inconvénient de taxer la «demande»? N'a-t-il donc pas pour inconvénient de risquer de provoquer la plus grande crise économique de l'histoire de France?

En fait, ceci n'a pas de sens dans la mesure où nous venons de voir que l'impôt sur la dépense globale est aussi un impôt sur l'offre globale. Mais cela n'a surtout aucun sens car le concept de demande n'est pas dissociable de celui d'offre: *nous ne sommes pas des demandeurs ou des offreurs, nous sommes, avant toute chose, des échangistes.*

---

49 Il existe un autre impôt censé réaliser une telle performance, c'est l'impôt sur le revenu dans lequel les revenus de l'épargne sont défiscalisés. En effet, il est peut-être identique du point de vue de l'actuaire de taxer un revenu à l'entrée — i.e. au moment où il est investi — ou à la sortie — au moment où il est désinvesti.

Mais le problème provient du fait que sur le plan pratique, il est très différent pour l'Etat — et même sous certains aspects pour l'offre de fonds prêtables — de taxer à l'entrée ou à la sortie. Ceci provient essentiellement du fait que le théorème d'équivalence de David Ricardo — qui avait été le premier à évoquer une telle identité — est faux. Nous reviendrons là-dessus dans l'annexe C.

50 Encore une fois, un impôt n'est bien sûr jamais «neutre» sur l'activité humaine. En ce sens, la recherche de l'impôt «neutre» n'a aucun sens: l'impôt sur la dépense globale n'est moins pervers que d'autres que parce qu'il élimine une partie des distorsions de prix relatifs introduites par l'impôt sur le revenu.

Le mythe keynésien du manque de débouchés pour les entrepreneurs qui verraient les stocks s'accroître dans les cours des usines est contraire à l'expérience: les flux dans les entreprises sont de plus en plus tendus. Certaines firmes fonctionnent avec moins de trois jours de stocks. Tout le monde sait par expérience que les grèves des agents de la SNCF ou des chauffeurs de poids lourds paralysent rapidement de nombreuses entreprises. La raison fondamentale de ce phénomène tient précisément à ce que les processus de décision des entrepreneurs sont inverses de ce que pensent les keynésiens.

En effet, un entrepreneur ne produit pas d'abord et ne cherche pas ensuite à écouler sa production: il fait une étude de marché, puis prend la décision de produire une quantité de biens dont il pense qu'elle peut s'écouler sans trop de difficultés à un prix couvrant ses coûts de production. Bien sûr, il n'est pas certain de trouver un débouché pour ses produits à chaque période, mais le génie de l'entrepreneur consiste précisément à être une personne capable de faire une bonne évaluation du risque (industriel et commercial). L'entrepreneur, pour reprendre l'expression de l'économiste américain Israel Kirzner, est un *révélateur d'opportunités de profit.*

Contrairement à ce que pensent certains économistes, qui perçoivent bien le risque associé à une telle activité, il se trouve des gens capables de faire des prévisions remarquables sur l'état du marché, et pour qui une décision quelconque est parfaitement maîtrisée, alors qu'elle pourrait apparaître comme un jeu de casino à une personne extérieure à la firme. Le fait que les personnes extérieures à un métier aient du mal à évaluer la rationalité des actions des hommes de ce métier, et le fait que ces hommes agissent parfois en se fiant à l'expérience sans pouvoir nommer leurs prémisses d'action, ne signifient aucunement que la vie industrielle soit un grand jeu de hasard.

En l'occurrence, l'introduction d'un impôt sur la dépense globale entraînerait la baisse du prix d'un facteur indispensable à la production industrielle, le *capital.* Mais cette baisse serait une baisse réelle et non pas une baisse due à une sur-émission monétaire artificielle de nature cyclique, comme nous l'avons vu dans la deuxième partie du premier chapitre. La structure de production se modifierait pour permettre l'allongement du processus productif: *les détours de production seraient plus importants qu'auparavant.*

Dans le premier chapitre, nous avons évoqué cette notion de «détours de production». Il nous faut maintenant préciser ce concept abstrait:

> «Un campagnard a besoin d'eau potable et en désire. La source jaillit à une certaine distance de sa maison. Pour se procurer l'eau dont il a besoin, il peut employer différents moyens. Ou bien il ira lui-même chaque fois à la source et il boira dans le creux de sa main. C'est le moyen le plus direct. La satisfaction est obtenue immédiatement après la dépense de la peine. Mais il est incommode, car notre homme doit journellement faire le chemin jusqu'à la source, autant de fois qu'il aura soif; il est en outre insuffisant, car de cette façon on ne peut jamais recueillir et conserver la quantité d'eau assez grande dont on a besoin pour toutes sortes d'usages. Ou bien — et c'est le second moyen — l'homme creuse, dans un bloc de bois, un seau dans lequel il portera en une fois, de la source à la maison, l'eau nécessaire pour la journée. L'avantage est évident; mais, pour l'obtenir, il a fallu se servir d'un moyen détourné qui a son importance.
>
> «L'homme a peut-être dû passer toute une journée pour tailler le seau, et pour pouvoir le tailler, il a dû auparavant abattre un arbre dans la forêt; pour pouvoir faire cela, il lui a fallu d'abord fabriquer une cognée, et ainsi de suite. Mais notre campagnard a encore un troisième moyen à sa disposition: au lieu d'abattre un arbre, il en abat une quantité, il les creuse tous au milieu et en fait un canal par lequel il amène devant sa maison un filet abondant de l'eau de la source. Il est clair qu'ici le détour qui va de la dépense de travail à l'acquisition de l'eau est encore bien plus considérable, mais en revanche il a conduit à un meilleur résultat: notre homme n'a plus du tout besoin maintenant de faire péniblement le chemin qui sépare la maison de la source et il a cependant à chaque moment chez lui une quantité abondante d'eau très fraîche.

> «L'enseignement que ces exemples s'accordent à nous fournir est clairement celui-ci: on réussit mieux en produisant les biens d'usage par des moyens détournés qu'en les produisant directement»[51].

Dans cet exemple, Eugen von Böhm-Bawerk[52] montre clairement les effets des détours de production. Mais, il n'explique pas comment se fixe la limite de ces détours: cette dernière est donnée par la préférence pour le présent des individus, ou en d'autres termes, par leur taux d'intérêt réel personnel.

Il est bien évident que l'entrepreneur, dans une société très évoluée, aura d'autant plus de chances de pouvoir vendre le troisième projet — celui de l'eau courante — que le taux d'intérêt réel sera bas. La baisse de l'intérêt entraîne donc bien une hausse des détours de production. Or, plus un détour de production est considérable, plus l'économie de main-d'œuvre qui lui correspond est grande. En d'autres termes, l'impôt sur la dépense globale aurait, sur la structure de production, un effet tel qu'il se produirait une hausse de la productivité du travail. Nous retrouvons par un autre cheminement logique la même proposition que précédemment: *l'impôt sur la dépense globale accroît le stock de capital et simultanément le revenu des individus.*

Aspects pratiques de sa mise en place[53]

La mise en œuvre de l'impôt sur la dépense globale ne présente pas de difficulté particulière. Elle n'est pas plus compliquée que ce qu'impose l'Etat aux contribuables depuis des

---

[51] Cf. [18, Böhm-Bawerk].

[52] Eugen von Böhm-Bawerk est un économiste autrichien qui fut, entre autres choses, Ministre des Finances de l'Empire d'Autriche en 1898-1899. Il est célèbre pour sa théorie du capital et de l'intérêt.

[53] On pourra se reporter à l'annexe E pour une présentation d'exemples du fonctionnement de l'impôt sur la dépense globale.

décennies pour leur déclaration d'impôt sur le revenu. Tout comme ce dernier, l'impôt sur la dépense globale est un impôt déclaratif. La déclaration annuelle ressemblerait à celle qui est rédigée pour l'actuel impôt sur le revenu, si ce n'est que le contribuable déclarerait en outre le montant de son épargne de l'année, tout au moins *s'il le souhaitait.* En revanche, elle serait simplifiée dans la mesure où les diverses déductions fiscales «en faveur» de l'épargne disparaîtraient.

L'administration fiscale répertorie aujourd'hui tous les types de revenus, au moins pour ceux qui sont de nature monétaire[54]. Elle connaît donc tous les revenus d'un individu. Si cette personne épargne 100 000 francs au cours de l'année fiscale, elle aura intérêt à les déclarer (puisqu'ils viennent en déduction de son impôt).

L'impôt sur la dépense globale, comme l'impôt sur le revenu, a donc le défaut de reposer sur l'inquisition fiscale du côté des revenus. En revanche, il est bien évident qu'il ne modifie en rien les contrôles de l'administration fiscale puisque les individus ont intérêt à déclarer leur épargne.

Oui, mais qu'en est-il des désinvestissements? De deux choses l'une, soit ils ont été déclarés précédemment pour bénéficier d'un abattement sur l'impôt payé, et l'administration en connaît l'existence: il suffit de fournir un papier disant que la somme en question est toujours investie (faute de quoi elle rentre dans l'assiette de l'impôt). Si le contribuable avait choisi de ne pas déclarer son épargne — parce qu'il considère à juste titre que d'autres que lui n'ont pas à savoir ce qu'il fait de ses fonds personnels — le désinvestissement ne peut pas rentrer dans l'assiette de l'impôt. Mais ceci n'est pas un problème pour le fisc puisque le principal a alors déjà payé l'impôt.

Pour être plus concrets, supposons que Pierre ait un revenu de 100 000 francs et qu'il ait acheté pour 10 000 francs de titres en l'année 1. L'année 2, il en vend 5 000 francs pour acheter de

[54] Il serait bien étonnant qu'elle en ait oublié certains!

l'or. Il lui reste alors 6 000 francs de titres (à cause d'une plus-value de 10 % sur les 10 000 francs). Supposons que le taux d'imposition soit de 10 %. Il y a alors deux cas:

1° *La déclaration complète*: le fisc sait que Pierre a 100 000 francs de revenus l'année 1. Et Pierre l'informe du fait qu'il possède maintenant 10 000 francs sous forme de titres. L'impôt à payer est de 9 000 francs. L'année 2, l'administration fiscale sait que Pierre a gagné 100 000 francs, mais aussi *qu'il avait demandé un abattement d'impôt au titre de ses investissements.* Pierre doit donc apporter *lui-même la preuve* qu'il a toujours ses titres. En l'occurrence, il ne les a plus tous. Les 5 000 francs retournent dans l'assiette de l'impôt. Mais Pierre fait sortir 5 000 francs d'or de son revenu.

2° *La déclaration incomplète*: Pierre ne déclare pas ses achats de titres. Il perd 1 000 francs l'année 1, mais gagne la tranquillité fiscale...

De ce point de vue, il se pourrait bien que l'impôt sur la dépense globale révèle la «fraude fiscale» antérieure liée à la fuite de capitaux à l'étranger... En effet, il sera intéressant de rapatrier des fonds placés à l'étranger pour bénéficier de la déduction fiscale liée à l'épargne nouvelle...

L'impôt sur la dépense globale existe déjà !

D'une certaine façon, l'impôt sur la dépense globale n'est pas complètement nouveau, il existe partiellement pour les produits d'assurance-vie. La nuance est importante dans la mesure où les sommes investies ne sortent pas complètement de l'assiette de l'impôt et que le produit de ce type de capitalisation ne rentre pas dans l'assiette de l'impôt lors du désinvestissement.

D'une facon analogue, nous pourrions dire que l'impôt sur la dépense globale serait un impôt sur les sociétés tel que les bénéfices réinvestis soient taxés à zéro pour-cent, et les bénéfices distribués à *x* % à un taux fixe quelconque. En effet, tant que les sommes resteraient investies dans un but productif[55], leur produit financier ou industriel serait capitalisé sans subir l'impôt. A l'inverse, lorsqu'un dividende serait distribué, il subirait l'impôt (parce qu'il serait fait l'hypothèse de sa consommation).

Les SICAV monétaires — ou plus généralement de capitalisation — sont presque soumises à un impôt sur la dépense globale. En effet, les revenus intermédiaires ne sont pas ou peu taxés[56] et la sortie de l'investissement est presque défiscalisée, même si les choses commencent à changer[57].

Tous ces systèmes ne peuvent pas être confondus avec l'impôt sur la dépense globale: en effet, les arbitrages — replacement d'un produit financier vers un autre — entraînent le paiement d'un impôt. De plus, dans la plupart de ces systèmes, il existe de nombreux plafonds, limites, planchers et autres garde-fous[58].

L'autre problème — sur lequel nous reviendrons dans l'annexe C — est que tous les systèmes décrits diffèrent de l'impôt sur la dépense globale en ce sens qu'ils taxent les revenus à la constitution de l'épargne et non à la sortie de l'investissement. La seule notable exception est le système d'imposition français des retraites de la Sécurité Sociale. En effet, les cotisations ne rentrent pas dans l'assiette de l'impôt: nous accumulons des «droits» à la retraite au cours de notre vie de travail, et ensuite, au moment où nous exerçons ces «droits», nous payons alors

---

[55] Au sens large du terme productif...

[56] Ils le sont forcément *via* les taxes payées sur les frais de gestion des banques.

[57] Il est singulier de voir à quel point la fiscalité sur les SICAV s'est détériorée ces dernières années: l'explication de ce phénomène tient à ce qu'il n'est pas équivalent pour l'Etat de taxer un revenu lors de son investissement ou lors de son désinvestissement en vue de consommer: nous reviendrons sur ce point un peu compliqué dans l'annexe C.

[58] Chacun aura compris que le «fou» est l'homme productif qui aura commis l'erreur de travailler. Une campagne présidentielle récente nous a d'ailleurs appris que l'on peut avancer son incapacité à épargner comme argument électoral...

l'impôt. L'impôt sur la dépense globale correspondrait très exactement à ce système.

Une différence serait cependant essentielle: *chacun pourrait choisir son niveau d'épargne*. Et, de plus, le processus d'accumulation de capital correspondrait vraiment à de l'épargne. Chacun saurait à quoi il aurait *droit* au moment de sa retraite, car il lui suffirait de regarder le niveau de ses comptes bancaires. Les droits seraient de *vrais* droits avec une *vraie* responsabilité de la part des différents acteurs. De plus, le capital existerait non pas comme une créance «hypothétique» sur des générations pas encore nées, mais comme de *vraies* créances sur de *vrais* entrepreneurs qui auraient à cœur de rembourser leurs emprunts. Le capital accumulé serait *réel*: il serait formé de droits de propriété sur des *fonds propres*.

Les abris fiscaux

Les «*tax-shelters*», ou abris fiscaux sont les 320 systèmes complexes mis en place par les hommes de l'Etat pour pallier les effets négatifs des hauts taux d'imposition sur l'activité humaine. Ce sont aussi des systèmes d'exemptions accordées dans des buts électoralistes par des hommes politiques qui ont oublié le caractère *a priori* impartial de l'Etat.

Naturellement, tous ces systèmes d'exemptions, sans lesquels l'activité économique ne serait pas possible compte-tenu de nos taux d'imposition prohibitifs, pourraient disparaître si une réforme fiscale devait avoir lieu. Un très grand nombre de ces «abris» concernent d'ailleurs des exemptions fiscales destinées à «aider» l'investissement[59]. La raison commanderait la suppression de toutes les exemptions en même temps qu'un abaissement drastique des taux d'imposition. Cependant, il est important de noter que ces abris fiscaux abaissent le taux moyen

---

[59] Cela n'a évidemment aucun sens: pourquoi vouloir «aider» l'investissement après avoir fait crouler les investisseurs sous les impôts?

d'imposition et permettent donc aux individus de consacrer plus de ressources à leurs activités propres. En revanche, ils ne font pas varier les taux marginaux d'imposition et sont, en ce sens, beaucoup plus nocifs qu'un impôt qui serait faible *à la marge.*

Les plus-values

De la même façon, si l'impôt était de 10 ou 20 %, il n'y aurait plus de raison de conserver un système d'imposition propre aux plus-values immobilières ou financières. Ce système d'exception a été créé, lui aussi, pour éliminer une partie des effets des taux d'imposition très élevés. Il n'aurait plus de sens si le taux d'imposition sur les revenus se rapprochait ou descendait en dessous du taux d'imposition sur les plus-values[60].

L'impôt de solidarité sur la fortune

L'impôt de «solidarité» sur la fortune est assis en grande partie sur des biens qui ne peuvent pas être délocalisés aussi facilement qu'un portefeuille d'actions. L'homme n'est pas l'escargot, et le législateur l'a bien compris. Là encore, tous les citoyens ne sont pas égaux devant cet impôt, et il faut bien reconnaître que le seul avantage de ce système fiscal est de satisfaire une classe politique populiste qui achète ainsi sa conscience (et ses voix) après avoir grassement vécu des subsides des contribuables.

Economiquement, il serait bénéfique de supprimer un tel impôt qui bride l'accumulation du capital, et qui est un renversement des valeurs conduisant à ce que l'effort d'épargne soit remisé au rang de maladie honteuse alors qu'il est la source de la création de richesses, de la division du travail, et de cette production de masse qui a permis de donner à manger à sa faim au plus grand

---

60 Il a également été créé parce que les revenus de l'épargne mobilière sous forme de plus-values n'étaient pas imposés. Le problème est de savoir dans ce cas comment on traite les moins-values?

nombre. Si un tel impôt avait existé depuis 150 ans, qui peut dire si le baron Hausmann serait parvenu à trouver preneur pour les milliers de logements construits à son époque? A quoi ressemblerait Paris? Quelle serait la ration alimentaire moyenne des Français? Est-ce que 5 % d'agriculteurs suffiraient à nourrir leurs compatriotes et à remplir les stocks de la Communauté Européenne dans le même temps?

Il n'est pas logiquement cohérent d'introduire l'impôt sur la dépense globale et de conserver l'impôt de «solidarité» sur la fortune dans le même temps. De plus, si l'idée du législateur était de taxer certaines formes de capital dont le rendement ne rentre plus dans l'assiette de l'impôt, cet argument ne tient plus: l'impôt sur la dépense globale se propose de taxer l'usage de la ressource plutôt que sa création.

CONCLUSION

Nous avons cherché à montrer dans ce chapitre les solutions qui nous paraissent les plus adaptées à la crise fiscale française actuelle. Ainsi, nous avons souligné les avantages pratiques de l'impôt sur la dépense globale par rapport à l'impôt sur les revenus. Mais il nous faut être absolument clair sur un point qui est le *leitmotiv* de notre ouvrage. La crise fiscale française n'est pas due à *la forme* de l'impôt, mais plutôt au *niveau* de celui-ci. C'est parce qu'il y a trop d'impôt que nous sommes dans une situation qui mène à terme à la catastrophe. Notre objectif n'est donc pas de chercher à augmenter les recettes de l'Etat, mais plutôt de diminuer la fiscalité le plus possible, de façon à sortir de l'impasse dans laquelle les hommes de l'Etat nous ont conduits.

Il s'avère qu'une diminution importante de la fiscalité en France aujourd'hui apporterait un surcroît de recettes à l'Etat et donnerait de l'oxygène aux individus. Pour nous, ce n'est qu'une conséquence contingente: nous ne cherchons qu'à diminuer la fiscalité pour permettre aux individus de produire plus, d'embaucher et de réaliser leur vie. Si les mesures que nous préconisons permettent également de mettre de l'ordre dans les comptes actuels de l'Etat, c'est bien, mais ce n'est pas notre objectif.

Dans l'annexe B, nous allons proposer une simulation de réforme fiscale pour la France basée sur un impôt sur les revenus à *bas taux proportionnel.* C'est une idée simple et très efficace, qui, de surcroît, peut être chiffrée sans trop d'erreurs. L'idée de la «flat tax» fait aujourd'hui sa réapparition aux Etats-Unis, après avoir été abandonnée durant une décennie. Il nous semble important de proposer la même chose pour la France, pays dans lequel l'obscurité de l'impôt est la règle. Un impôt à bas taux proportionnel aurait l'immense avantage de clarifier le système fiscal (suppression de toutes les exceptions fiscales), et par conséquent, de donner moins de pouvoir aux fonctionnaires du fisc. L'assiette de l'impôt s'accroîtrait donc pour deux raisons:

1° d'une part, à cause de l'accroissement important de l'assiette de l'impôt que l'on peut attendre d'une réintégration des revenus qui étaient autrefois bénéficiaires d'abris fiscaux,

2° d'autre part à cause de l'effet Laffer qui serait d'autant plus considérable que la baisse de l'impôt serait importante.

En conclusion, nous remarquerons simplement que lorsque le taux d'imposition tend vers zéro, l'impôt sur le revenu à taux proportionnel, l'impôt à taux progressif, la taxe à la valeur ajoutée et l'impôt sur la dépense globale tendent à être *identiques*: les débats sur la *nature* de l'impôt sont donc moins cruciaux que ceux sur son *niveau*.

Chapitre 5

LES HOMMES DE L'ÉTAT ET L'IMPÔT

L'une des toutes premières questions qui pourrait se poser sur le plan pratique est de savoir pourquoi les hommes de l'Etat n'ont pas appliqué depuis toujours les principes de l'économie de l'offre.

Comment se fait-il que Martin Feldstein, qui se trouve tout de même à la tête de la principale agence publique américaine de prévision économique, puisse annoncer qu'une hausse de la fiscalité va engendrer une chute des recettes et que cet accroissement de l'impôt ait justement lieu? L'auteur n'est-il pas dans l'erreur?

La réponse est négative pour deux raisons. La première est de nature institutionnelle: quel est le rôle que la constitution assigne à un homme de l'Etat? Le conduit-elle à maximiser les recettes fiscales? La deuxième concerne la nature des hommes sélectionnés par ces dites institutions: quel est leur degré de connaissance de la science économique? Quelle assurance pouvons-nous avoir que les élus du peuple maîtrisent la connaissance du fonctionnement d'une société fondée sur le principe moral de l'échange pacifique?

Pour répondre à ces questions, nous pouvons diviser le raisonnement en deux étapes. Commençons par supposer que l'homme de l'Etat est un individu parfaitement informé non seulement de la théorie, mais aussi des grandeurs macro-économiques. Dans un deuxième temps, nous lèverons ces deux hypothèses restrictives qui ne tiennent pas à l'examen de la réalité[1].

---

[1] Nous le verrons dans les deux parties suivantes.

Le problème de l'horizon politique[2]

A chaque période fiscale, les individus épargnent une partie de leur production. Cette épargne a pour contrepartie comptable l'investissement. Ce dernier accroît la productivité du travail, c'est-à-dire la quantité de biens que l'on peut obtenir avec le même effort.

Cette proposition repose sur des principes comptables; elle est donc absolument vraie tant que l'épargne ne peut avoir comme contrepartie que l'investissement.

Malheureusement, aujourd'hui, une grande partie de l'épargne finance le déficit budgétaire. Or, cette «dette» publique n'a pas le caractère d'une dette privée. En effet, une dette privée est elle-même la contrepartie d'un service réel productif de richesses. Une dette privée est donc un engagement à produire des richesses dans le futur. Ceci est d'ailleurs une nécessité pour l'investisseur qui doit servir un rendement sur le capital avancé par l'épargnant.

Toute la différence entre les deux types de dettes repose sur le fait que seule la dette privée est garantie sur des fonds propres. En effet, ces derniers sont le *gage* de la possibilité de remboursement de l'épargnant par l'investisseur. En d'autres termes, cela signifie que l'investisseur va voir ses fonds propres — c'est-à-dire sa richesse — baisser s'il n'est pas capable de faire fournir à l'investissement un rendement supérieur à celui de l'épargne.

L'existence de fonds propres est donc la garantie que les investissements auront un rendement supérieur à celui de l'épargne. A l'inverse, l'endettement public repose sur le fait que l'Etat possède le monopole de la contrainte sur un territoire donné: ceci constitue en effet la seule et unique garantie de

---

2 Une partie des idées qui suivent ont été développées dans une de nos publications antérieures. Cf. [85, Lacoude].

bonne fin d'un emprunt d'Etat. Si l'endettement privé correspond bien à une création de richesses nettes, l'inverse est donc vrai de l'endettement public.

Le vieux paradigme keynésien de la croissance par le déficit budgétaire est donc un mythe, par nécessité épistémologique. En effet, l'endettement public ne peut pas conduire à une accumulation de capital supérieur à celle qui aurait pu être réalisée par des investisseurs privés: il manque à l'Etat *la sanction de la réduction des fonds propres qui discipline l'entrepreneur.* L'exemple des recapitalisations à répétition des entreprises publiques le montre bien.

Ainsi, les politiques de déficit du budget conduisent-elles toujours à une croissance plus faible à moyen terme par manque de capital. La raison pour laquelle elles sont si facilement acceptées par l'opinion publique réside dans le fait que l'immense majorité des gens est incapable d'analyser un tel phénomène dans le long terme, et de se concentrer sur *ce qui ne se voit pas.* Or, il est très agréable de consommer plus que de coutume. Ce qui vaut à l'échelle individuelle vaut à l'échelle de la Nation. Si un individu décide de consommer plus en puisant sur son livret de caisse d'épargne, il s'en trouvera mieux à court terme, mais moins bien à long terme, faute de recevoir une partie des intérêts sur un capital maintenant amputé.

Il existe donc un lien causal très fort entre l'épargne et la productivité, de même qu'entre la productivité et la croissance de la production. Ainsi, si un individu épargne, il est probable que le niveau maximal de la production augmentera du fait de cette épargne, lors de la période suivante. Cela revient à dire que l'accumulation du capital accroît les possibilités de production.

Une fiscalité faible augmente l'accumulation du capital pour deux raisons:

1° tout d'abord, elle implique des prélèvements faibles de ressources. Elle permet donc une plus grande épargne de la part des individus.

2° ensuite, elle implique de recourir au financement privé des systèmes sociaux. Elle entraîne alors la substitution des systèmes étatiques de répartition, au profit de systèmes privés fondés sur le droit des contrats, i.e. sur la capitalisation individuelle.

Sur une période donnée, nous pouvons peut-être accorder aux keynésiens que le taux qui maximise les recettes de l'Etat est peut-être de plus de 80 %. Pourtant, sur une infinité de périodes, le taux «optimal» est probablement très faible. En effet, si, à chaque période, on ne laisse aux individus que 20 % d'une production déjà très faible, ils ne pourront pas épargner.

Il est probablement intéressant pour l'Etat de fixer un taux très faible d'impôt, de laisser le stock de capital doubler, puis de fixer un taux d'impôt qui égalise les nouvelles recettes aux anciennes. En toute logique, ce taux serait inférieur au taux «optimal» antérieur. Plus ce dernier serait élevé plus l'écart avec le nouveau taux serait fort.

Prenons un exemple simple. Supposons que la production maximale soit de 100 et que cette production décroisse linéairement avec le taux d'imposition[3]. Selon ces hypothèses, le taux qui maximise les recettes de l'Etat, à court terme[4], est de 50 %. La production totale s'établit à 50. Après impôts, il reste 25 de production aux individus. L'Etat s'est approprié une production de 25.

Supposons que les individus épargnent le tiers de la partie de la production nette d'impôt qui dépasse 25. Dans ce cas, comme la production nette que l'Etat leur a laissée est de 25, ils n'épargnent rien. Si l'Etat supprime l'impôt pendant quatre

---

[3] Ceci signifie que la production est nulle si le taux d'imposition est de 100 %, et maximale si le taux est nul. Entre les deux, la production décroît de 1 % à mesure que l'impôt croît de 1 %.

[4] C'est-à-dire sans tenir compte du phénomène d'accumulation de capital.

périodes, les individus pourront épargner 25 quatre fois[5]. Le stock de capital sera accru de 100 et la production maximale sera de 110 par exemple[6]. Désormais, l'Etat obtient les mêmes recettes que précédemment au taux de 35 %, les individus disposent d'une production nette de 46 et épargnent 7 à chaque période.

L'Etat connaît un tel problème sur une infinité de périodes. Celui-ci correspondrait à la maximisation d'une rente obligataire d'un individu dans le cas où il choisirait de consacrer *x* % de ses revenus à sa consommation. A cette différence près que dans le cas du rentier, la propension à consommer n'a pas d'effet négatif (direct) sur le rendement de son épargne.

Selon la durée sur laquelle on cherche à maximiser les recettes fiscales, le taux «optimal» varie. Si la période est courte, nous ne tiendrons pas compte de l'accumulation du capital, le taux d'imposition «idéal» sera donc important. Et vice versa. Il existe donc deux types de courbes de Laffer, une courbe de court terme et une courbe de long terme[7].

	Taux de 50%	Taux de 0% puis 35%
Production brute	50	71
Recettes de l'Etat	25	25
Prod. nette d'impôts	25	46
Epargne	0	7
Consommation privée	25	39

Source: Philippe Lacoude, [85].

Tab. 5.1 — *Le concept d'accumulation du capital.*

---

[5] Selon nos hypothèses.

[6] Si le taux d'intérêt est de 10 %.

[7] Cf. figure 5.1.

Comme nous l'avons déjà dit, la différence entre les taux «optimaux» à long terme, T^*_{LT}, et à court terme, T^*_{CT}, est d'autant plus importante que le taux pour lequel les recettes de court terme sont maximales est élevé.

Ainsi, si nous examinons le cas d'un pays où la loi de finances est votée postérieurement à la période à laquelle elle s'applique[8], les recettes de court terme (une période) sont maximales pour un taux de 100 %. Pourtant, du seul fait de l'accumulation du capital, la courbe de Laffer intertemporelle admet un maximum pour un taux beaucoup plus faible[9].

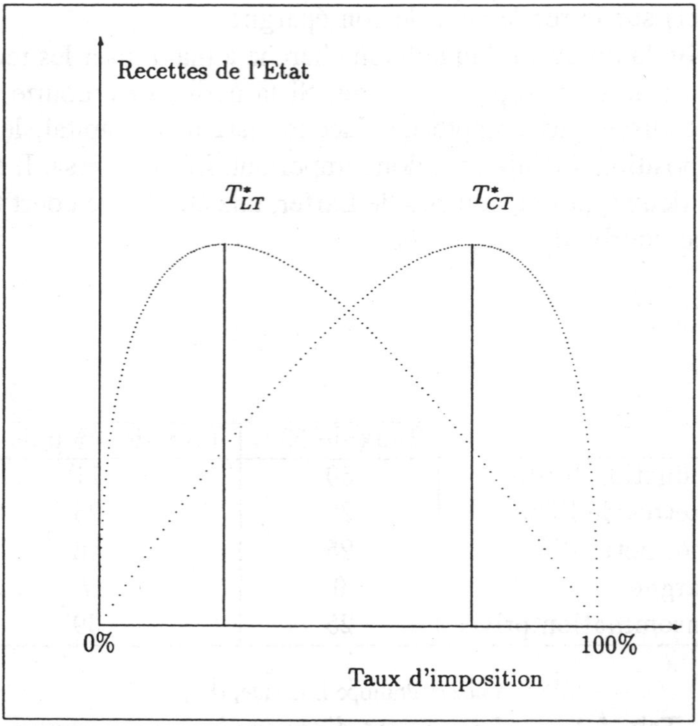

Fig. 5.1 — *Effets de l'accumulation du capital.*

[8] Comme cela est le cas en France...

[9] Comme la courbe T^*_{LT} de la figure 5.1.

Si les hommes de l'Etat cherchaient vraiment à maximiser les recettes, ils devraient poser un problème intertemporel de maximisation des flux de revenus actualisés. Pourtant, ils ne font pas, semble-t-il, une telle démarche...

Nous pouvons donc nous demander pourquoi les hommes de l'Etat choisissent un taux d'imposition supérieur au taux «optimal» qui correspondrait à une maximisation de la valeur actualisée des flux d'impôt.

En fait, ils dirigent en fonction de critères qui sont propres à leur statut. Pour maximiser les recettes, ils utilisent un horizon temporel qui ne dépasse pas, bien souvent, la prochaine échéance électorale.

Contrairement au marché, le système démocratique ne peut privilégier que l'action de court terme. Sur le marché, les individus échangent des droits de propriété à travers des contrats qui les engagent pour des durées de vingt ans, trente ans ou plus. Les maximisations de profit font appel à des projections à très long terme. Combien de groupes industriels célèbres ou moins connus sont-ils possédés par les petits-fils ou arrière-petits-fils de leurs fondateurs? De la même manière, les mécanismes de gestion de la firme existent pour garantir que les gestionnaires vont engager les fonds des sociétés qu'ils gèrent bien au-delà de la durée de leur mandat. Le marché permet de garantir que les objectifs des agents soient relativement orientés vers une maximisation de la somme des profits actualisés. Cela ne nie aucunement le fait qu'il puisse exister une préférence pour le présent de la part des agents; mais d'une certaine manière, l'existence d'arbitrages entre des rentes perpétuelles ou une somme de monnaie aujourd'hui démontre bien que les individus ont, sur le marché, la possibilité de choisir le futur.

Au contraire, les mécanismes de gestion de l'Etat ne garantissent nullement qu'une action de long terme soit menée. En fait, la situation est telle que les hommes de l'Etat sont parfois obligés de prendre des mesures efficaces à court terme et néfastes à long terme pour s'assurer des gains électoraux. Les procédures de contrôle de l'Etat sont ainsi faites que ses «gestionnaires» sont obligés d'hypothéquer le futur pour avoir une chance de renouveler leurs mandats.

Supposons que des hommes de l'Etat aient fixé un taux d'imposition correspondant à T^*_{CT}. Ce taux n'est pas optimal. Un chef d'entreprise[10] aurait été obligé de choisir le taux T^*_{LT} pour se maintenir en place. Dans le cas contraire, les actionnaires choisiraient de lui retirer son mandat. L'homme de l'Etat, même s'il sait qu'il pourrait augmenter les recettes actualisées de l'organisme qu'il «gère», ne peut pas le faire car, pour le niveau de T^*_{LT}, il reçoit des recettes inférieures à celles dont il disposait avant. Pour les hommes de l'Etat, choisir T^*_{LT} reviendrait à supprimer les prestations grâce auxquelles ils peuvent être élus, et *à laisser s'accumuler du capital qui rapportera des recettes à leurs adversaires lorsque ceux-ci auront pris leur place.*

Car toute la perversité du système est là: il vaut mieux renoncer à une augmentation des recettes futures et recevoir dans le présent des recettes relativement plus faibles. Il est même important de ne pas laisser la situation fiscale s'améliorer de façon à ne pas offrir une rente future à ses adversaires[11].

La réponse fournie par les «économistes de l'offre» à la question de savoir pourquoi les hommes de l'Etat choisissent un taux trop élevé, nous paraît être le maillon relativement le plus faible de leur raisonnement. Peu à peu, sous la pression de leur électorat, les hommes de l'Etat choisiraient de fournir de plus en plus de biens produits publiquement qu'ils financeraient par des augmentations d'impôts. Leur mauvaise connaissance des

---

[10] Ce n'est qu'une hypothèse de travail car cela n'a pas de sens de parler d'un chef d'entreprise prélevant des impôts.

[11] Ce phénomène peut être constaté en grandeur réelle dans notre pays. Si un gouvernement améliore la situation, même de manière minime, tous ses adversaires politiques s'empressent de distribuer — au moins en paroles — les «fruits de la croissance» (i.e. du travail des autres, de ceux qui produisent des richesses).

phénomènes économiques les empêcherait de se rendre compte de leur erreur[12].

Nous voyons pourtant mal, dans la mesure où la théorie de Laffer est connue mondialement, pourquoi des agents économiques (même s'ils sont des hommes de l'Etat) se priveraient de ressources plus abondantes obtenues à moindre coût. La réponse tient donc probablement à la différence de programme de maximisation utilisé par les économistes de l'offre et par les hommes de l'Etat. Bien sûr, nous pourrons toujours objecter que l'information dont ils disposent est imparfaite, comme nous en discuterons plus loin[13]. Ceci est vrai dans la mesure où les hommes de l'Etat ne connaîtront jamais tous les choix des individus. Cependant, si le taux d'imposition qui maximise les recettes de l'Etat est de 30 %, ils choisiront un taux compris entre 0 et 30 % à une (faible) marge près.

Les hommes de l'Etat ont des objectifs divers. Ils peuvent chercher, par exemple, à maximiser les recettes de l'Etat, à augmenter leurs revenus et avantages, ou à se maintenir en place. Ils poursuivent probablement plusieurs objectifs en leur accordant des importances diverses. Ils peuvent même avoir des objectifs contradictoires, ce qui arrive bien souvent. Au début de leur mandat, ils effectuent une sage politique de diminution des dépenses publiques, puis réalisent ensuite un objectif électoral durant leur dernière année de pouvoir.

Cependant, on peut considérer que les hommes de l'Etat cherchent d'abord à se maintenir au pouvoir. Leur action doit, en premier lieu, chercher à trouver les voix nécessaires à leur réélection. Tout en finançant leurs actions par les impôts les plus indolores, ils vont donc distribuer des avantages et des subven-

---

12 Les professeurs James Buchanan et Dwight Lee ont proposé une autre explication à l'existence de deux courbes de Laffer de court terme et de long terme, par l'existence d'un temps d'adaptation psychologique des individus à un nouveau contexte fiscal. Cf. [21, Buchanan].

13 Cf. la deuxième partie de ce chapitre.

tions de telle manière qu'elles soient perçues le mieux possible par les groupes de pression qui les réclament.

Le problème particulier de ce que l'on appelle le «marché politique» est sa myopie. Les électeurs ne se rappellent que des actions les plus récentes. On doit continuellement «racheter» des électeurs sur ce marché. On perd des voix à ne point agir. De plus, une baisse des prestations coûte plus en voix qu'elle ne rapporte.

Nous sommes donc victimes d'une illusion lorsque nous croyons que les hommes de l'Etat recherchent des recettes fiscales maximales. Ceci ne peut être que la conséquence d'une cause plus profonde.

Mais laissons un instant les problèmes du choix politique de l'impôt et surtout de la connaissance de la chose économique par les «acteurs» publics. Ils sortent en effet de notre épure, à savoir de l'hypothèse d'omniscience des hommes politiques.

Nous reviendrons sur ce point un peu plus loin, mais il convient encore de traiter de la question du rôle des conseillers économiques et de leurs modèles dans la prise de décision politique.

Les «modèles»

A supposer que l'on adopte un *impôt sur la dépense globale* qui atténue grandement les effets pervers que nous venons de décrire[14], il n'en reste pas moins qu'il faudra que les hommes de l'Etat connaissent parfaitement les paramètres macro-économiques du monde qu'ils prétendront «gérer». Il leur faudra faire des prévisions économiques...

---

[14] Ceci est évident si l'on se rappelle que l'impôt sur la dépense globale est le seul qui ne distorde pas trop les prix temporels, et soit donc moins nocif pour l'accumulation de capital.

Ainsi, en présence d'un impôt sur la dépense globale, les courbes de Laffer de court terme et de long terme — telles que nous les avons représentées sur la figure 5.1 — tendent à avoir des sommets aux abscisses confondues.

La prévision économique dans les années récentes est devenue un facteur important dans les choix politiques des gouvernements successifs. Les décisions à propos du budget, du déficit, des taux d'impositions, des mesures fiscales en faveur de tel ou tel secteur sont faites en utilisant de complexes modèles informatiques qui prédisent le cours de l'économie et les variations imputables aux changements de politique proposés.

Ici, survient un des problèmes les plus cruciaux pour les économistes libéraux. Faute d'avoir été représentés dans les universités, ils n'ont jamais pu disposer du poids politique nécessaire dans les agences publiques. Aussi, les modèles économétriques développés dans ces administrations sont-ils tous d'inspiration keynésienne. Certaines personnes ont accusé l'*Institut National des Statistiques et des Etudes Economiques* de ne pas avoir eu une attitude neutre à l'égard de gouvernements qui menaient des politiques dont l'inspiration s'éloignait de l'orthodoxie keynésienne. En fait, le problème est beaucoup plus complexe que cela, et la raison pour laquelle les améliorations économiques qui se sont produites entre 1986 et 1988, ou en 1994, n'ont pas été prévues par les agences gouvernementales, tient à la mauvaise spécification des modèles économétriques utilisés pour calculer ces résultats.

Lorsque l'on rentre des données de politique économique qui vont radicalement à l'inverse des équations contenues dans le modèle, ce dernier prévoit une catastrophe économique... Imaginons-nous un instant à la place d'un Ministre de l'Economie et des Finances français voulant mener une politique visant à réduire les déficits publics et la fiscalité de l'épargne. La première mesure va entraîner une baisse de la consommation publique et la deuxième une baisse de la consommation privée. Le résultat prévu par les modèles est une récession. Dans la réalité, cela signifie une hausse du stock de capital dans le pays, et donc une augmentation des revenus via la hausse de la productivité, et donc une hausse de la production nationale, i.e. de la *croissance*... De la même façon, il est typique de voir que la baisse du taux d'imposition sur le revenu en 1987 était sensée entraîner une diminution des recettes fiscales, alors que nous avons vu plus haut qu'en fait c'est une hausse qui a eu lieu.

Ainsi, les prévisions sont souvent erronées. Nous pouvons citer Charles Schultz, président du *Council of Economic Advisors* qui a déclaré qu'«en tant que personne payée pour faire des prévisions, il lui fallait admettre qu'il était souvent payé pour faire de fausses prévisions»[15].

De nombreuses études américaines ont porté sur la fiabilité des modèles aux Etats-Unis. Il existe trois modèles principaux aux Etats-Unis, le modèle *Wharton,* le modèle *Data Ressources Inc.* et le modèle *Chase Econometrics.* Les modèles contiennent tous plus de 500 équations qui tentent de rendre compte des mouvements de fond de l'économie. Cependant Victor Zarnowitz, du *Bureau National de la Recherche Economique* des Etats-Unis a conclu dans une étude que «les valeurs successives des prévisions numériques du PNB n'indiquaient aucune aptitude à prévoir les changements plusieurs mois à l'avance. Non seulement certains retournements de tendance sont ignorés mais il arrive même que certains retournements prévus ne se soient pas produits»[16].

Il existe en France un certain nombre de modèles[17] développés par les administrations publiques. Dans leur structure, ces modèles sont quasiment équivalents aux modèles américains pour des raisons de limites inhérentes à la science économétrique qui n'a, au fond, qu'une vingtaine d'années. En d'autres termes, tous les modèles dans le monde souffrent des mêmes limitations dues à l'état de développement intermédiaire des outils statistiques.

La performance des modèles se fait donc sur les équations de comportements entrées dans ceux-ci plus que sur les méthodes mathématiques de résolution des équations.

---

[15] Cf. [147, Schultz].

[16] Cf. [164, Zarnowitz].

[17] Par exemple, Amadeus, Métrics ou D.M.S.

La ressemblance entre les modèles américains et les modèles français permet d'attirer l'attention sur certains points mis en évidence par les études américaines sur le sujet.

1° Les modèles sont fondés sur les résultats des expériences passées et sont incapables d'incorporer ou de s'accommoder des variations significatives des variables économiques qui pourraient résulter de nouveaux comportements humains.

2° Même s'il y avait constance dans les comportements humains tels qu'ils sont décrits dans les modèles, il existe une impossibilité mathématique qui provient du fait que pour simplifier la résolution des modèles (c'est-à-dire pour qu'il existe une solution aux équations posées), on utilise massivement des équations dites «linéaires» (ou d'autres types simples). En d'autres termes, on approxime chaque courbe par la droite qui lui est tangente. Or, la non linéarité des équations qui pourraient décrire le monde réel est une des grandes causes qui font que la prévision économétrique est vaine à plus de quelques mois, ou bien lorsqu'elle s'intéresse à de forts changements économiques[18].

---

[18] Prenons une analogie. Supposons que nous ayons en main une assiette et que nous posions contre celle-ci une règle graduée. Supposons que le contact entre l'assiette et la règle se fasse sur la graduation 0 cm de la règle. L'assiette représente la réalité et on se déplace doucement sur le bord de celle-ci depuis le point de contact entre la règle et l'assiette. Si nous bougeons d'un centimètre sur l'assiette et d'un centimètre sur la règle, nous arrivons à deux points peu éloignés. La règle représente la «prévision» linéaire de la courbure de l'assiette. Si on se déplace de 5 ou 10 cm depuis le point de contact, nous nous retrouvons à une position bien différente selon que nous nous sommes déplacés sur le bord de l'assiette ou sur la règle, bien qu'étant partis du même point. A l'extrême, après 50 cm de déplacement sur le bord de l'assiette, nous serons revenus au point initial, alors que la «prévision» sera très loin de là...

3° *Les modèles français ne tiennent pas compte de ce que nous avons appelé l'«effet Laffer».* Lorsque l'on réduit un taux d'imposition, les individus sont incités à produire plus de la ressource qui vient d'être moins taxée puisque son coût net d'impôt diminue par rapport à ceux des autres biens. Un prélèvement de 90 % à la source de la production multiplie le prix d'un bien par 10 par rapport au prix que l'on paierait en l'absence de taxes, puisqu'il faut en produire 10 unités au lieu d'une seule pour en avoir une unité à disposition. La consommation d'un tel bien sera donc beaucoup plus faible que ce qu'elle aurait été en l'absence de taxes. Supposons que si les taxes sont de 90 %, la consommation est 5 fois inférieure à ce qu'elle est si elles sont de 20 %. Nous nous retrouvons avec le «paradoxe» suivant: si l'on baisse les taxes de 90 % à 20 %, la production est multipliée par 5 et les recettes fiscales *augmentent* de 10 %. Ce type de phénomène n'est pas pris en compte dans les modèles économétriques. Ainsi, par exemple, une réduction d'impôt entraînera une baisse de recettes de 10 % là où elle n'est réellement que de 5 %. Il peut même arriver que les modèles prévoient que les recettes actualisées de l'Etat soient en diminution alors qu'en réalité le regain de croissance, la baisse de chômage et la hausse des revenus provoquent à terme une hausse des recettes. Or, ceci est précisément apparu dans le passé aux Etats-Unis, en Grande-Bretagne et en France comme nous l'avons vu plus haut.

4° Les modèles économétriques français sont très «keynésiens» dans leur conception. Ainsi la consommation est le grand déterminant de la croissance. Ceci implique que l'investissement et l'épargne handicapent la reprise en cas de crise. Ceci est peut-être vrai à court terme, mais pas à long terme. En effet dans une société capitaliste, l'accumulation de capital, parce qu'elle accroît la productivité du travail, permet la hausse des revenus. Les mesures d'allégement de la fiscalité et de l'épargne sont donc vues à tort par les modèles comme handicapant la croissance. Depuis des décennies, les politiques gouvernementales ont, sur ce plan là, créé des «manques» de croissance à long terme.

Pour ces quatre raisons, les prévisions qui sont faites à l'aide des modèles traditionnels, en ce qui concerne les conséquences des baisses d'imposition, sont à prendre avec la plus grande prudence.

Les modèles prévoient en particulier une forte baisse de la croissance due à la mise en place d'un impôt neutre vis-à-vis de l'épargne, et ceci à court comme à long terme. Ceci est évidemment faux, même en «théorie keynésienne», puisque l'épargne n'est rien d'autre qu'une consommation différée. A la limite, dans le cadre d'un raisonnement keynésien, on pourrait admettre que l'épargne abaisse le taux de croissance l'année où elle est constituée, mais elle devrait forcément renforcer les taux de croissance des années suivantes puisqu'elle contribue à augmenter la consommation de ces années-là.

De la même façon, une baisse des taux marginaux de l'impôt sur le revenu peut entraîner une baisse des recettes pendant les deux premières années (en fait surtout la première), mais l'augmentation de l'activité économique qui n'est pas prise en compte dans les modèles devrait entraîner une hausse des recettes les années suivantes.

Comme nous l'avons vu plus haut, les institutions poussent les hommes de l'Etat à adopter des politiques défavorables sur le long terme. De plus, leurs conseillers directs les renseignent d'une façon biaisée sur les conséquences de leurs actions. Ainsi, même s'ils étaient parfaitement au fait du monde qui les entourent, ils auraient du mal à adopter les mesures qui s'imposent à toute personne logique et rationnelle.

Mais le tableau est plus sombre encore, car il convient de nous interroger sur la façon dont le système politique sélectionne les dirigeants et leurs conseillers. Pouvons-nous être sûrs que l'hypothèse que nous faisions en début de chapitre sur l'omniscience des hommes de l'Etat tient vraiment à l'examen?

LA NATURE DE LA SCIENCE ÉCONOMIQUE

Pourquoi la modélisation est vaine...

Les hommes de l'Etat, comme nous l'avons vu, dirigent en fonction de critères qui sont propres à leur statut, et les mécanismes de gestion qu'ils utilisent ne garantissent nullement qu'une action de long terme soit menée. Ils privilégient bien souvent les mesures efficaces à court terme, néfastes à long terme, afin de s'assurer des gains électoraux. De plus, nous avons vu que les modèles utilisés par les experts économistes qui conseillent les hommes politiques sont loin d'être fiables puisque leurs modèles apparaissent comme faux. A ce stade de notre raisonnement, il est important de s'interroger sur les experts et conseillers économistes de nos hommes politiques et sur ce qu'est, en fait, la science économique, sur son objet, son rôle, sa portée et sur ce qu'elle est en mesure d'accomplir, sur ses qualités et ses limites. En effet, Arthur Laffer fonde son analyse sur l'incidence de la fiscalité en utilisant, pour cela, l'outil privilégié de l'économiste: le raisonnement économique.

Qu'est-ce que la science économique ?

Comme l'écrit James Buchanan[19], l'objectif, ici, est de tenter d'aller plus loin que Jacob Viner lorsqu'il affirmait que «la science économique, c'est ce que font les économistes», ou encore que Frank Knight qui ajoutait à cette proposition que «les économistes sont ceux qui font de la science économique».

Avant toute chose, la science économique est *l'étude de l'action humaine*. Contrairement à la chimie ou à la physique, l'objet de la science économique est l'homme. Elle étudie le comportement des hommes face à des situations de contraintes matérielles. A tous ceux qui sont choqués de cette référence peu

[19] Cf. [20, Buchanan].

habituelle au caractère fondamentalement humain de la science économique, nous rappellerons que la seule raison pour laquelle l'étude de problèmes comme l'incidence de l'impôt, l'inflation, l'allocation des ressources, les déficits budgétaires, commerciaux et extérieurs ont de l'importance et sont étudiés, c'est non seulement parce qu'ils ont des conséquences sur le bien-être des hommes et sur leur comportement, mais surtout parce que ce sont les comportements et les actions des hommes qui sont à l'origine de ces phénomènes.

Par exemple, comme nous l'avons vu dans le premier chapitre, l'inflation n'est que la conséquence visible de l'action de création monétaire artificielle par les hommes de l'Etat. L'inflation n'est pas, comme on le prétend souvent, la conséquence de lois insaisissables et incompréhensibles auxquelles seraient soumises toutes les sociétés; l'inflation n'est pas une fatalité et ne constitue en aucun cas une donnée avec laquelle nous devons vivre parce que «c'est toujours et partout comme cela». Elle n'est en aucun cas un mal nécessaire qui caractérise toutes les sociétés modernes et développées et elle ne peut pas être une solution acceptable au problème du chômage.

L'économiste étudie le monde qui l'entoure avec, pour référence, le comportement des hommes et les conséquences de leurs actions. L'outil de travail qui caractérise l'économiste est le raisonnement économique. Tout comme le travail du coiffeur se caractérise par une méthode dont il a fait l'apprentissage, ce qui implique qu'il ne soit pas en mesure de soigner des dents parce qu'il ignore les règles et le savoir-faire du dentiste, l'économiste travaille avec un outil qui lui est propre et qui fait de lui un économiste, et non pas un coiffeur ou un dentiste. Le champ et les possibilités d'application de la science économique sont donc bornées par son objet et par son outil. Ces derniers étant définis, il nous faut aborder le problème de la méthode.

Contrairement à une croyance très largement répandue, *la science économique fait appel à une méthode spécifique* et le raisonnement économique suit des règles et des lois précises. La démarche de la science économique est profondément scientifique mais ne consiste en aucun cas à appliquer la méthode des sciences physiques à l'étude de l'action humaine. La science économique part de principes évidents et universels et elle nous fournit, par le biais du raisonnement déductif, et à partir de ces principes de départ, des lois du type logique si *A*, alors *B*, alors *C*. Ces lois sont vraies à tout moment[20], sous les bonnes conditions. C'est en cela que la méthode de la science économique est axiomatique, ces axiomes étant des vérités nécessaires. En fait, et contrairement à son étiquette *«d'apriorisme extrême»*, la théorie économique que l'on peut également nommer *praxéologie* — ou étude de l'action humaine — ne contient qu'un seul axiome fondamental *a priori*: celui de l'action. Cet axiome est *a priori* dans le sens où il est inhérent à la nature humaine. Il est introspectif et doit donc servir de base à la connaissance économique. Cet axiome est une *loi de la réalité.*

A cet axiome fondamental, il faut ajouter un petit nombre de postulats subsidiaires, qui sont ceux que l'on connaît avec certitude. Ces postulats sont peu nombreux et, encore une fois, ils sont si généraux qu'ils ne sont guère empiriques au sens que les empiristes donnent à ce terme aujourd'hui. Pour dire les choses différemment, ces postulats sont si généralement vrais qu'ils sont une évidence en eux-mêmes, au point d'être immédiatement tenus pour vrais par tout le monde dès qu'on les a énoncés. Les deux postulats fondamentaux les plus importants sont les suivants: il existe une grande variété des ressources, aussi bien naturelles qu'humaines, et le loisir est un bien de consommation. Aussi incroyable que cela puisse paraître, c'est de cette petite poignée de prémisses que l'on déduit l'ensemble de la théorie économique[21]. Ainsi, à partir de l'axiome fondamental de la praxéologie qu'est l'existence de l'action humaine et des postulats présentés plus haut, on est en mesure de dérouler presque tout le fil de la théorie économique.

---

[20] Par exemple, la loi de l'utilité marginale ou la préférence pour le temps.

[21] Cf. [134, Rothbard].

Il est extrêmement important d'ajouter pour compléter ce qui précède que toute chose est soumise à *la loi de la cause et de l'effet.* Ce grand principe ne connaît aucune exception et c'est en vain que nous chercherions dans le domaine de l'expérience un exemple contraire. L'étude de l'action humaine ne remet absolument pas en cause ce principe mais, au contraire, le confirme[22]. Tout effet à une cause originelle et toute action aura un effet. Dès lors, tout raisonnement économique qui cherche à étudier le comportement des individus doit commencer par la recherche de la cause originelle.

La science économique se concentre sur l'individu à cause de son importance centrale, épistémologique et normative. L'homme a ceci de fascinant qu'il possède une faculté unique qui est la conscience rationnelle. La nature de l'homme n'est pas celle des pierres, des arbres, des nuages, mécaniquement déterminée, sans conscience et sans volonté. Le comportement de l'homme n'est pas comme celui des autres êtres vivants qui peuplent notre terre, inné et automatique. L'homme, lui, est doté du *libre arbitre* et de la *liberté de la conscience.* Il est d'ailleurs curieux de remarquer que «le dogme déterministe» ait été si souvent accepté comme la seule proposition scientifique, alors que, de tout temps et en tout lieu, les philosophes ont prouvé l'existence du libre arbitre.

De plus, toute chose est forcément quelque chose, c'est-à-dire qu'elle a une existence spécifique et donc qu'elle doit avoir des attributs définis. Toute chose a donc une *nature* spécifique et définie et ne peut agir qu'en conformité avec sa nature. Par conséquent, les comportements de toute chose sont causés et déterminés par sa nature. Par nature, l'homme est doté d'une conscience et ce sont donc les choix qu'il fait qui déterminent ses actions. Cependant, n'étant pas omniscient, il doit découvrir et apprendre les moyens dont il dispose pour assurer sa survie. L'homme ne possède aucune connaissance innée, instinctive et

---

[22] Cf. [103, Menger].

automatiquement acquise des buts qu'il doit poursuivre, ni des moyens qui permettent de les réaliser. Il lui faut donc apprendre tout cela et il doit, par conséquent, faire l'usage de sa raison. C'est la raison qui est l'instrument permettant à l'homme d'acquérir de l'information, de produire et donc de survivre. Les hommes se distinguent des animaux et des autres espèces vivantes par leur capacité à faire usage de cette raison, à former des concepts et à porter des jugements de valeur, ainsi que par leur libre arbitre. A tout moment, l'homme doit choisir ses idées et agir en conséquence, déterminant ainsi ses propres fins et les moyens pour les atteindre. C'est par le biais d'un raisonnement à la fois inductif et déductif, grâce aux fruits de nos expériences, que nous apprenons à nous maintenir en vie, à progresser, à faire face à différentes situations, et à nous adapter à notre environnement. On dit que les hommes ont un comportement rationnel dans la mesure où ils vont mettre en œuvre des moyens dans le but de satisfaire une fin donnée. C'est à partir de cette connaissance formelle du fait que l'homme agit et utilise des moyens pour atteindre des fins, que nous pouvons fonder la théorie économique. La science économique perd tout son sens si l'on ignore un des éléments énoncés ci-dessus. Si les hommes ne sont pas dotés d'une conscience et d'un libre arbitre, s'ils ne sont pas des êtres pensants et agissants en vue des fins qu'ils se sont choisis, si, au contraire, ils agissent de façon prédéterminée et automatique, alors il n'y a plus de science économique, et toutes les autres sciences de l'homme que sont la psychologie, la sociologie, l'histoire et l'éthique n'existent plus[23].

L'existence du libre arbitre chez l'homme nous empêche de recourir à des expériences contrôlées puisque les idées de chacun des hommes qui composent une société, de même que les jugements de valeur, sont continuellement soumis à des changements. De plus, il nous est impossible, comme on le fait en sciences physiques, de tenir toutes les variables constantes à

---

[23] Cf. [136, Rothard].

l'exception de l'une d'entre elles que l'on fait varier afin d'isoler l'incidence de cette variable, «toutes choses égales par ailleurs». Les lois de la science économique ne peuvent pas être appréhendées directement et être testées dans un laboratoire comme le sont les lois de la science physique. Il n'y a pas de laboratoire où les faits pourraient être contrôlés; les faits de l'histoire humaine sont des faits bien trop complexes, résultant de nombreuses causes. Ces causes ne peuvent être isolées que par la théorie[24]. Et même si l'on fait de tels tests, ils ne peuvent en aucun cas faire office de preuve ou de démonstration. En effet, ce qui caractérise le comportement humain est justement qu'il est non déterministe. Malgré cette impossibilité que l'on a de tester en laboratoire ou expérimentalement les faits déduits des lois de la science économique, les lois déduites par la méthode axiomatique-déductive, ne sont pas moins fondées que les lois des sciences physiques. Elles le sont même davantage puisque les causes ultimes sont directement connues, si bien que leurs conséquences sont également assurées[25].

Le caractère qualitatif de l'économie

Si la science économique est l'étude de l'action humaine, si la méthode axiomatique-déductive la caractérise, et si l'existence du libre arbitre voue à l'échec toutes les tentatives de tester les lois de la science économique en laboratoire, ces lois ne peuvent être que *qualitatives.* On ne peut donc jamais faire de prédictions quantitatives lorsque qu'il s'agit des comportements humains. Lorsqu'un économiste tente de faire des prédictions quantitatives sur l'effet d'une politique ou d'une action, il va beaucoup plus loin que le lui permet la connaissance de la science économique. Certains diront que c'est là une limite de cette dernière, mais

---

[24] Seules les théories antécédentes aux faits historiques permettent d'isoler ces causes complexes.

[25] Cf. [136, Rothbard].

cette capacité de prédiction quantitative n'est en rien le rôle de l'économiste. En tentant de faire de telles prédictions, il sort de son rôle d'économiste. S'il est en mesure d'intervenir afin d'énoncer quelles peuvent être les conséquences de telles ou telles actions, en faisant usage du raisonnement économique, par déduction et en accord avec les lois de la logique, en revanche, il est incapable de dire quels seront les grandeurs des changements qui vont survenir dans le futur et si des changements vont survenir[26].

Nous pourrions dire que le troisième chapitre de cet ouvrage n'est que la pâle illustration pratique des théories avancées dans le second chapitre: la *preuve* de l'existence d'effets désincitatifs de l'impôt ne peut être que théorique, découlant de caractères universels de la *nature* de l'homme (en particulier sa capacité à *agir* en ayant exercé sa *raison*) et non pas d'exemples particuliers pris ici ou là. Les grands phénomènes humains historiques sont plus des inspirations de sujets de recherche que des preuves en elles-mêmes.

Par exemple, l'économiste est en mesure de dire que toute augmentation du taux marginal d'imposition entraîne une baisse de l'offre de travail et donc une baisse des richesses produites dans la société. Cependant, l'économiste se trouve dans l'impossibilité de prédire quel sera le niveau final de la production future à la suite de l'augmentation du taux de l'impôt, parce qu'à la suite de cette augmentation, des milliers de personnes différentes, à des moments différents, feront des jugements de valeur différents. Il lui est de même impossible de calculer un autre barème d'imposition permettant de ne pas réduire la quantité de biens produits.

On peut donc conclure que les lois de la science économique sont, et ne peuvent être, que qualitatives du fait même de son sujet et de son champ d'application et que le libre arbitre voue à l'échec toute tentative de prédiction quantitative. Dès lors, le

---

[26] Cf. [132, Rothbard].

rôle de l'économiste dans une économie libre est purement éducatif. Nous verrons plus tard en quoi change le rôle de l'économiste lorsque le marché est soumis aux interventions de l'Etat. Pour le moment, il convient de limiter à ce qui est légitime le rôle de la prévision économique.

Ce problème de la compréhension des lois de la science économique et de la prévision nous amène à un autre sujet sensible. Le rôle de l'économiste étant limité ou borné par sa méthode et son objet, celui-ci peut, et doit, se servir de la connaissance des autres sciences sociales s'il veut être en mesure de comprendre et d'expliquer des événements singuliers. Ces autres sciences sont l'histoire, la psychologie et l'éthique. La science économique permet d'appréhender un problème sous un angle spécifique à l'analyse économique, mais ne permet pas de comprendre un événement dans sa globalité. L'*interdisciplinarité* est fondamentale dans le domaine des sciences sociales. L'économiste et les autres théoriciens des sciences sociales combinent l'ensemble de leurs connaissances spécifiques avec leur compréhension des raisons d'agir et des choix des hommes pour essayer de comprendre et d'expliquer un phénomène complexe. Ces théoriciens sont en mesure de se mettre d'accord sur des conclusions qualitatives mais pas sur des conclusions quantitatives.

Ainsi, quand l'économiste fait de la prévision en économie, même qualitative, il n'envisage qu'une infime partie d'un ensemble social complexe. Par exemple, chercher quelles sont les incidences de la fiscalité sur le comportement des producteurs, de même que l'analyse de la courbe de Laffer fondée sur cette incidence de la fiscalité relève du domaine de la science économique, alors que la recherche des raisons pour lesquelles les individus rejettent l'analyse de la courbe de Laffer est du domaine de la psychologie, de la sociologie ou de l'histoire. Cependant, ces questions sont un tout et permettent une meilleure compréhension les unes des autres.

Ceci nous conduit à démentir une idée très répandue en science économique. C'est celle qui consiste à faire de l'économiste un simple technicien, qui se borne à indiquer aux personnes qui font appel à ses connaissances spécifiques, comment atteindre leurs fins et ce quelles que soient ces fins. L'économiste serait donc amoral et en mesure de conseiller et d'indiquer une norme sans être impliqué, en faisant totalement abstraction de ce qu'il est en tant qu'homme, de ses expériences et de ses valeurs. Le fait est que l'économiste ne peut s'empêcher de porter des jugements de valeur qui lui sont propres. Dans la mesure où le conseil passe par un raisonnement et par l'usage du cerveau, il est impossible de dissocier l'homme de l'économiste. Nombreux sont les économistes aujourd'hui qui ne veulent faire que de l'économie positive, c'est-à-dire dénuée de tout jugement de valeur, contrairement à l'économie normative.

De la même façon, il convient de rejeter cette idée courante selon laquelle les jugements de valeur seraient les bons dès lors qu'ils sont partagés par un très grand nombre de personnes. Les jugements de valeur ne deviennent pas justes simplement parce que beaucoup de gens y croient ou qu'ils sont partagés par tous. La popularité d'un jugement de valeur n'en fait pas une évidence légitime.

Les imposteurs sont dans le Temple

S'il est logique de considérer que les économistes sont les conseillers privilégiés de nos hommes politiques sur les questions économiques, il devient important de s'interroger sur la capacité de ces conseillers à utiliser le raisonnement économique. En effet, nous venons de montrer que nos problèmes fiscaux peuvent provenir de la longueur du mandat politique et de l'impossibilité de la prévision économique.

Cette impossibilité provient de la nature des «modèles» mais plus encore de celle des phénomènes humains eux-mêmes. Mais ceci pose le problème suivant: une fois ces difficultés identifiées et acceptées, ne semble-t-il pas naturel de penser que cela entraîne *de facto* la reconnaissance immédiate du principe politique d'une société libre, à savoir le *laissez faire*?

Les niveaux respectifs de l'impôt et du déficit budgétaire semblent démontrer le contraire. Ainsi est-il légitime de remonter les liens de causalité pour tenter de comprendre la raison pour laquelle les fondements de la science économique, tels que nous venons de les présenter brièvement, sont rejetés.

Nous voudrions soumettre ici une série d'études, menées dans un premier temps aux Etats-Unis, puis en Europe, dont l'objectif était de mettre en évidence la capacité des économistes à utiliser le raisonnement économique et leur avantage comparatif dans la résolution des problèmes économiques. La question à ces deux séries d'études était la suivante: les économistes universitaires ont-ils une opinion sur les problèmes économiques et sont-ils capables d'apporter quelque chose sur des problèmes économiques aux non économistes?

Dans un premier temps, nous présenterons le cas des Etats-Unis pour nous attarder ensuite sur ceux de l'Europe en général, et de la France en particulier[27].

La question centrale est de vérifier si, comme le prétend l'opinion publique, les économistes ont des opinions extrêmement divergentes sur les questions essentielles auxquelles ils sont censés réfléchir. En d'autres termes, si l'on considère qu'il existe des questions que les économistes sont spécifiquement censés traiter, existe-t-il un consensus?

L'économiste américain, John Kearl, à l'origine d'une telle étude[28] s'attendait à ce que:

1° les économistes partagent les mêmes opinions sur les questions faisant appel directement à l'usage du raisonne-

---

[27] Bertrand Lemennicier, Olivier Marrot et Philippe Setbon ont présenté une étude pour la France, en 1990, dans un article sur «L'originalité des économistes universitaires français» (Cf. [92, Lemennicier]).

[28] Cf. [81, Kearl].

ment économique (par exemple, aux questions sur les conséquences de l'intervention de l'Etat sur le marché et dans le fonctionnement du système de prix, sur le problème de l'inflation ou sur l'incidence de l'impôt), c'est-à-dire sur les questions *positives,*

2° les économistes ne partagent pas les mêmes opinions sur les questions portant sur les préférences personnelles des individus (par exemple, quel devrait être la redistribution des revenus), à savoir sur les questions *normatives.*

Cette enquête consistait à envoyer par voie postale à 600 économistes américains un questionnaire où leur était posée une série de questions positives et normatives auxquelles ils devaient répondre en expliquant la démarche et le raisonnement utilisés[29].

L'enquête menée par John Kearl, en 1979, a révélé qu'il existait un consensus sur les affirmations touchant au noyau dur de la science économique, mais qu'en revanche, le désaccord était très grand sur les questions normatives. Il est aussi important de remarquer que 68 % des enseignants chercheurs de rang non magistral et 73 % des professeurs interrogés approuvaient l'idée que la série de questions et d'affirmations qui leur avait été soumise reflétait bien les questions essentielles auxquelles les économistes devaient réfléchir. Par conséquent, nous pouvons en déduire qu'il existe un consensus au sein des économistes interrogés sur la nature des problèmes qu'ils sont en mesure de traiter et qu'il existe des problèmes qui sont spécifiquement du domaine de la science économique. De plus, le large consensus au sein des économistes américains sur les questions et les affirmations positives reflète l'utilisation d'un même outil d'analyse à savoir le raisonnement économique.

---

[29] Sur les 600 questionnaires envoyés, 211 ont finalement été exploitables, soit un taux de réponse de 33 % (Cf. [81, Kearl]).

Ensuite, étant évident qu'avant d'être économistes, les professeurs d'économie ont été des étudiants en science économique, il est intéressant de se pencher sur la capacité de ces professeurs à transmettre la méthode de cette science. Il s'agit ici de déterminer l'influence idéologique des professeurs sur leurs étudiants. Une autre étude faite aux Etats-Unis en 1987, portant sur les étudiants des 6 plus grandes universités américaines, a montré qu'il existait une corrélation importante entre les réponses des professeurs et de leurs étudiants[30]. Même s'il convient de tenir compte du fait que les étudiants opèrent déjà une auto-sélection partisane dans le choix de l'université, cette corrélation doit, en majeure partie, être imputée au phénomène d'apprentissage des étudiants lors de leur formation universitaire.

Pour affiner ce résultat, une autre enquête fut menée, en 1988, à l'université d'Alaska sur l'influence de l'enseignement sur la formation des opinions[31]. Cette étude a révélé que 35 % des étudiants en science économique répondent aux questions ayant trait à la science économique de la «même façon»[32] que leurs enseignants, alors qu'à ces mêmes questions les étudiants en art ou en littérature sont en désaccord profond avec les enseignants économistes et les étudiants économistes[33].

On peut en déduire, d'une part, que les enseignants économistes américains transmettent le raisonnement économique à leurs étudiants et, d'autre part, que cet apprentissage du raisonnement économique modifie la façon de voir et d'analyser des étudiants américains en science économique. Il est intéressant de noter qu'un test sur la similarité des affirmations positives-

---

30 Cf. [28, Colander].

31 Cf. [75, Jackstadt].

32 En termes statistique, l'étude révèle un coefficient de corrélation assez fort de 35 %.

33 Le coefficient de corrélation entre les réponses des étudiants en art ou en littérature, et celles des enseignants économistes est de 4 %. Cette corrélation est faible puisqu'elle signifie qu'en moyenne seulement 4 % des réponses sont identiques.

normatives entre les enseignants économistes et les étudiants en science économique révèle que l'influence des enseignants sur leurs étudiants s'exerce plutôt sur les questions normatives. C'est ce qui permet aux auteurs d'affirmer qu'un enseignant de science économique peut influencer la manière de voir des individus et qu'une grande partie du consensus des économistes américains sur le raisonnement économique vient de l'éducation. Cette conclusion est fondamentale dans le cours de notre démonstration et nous y reviendrons plus longuement ultérieurement.

A présent, il serait intéressant de comparer ces résultats à ceux d'une étude similaire effectuée en Europe, en 1983, par Bruno Frey, Werner Pommerehne et Friedrich Schneider[34]. Les résultats de cette étude sont les suivants: sauf dans le cas de la France et de la Belgique francophone, on observe, comme dans le cas américain, un large consensus des économistes européens sur les affirmations et les questions nécessitant l'usage du raisonnement économique. On observe aussi le même désaccord au sein des économistes européens sur les affirmations et les questions portant sur les préférences individuelles. Les auteurs déduisent de ces résultats que la langue serait un critère de différenciation, puisqu'en Belgique, les réponses des économistes répondant en français se rapprochaient de celles des économistes français, alors que celles des économistes flamands se rapprochaient de celles des économistes allemands. Il est aussi très intéressant de noter que cette enquête européenne, contrairement à l'enquête américaine, incluait la position partisane des économistes sur un axe d'opinions politiques gauche-droite, démontrant une préférence partisane plus marquée dans leurs réponses des économistes français que dans celles des économistes des autres pays. Les mêmes résultats furent obtenus lors d'une étude ultérieure par Bruno Frey, Werner Pommerehne, Friedrich Schneider et Guy Gilbert[35] et ce, après avoir ajouté l'Autriche

[34] Cf. [50, Frey].

[35] Cf. [51, Frey].

à la liste des pays étudiés. Les économistes autrichiens se rapprochant fortement des économistes français, ils en déduisent qu'étant les deux pays les plus socialisés de l'échantillon, cela traduit un effet de tradition ou d'accoutumance à l'intervention de l'Etat.

Dans le cas français, la majorité des économistes viennent du secteur public et d'administrations publiques; 65 % d'entre eux s'estiment de gauche ou d'extrême gauche[36].

Enfin, dans le but de fournir une explication à cette anomalie et à cette triste originalité des économistes français, Bertrand Lemennicier, Olivier Marrot et Philippe Setbon ont effectué une synthèse des études précédentes en les prolongeant par une enquête de grande ampleur auprès d'enseignants économistes français et d'étudiants économistes, non économistes, universitaires et non universitaires français[37].

La corrélation entre les réponses des enseignants économistes français et des enseignants économistes américains est faible, confirmant l'intuition des auteurs à l'origine de l'étude[38]. Il n'existe donc pas de consensus sur les questions économiques entre les enseignants français et les américains. On peut ajouter que *les enseignants français répondent à l'opposé des Américains sur les questions de micro-économie positives.* Il semble que seules les questions de macro-économie positives rapprochent Français et Américains, puisque pour cette série de questions, on observe un taux de réponses identiques de 58 %.

Ensuite, si l'exposition à un raisonnement économique modifie la façon de voir des étudiants américains, nous disent les auteurs,

---

[36] Ceci est d'autant plus grave que sur les 35 % qui ne se disent pas de gauche, la plupart partage les opinions altruistes-collectivistes qui fondent le *corpus* de la doctrine officielle (Cf. [14, Bobe]).

[37] Les modalités de cette enquête sont comparables à celles des études américaines présentées précédemment. Le nombre des questionnaires envoyés et traités est plus important. Il s'élève respectivement à 600 et 350. (Cf. [92, Lemennicier]).

[38] Le coefficient de corrélation est de l'ordre de 18 % pour les 24 affirmations.

«une réponse simple à l'anomalie française est que les enseignants français des années 80 (qui sont toujours dix ans plus tard en poste) n'ont jamais fait l'apprentissage du raisonnement économique». Soit ces économistes n'ont jamais été exposés à l'apprentissage du raisonnement économique étant étudiants parce que leurs enseignants l'ignoraient eux-mêmes, soit ils n'ont pas perçu l'importance et le caractère fondamental de l'apprentissage de ce raisonnement dans le but de devenir économistes. Ces hypothèses pourraient en effet expliquer que 77 % des enseignants de rang non magistral et 58 % des professeurs de science économique jugent qu'il existe de nombreux fondements à la science économique et donc qu'elle ne se définit pas par une méthode spécifique ni par un raisonnement économique dont les prémisses seraient en accord avec l'objet et le sujet de la recherche.

Dès lors, si l'économiste ne se définit pas par sa méthode d'analyse et par le raisonnement économique, il est logique de penser que les étudiants en science économique devraient répondre comme les enseignants de science économique et que l'on ne devrait observer aucune différence entre leurs réponses et celles d'étudiants n'ayant jamais été confrontés à ce type de raisonnement, comme par exemple les étudiants ayant suivi une formation littéraire ou artistique[39].

L'enquête fait apparaître une forte corrélation entre les opinions des enseignants de science économique français et les étudiants français sortant tout juste du baccalauréat et donc, logiquement totalement étrangers à la science économique. En particulier sur les différentes questions normatives, où 70 % des étudiants sortant du baccalauréat répondent comme les enseignants économistes. Mais ce qui est encore plus remarquable, c'est la corrélation de 74 %, observée entre les opinions des enseignants économistes francais et des étudiants non écono-

---

[39] Cette enquête portait sur 600 étudiants de la faculté des sciences juridiques, politiques et sociales de l'université de Lille II.

mistes français sur les questions de micro-économie positive. Il est important de préciser que les réponses aux questions de micro-économie positives sont souvent contre-intuitives pour qui n'a aucune connaissance du raisonnement économique, comme c'est le cas des étudiants non économistes. C'est sur de telles questions de micro-économie positive que l'économiste est supposé faire la différence avec une personne non initiée au raisonnement économique. Dès lors, cette corrélation témoigne de facon éclatante du rejet de l'analyse et du raisonnement économique par les enseignants de science économique en France[40].

Les conclusions de cette série d'études semblent à présent inévitables malgré leur caractère très alarmant sur l'état de la connaissance du raisonnement économique des économistes professionnels que sont les universitaires français. A la lumière de ces études, nous sommes en mesure d'affirmer qu'en France, les enseignants en science économique rejettent de façon nette le raisonnement économique. De plus, un étudiant étant influencé de façon certaine par ses enseignants, on peut s'attendre à ce que les étudiants sortant du baccalauréat ne fassent jamais l'apprentissage de ce raisonnement qui devrait faire la spécificité de l'économiste par rapport au non économiste. L'enseignement du raisonnement économique n'étant à l'évidence guère meilleur au lycée qu'à l'université, nous en déduisons qu'un étudiant qui entre à la faculté avec des idées antiéconomiques les verra renforcées au contact de ses professeurs d'économie.

Dès lors, il semble raisonnable de conclure que les conseils donnés aux hommes politiques par les experts que sont supposés être les enseignants économistes français sur la conduite des politiques économiques dans notre pays soient peu fondés sur

---

[40] Rappelons, comme nous l'avons remarqué ci-dessus, que les réponses des économistes francais sur ces questions de micro-économie positives sont *opposées* à celles des universitaires américains. En d'autres termes, la plupart d'entre eux ne connaissent presque *rien* de la science économique.

l'usage du raisonnement économique. Ainsi, si l'on suppose qu'un homme politique fait appel à l'expert en science économique quand il s'agit de prendre une décision sur la politique économique à mener, si l'on suppose que c'est à cet expert qu'il fait appel lorsqu'il désire acquérir une information spécialisée sur les conséquences d'une politique économique donnée sur le comportement des individus qui composent la société, on comprend qu'il ne soit en définitive sensibilisé qu'aux seules idées antiéconomiques. De la même façon, l'homme politique n'aura en France, aucune difficulté à voir confirmer par les experts de la science économique ses idées antiéconomiques et ne se verra en fait jamais opposer de résistance.

Nous avons ici l'une des raisons pour lesquelles les hommes politiques, conseillés par des «experts en science économique», n'utilisent pas ou rejettent l'analyse de la fiscalité. Si cette analyse est fondée sur l'usage du raisonnement économique dans sa démonstration de l'incidence de la hausse des taux marginaux d'imposition sur l'offre de travail des individus, et si le raisonnement économique est rejeté par les «experts», alors il devient logique que ces derniers rejettent aussi les conclusions de cette analyse, qui peuvent apparaître contre-intuitives pour celui qui n'utilise pas l'outil de la science économique.

Il s'agit maintenant de réfléchir sur les causes de ce rejet du raisonnement économique et de s'interroger sur les raisons qui font qu'apparemment, le processus de sélection des théories économiques et des «experts» en science économique est défaillant. S'agit-il du rejet du raisonnement en tant que tel, d'ignorance, ou est-ce la conséquence de la malheureuse tournure qu'a pris la science économique depuis plusieurs dizaines d'années?

Le contrôle de l'idéologie

Comment expliquer le rejet du raisonnement économique? Il semble logique d'attribuer ce rejet à une modification qui s'est opérée dans la discipline de la science économique. Quelle est-elle?

Qu'est devenue la science économique depuis John Maynard Keynes ?

A la fin de la seconde guerre mondiale, les objectifs de stabilisation des grandes fluctuations dans la production et dans le niveau de l'emploi, accompagnés d'objectifs de croissance économique, ont permis l'avènement de nouvelles méthodes d'analyse économique permettant, pensait-on, de pallier l'incapacité à faire des prédictions quantitatives de la science économique. Cette nouvelle orientation fut largement déterminée par le besoin des hommes de l'Etat de l'époque de proposer des politiques économiques plutôt que des théories. Bien qu'ayant déjà fait l'objet de nombreuses études, les cycles de prospérité et de crise, de déflation et d'inflation furent soumis à une toute nouvelle approche. *La macro-économie était née.*

Les principales caractéristiques de cette nouvelle méthode étaient la référence à des agrégats et à des valeurs moyennes, l'exclusion de toutes les données qualitatives et l'application à ces données de nouvelles techniques dérivées directement des sciences naturelles, et en particulier de la physique. L'objectif était la mise en évidence de relations empiriques stables et observables et l'évaluation des valeurs numériques de chaque paramètre. Les partisans de ces méthodes pensaient que l'utilisation de modèles mathématiques formalisant chaque économie nationale leur permettrait de prédire les futures tendances des principaux agrégats économiques, et ce, dans le but d'identifier quelles seraient les politiques économiques nécessaires à l'obtention d'un équilibre de plein emploi, d'une croissance soutenue et d'une stabilisation des prix, objectifs électoralement très vendeurs.

Les macro-économistes donnent de leur science la définition suivante: «La macro-économie a pour objet l'étude du comportement de l'économie considérée comme un tout. Elle cherche à expliquer l'évolution du produit et des prix, à mettre en évidence les facteurs qui déterminent l'emploi, à rendre compte des variations des taux de change. Cette étude permet de montrer quels sont les effets des politiques monétaires et fiscales d'une dévaluation ou d'une réévaluation sur l'emploi, sur l'inflation et sur la balance des paiements. Pour atteindre cet objectif, elle s'appuie sur un modèle agrégé qui décrit le fonctionnement des marchés des biens, de la monnaie et du travail. Ainsi, par principe, elle s'intéresse aux comportements globaux (à la consommation des ménages, à l'investissement des entreprises)»[41].

Cette définition porte en elle nombre des égarements de la macro-économie. Elle est née en grande partie de l'analyse que proposait John Maynard Keynes[42] des fluctuations du niveau de l'activité économique. Rompant avec la tradition classique, il affirmait que le niveau de l'emploi est déterminé par la demande effective et qu'une politique économique active, fiscale ou monétaire, peut réduire l'ampleur de ces fluctuations. Ces idées furent très rapidement formalisées par John Hicks[43] et popularisées par Alvin Hansen[44]. Leur succès sur le plan théorique et politique fut considérable. L'*économie mathématique était née.*

Mais l'avènement de l'économie mathématique fut, en réalité, la grave conséquence de l'adoption du *positivisme* comme principe de recherche. Il reposait surtout sur la tentative trou-

---

[41] Cf. [13, Béraud].

[42] Cf. [84, Keynes].

[43] Cf. [68, Hicks].

[44] Cf. [60, Hansen].

blante des sciences sociales d'imiter les sciences physiques. Cette tentative est troublante puisqu'elle consiste à dire que les individus agissent de la même façon et avec le même déterminisme qu'un atome ou qu'une molécule. Cela conduit à postuler des relations mécaniques simplistes entre des grandeurs mesurables, en ignorant aussi complètement le rôle central de l'intelligence humaine dans les phénomènes économiques. Ce déterminisme nous permettrait non seulement de prévoir quelles seront les conséquences des actions d'un individu quel qu'il soit, mais impliquerait aussi que les conséquences de toute action peuvent être mesurées avec précision avant leurs manifestations. Il implique que les hommes ne font jamais de réel choix puisque ce choix est déterminé bien avant l'action ou la formation de l'idée de l'action. Nous ne nions pas ici que l'on puisse être en mesure de dégager des tendances relativement identiques dans le comportement des individus, dans la mesure où, pour la plupart, ils partagent les mêmes fins (se nourrir, boire, survivre, consommer). Cependant, les fins poursuivies par les individus sont infiniment variées et l'ensemble des fins poursuivies par chaque individu est unique, et ce du fait de l'existence séparée de chaque individu.

Bien entendu, le développement de la macro-économie a eu de nombreuses conséquences sur la discipline elle-même. L'utilisation des mathématiques dans les sciences sociales en général, et dans la science économique en particulier, suppose la construction d'équations modélisant les comportements humains en oubliant toute référence aux lois de la réalité. L'attitude des économistes qui jusqu'alors prétendaient élaborer des théories sur des prémisses absolument vraies est qualifiée dorénavant d'attitude non scientifique. Dès lors, on n'est autorisé à dire qu'une proposition est scientifique, c'est-à-dire fait référence aux lois de la réalité, que dans le cas où l'on est en mesure d'imaginer, dans l'expérience sensible, des faits qui la réfuteraient. Il devient à présent obligatoire de construire des modèles dont les prémisses ne soient pas irréfutables, car si elles l'étaient, leurs conclusions risqueraient de «ne pas être scientifiques». Cette démarche fut celle, en autres, des économistes de l'école de Chicago. A présent, le critère de véracité de la science économique ne réside plus dans le correct maniement du raisonnement, dans le respect de la logique, dans une définition claire des prémisses de départ ni dans le raisonnement déductif, mais dans la capacité prédictive des modèles. Pour s'en convaincre, il nous suffit de lire les propos du directeur scientifique du *Centre d'Observation Economique* de la *Chambre de Commerce et d'Industrie de Paris* recueillis par une journaliste d'*Enjeux Les Echos* en réponse à la mise en accusation des macro-économistes qui, semble-t-il, n'ont pas vu venir la crise de 1993 et à qui on réclame des recettes introuvables: «Nous ne nous trompons pas plus que nos collègues américains, anglais ou allemands» nous dit-il à titre de démonstration de la véracité de sa science[45].

De la même façon, les axiomes de la science économique qui étaient auparavant définis comme «les propositions dont on ne peut pas imaginer le contraire, les propositions qui donnent le choix entre les tenir pour vraies ou abdiquer sa faculté de penser»[46] sont remplacés aujourd'hui par une combinaison de prémisses fausses et de postulats qui peuvent être vrais, mais sans qu'on se soucie de savoir dans quelle mesure ni à quelles conditions. En d'autres termes, rien n'empêche de penser qu'un axiome soit faux, puisqu'on laisse à chacun le soin de le tenir ou pas pour applicable à la réalité. Il semble évident que la macro-économie nie tout rapport avec la réalité et que les nouveaux économistes mathématiciens s'en soucient peu. D'ailleurs, ils ne peuvent pas se le permettre sous peine de voir s'effondrer un grand nombre de leurs constructions. Or, la science a pour but de comprendre ou même de reconstruire mentalement la réalité. Son rôle est d'ordonner la multitude de perceptions et d'informations qui nous parviennent de manière à la rendre intelligible. En ce sens, un discours qui n'a aucun lien avec la réalité «ne mérite

---

[45] Cf. [27, de Clapiers].

[46] Cf. [135, Rothbard].

pas le nom de théorie scientifique»[47]. Dès lors, on peut imaginer que ces nouveaux économistes soient peu impressionnés par une démonstration prouvant la contradiction de leurs modèles. Même si l'on démontre qu'ils mettent en avant certaines «hypothèses» impossibles, pour ensuite postuler des choses qui ne sont pas compatibles avec elles, le fait que leur théorie comporte de nombreux éléments de véracité suffira à les rassurer, tant il est vrai qu'elle n'est jamais, avec quelques erreurs en plus ou en moins, qu'une version dévoyée de la théorie économique classique, laquelle était tant bien que mal fondée sur une conception réaliste de l'abstraction théorique.

L'abandon de la raison

Un des meilleurs exemples de cette déconnexion de la science économique aujourd'hui avec la réalité se trouve dans le «réalisme» de tous les manuels d'économie. Contrairement à ce que l'on pourrait penser, l'essentiel des livres ou articles qui traitent de la fiscalité sont purement descriptifs et le silence sur les effets négatifs de la fiscalité est presque total. En revanche, nombreuses sont les théories qui tendent à démontrer les avantages liés à la fiscalité, ou dans le meilleur des cas sa neutralité, légitimant ainsi l'intervention fiscale de l'Etat. On trouve des études qui tendent à démontrer qu'il existe une très forte corrélation entre la richesse d'un pays et son taux de pression fiscale. Ayant montré que les pays les plus riches sont les pays les plus fiscalisés, les conclusions de ces modèles, à savoir que c'est le niveau élevé des impôts qui fait la richesse d'un pays et donc qu'un niveau plus grand de taxation aiderait à l'augmentation du niveau de vie des individus, sont aussi vite tirées. Cependant, la mise en évidence d'une si forte corrélation statistique ne fait en aucun cas office de démonstration et

---

[47] Cf. [142, Salin].

l'expérimentation, nous dit Hans-Herman Hoppe[48], ne peut déjouer la logique. La liaison de cause à effet paraît plus que douteuse et il y a fort à parier que l'usage de la *logique,* donc de la *raison,* permettrait plutôt d'affirmer que les individus dans ces pays seraient plus riches si les impôts étaient moins élevés ou encore qu'une baisse des taux de pression fiscale aurait pour conséquence une augmentation des recettes fiscales de l'Etat, du fait de l'incidence positive de cette baisse sur l'offre de travail et sur la production d'actifs de valeur.

Le processus de mathématisation que connaissent malheureusement aujourd'hui toutes les sciences sociales est toutefois bien plus accentué dans le cas de la science économique car on a toujours entretenu à son propos l'idée qu'elle aurait une vocation particulière à traiter des quantités. Il est incontestable que la science économique est devenue aujourd'hui ce qu'il convient d'appeler une *sous-section des mathématiques,* sous-section que les mathématiciens eux-mêmes ne tiennent pas en très grande estime[49]. Dans un article où il rendait un superbe hommage à Murray Rothbard, l'économiste Gary North rendait compte de ce qu'est aujourd'hui la démarche des économistes:

> «Il est rare de trouver aujourd'hui, écrit-il, un article d'économie qui soit écrit de façon claire et compréhensible par tous, où l'auteur dit ce qu'il pense, explique pourquoi il le pense et qui plus est, avec une logique simple et facile à suivre. Il est rare, et cela va avec ce qui précède, de trouver un article de science économique où l'auteur ne se sert ni des équations, ni des statistiques, ni des accessoires de la Grande Prêtrise économique, et qui se borne à accompagner ses lecteurs pas à pas au cours du raisonnement, en choisissant des faits pertinents pour la démonstration qu'il est en train de mener, livre des présuppositions dont il se servira au cours de son exposé; ensuite rassemble les preuves, puis arrive aux

---

[48] Cf. [69, Hoppe].

[49] Cf. [136, Rothbard].

> conclusions. C'est là, malheureusement, une façon d'agir tout à fait démodée et même franchement rétrograde de nos jours»[50].

Il poursuit en soulignant que la capacité de l'économiste qui consiste à communiquer les enseignements de la science économique à des non économistes ne fait plus partie des compétences qui impressionnent[51]:

> «Si un article est compréhensible à sa première lecture, alors il n'impressionnera personne, et surtout pas les membres du comité Nobel. Par contre, un livre de science économique que l'on a toujours pas compris même après la quatrième lecture, et dont les conclusions sont totalement inapplicables au monde réel, si par chance on arrive un jour à les comprendre, réunit toutes les conditions pour devenir une référence en la matière, un chef-d'œuvre du genre»[52].

De la même façon, on considère que c'est faire preuve d'une absence totale d'esprit scientifique que de souligner et d'insister, au risque de se répéter, sur un point qui apparaît important: «[...] tout le monde sait que l'on est censé laisser au lecteur l'option de passer à côté de l'essentiel»[53]. John Kenneth Galbraith se laissa même aller à écrire que «seuls ceux qui écrivent avec une confusion convenable peuvent être respectés par leurs pairs, comme par le public, alors qu'il n'existe en fait aujourd'hui, dans le domaine de la science économique, aucune proposition qui ne puisse être exprimée dans une langue ordinaire»[54]. Il semble que la raison pour laquelle les économistes aujourd'hui se servent à ce point des mathématiques n'est pas méthodolo-

---

[50] Cf. [112, North].

[51] Cf. [112, North].

[52] Le profil des Prix Nobel d'Economie est particulièrement révélateur: entre 1960 et 1990, 25 étaient membres de l'Econometric Society.

[53] Cf. [112, North].

[54] John Kenneth Galbraith est cité par Gary North (Cf. [112, North]).

gique, mais parce qu'elles constituent un moyen de protection corporatiste visant à se débarrasser des indésirables et donner un air de respectabilité à ceux qui n'en méritent aucune. N'est-ce pas lorsque la réalité observable s'oppose de plus en plus aux paradigmes des membres de la caste des macro-économistes que le besoin de se rendre inaccessibles se fait le plus sentir?

Malgré tout cela, le succès des théories keynésiennes et l'abandon du raisonnement économique qui suivit furent complets. Malgré la hausse des prix et des taux d'intérêt de 1968-1969, la récession de 1969-1971, les déficits budgétaires qui ne cessent de se succéder depuis 1971, les contrôles des prix et des salaires de 1971-1973, et malgré l'apparition de l'inflation à deux chiffres à la fin des années 1970, on n'a pas observé de retour des économistes au bon vieil usage du raisonnement économique. Les petits jeunes qui arrivent aujourd'hui dans la profession sont les premiers à mettre en pièce un certain aspect des théories keynésiennes, à critiquer le fait que rien dans la théorie keynésienne ne prenait en compte les anticipations des individus et l'action humaine. Mais ces nouveaux venus dans le monde de la science économique semblent aussi se donner un mal considérable pour ne pas revenir en arrière, au temps où les économistes définissaient leurs prémisses, parlaient le français, utilisaient la méthode axiomatique-déductive, donnaient aux individus la place centrale dans le raisonnement et se limitaient à l'étude des problèmes légitimes dans le cadre de leur disciple. Est-ce par peur de s'exposer à une réponse du type: «Vous êtes passéistes; il vous manque la maîtrise des instruments de l'analyse économique moderne», ou bien est-ce parce que tous ces jeunes universitaires n'ont en réalité jamais eu la chance d'être exposés à la bonne vieille méthode de la science économique pendant les années qu'ils ont passées sur les bancs de l'université?

Comment expliquer l'acceptation par ceux que l'on dit être les «experts de la science économique», des œillères que les postulats (faux) nécessaires à la pratique mathématique imposent aujourd'hui aux raisonnements économiques? Comment expliquer la difficulté qu'un économiste, formé dans notre système éducatif, ressent face au maniement du raisonnement économique? A quoi doit-on attribuer ce changement méthodologique que connaît aujourd'hui la science économique? Est-ce l'incapacité de l'enseignement supérieur et de ses représentants à communiquer le raisonnement économique qui est à l'origine de sa disparition? Est-ce la faillite du système éducatif?

L'application du raisonnement économique au problème de l'incidence de l'impôt va à l'encontre des intérêts des hommes politiques. On peut donc se demander si l'Etat n'est pas à l'origine de la disparition du raisonnement économique et des économistes dignes de ce nom. Mais on peut aussi se demander dans quelle mesure les économistes ne bénéficient pas directement de la croissance de l'Etat ou du moins de son existence.

Nous verrons dans ce qui va suivre que c'est le désir des économistes de plaire aux hommes de l'Etat et de fournir une rationalisation à leurs interventions, faute de quoi ils seraient fort mal payés, qui les a conduit à adopter l'analyse mathématique plutôt que le raisonnement économique comme principe de recherche. Ce désir les a poussés à faire comme si ce qui n'est pas mesurable l'était quand même et à présenter les interventions de l'Etat comme justifiées, en niant l'incidence négative de la fiscalité sur l'activité productive humaine. C'est ainsi que l'on a vu rejeter les principes des économistes de l'offre, c'est-à-dire les analyses de l'effet Laffer.

Le mécanisme institutionnel de destruction de la raison

Il nous faut à présent nous tourner vers le rôle des économistes et surtout vers l'incidence de l'intervention de l'Etat sur le rôle des économistes. Comme nous l'avons vu précédemment, les lois de la science économique sont et ne peuvent être que qualitatives du fait même de son sujet, de son champ d'application et du libre arbitre qui vouent à l'échec toute tentative de prédiction quantitative. Dès lors, le rôle de l'économiste dans une économie libre est purement éducatif. En effet, comme nous l'avons précisé les capacités prédictives de l'économiste ne portent pas sur ce qui va se passer dans le monde, mais sur ce qui se passerait si tel ou tel événement se produisait. Ainsi, l'économiste est de peu d'utilité pour l'entrepreneur sur le marché libre, puisqu'il n'est pas en mesure de prédire quels seront les changements qui peuvent s'opérer dans la demande pour un bien donné sur le marché, si le prix de ce bien va changer et encore moins de combien ce prix variera dans le futur. Or, ce sont justement ces changements qui intéressent les entrepreneurs dans leur recherche de profit.

Cependant, le rôle de l'économiste se trouve très largement accru lorsque le marché n'est plus libre et que l'Etat fait usage de son pouvoir d'intervention sur le marché par le biais de politique dites «économiques».

Le problème de l'économiste sur un marché libre est son incapacite à prédire ce qui va se passer, si tel ou tel changement va avoir lieu et quelles seront les actions futures des individus qui y interagissent. Mais les actions du gouvernement sont de toute autre nature. Si l'on considère que c'est aux citoyens que revient la décision d'accepter ou non la mise en œuvre d'une politique économique, cela revient à dire que c'est à eux de choisir si tel ou tel changement doit avoir lieu sur le marché. Le rôle de l'économiste consiste alors à instruire les décideurs des conséquences du changement. Dès lors, l'économiste avec sa connaissance des différentes conséquences de chaque alternative devient utile dans un processus de choix. De plus, les conséquences d'une action gouvernementale étant indirectes, elles sont beaucoup plus difficiles à analyser que les conséquences de l'augmentation de l'offre d'un bien ou de la variation de la demande pour un bien: de plus longues chaînes déductives sont nécessaires, en particulier pour les besoins de ceux qui prennent des décisions. Les raisons qui amènent un consommateur à augmenter sa demande (pour un bien) ou celles qui amènent un producteur à augmenter son offre (pour un bien) ne sont pas à prendre en considération quand on analyse les conséquences de ces actions sur le marché. En revanche, le jugement et l'évaluation d'une action gouvernementale, comme par exemple l'augmentation de l'impôt sur le revenu, nécessitent un raisonnement plus long et plus approfondi sur les causes de l'action. On voit que l'économiste devient alors beaucoup plus utile aux entrepreneurs en tant qu'économiste politique qu'en tant que conseiller ou technicien sur un marché libre, puisque l'action du gouvernement rend les chaînes de causalité beaucoup plus complexes et difficiles à percevoir.

Le XXe siècle a vu naître une classe d'hommes étranges, dans la lignée des Jacobins de la Révolution française: les hommes politiques professionnels. Ces hommes n'ont jamais rien fait d'autre dans la vie que de la politique, et pour eux, la lutte pour le pouvoir est tout. Une de leurs principales caractéristiques est une absence presque totale de réalisme et le travail productif reste de l'ordre du concept. «Ils flottent là haut dans leur tour de contrôle et nous regardent avec leurs yeux de myopes»[55]. Ils sont la cause directe d'une croissance exponentielle de l'intervention de l'Etat depuis cinquante ans ainsi que de l'invention de l'ingénierie *sociale*. Cette dernière consiste à vouloir non seulement dominer la société, mais aussi à la transformer selon sa vision. Or il est intéressant de noter la «professionnalisation» qu'a connu parallèlement la discipline de l'économie. Les premiers économistes se consacraient jadis à l'examen et à l'étude des problèmes de l'économie et ils s'appliquaient à essayer de transmettre à leurs concitoyens, au travers de livres et de conférences, leurs connaissances spécifiques de la science économique et les fruits de leur réflexion. Ils s'efforcaient d'influencer l'opinion publique afin d'obtenir de saines vues politiques sur la conduite des affaires de la cité. Cependant, ils n'imaginaient pas qu'être économiste puisse être une profession[56]. On peut citer de nombreux économistes reconnus pour leurs travaux en science économique qui n'étaient pourtant pas

---

[55] Cf. [17, Bodinat].

[56] Cf. [107, Mises].

des professionnels au sens où ils ne tiraient pas de cette activité la source principale de leur revenu. Ces économistes «amateurs» sont, entre autres, Anne-Robert Jacques Turgot, David Ricardo ou Frédéric Bastiat.

Avec la croissance de l'interventionnisme étatique, les économistes ont vu leur rôle prendre une importance de plus en plus grande en devenant les «spécialistes» auxquels il faut avoir recours pour mettre en forme diverses mesures gouvernementales. Etre économiste est devenu aujourd'hui une activité professionnelle à part entière, si l'on en juge par le nombre considérable d'experts économistes professionnels qui peuplent les bureaux des ministères, les rédactions des journaux mais surtout les universités[57]. Certains d'entre eux ont acquis une réputation nationale, voire internationale, et comptent parmi les gens les plus influents du pays. Or, le rôle éminent que jouent les économistes dans le monde actuel, initié par une demande étatique en experts, a nécessité, comme nous l'avons vu, de nombreux changements méthodologiques dans cette discipline[58].

---

[57] «L'éducation Nationale, nous dit Karine Jullia, est le premier employeur de la fonction publique et l'on est passé de 19 361 inscrits en 1992 au concours de professeurs des écoles à 33 504 en 1993. De même que le nombre d'inscrits au concours de professeur agrégé a augmenté de 15 % l'an dernier» (Cf. [78, Jullia]).

Plus radicalement, il convient de se rappeler qu'avec près d'un million de fonctionnaires, l'Education Nationale est l'une des plus grosses administrations mondiales.

[58] On peut citer ici un passage du philosophe Schopenhauer qui s'applique parfaitement à la science économique «[...] les gens qui veulent vivre de la philosophie seront très rarement ceux qui vivent pour elle, et ils peuvent même parfois être ceux qui exercent à la dérobée contre elle des machinations» (Cf. [146, Schopenhauer]).

Les experts-ingénieurs de la science économique

Le besoin qu'a eu l'Etat de contrôler des phénomènes sociaux après la seconde guerre mondiale a fait sentir son influence la plus grande dans le domaine de l'économie. C'est à cette époque qu'est née une demande pour des économistes-ingénieurs plutôt que pour des économistes-économistes. En effet, face au caractère angoissant de la crise, les hommes de l'Etat et les économistes qui les entouraient se sont pris à rêver de la possibilité d'une analyse des phénomènes sociaux comme des «ensembles», et ce, avec le désir d'obtenir une vue globale et distante de la société, avec l'espoir que se révéleront des régularités rassurantes qui resteraient obscures à plus faible échelle[59]. Grande était la crise, grandes étaient les angoisses électorales des dirigeants, rassurante apparaissait la possibilité d'avoir un contrôle sur les phénomènes sociaux. Les hommes politiques ont alors réclamé un service spécifique aux économistes, qui, pour essayer de satisfaire au mieux ces «nouveaux clients», ont aussitôt cherché à développer de nouvelles méthodes d'analyse. L'utilisation de modèles mathématiques formalisant chaque économie nationale s'imposait comme l'outil idéal pour satisfaire cette demande. Une fois identifiées certaines régularités empiriques, les modèles mathématiques permettraient de prédire les futures tendances des principaux agrégats économiques, et permettraient d'identifier les politiques économiques nécessaires à l'obtention d'un équilibre de plein emploi, d'une croissance soutenue et d'une stabilisation des prix. De plus, l'utilisation des mathématiques donnerait une nouvelle légitimité et un nouvel éclat aux politiques interventionnistes ainsi qu'une nouvelle source de revenu aux mathématiciens à la recherche d'un emploi. La qualité première recherchée chez les économistes n'était plus la capacité à faire usage du raisonnement économique, mais plutôt la capacité à formaliser. C'est à partir

---

[59] Cf. [65, Hayek].

de ce moment que l'usage intensif des mathématiques et la prédominance des canons des sciences dures ne cessèrent de faire reculer l'usage du raisonnement économique. Ce phénomène fut largement accru par le processus de sélection des économistes par l'Etat à la recherche d'économistes-mathématiciens. «L'Etat moderne a renforcé sa puissance non seulement en développant la police et l'armée, mais aussi en devenant protecteur et employeur: les employés de l'Etat sont ses clients et sont, par nature, favorables à la survie de l'Etat hypertrophié»[60]. Ce clientélisme est devenu une pratique systématique en cinquante ans et les économistes n'y ont pas échappé. En plus, trouvant une opportunité de revenu dans cette nouvelle demande, ils n'ont eu de cesse que d'institutionnaliser cette nouvelle économie mathématique en éloignant toutes les autres approches. Une nouvelle communauté d'économistes était apparue. Cette communauté était mathématicienne, peu perméable à toute autre approche que celle des mathématiques et fortement protectionniste[61]. On a laissé s'étioler le véritable mérite des économistes, à savoir celui qui consistait à faire l'usage du seul outil cohérent dans le domaine de la science économique, le raisonnement économique, jusqu'au point où le nombre de ceux qui connaissent encore cet outil ne devienne presque nul. Cette disparition servait parfaitement les intérêts de l'Etat qui avait toujours vu ces derniers, qui constituaient la seule vraie résistance à son extension, émettre une grande méfiance quant à ses activités.

Pour juger de cette suprématie des mathématiques dans l'expertise «politico-économique», il suffit de se demander qui sont et d'où viennent ceux qui pèsent sur les décisions économi-

---

[60] Cf. [17, Bodinat].

[61] «Esprits sordides et mercenaires, qui, peu ou nullement préoccupés de la vérité, se contentent de savoir, vu que le savoir est généralement estimé; peu amis de la vraie sagesse, affamés de renommée et du désir d'être crus en possession de celle-là; aimant *à paraître,* se souciant peu d'être». Giordano Bruno, cité par Arthur Schopenhauer (Cf. [146, Schopenhauer]).

ques prises par les hommes de l'Etat? Dans notre pays, et c'est encore une originalité française, la réflexion économique se construit entre mathématiciens, ou plus précisément, entre polytechniciens. «Héritage de la tradition mathématique et économétrique due au néoclassique Léon Walras, théoricien de l'équilibre général du marché, une diaspora d'X-ENSAE (Ecole Polytechnique et Ecole Nationale de la Statistique et de l'Administration Economique) exerce son influence via l'INSEE, dont les administrateurs ont ce même CV»[62]. C'est en attirant une élite à son service, grâce à la promesse d'ascension sociale, d'accumulation de pouvoir et d'enrichissement que l'Etat s'est constitué une cour de propagandistes. En France, ceux que l'on appelle l'«élite intellectuelle» se dirigent vers l'Ecole Normale Supérieure, l'Ecole Polytechnique ou l'ENA et deviennent par lavage de cerveau ou par intérêt, un groupe de pression fantastiquement efficace dans la défense de l'Etat[63]. Or, ce sont ces messieurs que l'on retrouve à la tête de toutes les grosses entreprises publiques ainsi que dans de multiples postes de conseillers ministériels, ce qui les écarte des métiers pour lesquels ils sont vraiment formés. Mais est-il pour autant regrettable que les experts privilégiés des hommes politiques ne soient pas des universitaires?[64]

---

[62] Cf. [27, de Clapiers].

[63] Nous rappellerons que Murray Rothbard, qui n'a jamais renoncé à faire de la science économique, a dû se contenter presque toute sa vie d'établissements de second rang, comme le Brooklyn Polytechnic, où l'absence de programmes doctoraux garantissait qu'il ne puisse pas faire de disciples...

[64] Même si certains de nos anciens ministres sont agrégés d'économie, il faut reconnaître qu'en politique, être universitaire est une exception. Mais être universitaire de nos jours constitue-t-il vraiment un label de garantie en matière d'expertise économique?

L'université et l'enseignement de la science économique

Que la science économique soit enseignée dans les universités est un grand avantage pour elle. C'est aussi la possibilité pour de nombreux étudiants de la découvrir, et peut-être, pour certains, de devenir des passionnés de l'étude de l'action humaine. On accordera néanmoins que celui qui a des aptitudes pour cette discipline peut aussi l'aborder et l'étudier d'une autre manière.

Il faudrait aussi qu'un gouvernement et les hommes qui le composent n'appointent pas, dans ces universités, des gens en charge de la catéchèse de la social-démocratie. Aujourd'hui, l'attribution des chaires publiques d'enseignement de l'économie ne s'effectue non plus selon des critères d'aptitude du candidat, mais d'après ses opinions. Les professeurs sélectionnés doivent enseigner en conformité avec les normes étatiques et s'efforcent de donner à la science économique le sens qui répond aux directions qu'ils ont à cœur, ou qui leur sont imposées. Ils sont dans l'obligation de suivre le programme d'enseignement officiel. Il résulte de cela que l'on ne peut professer et entendre professer dans les universités qu'un seul et unique langage, qu'un seul et unique discours: celui de l'économie pro-étatique. Ainsi, les universitaires n'agissent malheureusement que comme obstacle à l'apprentissage de la science économique et du raisonnement qui la caractérise.

Ceux qui enseignent la science économique sous ces restrictions et ces obligations, ne font plus — ou ne savent plus — que présenter le contenu des théories autorisées, déguisées sous des expressions abstraites, des modèles mathématiques compliqués qui rendent fade et difficilement accessible ce qui est le plus simple. Ceci a l'avantage d'éloigner les étudiants susceptibles de critiquer. D'ailleurs, certains économistes, même s'ils reconnaissent qu'il est tout à fait possible d'étudier les sciences sociales sans connaître les mathématiques supérieures, insistent pourtant sur le caractère obligatoire dans tout programme officiel du calcul différentiel et des statistiques mathématiques, comme un moyen de tenir à l'écart les étudiants les plus faibles.

Cependant, s'il est tout à fait indispensable d'opérer une sélection à l'université comme dans les cycles qui précèdent, il est incroyable de concevoir d'opérer une sélection qui soit basée sur autre chose que sur ce qui fera d'un étudiant en science économique, un économiste: le raisonnement économique!

En fait, ce sont les universités avec leur public d'étudiants qui acceptent tout ce que dit Monsieur le Professeur[65], qui ont rendu possible la réelle subversion méthodologique de la science économique que l'on observe aujourd'hui. Les universités sont manifestement le foyer où prend naissance et se développe cette philosophie à intérêt et à intention. Elles seules, par leurs règles de promotions internes et sélectives, ont permis que le raisonnement économique soit écarté par les théories des économistes mathématiciens.

Or, tout cela n'aurait pas été possible si le système éducatif n'était pas totalement public et donc exclusivement entre les mains de l'Etat.

Sur l'Education Nationalisée

Nous aimerions explorer rapidement ici les conséquences d'un système éducatif exclusivement public. L'Etat s'est approprié le monopole de l'éducation nationale sous les prétextes suivants: toutes les personnes naissent égales et ont donc un droit à l'accès au système éducatif. Or, sans obligation de l'Etat de faire suivre une scolarité aux enfants jusqu'à l'âge minimum de 16 ans, nous dit-on, un nombre significatif de parents n'enverraient

---

65 «[...] l'étudiant s'imagine que si le professeur de droit possède à fond ses pandectes, le professeur de médecine sa pathologie, le professeur d'économie, nommé par décret de 'Sa Majesté', doit posséder à fond son raisonnement. Il se rend en conséquence à son cours avec une confiance enfantine, et comme il y trouve un homme qui critique de haut, avec un air de supériorité consciente, il ne doute pas d'avoir frappé à la bonne porte, et il s'imprègne de toute la sagesse qui jaillit ici, aussi crédulement que s'il se trouvait devant le trépied de la pythie» (Cf. [146, Schopenhauer]).

pas leurs enfants à l'école, ce qui les mettraient en situation de désavantage par rapport à ceux dont les parents valorisent l'école. Ce désavantage aurait, nous dit-on encore, des conséquences fâcheuses puisque qu'il entraînerait pour les enfants qui ne sont pas scolarisés une moindre compréhension de la politique et de la productivité. De plus, la connaissance a ceci de particulier qu'il s'agit d'un bien dont la valeur est manifeste chez les gens qui la détiennent. Dès lors, dans le cas où des parents ne valorisent pas l'accès à la connaissance de leurs enfants, l'intervention du gouvernement au nom de ces enfants est justifiée.

Les arguments visant à l'institution d'un système éducatif gratuit sont les mêmes. S'il est vrai que toute personne est supposée naître égale devant la loi, on ne peut pas en conclure que tout le monde est en mesure d'être «éduqué» de la même manière[66]. Ensuite, même si tout le monde était capable d'être scolarisé de facon identique, cela n'implique en aucun cas que c'est à l'Etat de prendre seul en charge cette éducation. Enfin, même si c'était à l'Etat de prendre en charge le système éducatif du pays dans sa totalité comme il l'a fait, c'est un échec manifeste que nous devons constater aujourd'hui.

Le bilan du système éducatif français public est le suivant: le monopole d'Etat est total puisqu'il s'étend de la maternelle à l'université, et même les écoles dites «privées» sont sous sa tutelle puisqu'il leur faut être «sous contrat» pour être reconnues. Ensuite, le caractère éducatif des établissements scolaires a été presque complètement remplacé par celui de garderie. On entend

---

[66] De plus, c'est avoir une conception bien restrictive du mot *éducation* que de ne l'associer qu'à ce que l'on apprend à l'école. L'éducation englobe un grand nombre de choses. Or, tout ne s'apprend pas à l'école. Il y a un grand nombre de disciplines pour lesquelles on doit faire appel au système privé dans le but de parfaire son éducation: musique, danse...

La partie de l'éducation la plus fondamentale pour l'enfant relève d'ailleurs directement de ses parents. En ce sens, l'«éducation nationale» serait dangeureuse si elle avait pour but d'éduquer plutôt que *d'enseigner*...

d'ailleurs souvent que «puisque les parents aujourd'hui n'ont plus le temps de s'occuper de leurs enfants, ils sont mieux à l'école qu'à traîner dans les rues». Pour s'adapter à ces nouvelles fonctions, certaines universités, comme celle de Paris VIII Saint-Denis proposent des cours de «Hip-Hop et Communication» dans le but d'«apprendre l'aspect social de ce mouvement à la mode chez les jeunes». D'ailleurs à Saint-Denis, «la Présidente de l'Université a ouvert les portes de la Faculté dont elle offre certains murs aux taggers et graffeurs de la région parisienne, qu'ils soient universitaires (rares) ou non (déjà plus fréquents), [....], dans le but, explique-t-elle, d'insérer l'Université dans la ville et de familiariser la ville avec l'Université. L'Université doit devenir un espace urbain, un lieu de vie collective et sociale intense»[67]. C'est sûrement une excellente nouvelle pour la RATP, qui dépense chaque année, aux frais des contribuables, des millions dans la seule lutte contre le vandalisme et les graffiti (50 millions de francs en 1990), mais est-ce une bonne nouvelle pour l'éducation des étudiants?

D'ailleurs, qui a parlé d'éducation? Les écoles et les universités ne sont plus des lieux où l'«on apprend comment vivre mais où l'on vous apprend comment gagner votre vie»[68]. Bien sûr, contrairement à la mention «Education Nationale gratuite», le coût financier de ce système est exorbitant. Gratuit signifie habituellement que l'on n'a pas à payer. Or, le plus gros budget de l'Etat est celui de l'Education Nationale: 300 milliards de francs par an. Ces francs ne peuvent malheureusement que venir de la poche d'individus dont les activités productives leur assurent un revenu. Ces individus ont un nom bien précis: on les appelle «contribuables». L'argent vient des contribuables, il n'est pas le fruit d'une opération magique connue de nos seuls dirigeants; le système n'est donc pas gratuit.

---

[67] Cf. [108, Montali].
[68] Cf. [48, Fortkamp].

Qui plus est, si ce système public n'a pas toutes les vertus qu'on lui accorde, il a de lourdes conséquences. L'étendue de son échec est patent malheureusement partout. Pour ne nommer que trois symptômes visibles: le nombre grandissant des jeunes s'adonnant aux drogues dures, celui de ceux ne sachant plus ni parler ni écrire le français correctement (il n'est même pas ici question de perfection mais de simple maîtrise de la langue), et la violence juvénile (en augmentation de 45 % en 1994). Ce monopole de l'Education Nationale a totalement retiré aux parents toute possibilité de contrôle de l'éducation de leurs enfants[69]. Tout comme les parents ont la responsabilité de choisir la nourriture, les vêtements ou le médecin de leurs enfants, ils devraient pouvoir être responsables de leur éducation. L'importance qu'il y a à faire soigner correctement un enfant n'est pas moindre que celle qu'il y a l'éduquer. Or, peu de parents sont des experts en médecine, mais tous souhaitent pouvoir choisir librement leur médecin et ne souhaitent en aucun cas dire au médecin ce qu'il doit faire. Il est tout aussi important de redonner aux parents une responsabilité dans l'éducation de leurs enfants, d'autant plus que l'Etat n'est manifestement pas en possession des vraies réponses aux problèmes que soulève l'éducation des enfants. De plus, le gros risque lié à un système d'écoles identiques totalement publiques sous le contrôle de l'Etat et sur lequel on ne peut exercer aucun choix ni aucune sanction en cas de mécontentement est celui de la main mise publique sur la formation des idées chez les jeunes et sur la formation de l'idéologie.

---

[69] Les programmes étant unifiés à l'échelle nationale, les parents n'ont pas de choix possible dans ce qu'ils voudraient que leur enfants apprennent.

Le maintien du monopole de la contrainte

«Même les bœufs sous le poids du joug geignent,
Et les oiseaux dans la cage se plaignent.»
Etienne de La Boétie[70]

Le principe de l'effet Laffer est très simple dans sa formulation. Il est connu partout dans le monde, sauf en France. Nombreux sont les articles faisant référence à ce phénomène. De plus, ses conclusions sont très plaisantes puisqu'elles énoncent clairement qu'une réduction des taux marginaux d'imposition permettrait non seulement aux personnes productives de garder une plus grande partie des fruits de leur travail, mais aussi à l'Etat de voir ses recettes fiscales augmenter. Alors pourquoi accepte-t-on de toute part des augmentations des taux marginaux?

Nous avons vu que le problème venait des conseillers de nos hommes politiques qui ne connaissaient en fait pas ces principes. Ensuite, nous avons vu que le système éducatif tel que nous le connaissons aujourd'hui ne permet pas de former des économistes au raisonnement économique et que le système politique semble sélectionner des dirigeants et des conseillers ne connaissant surtout pas ce raisonnement. L'Education Nationalisée et la possibilité d'orienter l'idéologie des jeunes qu'elle entraîne, nous amènent maintenant à nous pencher sur la nature de l'Etat et sur ses activités. En effet, cet Etat réalise un miracle permanent: alors qu'il donne des preuves quotidiennes de son inefficacité et de son danger, il n'est pas remis en cause dans son principe.

---

70 Cf. [15, de La Boétie].

La nature de l'Etat, ses activités et son besoin de contrôle de l'idéologie

Quelle que soit la facon dont on aborde le problème, la fiscalité n'est rien d'autre qu'un moyen d'empêcher la formation de richesse ou au moins de la freiner. La fiscalité n'est rien d'autre qu'une source d'appauvrissement. Il semble donc légitime de se demander quelles sont les raisons pour lesquelles non seulement les individus acceptent de supporter l'impôt, mais surtout pourquoi ils acceptent de supporter toujours plus d'impôt? Il est tout aussi légitime de se demander pourquoi toutes les politiques économiques visent à augmenter les impôts plutôt qu'à les réduire comme le préconisent les économistes de l'offre et l'analyse de l'effet Laffer?

«Quand, à cause de l'impôt, un paysan mourrait de faim sous Louis XIV, il allait embrocher le contrôleur du fisc. Quand, à cause de l'impôt, un cadre supérieur ne peut pas changer sa moquette, il enrage, mais se tait»[71]. En France, l'Etat s'approprie plus de la moitié des richesses produites (ou plutôt comptabilisées). Comment se fait-il que malgré son caractère oppressif et appauvrissant, les individus qui composent la société ne se révoltent pas et ne remettent jamais en cause sa légitimité? Comment se fait-il que chaque année, en février et en mars, des millions de Français remplissent docilement leur déclaration de revenu, acceptant ainsi de céder une partie considérable de leur revenu au nom de la redistribution, protestant sur le montant prélevé mais sans jamais remettre en cause la légitimité de l'impôt?

---

[71] Cf. [17, Bodinat].

La passivité devant l'impôt

La science économique reconnaît que toute action est toujours fondée sur une idée définie quant à des relations causales[72]. L'action sans la pensée et sans les idées est inimaginable. Ces idées, quelles soient bonnes ou mauvaises, ne manquent dans aucune action humaine. Si la science économique et la praxéologie sont en mesure de traiter les conséquences des idées à travers l'action, elles ne sont pas en mesure de déterminer quelles sont ces idées, quelle est leur origine et pourquoi les hommes ont telle ou telle idée. Cette problématique et l'analyse des causes de l'idée appartiennent au domaine de l'histoire et de la sociologie et nous obligent à quitter le domaine de la science économique.

La cause originelle de l'augmentation et de l'acceptation de plus en plus grande du niveau de l'impôt est un lent mais dramatique changement qui s'est opéré dans l'opinion publique dans l'idée que se font les hommes de la justice et de la légitimité de l'Etat[73]. C'est une question fondamentale dans la mesure où il n'existe que deux moyens pour acquérir quelque chose: la production ou l'expropriation des producteurs par les non producteurs. Dans la mesure où tous les individus préfèrent un plus grand revenu à un revenu plus faible, il est assez clair que l'idée de la possibilité d'appropriation non contractuelle est au moins aussi vieille que celle d'appropriation productive et contractuelle. C'est là l'expression du pouvoir politique.

Il nous semble important, avant de poursuivre, de faire une rapide analyse conceptuelle de ce qu'est le pouvoir politique.

A l'origine, le pouvoir est un verbe substantivé qui renvoie donc toujours à la sphère de l'action, il désigne la capacité d'agir, directe ou indirecte, sur les choses ou sur des personnes, sur des objets sans âmes ou sur des volontés. Dans le premier

---

72 Cf. [107, Mises].

73 Cf. [69, Hoppe].

cas, il s'agit du *pouvoir de,* du pouvoir comme «capacité de faire», du «savoir faire». Dans le second cas, il s'agit du *pouvoir sur.* Le champ du pouvoir ici, contrairement à celui du *pouvoir de,* n'est plus celui des choses et de soi même ou de sa capacité à diriger sa propre énergie, mais c'est le champ des volontés, c'est-à-dire d'individus extérieurs qui contrairement aux choses sont susceptibles, par leur volonté et leurs actions, de s'unir à moi ou de s'opposer. Nous sommes ici sur le terrain des rapports humains et dans le champ de l'existence collective. Le langage, la liberté, la volonté, l'affectivité, le désir, l'imagination et la raison seront ici la matière sans cesse mobile du pouvoir. Le *pouvoir sur* désigne une capacité de mobilisation des autres volontés et de leur pouvoir propre, en fonction de buts, d'objectifs et de modalités très diverses. Ce *pouvoir sur* est une «capacité de faire faire» et se multiplie par la médiation de la volonté et de l'agir d'autrui tenus par des liens qui restent à élucider.

Il est très important de souligner que ce *pouvoir sur* n'est pas possible et est non viable sans une volonté commune qui peut se fonder sur des motifs très divers. «Cette volonté commune est le sol obligé de tout pouvoir, quel qu'il soit. Ainsi, si l'esclave ne veut pas obéir au maître, le pouvoir de celui-ci est totalement impuissant, et l'éventuelle mise à mort de l'esclave constitue l'aveu définitif de l'impuissance du pouvoir; en ce sens, la mort étant toujours la possibilité négative d'affirmation de sa liberté par le refus absolu, tout pouvoir est condamné à prendre son fondement dans un vouloir commun, ce qui passe par le vouloir de chacun. Bien entendu, l'existence de ce vouloir commun ne constitue en rien la légitimité du pouvoir quel qu'il soit, le vouloir pouvant comme dans ce cas ne pas être réellement libre, mais adhérer simplement à la vie, au minimum de son existence sensible, et être motivé au fond par un simple vouloir d'attendre»[74]. On voit très bien ici en quoi aucun accord tacite ne peut faire office de preuve de légitimité de l'exercice du pouvoir.

On identifie trois formes de pouvoir:

1° La première forme du pouvoir est la force appliquée à un individu de manière à lui faire penser qu'elle est capable de le détruire. C'est la violence. La contrainte d'un individu à agir en contradiction avec ses intérêts propres ne tire donc sa force et ne fonde un pouvoir que si elle s'accompagne de la menace de la violence, assez clairement annoncée par la violence de la menace.

2° L'autre forme de pouvoir est l'autorité. Elle est totalement opposée au pouvoir fondé sur la force et la violence. L'autorité se définit comme la capacité à se faire obéir sans le recours à la contrainte ni même à la persuasion et repose seulement sur la reconnaissance des individus auxquels elle s'applique. Ce respect se fonde lui, sur l'estime accordée soit à la personnalité morale du dépositaire de l'autorité (les hommes d'Eglise par exemple), soit à la reconnaissance de ses capacités intellectuelles, de ses compétences, de son courage, d'expériences, soit aux valeurs et fonctions qu'incarne cette personne. On voit ici le rôle fondamental que peuvent jouer les intellectuels dans le pouvoir de l'Etat.

3° Enfin, le pouvoir peut aussi s'exprimer comme la capacité de mise en jeu, par le truchement déterminant d'une volonté dirigeante, d'un vouloir commun sans le recours fondamental et exclusif de la contrainte ou de la transcendance de l'autorité. Cette troisième forme de pouvoir est celle que revêt le pouvoir politique. En effet, ce pouvoir s'exerce souvent à l'encontre des volontés individuelles et

---

[74] Cf. [58, Guichet].

sans justification d'une supériorité essentielle, mais par le mandat, explicite ou non, d'un consentement collectif minimal. «L'essentiel de l'activité du pouvoir politique qui, sans se priver du recours possible à la contrainte ou du recours de l'autorité constituée par la morale, la religion, la figure du Grand Homme, ou des experts, ne peut cependant pas se réduire à ces deux limites et simplifications extrêmes». En effet, le pouvoir politique ne peut pas être défini comme l'exercice de la seule force d'un homme ou d'un groupe d'hommes sur d'autres individus passifs. Le pouvoir doit être un usage de la force qui est en mesure de durer dans le temps. Or, rien n'est plus instable dans le temps et ambigu qu'un avantage dans la violence. Cette force ne dure que si elle manifeste une certaine intelligence, une capacité d'organiser et de s'organiser en fonction des rapports sociaux et, à travers eux, d'alimenter les désirs humains et de s'y enraciner, ce par quoi elle se transforme en pouvoir réel. De même, la durée du pouvoir politique peut s'expliquer par le seul fait de l'autorité d'un homme charismatique sur les autres.

La nature de l'Etat, ses activités et l'importance de l'idéologie

«L'Etat, nous dit Murray Rothbard, est l'organisation qui fait usage des moyens politiques, c'est-à-dire l'utilisation systématique de la violence et de la prédation sur un territoire donné»[75]. Cette violence se trouve à la fois à l'origine, dans les moyens et dans les fins des hommes politiques. En effet, à l'origine du pouvoir politique se trouve la violence puisque l'Etat est issu d'un acte éminemment violent dont l'essence est l'acte inaugural de la société politique. Seuls les motifs et les mobiles de cette

---

[75] Cf. [133, Rothbard].

violence opposent les philosophes classiques aux philosophes naturalistes. «Contrairement aux théoriciens du contrat social qui font de la violence fondatrice un acte légitime, nous affirmons que c'est un acte foncièrement illégitime, reposant sur une duperie, une supercherie qualifiée de contrat de soumission, discréditant le droit qu'il prétend fonder». Tout droit résultant de la tromperie et donc de l'extorsion peut bien être légal, il n'en est pas plus légitime.

De plus, la violence constitue le moyen privilégié des hommes de l'Etat. Par sa nature même, ainsi que par ses activités, l'Etat n'est jamais supporté volontairement par les individus qui composent la société. Les hommes de l'Etat sont dans l'obligation de faire appel à la coercition et à l'usage de la violence, l'usage de la coercition impliquant que certains individus soient amenés à faire des choses de façon contrainte et soient donc les victimes de ce pouvoir. Ces victimes sont donc une source de résistance passive ou active, donc une possible entrave à la poursuite des objectifs des hommes qui détiennent le pouvoir. Cette résistance peut être anéantie par le recours à la violence et à la force, dans le seul cas où elle n'émane que d'un nombre réduit d'individus et lorsqu'elle est de faible envergure. Cependant, il est inconcevable d'affirmer que cette résistance peut être détruite par le seul usage de la force dans le cas où l'on a une minorité d'individus qui exploitent et privent des fruits de son travail une population d'individus infiniment plus importante. Or, c'est exactement ce qui se passe lorsque le petit nombre d'hommes composant les différents gouvernements du monde imposent les revenus de millions d'individus producteurs, les privant ainsi de la consommation d'un grand nombre de biens. D'où la nécessité pour les hommes de l'Etat de persuader le peuple de son bon droit afin que la résistance s'élimine d'elle même. Nous citerons ici Jean-Jacques Rousseau qui écrivait que «le plus fort n'est jamais assez fort pour être toujours le maître s'il ne transforme pas sa force en droit et l'obéissance par la force en devoir»[76]. Il est d'ailleurs intéressant de noter que lorsque ceux qui font usage de la force cherchent à emprunter le prestige du droit, ils lui rendent un hommage paradoxal reconnaissant par là sa nécessité irréductible et avouant en même temps la faiblesse incontournable de la force et donc la force du droit[77].

Ainsi, même si la force est le *modus operandi* des hommes de l'Etat, le problème majeur de long terme auquel ils doivent faire face réside dans l'obtention du soutien de l'opinion publique. Dans le but de préserver le pouvoir acquis originellement par la violence et l'usage de la force, les hommes politiques doivent impérativement s'assurer une acceptation active ou passive de ce pouvoir par la majorité des individus qui le subissent. Le problème des hommes de l'Etat est donc celui de la reconnaissance de la légitimité de l'Etat et donc de leur idéologie.

Par idéologie, on entend la totalité de nos doctrines concernant la conduite individuelle et les relations sociales. C'est par le contrôle de l'idéologie qu'une majorité d'individus composant un pays abandonne toute idée de résistance passive ou active à l'encontre de toute action d'appropriation non contractuelle et d'expropriation menée par le petit nombre d'individus qui composent un gouvernement. L'idéologie est en fait un système de pensée, d'idées et d'idéaux, constituée essentiellement par le souci, conscient ou non, de justifier le pouvoir. En cherchant souvent à se donner un masque de rationalité et de raison, l'idéologie mobilise en fait des émotions et des passions collectives (peur, haine, désir d'identification collective à un territoire, désir d'expansion territoriale...). C'est d'ailleurs ce qui lui donne une force de conviction capable de résister à l'épreuve de la raison[78]. En dernière instance, l'idéologie repose sur des positions de domination et des intérêts matériels individuels qui

[76] Cf. [138, Rousseau].

[77] Cf. [58, Guichet].

[78] Cf. [58, Guichet].

sont le plus souvent dissimulés sous le masque de l'intérêt général. La fonction centrale de l'idéologie est de transformer le fait en valeur (par exemple, l'injustice en *droit à*). Elle opère un travail d'inversion systématique du réel et constitue une arme redoutable des hommes de l'Etat. Ainsi, la société dans laquelle nous vivons, tout comme n'importe quel agencement concret des affaires sociales, y compris la fiscalité, sont des conséquences de l'idéologie, celle-ci n'étant pas comme l'affirme le marxisme, le produit d'un certain état de la société.

Par conséquent, l'opinion publique, reflet de l'idéologie dominante, si elle supporte de facon active ou passive le gouvernement en place dans ses activités d'expropriation que représente la fiscalité, contrebalance la résistance des victimes jusqu'au point où cette résistance semble futile. On peut donc dire que l'idéologie, de par ses conséquences, a un pouvoir sur les hommes et possède la capacité à diriger leurs actions. Le pouvoir est un attribut typiquement humain et permet aux hommes de diriger les actions des autres hommes. Celui qui est puissant tire cette puissance ou ce pouvoir de l'idéologie et c'est elle seule qui peut conférer à un homme ou à un groupe d'hommes le pouvoir d'influencer les choix et la conduite des autres. La puissance et le pouvoir ne sont pas exclusivement physiques et tangibles mais bien moraux et spirituels. Ainsi la puissance de nos dirigeants aujourd'hui repose-t-elle sur la reconnaissance de l'idéologie démocratique de la part des individus qui composent la société. Ludwig von Mises disait que «celui qui emploie sa puissance pour régir l'Etat, c'est-à-dire l'appareil social de coercition et de contraintes, règne. Le règne étant l'exercice de la puissance au sein du corps politique utilisé pour diriger les actions d'autres hommes»[79]. Bien entendu, le trait distinctif de l'Etat est d'être fondé sur l'usage de la violence, ou sur la menace d'en user, contre ceux qui ne sont disposés à céder de bon gré. Cependant, cette oppression violente

---

[79] Cf. [107, Mises].

n'en est pas moins fondée sur la puissance idéologique. En effet, celui qui veut user de la violence doit recourir à la coopération volontaire de quelques autres. De la même manière que le tyran doit avoir une suite de partisans qui obéissent de leur plein gré à ses ordres, les hommes de l'Etat dans un système démocratique sont dans l'obligation d'avoir le soutien idéologique de la majorité des individus.

Ainsi, les hommes de l'Etat ne peuvent se passer de légitimité et donc d'une opinion favorable de la majorité des individus qui composent la société qu'ils dirigent. On ne saurait sous-estimer cette contrainte que représente pour un gouvernement l'opinion publique, dans la mesure où il existe toujours, même si elle est faible, une certaine concurrence entre les Etats et qu'aucun d'eux n'a intérêt à provoquer un exode de ses contribuables et donc de leur seule source de recettes. De plus, c'est de cette opinion favorable dont l'Etat a besoin pour prélever en toute impunité aux producteurs le revenu de leur travail, besoin encore plus grand pour le soutenir dans ses activités d'agression d'autres territoires[80]. L'opinion publique enfin est indispensable pour maintenir l'ordre interne. En fait, l'opinion publique est la seule contrainte à laquelle doivent faire face les hommes politiques.

Il est important de remarquer que le seul mécanisme capable de contraindre l'Etat est l'opinion publique. Contrairement aux affirmations des économistes de l'école des «*choix publics*», la nature des contraintes que subit une entreprise privée et celles subies par une organisation politique comme l'Etat sont de nature totalement différente. Les différences fondamentales entre les hommes de l'Etat et les individus qui échangent librement sur un marché sont de plusieurs types. Tout d'abord, la taille d'une entreprise productive sur le marché est toujours contrainte par la demande des consommateurs, ce qui impose par conséquence une taille limite à ses recettes. De plus, une entreprise est toujours contrainte par la concurrence d'autres entreprises qui

---

[80] Cf. [154, Tilly].

sont en mesure d'offrir le même service. Son objectif est donc de produire les biens désirés par les consommateurs à un coût moindre et donc de la façon la plus efficace qui soit. De ce fait, si une entreprise désire augmenter sa taille, elle doit être en mesure d'offrir un produit qui satisfera les besoins les plus urgents de ses consommateurs et ce, de la façon la plus efficace et la moins coûteuse possible afin de faire face à la concurrence. Les contraintes en ce qui concerne la taille d'un gouvernement sont très différentes. Cette taille n'est pas contrainte par la demande des consommateurs de la même façon que peut l'être une entreprise privée (quelles sont les personnes qui sont demandeuses pour payer les impôts?). Ainsi, la croissance de l'Etat est en contradiction avec la demande faite par les individus. De même, la compétition entre les Etats existants ne contraint pas la croissance de cette organisation au sein d'un territoire donné. L'Etat n'est pas soumis aux mêmes contraintes de coût qu'une entreprise privée. Quelle entreprise privée est en mesure de soutenir un déficit de la taille de celui de l'Etat français? La réponse est: aucune. La seule contrainte que connaît l'Etat est celle de l'opinion publique.

On peut donc affirmer que l'augmentation continue du niveau d'imposition réside dans l'acceptation de la légitimité de l'impôt par la majorité des individus. Ceci passe par un changement dans les idées dominantes qu'ont les individus sur ce qui est juste[81]. Les tentatives d'explication de la variation du niveau de l'impôt en terme de changements dans les conditions de l'ordre social, c'est-à-dire par des variations dans des valeurs objectives sur lesquelles les idées n'auraient aucune emprise, ne peuvent être fondées[82].

---

[81] Nous pourrions résumer cette relation de causalité de la facon suivante:

Idéologie → Légitimité des activités étatiques
→ Taille de l'Etat
→ Niveau de l'impôt

[82] Cf. [69, Hoppe].

Dès lors, si l'on suppose que l'Etat a pour objectif d'obtenir un montant maximum de recettes fiscales, il lui faut s'assurer de soutien de l'opinion publique. Or, c'est dans ce but qu'il a inventé la propagande. Intellectuels, prêtres et médias ont bien entendu été appelés à la rescousse pour façonner l'idéologie. La liste des armes idéologiques développées par l'Etat afin de s'assurer le soutien des individus est immense.

Parmi les armes familières, les hommes de l'Etat ne manquent jamais de souligner que *nous* sommes l'Etat, le recours à la tradition et aux arguments du type «nous avons toujours payé des impôts»[83], les discours incessants sur le fait que les lois, règles, impôts et contraintes de tout genre sont inévitables et indispensables pour faire face au déterminisme des choses, aux inexorables lois de l'histoire et aux incontrôlables forces sociales qui nous déstabilisent et sont la cause permanente de l'état de crise dans lequel nous sommes plongés[84].

Ce besoin de légitimité commun à tous les Etats dans le monde les poussent à rechercher sans cesse tous les moyens par lesquels ils pourront démontrer aux individus dont ils extirpent les richesses que la croissance de leur pouvoir est conforme à l'«intérêt général». Comme nous l'avons vu, il est tout à fait justifié de penser que les intellectuels ont un rôle important à jouer dans l'acceptation par le grand public de l'idéologique étatique. Faisant figure de savants, d'hommes de connaissance et de sagesse pour le plus grand nombre des individus, il leur est facile de convaincre et de forger l'idéologie du moment. Ce sont les intellectuels aujourd'hui qui, à la suite des hommes d'Eglise hier, modèlent les opinions et donnent un air de respectabilité aux hommes politiques et à leurs agissements[85].

---

[83] «Pensons que si les sociétés humaines avaient un an, l'Etat serait apparu au milieu de la dernière semaine, et n'aurait conquis l'ensemble de la planète que le 31 décembre, une demi-heure avant minuit» (Cf. [17, Bodinat]).

[84] Cf. [133, Rothbard].

[85] Cf. [80, Kau].

L'un des premiers économistes à se pencher sur les théories de l'idéologie fut Joseph Schumpeter[86]. Selon lui, une des causes principales du rejet par les individus du capitalisme et de son éthique, et parallèlement un retour du socialisme et de l'interventionnisme, se trouve dans le mécanisme de l'idéologie. Le capitalisme, dit-il, engendre un nombre important et grandissant d'intellectuels hostiles au système lui-même. De plus, le capitalisme accroît considérablement les pouvoirs et l'influence de ces intellectuels via les médias. L'opinion publique étant constituée, en grande partie, d'individus formés par les intellectuels, elle se voit transmettre cette hostilité vis-à-vis du capitalisme. En fait, l'argument de Joseph Schumpeter peut être interprété de la façon suivante: le système politique est une source de transfert redistributif des individus productifs vers les non productifs. C'est en cela que le système capitaliste s'oppose au système politique, les transferts s'effectuant de façon volontaire des individus productifs vers d'autres individus productifs. Dès lors, il existe toute une catégorie d'individus qui seront inévitablement hostiles au système capitaliste. Or, nous dit Joseph Schumpeter, les individus qui ont un grand intérêt dans un gouvernement fort seront en mesure, par le biais de l'idéologie, de convaincre les autres que ce contrôle de l'Etat et que ses activités sont souhaitables.

En fait, il est difficile de séparer l'idéologie de l'intérêt personnel. Dans la mesure où l'augmentation croissante de l'intervention de l'Etat est à l'origine d'une demande très grande pour les services des économistes, un économiste qui justifie et conseille la croissance de l'interventionnisme étatique va dans le sens de son intérêt personnel.

Le recours à l'histoire nous permet de constater que les sociétés ont alterné des périodes de fort étatisme avec des périodes où l'idéologie dominante valorisait le droit naturel et la loi naturelle, c'est-à-dire des valeurs morales objectives identi-

---

[86] Cf. [148, Schumpeter].

fiables par la raison. Par exemple, après l'ère de l'absolutisme qui valorisait l'expropriation et l'exploitation des individus par la monarchie, on a vu triompher la tradition classique libérale. Les idées qui avaient conquis l'opinion publique et permis une grande réduction des pouvoirs de l'Etat consistaient à faire de la propriété privée et de la liberté, des principes évidents, inévitables et inviolables. Aujourd'hui, presque rien ne subsiste de cette éthique de la propriété et de la vigilance envers le gouvernement. Au contraire, les hommes politiques sont regardés comme des gens respectables et honnêtes[87]. Le soutien des intellectuels est déterminant dans un tel processus. Ce sont eux qui justifient et légitiment les impôts. Ils sont reconnus depuis toujours par l'œil du public au lieu que ne soit mise en avant leur fraude intellectuelle.

Le retour de l'idéologie étatiste est à dater de la fin de la première guerre mondiale. C'est dans l'optique de pouvoir inculquer aux enfants une idéologie «correcte» et favorable à son activité que l'Etat a toujours cherché à détruire toutes les institutions indépendantes d'éducation et d'apprentissage afin d'acquérir le monopole de l'éducation.

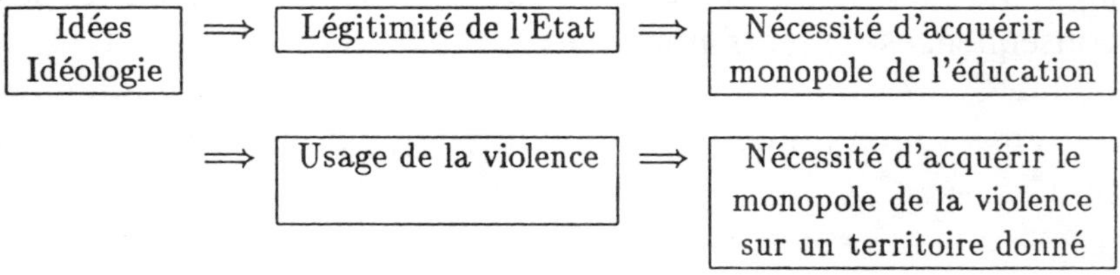

[87] Et ce, malgré tous les scandales politico-financiers que vient de connaître notre pays, malgré les preuves accablantes de l'immoralité de certains de nos plus hauts représentants politiques, malgré l'affaire du sang contaminé qui a abouti à la contamination par le virus du SIDA de près de 90 % des hémophiles français.

Or, le passage à l'acquisition du monopole de l'éducation par l'Etat a nécessité un changement préalable dans l'opinion publique. C'est par un changement dans sa structure organisationnelle que l'Etat est parvenu à faire accepter l'idée de l'institution d'un monopole public de l'éducation.

Tout d'abord, l'Etat a cessé d'être l'Etat gendarme pour devenir l'Etat providence. Les dépenses redistributives ont fortement augmenté ainsi que le nombre de personnes dépendant de cet Etat redistributeur, ce qui a eu pour conséquence un accroissement du soutien du peuple. De plus, cette redistribution ne s'effectue plus uniquement de ceux qui ont des revenus vers ceux qui n'en ont pas, mais s'élargit à l'ensemble de la société sous forme de cartellisation, de réglementation et d'attribution de rente de monopole[88]. Ensuite, l'accès à la fonction publique n'est plus réservée comme auparavant à une caste. De cette façon, l'Etat corrompt de larges fractions des individus qui deviennent partie prenante et intéressée dans cette activité redistributive[89]. L'impact d'une telle opération sur l'opinion publique est plus que positif. Enfin, l'Etat a persuadé les individus que ses pertes et ses déficits était le fait de l'extérieur et que les hommes de l'Etat qui prennent les décisions dans ce pays ne doivent pas se voir imputer la responsabilité des conséquences de leurs politiques.

---

88 Cf. [157, Tullock].

89 Cf. [77, de Jouvenel].

CONCLUSION

Ainsi, c'est le changement de la constitution, le passage à la démocratie et la naissance de l'Etat-Providence qui sont à l'origine de l'acceptation de l'impôt, du monopole de l'Education, du rejet du raisonnement économique et de la disparition des économistes. Déjà, au XVIe siècle, Etienne de la Boétie décrivait le secret même du pouvoir de l'Etat, de sa capacité à durer et à être supporté de tous alors qu'il est si fragile et oppressif: «son habileté à mailler la société de chaînons de dépendance qui relient la tyrannie de la base au sommet de la pyramide sociale. Il s'instaure, à partir du tyran lui-même, une sorte de réseau de sous-traitance du pouvoir qui assoit ce pouvoir sur une multitude de petits tyrans qui, de degré en degré, dépendent tous les uns des autres et de la tyrannie elle-même». Etienne de la Boétie révèle derrière la magie apparente du pouvoir, toute la machinerie des rapports de dépendance, des intérêts et des positions qui s'enclenchent les uns dans les autres en broyant en eux toutes les autres dimensions des rapports humains[90]. Il révèle déjà la supercherie intellectuelle qui aboutit aujourd'hui à cette fiscalité radicalement opprimante que nous sommes, dans le fond, peu nombreux à remettre en cause.

---

[90] Cf. [15, de la Boétie].

CONCLUSION

«Parvenir à distinguer effectivement la législation sur les règles générales à suivre dans la répartition de la charge fiscale entre les individus, de la détermination du total des prélèvements envisagés, exigerait une refonte si totale des principes des finances publiques, que la première réaction des personnes ayant la connaissance familière des institutions existantes considéreront probablement un tel projet comme absolument impraticable. Et pourtant, rien de moins qu'une telle révision complète du cadre institutionnel de la législation fiscale n'a de chances sérieuses d'arrêter la tendance à l'accroissement continuel et de plus en plus rapide de la portion du revenu de la société dont dispose l'Etat. Cette tendance, si on la laisse durer, engloutira, avant qu'il soit longtemps, la totalité de la société dans l'organisation gouvernementale».

Friedrich Hayek[1]

«Dans tous les cas, il est certainement avantageux de savoir ce qu'il y a de plus parfait dans le genre, afin que nous puissions amener toute constitution ou forme de gouvernement réelle aussi proche que possible de ce modèle, par des modifications et innovations suffisamment légères pour ne pas infliger à la société des perturbations trop grandes».

David Hume[2]

«Voter est un droit dérivé, et non un droit fondamental; il est dérivé du droit à la vie, comme traduction politique des prérequis à la survie d'un être rationnel».

Ayn Rand[3]

---

1 Cf. [64, Hayek, page 151].

2 Cf. [70, Hume, *Essai XVI*].

3 Cf. [122, Rand, page 233].

Comme nous l'avons montré à maintes reprises, compte tenu de la crise économique que subit notre pays, la théorie comme l'expérience nous commanderaient une baisse drastique des plus hauts taux d'imposition: ceux-ci annihilent l'activité marginale des individus les plus engagés dans l'acte hautement moral qu'est la production, causant ainsi une partie du chômage et des déficits massifs des finances publiques.

Si les remèdes existent et si les voies qui pourraient mener à la réduction des prélèvements obligatoires sur la création de richesses sont multiples, il semble pourtant qu'un choix «collectif» implicite ait été adopté: il consiste à réformer la nature de la fiscalité — en transformant l'impôt en cotisations sociales ou les cotisations en impôts — plutôt que le niveau de ces taxes.

La situation budgétaire française semble critique. Les déficits atteignent un niveau historiquement élevé. A l'exception des périodes qui suivent des guerres, de 1871 à 1910, de 1919 à 1939, et de 1945 à 1948, la dette de l'Etat a toujours été inférieure à son niveau actuel. Ainsi, les périodes de paix sont-elles habituellement consacrées au remboursement des crédits de guerre.

Aujourd'hui, cette tendance historique qui s'est maintenue près de deux siècles, semble rompue. Sous la pression fiscale, qui réduit les recettes fiscales à court terme et le taux de croissance à long terme, ainsi que sous la pression démographique, les dettes des Etats explosent. La France n'échappe pas à ce phénomène.

Du fait de l'existence d'un système de retraites par répartition qui occupe une place prépondérante dans l'ensemble des ressources des inactifs âgés, notre pays va connaître, d'ici quelques années, une crise des finances publiques sans commune mesure avec celle que nous subissons. D'après le rapport semestriel de l'OCDE de juin 1995, l'écart entre les recettes et les prestations sociales pourrait commencer à croître à partir de l'an 2000, pour atteindre un niveau équivalent à 6 % du PIB aux alentours de 2030. Aux déficits du budget vont donc s'ajouter des déficits sociaux six fois supérieurs à ceux que nous connaissons aujourd'hui.

Naturellement, de telles projections ne tiennent pas compte de changements technologiques majeurs, par nature imprévisibles. Elles supposent également le *statu quo* politique. Cependant, il nous semblerait dangereux et illusoire de compter sur l'arrivée de nouvelles techniques permettant de très forts gains de productivité. Il faudrait que ces derniers soient considérables pour masquer les effets négatifs conjugués de notre politique de l'emploi, de notre fiscalité désincitative et de l'absence de responsabilité des systèmes sociaux.

Ainsi, sans réforme de fond, les déficits budgétaires et sociaux pourraient culminer à plus de 10 % du PIB d'ici quinze ans.

Jamais dans l'histoire d'une nation, de telles dettes n'ont pu être remboursées sans faire appel à l'inflation. La seule exception notable est la réforme fiscale d'Andrew Mellon aux Etats-Unis dans les années 1920, celle-là même que nous avons évoquée dans la troisième partie de cet ouvrage. Aussi, il n'est pas ridicule de dire que l'avenir sera très sombre si un sursaut moral n'a pas lieu.

La guerre de 1871 et les deux guerres mondiales qui l'ont suivie sont la cause d'une grande partie de nos maux actuels. Parce qu'elles ont détruit l'épargne populaire, elles ont permis la mise en place de ce système pervers de sécurité sociale. D'une certaine façon, ce système a toujours été en transition. Nous vivons les premières années de son fonctionnement: jusqu'à maintenant, il perdurait sans trop de problèmes parce qu'il n'assurait qu'un petit nombre de personnes, alors qu'il était doté par l'ensemble des contribuables. En effet, beaucoup de Français bénéficiaient du minimum vieillesse mais n'avaient pas été directement pris en charge par le système. Au contraire, ceux qui prennent leurs retraites aujourd'hui ont tous commencé à cotiser après sa mise en place: ils bénéficient de retraites «pleines». Maintenant que la démographie va aller à l'encontre de son mode de fonctionnement, il va révéler sa véritable nature: ce système est bel et bien un avatar du collectivisme. Aussi bien dans son fondement que dans sa genèse historique.

Comme nous l'avons mentionné dès le début de ce livre, l'étatisme rampant dont nous sommes les victimes conduit lentement à la disparition de la responsabilité individuelle. De plus en plus de gens vivent aux crochets de ceux qui produisent, avec pour résultat de déconnecter les bénéfices de nos actions de nos moyens de subsistance. D'un côté, les plus malchanceux subissent le coût de l'Etat-Providence sous la forme de chômage, et de l'autre, le système pousse les industrieux à investir dans les obligations d'Etat défiscalisées plutôt que dans leurs entreprises: tous les Français deviennent petit à petit des rentiers de l'Etat.

La situation semble figée. Elle n'est pas sans rappeler la fin de l'ancien régime. Tant que chacun pense gagner quelque chose dans cette course aux privilèges, le système meurt doucement. Malheureusement, il arrive un jour où, pour parler comme Karl Marx, la classe productive a disparu. Ce jour-là, le chaos s'installe.

Dans l'optique ci-dessus, celle d'une dette énorme s'accompagnant de déficits budgétaires proches de 10 % de la production nationale, les choix politiques sont très réduits. Tous consistent à tricher avec les engagements passés de l'Etat. Il est possible de pratiquer une inflation massive, comme sous la République de Weimar, ou alors de répudier la dette.

Dans les deux cas, les mouvements sociaux prennent une ampleur considérable. Ce sont des grèves *réelles*. Les gens refusent de travailler compte tenu du faible rendement de leurs activités après impôt. A la différence des conflits sociaux que nous avons vécus depuis les dix dernières années, l'objectif ne sera même pas d'obtenir un bénéfice. Ils traduiront une situation de désespoir.

Souvent, les grands pays font la leçon aux économies dites en transition. Nous leur expliquons doctement comment passer à l'économie de marché libre. Pourtant avec nos dépenses publiques, qui représentent déjà plus de 55 % de la production intérieure brute, nous n'allons pas tarder à avoir besoin de leur aide si nous poursuivons notre voie.

Les pragmatiques de tous les partis, ceux qui ne jurent que par la pratique, risquent fort d'être rapidement rattrapés par la théorie. Ce jour-là, ils jureront leurs grands dieux qu'ils ne sont pour rien dans la tragédie. La responsabilité sera rejetée d'irresponsable en irresponsable. Pourtant, la lecture des données dont nous disposons est déjà sans appel: tout banquier connaît le jeu des intérêts composés.

La seule façon de sortir de la crise structurelle que nous subissons est la réforme de l'Etat. Elle passe par un désengagement de toutes les activités qui peuvent être assurées par le secteur privé. D'une certaine façon, ce dont nous avons besoin est d'appliquer le principe de subsidiarité au couple Etat-individus. Parallèlement, dans la mesure où une grande partie des dépenses est injustifiable au regard d'un tel critère, la fiscalité pourrait être considérablement réduite. La baisse des dépenses absorberait les déficits actuels et les nouvelles recettes fiscales rembourseraient les anciens. *Seule la réforme fiscale peut permettre à la production de croître à un rythme supérieur à celui de la dette publique.* L'Etat n'a une chance de redevenir solvable que s'il engage une telle réforme.

Un tel projet est-il aujourd'hui utopique? Une réponse positive signifierait l'abandon de la raison au profit de l'émotion. L'homme «moderne» vit dans un monde idéaliste sans relation à son environnement. Même la personne la moins versée dans la philosophie réaliste ne peut pas manquer de remarquer les conséquences que nous avons diagnostiquées. Mais si le mal français est perçu, il semble bien que ses causes profondes ne sont pas identifiées par la *nomenklatura.*

Ce fait et son corrollaire — à savoir le faible niveau de connaissance économique dans les agences publiques — sembleraient plaider en faveur d'une réforme profonde, non seulement de l'impôt et de l'administration qui le lève, mais également des institutions dans un sens plus général. En particulier, nous pourrions nous demander s'il ne serait pas possible de modifier la Constitution de façon à ce qu'elle comporte des restrictions sur le pouvoir fiscal de l'Etat.

Cette question nous entraîne insidieusement sur le terrain intellectuellement dangereux qu'est celui de la taille optimale de l'Etat. Le problème posé ne semble trouver aucune réponse dans les manuels de droit fiscal; mais une telle question implique le recours à l'examen des fondements moraux des principes politiques qui gouvernent la méthode d'écriture des textes constitutionnels.

En effet, les économistes qui ont discouru sur la taille optimale de l'Etat ont presque tous perdu de vue que ce dernier repose, en toute bonne analyse, sur l'usage de la violence envers des individus qui n'ont pourtant jamais abdiqué leur volonté.

Jean-Jacques Rousseau ne doit en rien impressionner l'honnête homme par des discours sur un contrat social que personne n'a jamais vu ou signé. La concrétisation de cet argument repose sur la mauvaise conscience qui habite parfois les producteurs que leurs parasites taxent rapidement d'antisociaux lorsqu'ils se refusent à entrer dans une telle conception intellectuelle de l'Etat. L'acceptation de cet argument rhétorique qu'est le contrat social est l'expression du sentiment de culpabilité lié à la compétence dans l'acte productif: cette culpabilité — l'impression des producteurs qu'ils devraient quelque chose à ceux qui n'ont rien produit, que le compétent devrait quelque chose à celui qui ne l'est pas, que le produit d'une invention devrait gratuitement servir les contempteurs de la technologie — repose sur l'acceptation du code moral altruiste et collectiviste des ennemis de la liberté. *Le contrat social est le produit du cannibalisme moral qu'opère la caste des bien-pensants.*

Le contre-argument traditionnel qui consiste à dire que l'on accepte l'Etat lorsque l'on vote, utilise la sécurité sociale ou le métro est une *fraude intellectuelle.* Pourtant, dans l'histoire de l'humanité, peu d'hommes se sont levés pour dire que de telles actions n'étaient pas le moteur du libre arbitre et de la conscience supérieure de l'homme, mais le produit d'un acte de menace à main armée qui ôte à d'éventuels producteurs la possibilité de prouver à la face de ceux qui les pillent leur supériorité dans le domaine de la production.

Comme l'a écrit Herbert Spencer, «l'existence même de majorités et de minorités est l'indice d'un état immoral. Nous avons vu que l'homme dont le caractère s'harmonise avec la loi morale peut obtenir le bonheur complet sans amoindrir le bonheur de ses semblables. Mais l'établissement d'arrangements publics par le vote implique une société composée d'hommes autrement constitués, — implique que les désirs de certains ne peuvent être satisfaits sans sacrifier les désirs des autres, implique que dans la poursuite de son bonheur la majorité inflige une certaine somme de *malheur* à la minorité, — implique par conséquent, l'immoralité organique. Ainsi, à un autre point de vue, nous découvrons de nouveau que même dans sa forme la plus équitable, il est impossible au gouvernement de se dissocier du mal; et, en outre, que, à moins que le droit d'ignorer l'Etat ne soit reconnu, ses actes doivent être essentiellement criminels.»[4]

Tant que les hommes de l'Etat ne donneront pas la possibilité aux contribuables de choisir entre l'impôt et l'échange pacifique pour obtenir les services qu'ils désirent vraiment, l'activité étatique restera, en premier lieu, de la violence physique. Il n'existe pas de contrat implicite entre l'Etat et les citoyens, même si ceux-ci utilisent les services de ce dernier: ce point, d'ailleurs, n'avait pas échappé à Lysander Spooner qui écrivait, il y a plus de cent ans, que «puisqu'il est obligatoire, le paiement des impôts ne fournit de toute évidence aucune preuve que quiconque soutienne volontairement la Constitution»[5].

En effet, est-il possible d'ignorer l'Etat? Car la condition nécessaire, mais pas suffisante, à la légitimité morale du contrat social devrait être de pouvoir refuser de le «signer»: «La première condition à laquelle on doit se conformer avant qu'une

---

[4] Cf. [152, Spencer, pages 28-29].

[5] Cf. [153, Spooner, page 51].

puissance législative puisse être établie sans violer la loi d'égale liberté est la reconnaissance [...] du droit d'ignorer l'Etat»[6].

Ceci ne signifie pas que l'on doive ignorer l'Etat en tant qu'être rationnel. Tout comme il est rationnel de se déplacer de trois mètres selon le bon vouloir d'un homme qui nous maintient en joue avec une arme à feu, il est rationnel de payer l'impôt sous peine de problèmes bien pires que ceux auxquels nous aurions pu vouloir échapper. En ce sens, même en adoptant les points de vue de Lysander Spooner ou d'Herbert Spencer, il est clair que toute révolte violente est à bannir.

D'une certaine façon, les révoltes violentes ne servent à rien dans le long terme, et le plus scrupuleux respect de la règle fiscale garantit un état de bien-être supérieur. Finalement, pour reprendre l'expression d'Arthur Seldon, tout est fait pour que les producteurs évitent l'impôt mais n'y échappent pas[7]: il est permis de ne rien faire — et donc de ne pas payer d'impôt — mais pas de travailler sans avoir à en payer.

Mais ceci est bien justement la preuve factuelle du dessein du législateur d'opérer de façon à interdire le choix qui serait à la base du contrat social. Dès lors, le contrôle de la taille optimale de l'Etat — en tant qu'objectif fondamental du droit constitutionnel — n'a aucun sens et relève de l'idéalisme: si personne n'a signé le contrat originel, il est bien évident que les discussions sur le rôle de l'Etat sont vides de sens.

Le problème de l'impôt ne peut pas être réglé sans faire référence au problème de la taille de l'Etat. Mais cette dernière repose fondamentalement sur le code moral de la société dans laquelle nous vivons. Le problème fiscal est donc un problème moral plus qu'un problème économique.

---

[6] Cf. [152, Spencer, page 21].

[7] Arthur Seldon distingue l'«éviction» et l'«évasion», la baisse de la production taxable à cause de la substitution vers les activités non-taxées comme le loisir, et à cause de la fraude (Cf. [149, Seldon, pages 3-19]).

En effet, si l'économiste peut apprendre un grand nombre de faits et de principes scientifiques en matière fiscale, cette connaissance est purement descriptive[8].

L'existence de l'Etat n'est donc conditionnée que par la morale dominante dans une société donnée à un instant donné. *L'Etat auquel les contribuables font face est le reflet de leur code moral.* Il est le reflet de leur capacité à vivre en hommes libres — i.e. en producteurs responsables — ou en pillards et en mendiants. *Il est le reflet de leurs vertus.*

Le débat qui peut exister chez les libéraux, entre James Buchanan et Friedrich Hayek, ou entre Murray Rothbard et Peter Schwarz est un faux débat. S'il existe un absolu normatif, à savoir l'absence de violence dans les relations humaines, l'Etat régalien est préférable à l'Etat-Providence, comme l'Anarchie est préférable à l'Etat régalien. Ce dernier point est évident.

Mais il est impossible d'adopter un système juridique réglant l'activité humaine au niveau d'une zone géographique donnée si une très large partie de la population n'est pas prête à respecter l'homme dans sa personne comme dans les fruits de son travail. Il est évident que l'Anarchie — comme les régimes constitutionnels — sont inopérants dans les Etats qui formaient l'ancienne URSS.

Pour autant, cela ne signifie pas que les constitutions soient inutiles. Bien au contraire. Leur rôle est de fonder des règles objectives permettant la protection des droits imprescriptibles de la personne humaine. Elles servent à protéger les droits des citoyens contre l'usage de la force agressive par le groupe des hommes de l'Etat: «Aujourd'hui, à un moment où un effort concerté est fait pour éluder ce point, il ne peut pas être répété trop souvent que la Constitution est une limitation sur le gouvernement, pas sur les individus privés — qu'elle ne prescrit pas la conduite d'individus privés, seulement celle du gouvernement — qu'elle n'est pas une charte *pour* le pouvoir du

---

[8] Ce qui ne signifie pas qu'elle ne soit pas conceptuelle.

gouvernement, mais une charte de protection des citoyens *contre* le gouvernement»[9].

La limitation de l'impôt par la limitation de la possibilité de l'Etat d'intervenir dans la vie d'un homme n'est en rien une garantie du bas niveau de l'impôt. Les constitutions peuvent disparaître, la loi être idéologiquement interprétée d'une manière complètement opposée à son esprit. En France, la Constitution est récente, et pourtant, le texte initial a conduit à des régimes dont on ne peut pas prétendre qu'ils aient été identiques dans leur nature. Certaines personnes opposées à cette Constitution ont pu s'en accommoder, comme ceux qui lui étaient *a priori* favorables ont pu en demander la réforme. Dans une ampleur encore plus grande, la Constitution des Etats-Unis a été complètement dévoyée, et un livre entier ne suffirait pas à rappeler tous les cris d'alarme des intellectuels américains à chaque nouvelle interprétation sujette à caution de ce texte fondateur.

Le cas américain est intéressant pour illustrer notre propos dans la mesure où l'on peut étudier, sur deux cents ans, l'évolution d'un même texte de loi. Comme le fait remarquer Bertrand de Jouvenel[10], la Constitution américaine, écrite par des propriétaires terriens, laissait la plus grande place au droit de propriété et instaurait un subtil équilibre destiné à maintenir ce droit. Il n'existe aucun doute sur la signification des mots qui composent ce texte[11]; et pourtant, le sens reconnu par les politiciens a glissé: «La Déclaration d'Indépendance et la Constitution [américaines] sont les plus grandes réalisations dans l'histoire politique, et elles ont éclairé le monde pendant bien

---

[9] Cf. [119, Rand, page 133].

[10] Cf. [77, de Jouvenel, page 509].

[11] Dans la lettre qui annonçait son retrait des affaires aux gouverneurs des Etats, George Washington ne laisse planer aucun doute sur les intentions des pères fondateurs et ajoute: «La fondation de notre empire ne s'est pas déroulée à l'âge sombre de l'Ignorance et de la Superstition, mais à une époque à laquelle les droits de la race humaine sont mieux compris et plus clairement définis que dans toute période antérieure» (Cf. [161, Washington, page 240]).

plus d'un siècle, jusqu'à ce qu'elles soient sabordées par une idéologie étrangère[12]. Aucun système politique, quelles que soient ses protections internes, ne peut survivre à l'atrophie de sa philosophie fondatrice dans le cerveau des intellectuels»[13].

Les constitutions sont le reflet de la morale «publique», mais elles devraient être la traduction en science politique d'une éthique *objectvive,* i.e. de la *propriété naturelle,* i.e. de la reconnaissance de l'homme à son *droit à la vie,* et donc à la propriété de ce qu'il produit pour la maintenir et la réaliser. *A contrario*, «lorsque l'on dit que le Droit, le Droit fondamental, doit suivre le mouvement des idées, on commet une erreur [...]. Ce qu'on baptise flatteusement ainsi n'est à la vérité que le glissement des intérêts. Les classes, les groupes sociaux vont changeant de composition, de force relative. Et il faut que le Droit s'adapte à ces changements.»

«Mais il y a en lui une partie inaltérable, et je ne vois pas que notre humanité soit, hélas! capable d'un flux, d'un bouillonnement de vérités sans cesse nouvelles. Les idées sont au contraire de rares points d'eau dans le désert de la pensée humaine qui, une fois découverts, sont à jamais précieux, quoique la sottise et l'ignorance les laissent ensabler»[14].

En résumé, les constitutions ne peuvent pas préexister à la morale. Elles sont le fruit d'une conceptualisation de la société dans le cerveau de ceux qui les écrivent: elles peuvent mourir sous des attaques répétées et ne sont pas les garanties premières du Droit, parce que *subordonnées* à la loi morale. En ce sens, elles ne sont que des systèmes destinés à rendre les retours en arrière plus difficiles et, en même temps, à libérer la société.

L'objectif d'une constitution *fiscale* n'est donc pas de faire en sorte que l'impôt représente une part fixe de *x %* du PIB, mais

---

[12] Leonard Peikoff fait ici référence à l'idéalisme allemand, et en particulier son atrocité finale, le *nihilisme.*

[13] Cf. [116, Peikoff, page 368].

[14] Cf. [77, de Jouvenel, pages 509-510].

bien de faire en sorte que la constitution donne la prime à la libéralisation des activités humaines. *Une constitution ne doit donc pas comporter des mécanismes de contrôle du niveau de l'impôt mais des mécanismes assurant la diminution de la taille de l'Etat.* Une telle conception de la Constitution s'apparente au projet hayékien de Démarchie[15].

Le projet de limite de la taille de l'Etat — dont le principal partisan est Milton Friedman nous semble inopérant. En effet, pour le Prix Nobel, le législateur est dans une bonne position s'il peut dire: «Oui, votre cause est bonne, mais nous avons un budget fixe. Plus d'argent pour vous signifie moins pour les autres. Laquelle de ces autres causes ne devrait plus être servie?»[16]. D'après lui, l'«effet serait d'obliger les intérêts spéciaux à entrer en compétition les uns avec les autres pour une part plus grande d'un gâteau fixe [...]»[17].

Mais il est impossible de ne pas voir qu'une telle disposition conduirait les hommes de l'Etat à répondre bien différemment aux demandes des groupes de pression. Contrairement à ce que suppose Milton Friedman, la réponse serait plutôt: «Oui, votre cause est bonne, mais *voyez comme la Constitution est mal faite,* nous avons un budget fixe. Plus d'argent pour vous signifie moins pour les autres. Laquelle de ces autres causes ne devrait plus être servie?»

A long terme, le message retenu par les citoyens serait: «La Constitution est mal faite» ou «La limitation des dépenses est mauvaise». Ceci ne manquerait pas de finir par une relecture de la Constitution pour en tirer une «interprétation» adéquate avec

---

[15] Notons que Friedrich Hayek a longuement disserté sur ce sujet dans *Droit, Législation et Liberté,* proposant une sorte de projet de constitution allant dans un tel sens. Dans ce *magnum opus* de Friedrich Hayek, la Démarchie, société comportant des règles juridiques permettant d'évoluer tout en augmentant la liberté, est opposée à la Démocratie.

[16] Cf. [54, Friedman, page 303].

[17] Cf. [54, Friedman, page 303].

l'objectif visé par tous: une gabegie d'argent public. A la limite, une telle compromission des principes fondateurs du droit finirait par ouvrir la porte à de nombreux autres écarts qui en finiraient avec la dite Constitution.

L'histoire de l'humanité a prouvé que l'équilibre entre la liberté et le despotisme était instable; mais nous pouvons affirmer que les deux modes extrêmes de gouvernement comportent en eux des aspects qui empêchent de les implanter effectivement: une explication évolutionniste simplifiée des institutions devrait noter que le pouvoir absolu ne peut durer du fait qu'il viole les lois de la réalité. Il porte en lui l'alternative entre une ouverture vers la liberté ou la disparition physique des membres de la société. *A contrario,* la société libre souffre du fait qu'elle laisse à l'individu la liberté de violer le bien d'autrui, ne prévoyant d'user de la violence que *postérieurement* à l'action criminelle. Dans ce schéma, les sociétés humaines ont continuellement évolué, testant les hypothèses extrêmes.

Les jours de la *Société Ouverte* seraient alors comptés si l'on n'entrevoyait une planche de salut fondamentale: l'éducation. C'est l'accumulation de capital, en particulier humain, en faisant des hommes producteurs, propriétaires et capitalistes qui permet l'évolution des sociétés vers plus de liberté. L'absence de stabilité des systèmes fondés sur les droits de propriété tient au manque de capital humain des élites, au manque de connaissances spécifiques du fonctionnement des sociétés humaines. De ce point de vue, et en radicale opposition avec la tendance des démocraties parlementaires occidentales, la sélection de l'élite devrait s'opérer en priorité dans le vivier des individus qui ont prouvé leur capacité à créer des richesses. Faut-il rappeler que les pères fondateurs américains, comme certains des philosophes français des Lumières étaient des gens qui avaient montré leur aptitude à s'enrichir?

L'usage de la violence ne garantit pas au dictateur qu'il puisse conserver le pouvoir. Comme le soulignait Lord Acton, «le pouvoir corrompt, et le pouvoir absolu corrompt absolument». La lutte létale entre les dirigeants des dictatures entraîne une relation inverse entre la durée des «mandats» et celle du régime. Les trois seuls résultats véritables sont l'abaissement du capital, une crise institutionnelle faute de contrôle politique centralisable[18] et le cheminement entre une société plus libre ou la destruction complète. Tel est le contrôle effectif de la taille de l'Etat.

A l'autre extrémité, une société complètement libre, i.e. dans laquelle tous les hommes respectent la propriété d'autrui, n'a pas besoin de pouvoir juridique, la réalité étant la «cour d'appel final»[19]. Le succès des démocraties sur les dictatures tient probablement à l'état intermédiaire de l'accumulation du capital et du savoir. Mais nous pouvons espérer que le degré des connaissances croissant, les régimes à venir sauront éviter les pièges tendus involontairement par les philosophes des Lumières.

De ce point de vue, il n'existe pas de droit positif: en d'autres termes, le droit *effectif* est conditionné par l'information disponible à un instant donné, et il n'existe pas de taille optimale pour l'Etat. Si l'on admet que l'équilibre institutionnel ne se fait pas par le droit mais par ceux qui le font et l'appliquent — le législateur et le juge —, le problème est d'assurer le code moral de ces gens-là: «Nous reconnaissons [...] que le recours à la liberté des gens à contrôler leurs propres vies en accord avec

---

[18] George Orwell et Aldous Huxley ont commis l'erreur de penser qu'une société totalitaire peut générer des technologies nouvelles. L'exemple récent du système soviétique nous montre au contraire un pays qui n'a pas su faire autre chose que des copies de ce qui était produit par d'autres, comme la bombe A, le microprocesseur, le Tupolev 144 et la navette Bourrane.

Un jour, les historiens établiront peut-être que la propagande reaganienne autour de la «guerre des étoiles» est l'événement qui a détruit l'URSS en sabordant la confiance de ses dirigeants dans leur capacité de poursuivre une course technologique dans le domaine de l'armement qu'ils savaient perdue d'avance.

[19] Selon les termes d'Ayn Rand.

leurs propres valeurs est la voie la plus sûre pour réaliser le potentiel d'une grande société»[20].

Le rôle des philosophes est donc considérable, et les errements des penseurs au vingtième siècle entre les doctrines de Marx, Keynes et leurs adversaires, prouvent le poids que peut avoir un petit nombre de personnes. Margaret Mead disait qu'«il ne faut jamais douter de la possibilité pour un petit groupe intellectuel et engagé de changer le monde, et que c'était, en vérité, ce qui avait toujours eu lieu». L'existence d'une société libre est conditionnée par l'acceptation de ses membres, mais surtout de ses leaders philosophiques — au sens large — de la loi de l'identité et de la loi de la causalité.

Le discours ambiant, et en particulier celui des médias qui se disent «objectifs», est empreint de jugements philosophiques qui ne sont pas explicitement identifiés par leurs auteurs. On ne peut être sceptique à ce propos, à moins d'être à son tour une victime inconsciente de cette philosophie ambiante.

De fait, la plupart des gens aurait bien du mal à identifier l'origine philosophique de phrases qu'ils prononcent tous les jours comme «ceci est peut-être vrai pour vous mais ne l'est pas pour moi», «cela est peut-être bien en théorie mais cela ne marche pas en pratique», ou encore «je ne peux pas le prouver mais je sens que c'est vrai»[21].

La première fait pourtant référence à une théorie relativiste de l'épistémologie, celle de Protagoras, qui imprègne le discours ambiant sans que beaucoup de gens aient entendu parler de ce philosophe grec né il y a près de vingt-cinq siècles. Pourtant, nombreux sont ceux qui utilisent sa théorie philosophique qui prétend qu'«il y a, sur tout sujet, deux discours mutuellement

---

[20] Cf. [54, Friedman, pages 309-310].

[21] Ces phrases, exemples qui illustrent l'importance des propositions philosophiques, sont presque toutes tirées du texte d'Ayn Rand «Qui a besoin de la philosophie?» (Cf. [121, Rand, pages 4-5]).

opposés». Ce qui signifie qu'un principe vrai dans une situation pourra être faux dans une autre[22].

La seconde reprend le point de vue de Platon et admet, en principe, une dichotomie entre les idées et le monde «réel». Pour Platon cohabitaient deux mondes, le monde des idées et le monde sensible. Nous vivons dans le second qui est sujet au changement et va en se dégradant; le premier monde est immuable. Il existe de façon objective, en dehors de toute faculté que nous pourrions avoir pour le connaître, c'est le seul monde qui soit véritablement.

La troisième est une référence à la théorie épistémologique d'Emmanuel Kant: «Toute connaissance humaine commence avec des intuitions, passe de là aux concepts, et s'achève avec les idées». Emmanuel Kant développe ce qu'on appelle une analytique des concepts, fondée sur des catégories — éléments de l'entendement donnés *a priori* — qui implique l'analytique kantienne fondée sur la dichotomie entre phénomènes et noumènes (choses en elles-mêmes qui demeurent inconnaissables et fondent le «monde problématique»).

Nier l'importance de la philosophie «populaire» reviendrait à nier avoir déjà entendu de telles phrases dans la bouche de gens n'ayant jamais lu ces auteurs, ni reçu d'enseignement supérieur en philosophie. Le problème fiscal n'est donc pas seulement économique ou juridique, avant toute chose, il est philosophique. Car ce type d'exemples de pollution intellectuelle par des théories épistémologiques incompatibles avec la réalité est multipliable à l'infini[23]. Il suffit d'ouvrir les journaux qui se

---

[22] Pour Protagoras, cela découle de la théorie de *l'homo mensura,* i.e. de l'homme comme mesure de toute chose: «L'homme est la mesure de toute chose, pour celles qui sont, de leur existence; pour celles qui ne sont pas de leur non-existence.»

[23] Lorsque nous disons: «ne soyez pas si sûr de vous; personne ne peut être certain de quoi que ce soit», nous faisons une référence implicite à de nombreux philosophes et en particulier à Gorgias (485-410 av. J.C.), qui a poussé le doute sophistique de Protagoras jusqu'à l'absurde, ou encore à David Hume (1711-

veulent *neutres,* et qui en tirent leur gloire, pour trouver des exemples où la rhétorique — consciente ou inconsciente — masque un point de vue nihiliste, ou au minimum relevant de l'idéalisme allemand d'Emmanuel Kant, ou pis de Georg Hegel.

Bien sûr, nous avouerons peut-être avoir dit ces phrases, mais nous contesterons le fait d'y croire vraiment; nous dirons que nous avons dit cela à différents moments, mais que nous n'y

---

1776) pour qui l'induction est épistémologiquement invalide, et qui en conclut qu'une science certaine est chimérique.

Dire: «C'était une très mauvaise action, mais c'est humain, personne n'est parfait», c'est accepter la plus vieille proposition philosophique de l'histoire de l'humanité, à savoir le péché originel. Plus récemment, on fait là référence à la philosophie de St Augustin (354-430) qui a cherché à fonder la tendance de l'homme à faire le mal sur le péché originel dont il se serait rendu coupable.

Lorsque l'on dit: «C'est logique, mais la logique n'a rien à voir avec la réalité», cela découle aussi de l'épistémologie kantienne, en particulier de la déduction transcendantale. C'est aussi une référence implicite à Georg Hegel qui écrivait: «La Logique doit être conçue comme le système de la raison, comme le Royaume de la pensée pure. Ce royaume est celui de la Vérité, telle qu'elle existe en-soi-et-pour-soi, sans masque, ni enveloppe.»

Lorsque nous disons: «Cela est mal, parce que c'est égoïste», nous faisons référence, entre autres philosophies, à la «religion positive» d'Auguste Comte (1798-1857) qui se fonde sur l'amour (désintéressé) de l'humanité (plutôt que de sa propre personne) et qu'il désigne sous le vocable (qu'il a créé) d'*altruisme.*

Les expressions fétiches des journalistes, «la logique du patronat» ou «la logique des syndicats», font implicitement référence au polylogisme accepté par les théoriciens du matérialisme dialectique, i.e. du marxisme. Le polylogisme, que ce soit celui des marxistes ou des nazis, n'est qu'une transposition holiste du point de vue considérant la logique comme subjective. En dernière analyse, David Hume et Emmanuel Kant sont les vrais pères de ces théories, en ce sens qu'ils ont remis au goût du jour, l'un le relativisme épistémologique sophistique, l'autre l'idée platonicienne du divorce entre idée et perception (i.e. réalité).

Nous avons tous entendu dire qu'il «faut agir d'abord et penser après». Ceci est une référence implicite au pragmatisme de William James (1842-1910), pour qui la vérité est une confirmation dans la pratique des conséquences d'une action. Aucune action ne peut être jugée bonne ou mauvaise *a priori.* C'est *a posteriori* que l'on détermine sa validité. Comment agissons-nous alors puisqu'aucune norme ne peut le décider avec justesse *a priori*? Pour William James, cela est clair, nous devons faire un choix de nature subjective...

croyons pas en permanence: nous sommes alors victimes de Georg Hegel... Nous ne nous l'avouerons pas, et rétorquerons que l'on peut bien emprunter à différentes philosophies en fonctions des besoins de l'instant présent... Nous serons d'inconscientes victimes de William James...[24]

Comme le soulignait Ayn Rand, «notre subconscient est comme un ordinateur — beaucoup plus complexe que ce que l'homme pourrait fabriquer — et sa fonction principale est l'intégration de nos idées. Qui le programme? Notre esprit conscient. Si nous déclarons forfait, si nous n'atteignons aucune conviction ferme, notre subconscient est programmé au hasard — et nous nous livrons nous-mêmes à la puissance d'idées dont nous ne savons même pas que nous les avons acceptées. Mais, d'une façon ou d'une autre, notre ordinateur nous donne des résultats, jour par jour, heure par heure, sous la forme d'émotions — qui sont comme un éclairage estimatif des choses autour de nous, calculé en accord avec nos valeurs. Si nous avons programmé notre ordinateur par une pensée consciente, nous connaissons la nature de nos valeurs et de nos émotions. Sinon, nous ne le pouvons pas.

L'ultime programmeur du subconscient de l'homme est la philosophie — la science qui, d'après les émotionnalistes, est impotente pour affecter ou pénétrer le ténébreux mystère de leurs sentiments»[25].

Il est impossible d'échapper aux points de vue philosophiques ambiants; la bonne attitude est donc d'analyser chaque proposition énoncée par des tiers, en permanence, pour pouvoir exercer sa raison, et en peser la véracité. Abdiquer sa faculté de penser, ce qui fait l'homme différent de l'animal, c'est remplacer une philosophie réaliste par le cauchemar sombre d'un être primitif, c'est entrer dans les peurs dues à l'irrationnel et à la mécompréhension du monde qui nous entoure.

---

[24] Cf. [121, Rand].

[25] Cf. [121, Rand].

Le seul recours valable lorsque l'on agit n'est pas la *loi,* mais bien la métaphysique, l'épistémologie et l'éthique. Dans cet ordre précis de causalité. Le début de toute philosophie est l'acceptation de la réalité, i.e. d'une métaphysique fondée à partir des lois de l'identité et de la causalité.

Le produit de la crise morale qui nous frappe n'est pas dû à la corruption, au manque de confiance, à une léthargie quelconque. Elle est le pur résultat causal de la philosophie nihiliste. L'élite politique, à force de nier le fait qu'il existe des solutions qu'elle n'a pas même le courage d'expliquer, à défaut de les mettre en œuvre, partage avec les universitaires — qui devraient être les hérauts de la connaissance vraie — l'entière responsabilité de l'effondrement de notre culture politique. De ce point de vue, il est très inquiétant que les élites vivent de subsides publics parce que cela leur permet de débiter leur philosophie négative. Il ne faut à aucun prix casser le lien entre le salaire et l'activité productrice; cette dernière oblige à faire référence à la réalité pour réussir: la source d'une grande partie de nos maux tient justement à une rupture de ce lien chez un trop grand nombre de personnes que leur métier amène à faire des déclarations publiques. En l'absence de comptes à rendre à la *réalité,* toutes les évaluations émotionnelles procurées par notre cerveau sont d'égale valeur quant à notre bien-être. L'élite, avec l'attirail philosophique de sa Grande Prêtrise que sont le consensus, le pragmatisme, la discussion et la concertation est l'apanage de l'idéalisme allemand et ne vit que par lui. Le pouvoir absolu se nourrit à ce point d'une telle philosophie que le troisième Reich a oublié d'inquiéter Martin Heidegger qui avait finalement tellement bien servi la cause en plaidant la négation de la réalité[26].

---

[26] «Une telle conception du 'totalitarisme', que Heidegger partagea avec plusieurs de ses contemporains, n'est sans doute pas étrangère à son adhésion au national-socialisme en 1933, bien qu'il se soit aperçu rapidement — dès 1934 — de son erreur» (Cf. [36, Dastur, page 618]).

La raison ne peut remplir sa fonction qu'à l'aide de concepts. La structure de la connaissance humaine est une hiérarchie faite d'une multitude de faits primitifs dont on déduit des concepts de plus en plus abstraits, en un nombre de plus en plus restreint. La validité de ces concepts ne peut pas reposer sur autre chose que sur l'acceptation d'une méthode scientifique de connaissance — une épistémologie — fondée sur les lois de l'identité et de la causalité. Ces deux lois sont indispensables si l'on souhaite parvenir à avoir une vision intégrée de la vie.

Ces lois s'obtiennent justement comme les deux concepts les plus abstraits que puisse obtenir un cerveau humain (par usage de l'induction): ils résultent de la plus large intégration des concepts qui soit possible pour l'homme et embrassent l'ensemble de l'information dont il dispose. Leur validité logique tient à ce qu'ils sont perçus directement même s'ils sont compris conceptuellement. En ce sens, ils acquièrent le statut d'axiome: ils ne peuvent pas être niés par un raisonnement logique sans que l'on doive recourir à l'un de ces deux concepts dans la chaîne causale de la démonstration.

Aujourd'hui, il est presque désuet de parler d'axiome ou de loi à cause de leur caractère *absolu.* Mais il y a cent ans, Carl Menger, un économiste autrichien qui allait révolutionner la science économique, commençait le premier paragraphe de son premier chapitre par la phrase: «*Toutes les choses sont sujettes à la loi de la cause et de l'effet*». Aujourd'hui, un «économiste» commencerait en citant dix études économétriques qui contredisent son point de vue et qu'il propose de détruire par une nouvelle étude, dont il annonce avec fierté que le seuil de risque statistique, la «véracité», est de 90 %. Et de conclure qu'on ne peut être sûr de rien...

Pour le socialisme — au sens large qui inclut toute forme de «Droit» acceptant l'initiation de la violence par l'Etat, la réalité ne peut pas exister. Le socialisme ne peut pas reposer sur autre chose que la négation de la réalité, sur le relativisme moral, le polylogisme, ou le pragmatisme subjectiviste de William James. Lorsque le mot «réalité» est utilisé dans le discours socialiste, il fait référence à une abstraction flottante, la «réalité de nature sociale».

Le plus grand crime moral des «intellectuels» est de croire que la culture remplace la pensée. Tout le système scolaire est destiné à sélectionner sur la mémorisation de faits peu abstraits en nombre considérable, plutôt que sur la capacité d'user de la logique sur un nombre restreint de concepts. C'est nier un aspect pour nous vital du fonctionnement du cerveau humain qui est la capacité à trouver des corrélations et à isoler des liens de causalité, *même sur de petits nombres de faits*: dans une salle des marchés, la performance ne se fait pas sur la capacité à apprendre les deux cents derniers cours: elle se fait sur la capacité à anticiper le suivant à l'aide des tous derniers. Pourquoi ceci n'est-il pas reconnu par nos «éducateurs nationaux»? Une très large culture intellectuelle n'est rien si elle se fonde sur un bas niveau d'abstraction et si elle ne donne pas à celui qui la possède le moyen de discriminer la connaissance entre ce qui est vrai ou faux, i.e. une épistémologie.

L'époque actuelle semble marquée par une «crise morale». Plus les hommes de l'Etat font de «réformes» et plus il semble qu'il faille en faire de nouvelles. Mais le problème ne provient pas du fait que l'homme soit trop mauvais pour suivre le code moral qui nous est imposé, il provient, *au contraire,* du fait que ce code moral est trop mauvais pour la nature de l'homme. Les problèmes politiques actuels les plus graves ne peuvent pas être réglés par de nouveaux sacrifices humains sur l'autel de l'Etat-Providence. *Le problème n'est pas de retourner à la moralité perdue de ce système politique, mais d'appliquer un nouveau code moral fondé sur la référence à la réalité objective.*

C'est faire appel à sa raison pour découvrir sa propre nature et son propre environnement en référence à l'existence. C'est connaître ses possibilités d'action. L'acceptation de la réalité est celle de ses contraintes: il n'est pas possible de vivre sans manger, il n'est pas possible d'être à la fois mort et vivant, il n'est pas possible de consommer plus que l'on gagne, et il n'est pas possible de poursuivre son propre bonheur sans faire référence à l'existence. C'est précisément choisir le libre arbitre, non seulement pour soi-même mais pour les autres, et donc agir en fonction des richesses que l'on a produites soi-même, sans compter sur les sacrifices de ses semblables.

L'abandon de la production comme valeur est le corollaire de la philosophie ambiante. L'acte intellectuel est la source de la vie humaine, parce qu'il est la source de la production. Le travail et l'accumulation du capital qu'il entraîne sont de hautes valeurs morales. Pour s'en convaincre, il n'y a qu'à penser à l'évolution de l'espérance de vie dans le monde capitaliste sur les deux cents dernières années.

A contrario, est-il possible d'aller sur la lune avec une philosophie nihiliste? Ou avec l'existentialisme? Peut-on même se donner rendez-vous dans un lieu donné et espérer se retrouver, lorsque l'on adopte la théorie de l'*homo mensura*?

«La source des droits de l'homme n'est pas [...] la loi du Congrès, mais la loi de l'identité. A est A — et l'Homme est l'Homme. Les *Droits* sont des conditions d'existence requises par la nature de l'homme pour sa propre survie. Si l'homme doit vivre sur terre, il a le *droit* d'utiliser son intelligence, il a le *droit* d'agir sur son propre jugement libre, il a le *droit* de travailler pour ses valeurs et de garder le produit de son travail. Si vivre sur terre est son dessein, il a le *droit* de vivre en être rationnel: la nature lui interdit l'irrationnel»[27].

La haine pour l'argent et la production proviennent d'un profil psychologique de personnes n'existant pas par elles-mêmes: l'argent, parce qu'il est *causé* par la production, est un outil de survie. «C'est un produit de la vertu, mais il ne peut pas nous donner la vertu»[28]. Il ne peut pas nous remplacer comme source de la production de richesses. La haine pour les producteurs tient aux frustrations de ceux qui les pillent lorsqu'ils se retrouvent avec de l'argent qu'ils n'ont pas gagné: ils découvrent avec

---

[27] Cf. [119, Rand, page 111].

[28] Cf. [118, Rand, page 389].

horreur que cet argent ne leur confère aucune des vertus de leurs victimes. Il les condamne à paraître à la face des autres, les laissant seuls avec leur émotion dominante: une volonté de destruction des qualités qu'ils n'ont pu égaler, une estime d'eux-mêmes annihilée, et le savoir qu'ils ne peuvent tirer leur bonheur que de l'estime imméritée qu'ils se portent entre eux hypocritement.

La France n'a pas besoin de nouveaux philosophes, elle a besoin de nouveaux intellectuels. Elle ne pourra régler ses problèmes que si elle renverse ses valeurs fondamentales, si elle retourne aux principes du Droit. Sa tradition révolutionnaire lui permettra peut-être une nouvelle nuit du 4 août. Les responsables politiques seront alors des hommes d'Etat, et non plus seulement des hommes de l'Etat, prêts à considérer celui-ci strictement comme une agence de protection des droits du citoyen, de son droit de propriété, de son droit à la vie — *à sa vie* — et de son droit à la poursuite de son propre bonheur.

Annexe A

LA PRESSION FISCALE RÉELLE

INTRODUCTION

Le but de cette annexe est de présenter le calcul de la pression fiscale effective dans un certain nombre de cas représentatifs. Elle repose donc sur des calculs comptables et financiers et non plus sur des considérations purement économétriques.

Ici, la question est de savoir quel sera le taux de prélèvement d'un individu selon le niveau de revenu qu'il choisit. Il est bien évident que personne ne choisit une situation dans laquelle son impôt est de 95 % à la marge. Un tel taux effectif pourrait ne jamais être rencontré dans la réalité: nous pouvons en effet imaginer que la loi fiscale taxe une activité à 100 % mais que personne ne poursuive une telle activité. Si l'on se contente d'examiner l'aspect économique des choses *en dehors de toute référence à la législation,* nous constaterons qu'une telle mesure fiscale ne concerne finalement que peu de contribuables. Une telle argumentation rhétorique est presque permanente chez les hommes de l'Etat. Mais elle ne peut pas faire oublier le principe de la base marginale décroissante: si une pression fiscale de 99 % ne s'applique qu'à 1 % des individus, cela peut très bien signifier que 99 % ont renoncé à l'échange marchand fiscalisé: c'est alors ce que traduit la faiblesse de la base fiscale. *Le nombre de contribuables concernés par une mesure de législation fiscale est donc toujours supérieur au nombre de gens auxquels cette mesure s'applique.*

Même si peu de gens sont concernés par des taux d'imposition supérieurs à 75 %, il peut être intéressant de savoir que de tels taux peuvent *légalement* avoir lieu. Le fait que (presque) personne ne subisse de telles situations ne révèle justement pas autre chose que le fait que notre théorie fiscale est juste: à savoir que *les hauts taux d'imposition provoquent des réactions de substitution des situations fortement taxées vers des situations moins taxées...*

En ce sens, le très faible effectif de personnes pour lesquelles l'impôt sur le revenu est plafonné à 85 % du revenu imposable par l'application de la législation sur l'impôt de solidarité sur la fortune ne signifie sans doute pas autre chose que ces personnes se sont depuis longtemps mises dans des situations fiscales meilleures, par exemple en modifiant leur offre de travail ou en exportant leurs capitaux vers la Suisse ou le Liechtenstein.

De ce point de vue, et parce que les situations fiscales sont aussi nombreuses que les individus, les statistiques officielles sur la pression fiscale — qui consistent à donner le pourcentage des prélèvements obligatoires en terme de produit intérieur brut — ne nous informent aucunement. En effet, il existe de multiples façons d'atteindre un taux donné de prélèvement moyen: par exemple, un impôt progressif à deux taux, 10 % et 99 %, ferait apparaître un taux moyen de 10 %. Or, nous pourrions fort bien imaginer obtenir le même taux moyen à l'aide d'un impôt progressif à deux taux de 9 % et 11 %.

De la même façon, il est possible par le jeu des déductions — pour embauche, pour achat de matériel français, pour investissement dans telle région, pour remplacement de telle machine par telle autre — de transférer une partie des ressources d'un contribuable vers un autre individu bénéficiaire sans passer par l'Etat. De tels circuits de financements, même s'ils sont finalement le produit d'une imposition — au sens large du terme — n'apparaissent pas dans le taux de prélèvement ci-dessus.

Les hommes de l'Etat sont friands de tels circuits de financement qui, outre des avantages économiques, leur permettent de fausser la statistique officielle qu'ils ont pourtant mise en place.

MÉTHODE

Pour calculer la pression fiscale réelle, nous avons chercher à connaître l'ensemble des prélèvements fiscaux qui pèsent sur les salariés. Nous pouvons véritablement ici employer le terme de «recherche», car peu de gens connaissent l'ensemble des prélèvements auxquels sont soumis les salariés. L'opacité du système fiscal, depuis les prélèvements obligatoires jusqu'à la TVA, en passant par l'impôt sur les revenus, est telle que nous avons à faire à une véritable jungle qu'il faut explorer et qui est, de plus, régulièrement mouvante. Devant un tel spectacle, nous pouvons nous demander si la transparence de l'impôt en France a un sens et si les citoyens sont vraiment censés ne pas ignorer la loi (fiscale). En effet, les fonctionnaires du fisc eux-mêmes sont parfois désorientés devant la complexité du système et les responsables du personnel dans les entreprises ne connaissent souvent qu'une toute petite partie de la législation en matière de prélèvements obligatoires. Pour cette raison, une foule de conseillers fiscaux existent en France et sont spécialisés uniquement dans le domaine des «erreurs de la législation fiscale», ou encore dans les abris fiscaux réels qu'accordent les hommes de l'Etat dans leur grande mansuétude.

Il est donc clairement impossible pour les individus qui ne sont pas spécialisés de connaître l'ensemble de la législation fiscale. Elle est alors opaque pour une majorité de personnes, ce qui est inacceptable dans un pays où l'arbitraire de l'Etat a été banni il y a un peu plus de deux cents ans. En poussant un peu les choses, nous pourrions dire qu'il n'existe pas deux salariés ayant les mêmes impôts à payer. Par exemple, deux personnes ayant les mêmes qualifications, les mêmes situations professionnelles (avec les coûts pour l'employeur identiques) et la même situation familiale ne payeront pas les mêmes impôts selon leur situation géographique, la taille de l'entreprise ou encore le nombre de handicapés y travaillant.

En plus de la recherche de l'exhaustivité et de l'exactitude, nous avons voulu montrer que le vrai salaire est le «coût total» du salarié pour l'entreprise et pas seulement le «salaire brut». Les prélèvements à la charge de l'employeur ne sont qu'une chimère que les hommes de l'Etat entretiennent, comme ils ont entretenu l'illusion de l'inflation et de ses effets sur les salaires, jusqu'à ce que les syndicats demandent une indexation systématique. L'accroissement des charges supportées par l'employeur n'est en fait qu'un accroissement des prélèvements sur le salaire, en d'autres termes, une augmentation des impôts. Il faudrait que tous les salariés de France changent leur attitude face aux prélèvements obligatoires et comprennent que quelque soit leur type, ils sont de mêmes natures: ce sont des impôts sur le revenu du salarié. La retenue *à la source* existe donc bien en France depuis longtemps. Elle date du moment où les assurances contractées par l'employeur et le salarié sont devenues obligatoires, que leur montant a été soumis à la décision gouvernementale et que l'Etat s'est occupé de régir les relations contractuelles (i.e. privées) entre individus se livrant à l'échange.

Ce que nous avons voulu également mettre en avant, ce sont tous les prélèvements obligatoires «invisibles» qui n'apparaissent pas sur la feuille de salaire. Ils sont peu nombreux, mais importants:

- la formation professionnelle
- la taxe d'apprentissage
- le comité d'entreprise
- la participation à la construction et les prêts aux salariés
- la taxe sur les salaires

Ils peuvent représenter plus de 10 % du salaire brut.

D'autre part, en plus des prélèvements obligatoires et de l'impôt sur les revenus, les salariés sont contraints de payer une foule de droits, accises et autres taxes sur la valeur ajoutée dans leurs échanges de tous les jours. Nous pouvons nous demander comment comptabiliser ces impôts qui sont payés forcément par ceux qui produisent et qui obtiennent un revenu monétaire. Ainsi que nous l'avons mentionné dans le chapitre 4, une taxe sur la valeur ajoutée n'est jamais payée par les individus en tant que consommateurs, mais par les individus en tant que producteurs de revenus monétaires. Ceci implique que l'on impute comptablement la TVA directement sur le salaire, comme un impôt sur le revenu[1]. Avec l'exception des prix administrés (comme le tabac ou l'essence en France), où la répartition de l'impôt peut être plus «partagée» entre le consommateur et le producteur, la TVA et autres droits et accises doivent être prélevée sur les revenus.

[1] La TVA est comme tous les impôts, un impôt sur le revenu qui est supporté par les producteurs dans l'échange et qui vient donc en diminution du rendement des détenteurs de capital humain (les salariés) et physique (les actionnaires).

LA PRESSION FISCALE RÉELLE EN 1994

La pression fiscale est un phénomène purement individuel et particulièrement subjectif. Mais nous pouvons néanmoins tenter de nous en faire une représentation fondée sur des résultats purement comptables. Pour ce faire, il convient donc d'abandonner la voie classique tracée par les statisticiens et dont nous venons de voir qu'elle n'avait absolument aucun sens: nous nous intéresserons uniquement à des taux d'imposition individuels et de préférence marginaux.

Nous avons arbitrairement choisi un certain nombre de foyers fiscaux types qui nous semblaient représentatifs d'un certain nombre de cas plausibles[2]. Trois paramètres influent sur la fiscalité à laquelle chacun est confrontée:

1° *Le salaire*: nous nous sommes restreints à la présentation des résultats pour des salaires bruts de 71 375[3], 100 000, 200 000, 600 000 et 1 500 000 de francs.

2° *Le nombre de parts*: il nous a paru intéressant de traiter le cas du célibataire, de la personne mariée et du couple ayant deux ou quatre enfants.

3° *Le «statut»*: une personne peut être *«cadre»* ou *«employée»*; nous devons donc étudier les variations sur ce thème.

Par ailleurs, il a fallu fixer un certain nombre de paramètres de façon arbitraire. Il a donc été fait des hypothèses sur

1° *La taxe professionnelle*: cette taxe pose un problème pratique important dans la mesure où elle est perçue sur des bases très diverses dont font partie les salaires. En fait,

---

[2] Chacun pourra, s'il le souhaite, se lancer dans le long calcul de sa situation personnelle, *en prenant garde de ne pas oublier toutes les charges qui pèsent sur les salaires et qui n'apparaissent pas sur les fiches de paie.*

[3] Ceci est le montant «brut» du SMIC en 1994.

la base fiscale théorique est fondée sur la *valeur locative* des biens de l'entreprise, comme le foncier bâti ou non, passible ou non de la taxe foncière[4]... A cette liste, le législateur a ajouté la «valeur locative des salaires» (*sic*). Celle-ci se compose de 18 % des salaires bruts des entreprises. Le calcul des bases de la taxe professionnelle se complique des majorations et minorations diverses[5]. Les taux applicables sur ces bases sont eux-mêmes très divers et dépendent de chaque collectivité locale: mairies, groupements, départements, régions, et chambres de commerce et d'industrie. De plus, il comprend les frais pour émissions de rôle des avis d'imposition pour le compte des organismes ci-dessus. Nous avons fait le choix de fixer le taux de la taxe professionnelle à la valeur moyenne pondérée de la somme des taux des taxes dues aux différentes collectivités, *tel qu'il est établi par la Direction Générale des Collectivités Locales du Ministère de l'Intérieur et de l'Aménagement du Territoire*[6]. Il est à noter *que la taxe*

---

[4] Les calculs sont très confus et les réglementations se sont superposées au fil des ans. La législation fiscale en la matière est si complexe que les réclamations des contribuables représentent 15 % des avis d'imposition émis: il semblerait que l'administration fiscale elle-même éprouve des difficultés à calculer les montants de taxe professionnelle!

Même si la réforme de 1987 peut être considérée comme une simplification, nous pourrions nous demander pourquoi la valeur locative cadastrale d'une centrale nucléaire est de 5,33 % du prix de revient, contre 8 % pour les «installations utilisées à l'irrigation pour neuf dixièmes de leur capacité»...

De la même facon, pourquoi les logiciels (et plus généralement les immobilisations incorporelles), les lignes, câbles, et canalisations extérieures aux établissements ne font-ils pas partie de la base sensée représenter la *valeur locative* de la firme?

[5] Par exemple, il a été tenu compte de l'abattement de 16 % sur les valeurs locatives correspondant à la prise en charge par l'Etat. En revanche, nous n'avons pas tenu compte du plafonnement de la taxe professionnelle à hauteur de 3,5 % ou 4 % du chiffre d'affaire.

[6] Ce taux est de 22 % de la base. Cf. tableau B2, [105, Ministère de l'Intérieur].

professionnelle acquittée en 1994 est celle de la déclaration de 1993, portant sur des éléments de 1992. De ce point de vue, nos chiffres sont influencés par ce décalage[7].

2° *La taille de l'entreprise*: l'entreprise-type retenue ici est dans la moyenne francaise. Elle est supposée employer 80 personnes et faire 80 millions de francs de chiffre d'affaire. Cette hypothèse n'est pas très contraignante. Elle permet simplement de discriminer parmi les taxes dues par les entreprises de plus de 10 personnes et celles dues par les entreprises dont les effectifs sont supérieurs.

3° *La localisation de l'entreprise*: outre la taxe professionnelle, ceci influe sur l'assurance transport et sur le versement transport. Nous avons choisi une entreprise d'Ile-de-France dans la mesure où le plus grand nombre d'entreprises est précisément implanté dans cette région.

4° *L 'assurance transport*: le taux varie selon la localisation de l'entreprise. Sous les hypothèses ci-dessus, elle peut être de 2,20 %, de 1,40 %, ou de 0,80 %. Nous avons donc choisi le taux de 1,40 % de façon à rester autour de la moyenne.

5° *Le risque industriel*: l'activité de l'entreprise sera une activité de services. Ainsi, le taux *Accidents du travail* restera-t-il dans la fourchette basse, à 1,00 % du brut.

6° *Le comité d'entreprise*: la taille de l'entreprise conditionne un autre aspect des coûts salariaux, le comité d'entreprise.

---

[7] Les entrepreneurs ne savent pas à l'avance à quels taux ils vont devoir faire face: dans la mesure où ces derniers sont très instables (à la hausse), les dirigeants ne peuvent faire autrement que de demander une prime de risque qui ne peut être payée que par les détenteurs de capital humain, i.e. les salariés.

A propos de la variabilité des taux, il convient de noter qu'Alain Guengant a mis en évidence des phénomènes cycliques d'évolution des taux qui coïncideraient avec les échéances électorales... Cf. [57, Guengant].

La loi lui donne naissance lorsque l'entreprise dépasse 50 personnes. Le taux des dotations au comité d'entreprise choisi ici est le minimum légal.

7° *Le panier-repas*: il coûte ici 25 francs par jour ouvrable. Ce coût se partage entre la part patronale, 60 %, et la part salariale, 40 %. Le coût choisi est plutôt bas de facon à englober les cas où la part patronale est plus faible du fait de la prise en charge d'une partie des frais de restauration par le Comité d'Entreprise.

8° *Les indemnités transport*: ici, elles sont du montant minimal possible, soit 50 % de la «carte orange» à deux zones. Ceci dépend de la localisation de l'entreprise par rapport à l'habitat de ses employés.

Cas		Rémunération brute	Taux moyen	
			(HT)	(TTC)
Smicard	Célibataire Sans enfant	71 375	45,25 %	53,84 %
Smicard	Marié Sans enfant	71 375	42,99 %	51,93 %
Employé	Célibataire Sans enfant	100 000	47,78 %	55,97 %
Employé	Marié Quatre enfants	100 000	43,89 %	52,69 %
Cadre	Célibataire Sans enfant	200 000	53,12 %	60,47 %
Cadre	Marié Deux enfants	200 000	47,16 %	55,44 %
Cadre	Célibataire Sans enfant	600 000	60,29 %	66,52 %
Cadre	Marié Quatre enfants	600 000	49,07 %	57,06 %
Cadre	Célibataire Sans enfant	1 500 000	65,33 %	70,77 %
Cadre	Marié Deux enfants	1 500 000	60,82 %	66,96 %

Tab. A.1 — *La pression fiscale réelle moyenne.*

Les pressions fiscales moyennes

Les résultats du tableau A.1 font apparaître le niveau très élevé des taux moyens. Nous sommes loin des 45 % de prélèvements obligatoires en terme de PIB puisque les smicards paient déjà un taux moyen de 45 % sur leur *production réelle* hors TVA[8].

Pourtant, du fait de notre jeu d'hypothèses[9] *et de l'existence de conventions collectives, les taux de prélèvements globaux présentés sont de 5 à 10 % inférieurs à la réalité selon le secteur de l'entreprise et sa localisation.*

Un petit commentaire de ces résultats s'impose donc. Tout d'abord, nous pourrions nous poser la question de savoir comment il peut se faire que tous les revenus soient taxés à un taux supérieur à 45 % et que le taux moyen officiel de la pression fiscale française soit précisément de 45 %.

En fait, nous n'avons pas présenté les revenus inférieurs au SMIC, ni tous les revenus qui supportent une fiscalité plus faible que celle du travail. Il est bien évident qu'une grande partie de la population vit précisément du travail des gens situés dans un cas de figure fiscale proche de l'un de ceux du tableau A.1.

Ceci est d'ailleurs symptomatique du mal fiscal français qui consiste à punir la production de richesses. Le coût salarial d'un smicard tel que nous l'avons calculé est de 9 000 francs en

---

[8] Dans tous les résultats qui suivent nous avons appliqué une TVA de 18,6 % sur la valeur résiduelle nette d'impôt. Ce choix est discutable, mais il reste possible d'appliquer un taux différent de *x* % en utilisant les taux moyens hors taxes. La relation entre le taux moyen hors taxes t_1 et le taux moyen toutes taxes comprises t_2 est alors simplement donné par la relation

$$t_2 = \frac{t_1 + x}{1 + x}$$

[9] Tous les taux que nous avons «fixés» sont dans la moyenne. Nous pourrions avoir des charges supérieures de 50 % en taxe professionnelle, versement transport, carte orange, panier repas, comité d'entreprise, ou encore en risque industriel.

1994. Celui-ci rapporte 4 000 francs par mois à l'Etat. Un allocataire du RMI coûte près de 3 000 francs par mois à l'Etat. L'écart est donc de 7 000 francs par mois pour l'Etat selon qu'un individu passe de l'état de «smicard» à celui de «rmiste»; pourtant l'écart de revenu réel entre les deux situations est inférieur à 2 000 francs pour cet individu.

L'autre constatation porte sur l'effet du quotient familial qui est, semble-t-il, très important. Ceci explique pourquoi les ménages composés de personnes mariées et ayant des enfants sont celles qui subissent les pressions fiscales les plus faibles.

Les pressions fiscales marginales[10]

Mais comme nous l'avons maintes fois souligné dans cet ouvrage, la variable qui détermine l'offre de travail des individus est l'utilité marginale que leur apporte une heure supplémentaire de travail. En ce sens, seuls les taux marginaux d'imposition sont finalement pertinents d'un point de vue économique. Aussi n'est-ce pas le tableau précédent, mais bien plutôt le tableau A.2, qui représente les taux marginaux d'imposition des mêmes types, qui importera pour nous.

---

[10] La même critique que précédemment peut être faite sur la façon dont nous imputons la TVA. Si le lecteur souhaitait recalculer les taux marginaux avec d'autres niveaux de TVA, il suffirait d'appliquer la même formule que dans la note 8 ci-dessus.

En particulier, si notre cadre le plus riche décide de consacrer se revenus marginaux à l'achat d'essence, son taux marginal *réel* d'imposition atteint alors 95 %.

Cas		Rémunération brute	Taux marginal	
			(HT)	(TTC)
Smicard	Célibataire Sans enfant	71 375	49,79 %	57,66 %
Smicard	Marié Sans enfant	71 375	44,89 %	53,53 %
Employé	Célibataire Sans enfant	100 000	56,73 %	63,51 %
Employé	Marié Quatre enfants	100 000	46,89 %	55,22 %
Cadre	Célibataire Sans enfant	200 000	58,16 %	64,72 %
Cadre	Marié Deux enfants	200 000	48,55 %	56,62 %
Cadre	Célibataire Sans enfant	600 000	66,81 %	72,01 %
Cadre	Marié Quatre enfants	600 000	53,34 %	60,66 %
Cadre	Célibataire Sans enfant	1 500 000	70,46 %	75,10 %
Cadre	Marié Deux enfants	1 500 000	70,46 %	75,10 %

Tab. A.2 — *La pression fiscale réelle marginale.*

Ces résultats seront une surprise pour beaucoup de gens qui ont fini par croire à une fausse vérité inlassablement répétée par les hommes de l'Etat à des fins électoralistes: «Plus de la moitié des Français ne paient pas d'impôts». Car ce sophisme signifie en réalité que «la moitié des foyers fiscaux français n'acquittent aucun impôt sur le revenu». Les pauvres paient une quantité d'impôts pharamineuse[11] et les discours moralisateurs sur la «justice sociale» ne prennent vraiment leur (non) sens que mis en perspective avec les résultats ci-dessus. Comme le disait le prix Nobel d'Economie Friedrich Hayek:

> «la raison principale pour laquelle l'impôt a progressé aussi vite qu'il l'a fait, est l'illusion que, par des moyens de taxation progressive, le fardeau de l'impôt peut être substantiellement déplacé vers les épaules des riches. Sous l'influence de cette illusion, les masses en sont venues à accepter un taux d'imposition beaucoup plus lourd qu'elles ne l'auraient fait sinon. Le seul résultat majeur de cette politique a été la stricte limitation des revenus qui auraient pu être gagnés par les plus heureux, comme gratification de la jalousie des moins aisés»[12].

D'autre part, nous pensons avoir clairement montré que les Français les plus riches ne sont pas les seuls à payer l'impôt progressif. Les pauvres paient aussi une contribution sociale très forte sous la forme d'un fort taux de chômage[13]. S'il peut être politiquement difficile d'expliquer à un pauvre qu'il subit les conséquences directes de la progressivité de l'impôt, il nous semble pourtant qu'une des méthodes efficaces pour lui donner des richesses consiste à baisser la fiscalité. L'idée que la moitié des foyers fiscaux ne paie pas l'impôt sur le revenu est exacte. L'idée que l'intégralité des foyers fiscaux subit la progressivité de l'impôt, sous la forme d'une faible croissance des revenus, ne l'est pas moins.

---

[11] Mais ne le savent pas!

[12] Cf. [63, Hayek].

[13] Cette proposition se démontre par le fait qu'un impôt élevé entraîne une baisse significative du niveau de l'emploi. Ainsi, si l'impôt est très progressif, c'est-à-dire nul sur les bas revenus et haut pour les riches, il se peut que les désordres qu'il entraîne sur le marché de l'emploi se répercutent sur les gens les moins aisés: ces derniers subissent alors le poids du système fiscal sans être directement assujettis. *Un tel phénomène est indéniablement à l'œuvre dans notre pays.*

Aux plus hauts niveaux de revenus, les taux d'imposition entraînent la confiscation presque totale des revenus. L'impôt sur le revenu joue un rôle important dans ce phénomène, mais il n'est pas le seul aspect décisif: à de tels niveaux, les abattements ne jouent plus. En effet, les «gains» obtenus par le biais du quotient familial sont plafonnés et les abattements sur le revenu imposable, pour les frais professionnels par exemple, n'ont plus d'effet. Ceci explique qu'il n'y ait aucune différence de taux marginal d'imposition pour notre cadre gagnant 1 500 000 francs, qu'il ait ou non des enfants: *la natalité chez les plus riches est découragée par le législateur.*

Décomposition des pressions fiscales réelles

Il est intéressant de se livrer à l'analyse de la part réelle des différents impôts et autres cotisations dans le total de ce que les individus versent à l'Etat. En effet, nous pourrions nous poser la question de savoir de quoi sont faites les différentes contributions des différentes catégories de revenus.

Le tableau A.3 représente précisément la répartition de la pression fiscale à la marge en fonction du type de prélèvement et du niveau de revenu[14]. En d'autres termes, les données représentent la décomposition du coût marginal employeur, i.e. de la production réelle marginale des individus, en fonction de leurs différentes destinations. Le salaire réel marginal — dans la dernière colonne — se déduit donc logiquement de la pression fiscale réelle marginale TTC donnée dans le tableau A.2[15].

---

[14] Ici, les «invisibles» représentent l'ensemble des taxes, cotisations, et autres charges légales sur salaires qui n'apparaissent pas sur la fiche de paie, comme la taxe d'apprentissage, la taxe professionnelle, la formation, la participation construction...

[15] La somme n'est pas toujours égale à 1 à cause des arrondis de calcul.

Cas		« Invisibles »	Cotisations	Impôt	TVA	Salaire *réel*
Smicard 71 375	Célibataire Sans enfant	4,78 %	40,12 %	4,90 %	7,87 %	42,34 %
Smicard 71 375	Marié Sans Enfant	4,98 %	40,12 %	0,00 %	8,64 %	46,47 %
Employé 100 000	Célibataire Sans enfant	4,60 %	42,29 %	9,84 %	6,79 %	36,49 %
Employé 100 000	Marié Quatre enfants	4,60 %	42,29 %	0,00 %	8,33 %	44,78 %
Cadre 200 000	Célibataire Sans enfant	4,70 %	38,83 %	14,62 %	6,56 %	35,28 %
Cadre 200 000	Marié Deux enfants	4,70 %	38,83 %	5,01 %	8,07 %	43,38 %
Cadre 600 000	Célibataire Sans enfant	4,77 %	37,98 %	24,06 %	5,21 %	27,99 %
Cadre 600 000	Marié Quatre enfants	4,77 %	37,98 %	10,59 %	7,32 %	39,34 %
Cadre 1 500 000	Célibataire Sans enfant	5,33 %	23,97 %	41,17 %	4,63 %	24,90 %
Cadre 1 500 000	Marié Deux enfants	5,33 %	23,97 %	41,17 %	4,63 %	24,90 %

Tab. A.3 — *Répartition de la pression fiscale.*

Si le caractère régressif[16] de certains prélèvements apparaît clairement[17], le grand déterminant de la structure de la pression fiscale réelle n'en reste pas moins l'impôt sur le revenu.

Si l'impôt sur le revenu est élevé, le salaire réel est faible et la TVA perçue l'est également. En terme de leur production

[16] Au sens fiscal du terme.

[17] Certains prélèvements sociaux voient leurs bases plafonnées. Ceci est en partie le cas de l'assurance vieillesse. Ceci s'explique par le fait que les retraites de base de la *Sécurité Sociale* sont limitées en fonction du plafond mensuel.

De la même façon, les retraites complémentaires sont pourvues par des bases qui sont limitées à huit fois le montant du plafond de la Sécurité Sociale. Ainsi, notre cadre gagnat 1 500 000 francs paie-t-il moins d'impôts à la marge qu'un cadre gagnant 900 000 francs.

Notons d'ailleurs qu'il est étrange que l'assurance maladie ne soit pas complètement régressive et plafonnée au-delà d'un certain montant: la maladie ne dépend pas *proportionnellement* de la richesse des individus.

réelle à la marge, i.e. en terme de leur coût marginal pour l'employeur, les individus les plus pauvres acquittent donc une TVA proportionnellement plus forte que la moyenne des individus.

Les effets redistributifs

Dans une étude analogue à la nôtre, réalisée en 1991, Didier Maillard a calculé les pressions fiscales réelles en tenant compte des effets redistributifs de l'Etat-Providence.

La question posée était de savoir quels étaient les taux d'imposition réels sachant que le fait d'être plus ou moins riche ouvre «droit» à de nombreuses aides gouvernementales. Bien sûr, les résultats qui vont suivre sont sujets à discussions tant les aides et les cas sont variées, complexes et dépendants de multiples paramètres[18].

Salaire brut	Taux réel
65 000	-33 %
130 000	+10 %
260 000	+32 %
520 000	+44 %
1 040 000	+53 %

Source: Didier Maillard, [99].

Tab. A.4 — *La pression fiscale moyenne corrigée des effets redistributifs.*

18 Cf. [99, Maillard].

Le taux réel présenté dans ce tableau est un *taux moyen de prélèvement global corrigé des avantages sociaux*. Il est à noter que les données ci-dessus sont un peu difficiles à comparer à nos données dans la mesure où l'auteur ne tient pas compte de la TVA, du versement transport et des taxes indirectes. Les valeurs réelles sont donc de plusieurs points supérieures à celles ci-dessus.

QUELQUES CAS «ATYPIQUES»

Les effets conjugués des impôts

Nous ne devons pas oublier la remarque des deux auteurs évoqués dans le chapitre 3 et qui prétendaient que:

> «Certes un taux marginal de 100 % ou proche de celui-ci serait sans nul doute confiscatoire et aurait un effet négatif sur l'offre de travail; mais cette situation ne correspond pas à la réalité: ainsi en France, selon l'article 885 V bis du Code Général des Impôts, le prélèvement total correspondant à l'impôt sur le revenu et à l'impôt de solidarité sur la fortune, ne peut excéder actuellement 85 % du revenu imposable (le taux était de 70 % avant 1991).»[19]

Reprenons alors nos calculs pour un cadre ayant 900 000 francs de salaire brut par an, et une fortune imposable de 30 000 000 de francs au premier janvier 1995.

La fortune en question entraîne le paiement d'un impôt de «solidarité» sur la fortune[20] d'un montant de 225 000 francs au taux de 1995.

L'impôt sur la fortune de 1995 et l'impôt sur le revenu de 1994 ne peuvent dépasser 85 % du revenu imposable de 1994, comme nous venons de le voir. Or, l'impôt sur le revenu acquitté en 1995 au titre des revenus 1994 est déjà de 260 887 francs pour notre individu. Comme son revenu imposable s'élève à 567 607 francs, l'abattement joue donc et le total des deux impôts est ramené à 482 466 francs.

---

[19] Cf. [23, CF].

[20] Notons que ce terme d'impôt de «solidarité» sur la fortune est un non-sens complet puisque cet impôt atteint l'objectif inverse de celui qu'il vise, à savoir d'aider les plus démunis. En effet, par ses effets désincitatifs, il bloque l'accumulation du capital et donc la croissance des bas comme des hauts salaires.

Mais imaginons que la personne en question touche une augmentation de salaire brut de 100 francs. Ceci entraînera une hausse de ses revenus imposables de 88 francs.

Mais là, l'abattement devient une monstruosité fiscale. En effet, l'impôt à acquiter au titre du revenu plus les 225 300 francs d'impôt sur la fortune continuent de dépasser 85 % du revenu imposable de l'individu. *Aussi, le revenu supplémentaire de 88 francs est-il taxé au taux marginal de 85 %.* Sur ces 100 francs d'augmentation, 12 francs disparaissent dans le gouffre de la Sécurité Sociale, et 77 francs dans celui de l'Etat. Il reste alors à notre individu la modique somme de 11 francs à aller dépenser.

			Ecart
Coût employeur	1 274 775	1 284 910	135
Salaire brut	900 000	900 100	100
Salaire net (avant impôts)	757 112	757 200	88
Salaire à déclarer	774 277	774 368	91
Abattement 10 % (plafonné)	73 270	73 270	-
Abattement 20 % (plafonné)	133 400	133 400	-
Revenu imposable	567 607	567 698	91
Impôt sur le revenu	260 887	260 938	52
I.S.F. avant plafonnement	225 300	225 300	
Total d'impôts avant plafonnement	486 187	486 238	52
Total d'impôts à payer	482 466	482 543	77
Salaire net (avant TVA)	274 646	274 657	11
TVA	51 084	51 086	2
Salaire réel net (pouvoir d'achat)	223 562	223 571	9

Tab. A.5 — *Calcul du taux d'imposition marginal.*

En supposant qu'il aille s'acheter de la papeterie pour commencer un ouvrage sur l'impôt, il peut dépenser 9 francs nets de TVA. Pour son employeur, l'augmentation a engendré le paiement de 35 francs à des organismes divers. *Le taux marginal d'imposition s'établit en fin de parcours à* **93,30 %**[21].

Bien sûr, il nous sera rétorqué que personne ne se trouve dans ces conditions de revenu et de fortune. Nous répondrons tout simplement: «*Pourquoi?*»

Le dixième homme

Il était une fois un patron de petite entreprise qui avait neuf employés. Il décida d'embaucher un smicard pour lutter contre le chômage en France.

L'histoire ne dit pas quelle était la structure salariale de cette firme, aussi nous supposerons qu'elle était composée d'une personne gagnant 600 000 francs brut par an, de trois autres gagnant 300 000 francs par an, et de cinq personnes gagnant 100 000 francs. La masse salariale brute de l'entreprise était donc de 2 000 000 francs.

Le passage à un effectif de dix personnes entraîne le paiement d'une cotisation supplémentaire de 0,40 % des salaires au *Fond National d'Aide au Logement.* L'embauche de notre smicard aurait donc dû entraîner un surcoût de 8 000 francs pour la firme en question. Le coût mensuel d'employer cette personne de plus aurait été de 9 414 francs par mois.

L'histoire, qui s'est produite en 1994, dit que le smicard en question vit toujours du RMI.

Le cinquantième homme

Une autre histoire triste circule à propos d'un patron qui aurait voulu embaucher ce même smicard dans sa moyenne entreprise de 49 personnes.

---

[21] Si ce brave homme décide d'acheter de l'essence, le taux marginal d'imposition s'établit à **98,78 %**. Autrement dit, le 31 décembre, notre homme travaille pour lui même durant 11 minutes et pour l'Etat durant 7 heures 49.

L'histoire ne dit pas non plus quelle était la structure de salaires dans cette firme, mais nous pouvons fixer le montant de la masse salariale brute à 10 000 000 de francs.

La loi oblige les entrepreneurs à avoir un comité d'entreprise au delà de 49 personnes. Ce comité vit d'une dotation pour ses activités et son fonctionnement. Cette dotation se calcule comme un pourcentage de la masse salariale. Le taux minimal en vigueur est de l'ordre de 1 % de la masse salariale.

L'embauche de ce chômeur à un salaire égal au SMIC aurait entraîné un surcoût annuel de 100 000 francs. Le coût réel de ce nouvel employé aurait été de 205 737 francs par an, soit un coût mensuel de 17 145 francs par mois[22].

L'histoire prétend que la personne en question cherche toujours un emploi.

---

[22] Le pouvoir d'achat de cet employé se serait élevé à 4 067 francs (en tenant compte de la taxe à la valeur ajoutée). Soit 23,72 % de son coût réel pour l'employeur...

L'ÉVOLUTION DE LA PRESSION FISCALE

Evolution du coût du travail

Le coût du travail occupe une place importante dans les discours politiques à propos de la fiscalité. Les baisses de charges sociales sont régulièrement évoquées comme un remède au chômage. Certains préconisent des baisses de charges patronales sur les bas salaires pour inciter à l'embauche, d'autres des baisses de charges salariales pour revaloriser le SMIC sans toucher à son montant légal.

Aussi est-il intéressant de revenir sur les claculs effectués plus haut et de les généraliser à plusieurs périodes fiscales pour tenter d'apprécier les changements récents de la fiscalité.

Le tableau A.6 montre l'évolution du pouvoir d'achat d'une personne payée au SMIC, ainsi que le coût supporté par son employeur. Les données sont exprimées en francs 1994.

	1990	1991	1992	1993	1994
Coût de l'employeur	8 838	8 986	8 997	9 083	8 811
Gain du salarié	4 004	4 092	4 082	4 102	4 067
Taux marginal (en %)	52,76	52,74	52,92	50,89	49,79

Tab. A.6 — *Evolution du salaire minimum.*

Du point de vue de l'employé, ce tableau laisse apparaître un point très intéressant: le fait que l'impôt sur le revenu ait baissé notablement pour les très bas revenus en 1993 a fait que le SMIC *net* a connu son plus haut niveau de toutes les années en question. Pourtant, contrairement aux années précédentes, il n'avait pas bénéficié du traditionnel «coup de pouce» au premier juillet. *A contrario*, le salaire minimum a crû fortement en 1990 en valeur réelle à cause d'une revalorisation supérieure au taux de l'inflation cette année-là.

Cette remarque est intéressante car elle signifie que la hausse de la CSG en 1993 a été plus que compensée par la baisse de l'impôt sur le revenu. Entre 1990 et 1992, la part de l'impôt sur le revenu dans le coût marginal employeur d'un smicard a toujours été supérieure à 7,50 %. Après 1993, elle tombe à un niveau de moins de 5 % comme nous pouvons le voir dans le tableau A.3. A ce titre, l'étude de l'évolution de la pression fiscale marginale est politiquement intéressante, en ce sens qu'elle ne correspond pas aux idées reçues.

La conséquence d'une politique de revalorisation par la hausse légale du SMIC est d'augmenter assez fortement le coût du travail pour l'employeur. La même revalorisation effectuée par le biais de l'impôt n'a donc pas cet effet pervers. A ce sujet, nous ne pouvons manquer de faire le parallèle entre les hausses du coût du travail, à savoir du SMIC réel pour l'employeur, et les créations d'emplois salariés dans les secteurs non agricoles: la conclusion du tableau A.7 semble sans appel. Bien sûr, un raisonnement inductif sur quatre valeurs peut être risqué, mais nous ne pouvons pas manquer de noter que, sur les vingt dernières années, les seules périodes de baisse continue du chômage — d'août 1987 à mars 1990 et de septembre 1993 à juillet 1995 — suivent des périodes de baisses des charges sociales supportées par le travail. De même, nous ne pouvons pas manquer de faire le rapprochement entre la hausse du SMIC de 4 % en juillet 1995 (la plus forte depuis 1990) et la reprise de la hausse du chômage dès le mois d'août 1995, qui rompait avec 23 mois consécutifs de baisse de cet indicateur.

	1991	1992	1993	1994
Variation du coût	+1,67 %	+0,12 %	+0,96 %	-2,99 %
Créations d'emplois	-100	-236	-231	+218

Source: INSEE.

Tab. A.7 — *Evolution conjointe du salaire minimum et des créations d'emplois salariés non agricoles (en milliers).*

Ces baisses ont été assez importantes sur les bas salaires en particulier à cause de la prise en charge par l'Etat de la totalité des allocations familiales en dessous de 100 % du SMIC et de la moitié de celles-ci pour la fraction du salaire comprise entre 110 et 120 % du SMIC brut. Elles expliquent la forte baisse du coût salarial employeur pour l'année 1994. Elles se sont d'ailleurs poursuivies en 1995 pour les salaires compris entre 120 % et 130 % du salaire minimum.

De ce point de vue, la hausse des cotisations versées à l'assurance chômage n'est peut-être pas un très bon investissement: s'il permet de résorber le déficit à court terme, il se pourrait très bien qu'il contribue à aggraver celui-ci à moyen et long terme.

Le cas des hauts salaires

La situation fiscale des hauts salaires est très différentes des bas salaires. Si l'on étudie l'évolution de la pression fiscale sur un salaire brut de 900 000 francs en 1994, nous pouvons constater que si le coût employeur est resté stable, le pouvoir d'achat d'un tel salaire a été fortement érodé sur la période: cette baisse de 3,98 % du pouvoir d'achat en cinq ans est due en grande partie à la hausse de la fiscalité.

Ces tableaux A.6 et A.8 sont intéressants à plus d'un titre, mais en particulier pour renverser la rhétorique politicienne qui voudrait que les salariés les plus pauvres aient vu leur pouvoir d'achat baisser «au profit» des plus riches. Le phénomène est exactement inverse à celui-ci. Or, la hausse du taux d'appel (i.e. minimum) de l'AGIRC en 1995 et la poursuite du transfert des allocations familiales des cotisations sociales vers le budget de l'Etat — si elle a lieu — vont accentuer ce phénomène pour l'année 1995.

	1990	1991	1992	1993	1994
Coût de l'employeur	106	107	106	107	107
Gain du salarié	36	36	36	35	34
Taux marginal (en %)	70,57	71,77	71,77	72,27	72,74

Tab. A.8 — *Evolution du coût employeur et du pouvoir d'achat du salaire brut de 900 000 francs (en milliers de francs 1994).*

Ceci est d'ailleurs assez inquiétant dans la mesure où l'on peut faire la projection suivante: à barème et à taux d'imposition inchangé en 1995, la pression fiscale d'un tel salaire s'établirait à 74,48 % à la marge pour 1995 (hors TVA). Ainsi, en six ans, le taux d'imposition marginal sur les plus hauts salaires aurait augmenté de près de 4 %. Si l'on met ces chiffres en perspective avec les résultats présentés dans la troisième partie du chapitre 3, nous pourrions nous attendre à des baisses de recettes fiscales dans les années à venir[23].

[23] Ceci est à tempérer dans la mesure où une partie des entreprises vit sous des régimes fiscaux (conventions collectives) dans lesquels les taux de cotisations aux caisses de retraites complémentaires sont déjà supérieurs aux taux d'appel de l'AGIRC pour 1995. Mais une telle remarque signifie tout de même que l'on reconnaisse que les taux marginaux présentés ici sont des estimations par défaut.

LA FISCALITÉ RÉELLE À L'ÉTRANGER

Les comparaisons avec l'étranger ne nous apprennent rien en général. En particulier, le fait d'avoir une situation fiscale proche de celle de nos voisins n'est pas nécessairement un bien[24]. Rien ne nous interdit d'avoir une attitude plus éclairée que nos compatriotes européens. En particulier, si notre élite politique était prête à faire une réforme fiscale parce qu'elle était persuadée par des raisonnements logiques qu'une telle réforme s'impose, rien ne serait intellectuellement plus honnête que de suivre la voie de la raison plutôt que celle de la comparaison internationale[25].

Pays	Taux de prélèvement comparé	
	Taux moyen global	Taux marginal
Portugal	45,20 %	58,10 %
France	43,70 %	72,40 %
Allemagne	42,50 %	55,30 %
Belgique	41,00 %	73,10 %
Espagne	34,30 %	54,90 %
Etats-Unis	32,70 %	35,40 %
Luxembourg	28,10 %	50,00 %
Royaume Uni	23,40 %	45,70 %

Source: Didier Maillard, [99].

Tab. A.9 — *Taux moyen de prélèvement comparé et taux marginal comparé sur un salaire de 1 000 000 de francs — 1991.*

---

[24] Surtout quand de tels voisins sont l'Italie ou la Belgique...

[25] Après tout, le Luxembourg et la Suisse — qui sont, en Europe, les deux pays les plus productifs de richesses par habitant — n'ont pas si mal réussi en se comportant à l'inverse de leurs voisins. N'est-il pas temps de reconquérir une partie des capitaux qui se sont placés chez eux du fait de notre écart de fiscalité?

Les comparaisons internationales ne donnent aucun renseignement valide quant à la compétitivité d'un pays parce que les échanges internationaux se fondent sur des différentiels de prix relatifs et non sur des différentiels de prix absolus de part et d'autre d'une frontière. Nous n'avançons donc pas cette comparaison pour défendre l'idée fausse que la fiscalité handicape un pays à cause du renchérissement des produits à l'exportation[26]. Nous cherchons simplement à attirer l'attention sur le caractère beaucoup plus spoliateur de la fiscalité par rapport à celle de nos principaux partenaires économiques.

Cela illustre le fait que l'Etat prestataire de services est moins efficace ici qu'ailleurs dans la gestion des ressources des citoyens. Chez certains de nos partenaires, les prestations sociales sont de qualité analogue[27] et la fiscalité beaucoup plus faible parce que le système incite plus au travail et moins au gaspillage de ressources.

La Sécurité Sociale française — compte tenu des services offerts — a un coût qui n'est pas compétitif. De façon générale, le privé pourrait faire beaucoup mieux pour un prix moindre en matière de fourniture de biens et services de protection personnelle.

---

[26] Cela dit, si la fiscalité fait varier fortement le coût relatif du travail d'une catégorie socio-professionnelle par rapport aux autres, l'échange international s'en trouvera affecté, et la Nation — prise dans sa globalité — aura tendance à se spécialiser dans tel ou tel type de production.

Un tel processus est probablement à l'œuvre à cause du salaire minimum qui renchérit artificiellement le coût du travail le moins qualifié. L'industrie française a bien du mal à lutter avec les producteurs français de services en terme de prix relatifs. Ceci explique très probablement pourquoi la France est structurellement un très gros exportateur de services, alors que son industrie a du mal à exporter.

L'amélioration du commerce extérieur sur ces deux dernières années n'invalide pas le raisonnement dans la mesure où l'exportation de services a continué de croître.

[27] En particulier, l'Allemagne dépense beaucoup moins d'argent que nous pour sa protection santé.

Annexe B

QUELQUES IDÉES CHIFFRÉES POUR UNE RÉFORME

UNE SIMPLE REMARQUE

L'impôt sur le revenu est très concentré; il n'est acquitté que par quelques milliers de contribuables pour la majeure partie de son produit: 20 % des contribuables acquittent plus de 80 % de cet impôt[1]. Du fait de sa très forte progressivité, ses recettes font partie des plus basses du monde occidental: elle représentent 5 % du PIB français ou seulement *13,95 % des revenus déclarables* au titre de cet impôt. *A contrario*, aux Etats-Unis, les recettes de l'impôt sur les revenus sont supérieurs à 12 % du PIB américain.

En d'autres termes, l'impôt sur le revenu ne compte que pour 10 % des prélèvements obligatoires dans notre pays contre 40 % Outre-Atlantique. Ainsi, avec des taux deux fois supérieurs (56,8 % contre 28 % en 1990) nous arrivons à la «performance» de lever deux fois moins de recettes en terme de PIB[2].

---

[1] Plus l'échantillon de contribuables est restreint et plus le montant qu'il paie est étonnant en terme relatif. Ainsi, si nous nous référons au tableau 3.11, nous constatons qu'en 1990

50 %	des contribuables payaient	100 %	de l'impôt
20 %	....	82 %	....
10 %	....	67 %	....
5 %	....	53 %	....
1 %	....	29 %	....

[2] Outre le fait que ceci illustre une nouvelle fois l'effet désincitatif de l'impôt et l'effet pervers des «*abris fiscaux*», cela explique la position de certains partisans de l'abolition complète de cet impôt: ils font l'hypothèse qu'elle entraînerait un bond de la production qui ferait plus que compenser les pertes de recettes fiscales.

Ce paradoxe s'explique de deux manières. D'une part, l'impôt élevé désincite les individus les plus productifs à travailler. Ceux-ci ne dégagent alors qu'une fraction des revenus qu'ils auraient pu avoir en travaillant davantage. Ceci provoque le déplacement d'une partie importante des foyers fiscaux vers des tranches de revenu moins fortement imposées. Finalement, l'impôt rapporte moins lorsqu'il est très élevé que lorsqu'il est plus faible. La courbe de Laffer explique donc en partie que l'Etat américain parvienne à lever deux fois plus d'impôts que l'Etat français avec un taux maximal deux fois moindre.

L'autre explication réside dans le fait que la base fiscale est beaucoup plus étroite en France qu'aux Etats-Unis. Ceci provient de la multiplication des «*abrix fiscaux*» dont le rôle est de faire sortir une partie des revenus de l'assiette fiscale pour atténuer les effets pervers de la progressivité de l'impôt.

Ceci appelle deux remarques fondamentales:

1° Un taux uniforme proportionnel de 13,95 % permettrait donc de lever les mêmes recettes que le barème actuel[3].

2° Une baisse de l'impôt sur le revenu est une opération beaucoup moins courageuse de la part d'un homme de l'Etat français que de la part de son homologue américain. En effet, nous venons de montrer que cet impôt joue un rôle quatre fois moindre dans notre pays qu'aux Etats-Unis[4] dans le total des recettes.

---

[3] A supposer que l'offre de travail n'augmente pas à la suite d'une telle réforme, ce qui, à ce stade de notre raisonnement, ne peut plus convaincre personne.

[4] De ce point de vue, l'absence de réforme fiscale de fond depuis plusieurs décennies — si ce n'est pour créer de nouveaux impôts — est révélateur du niveau d'engagement des hommes politiques français dans le domaine des idées et de l'action.

DES OBJECTIFS POUR UNE RÉFORME

Tout ce que nous allons dire par la suite s'appuie donc sur un fait et une hypothèse:

1° Le rendement de l'impôt sur le revenu est très faible. Cet impôt ne rapporte plus beaucoup en terme de base pour deux raisons: la progressivité (désincitative) et surtout les nombreuses exceptions fiscales («*abris fiscaux*»).

2° La réaction à une baisse drastique des taux ne serait pas nulle.

Le premier point est indiscutable. Le deuxième point est une hypothèse de travail sur laquelle nous allons revenir dans la partie qui suit.

La proposition que nous aurions envie de faire découle donc de ces deux remarques. Il conviendrait de supprimer toutes les exceptions fiscales, de diminuer le nombre des tranches et dans le même temps le niveau maximal de l'impôt. Une «étape» serait en fait d'abaisser le niveau de l'impôt aux alentours de 15 % puisque c'est son taux moyen.

L'inconvénient d'une telle mesure est évident. Il existe 13 millions de foyers fiscaux qui échappent à l'impôt sur le revenu. Comment leur faire accepter l'idée de verser 15 % de leurs revenus à l'Etat? D'un autre côté, un système progressif est très fortement désincitatif.

La solution pourrait résider dans la création d'un abattement de x francs sur l'impôt à acquitter. De cette façon, les foyers les moins riches ne verraient pas leur impôt augmenter et les foyers les plus riches seraient taxés au taux moyen unique de 15 % sans aucun droit à une quelconque exemption.

Peut-être conviendrait-il de montrer les effets d'une telle mesure sur deux petits exemples concrets. Nous allons donc supposer que le taux d'imposition est ramené à une seule tranche commençant dès le premier franc et fixée à 15 %. Nous allons également supposer que l'abattement est fixé à 3.000 francs par part selon le calcul en vigueur actuellement pour le quotient familial.

Exemple 1

Supposons que Monsieur Dupont soit célibataire, sans enfant à charge, et qu'il gagne 200 000 francs dans l'année. Son foyer fiscal se compose d'une seule part. Selon le barème d'imposition de 1990, son revenu imposable donnait lieu au paiement d'un impôt de 39 130 francs. Selon le barème ci-dessus, son impôt s'élèverait à 15 % de 200 000 francs, soit 30 000 francs, moins 3 000 francs au titre de sa part unique. Au total, l'impôt à acquitter serait de 27 000 francs.

Exemple 2

Monsieur Dupont est chômeur, marié et sans enfants. Il n'a plus que 30.000 francs de revenus par an. Son foyer fiscal, composé de deux parts, ne payait pas d'impôt selon le barème 1990. Selon le système proposé, il paierait 15 % de 30 000 francs, soit 4 500 francs moins l'abattement de 6 000 francs, soit - 1 500 francs. L'impôt est négatif. Il n'a donc rien à acquitter.

En résumé, nous allons donc nous intéresser aux effets budgétaires d'une réforme qui reprendrait les points suivants:

1° le remplacement du barème à 7 tranches par une tranche unique de 15 %.
2° la suppression de *tous* les *«abris fiscaux»*.
3° la création d'un abattement d'impôt fixé en fonction du quotient familial.

HYPOTHÈSE SUR LA RÉACTIVITÉ À L'IMPÔT

L'expérience du passé

Si nous reprenons les réformes fiscales que nous avons mentionnées dans le troisième chapitre, nous constatons qu'elles ont toutes permis un quasi doublement des recettes fiscales pour les tranches concernées.

En 1921, la réforme d'Andrew Mellon s'est traduite par une augmentation de 122 % des recettes fiscales perçues sur les revenus de plus de 100 000 dollars, alors même que le taux marginal d'imposition passait de 77 % à 24 %. En seulement quatre ans, entre 1924 et 1928, la base fiscale et les recettes de l'impôt augmentèrent de 259 % et 134 % respectivement. Sur l'ensemble de la période, en 7 ans, la base fiscale — à savoir la somme des revenus de plus de 100 000 dollars — augmenta de 512 % (alors même que les effets de l'inflation étaient négligeables): une division par trois du taux marginal d'imposition s'est donc traduite par une multiplication par six des revenus de la tranche considérée. Rappelons que la réforme du Président Kennedy s'est également soldée par une forte augmentation de la base taxable sur les revenus de plus de 1 000 000 de dollars: pour mémoire, celle-ci a augmenté de 93,89 % — en deux ans et demi — alors que le taux maximal — i.e. celui de la tranche supérieure — baissait de 21 % passant de 91 à 70 %. De la même manière, sous le Président Reagan, les recettes perçues sur les revenus du 1 % d'Américains les plus riches ont progressé — en quatre ans — de 89,60 %. Dans le même temps, l'assiette fiscale en question s'élevait de plus de 108 %. De même, en Angleterre, en quatre ans, alors que le taux marginal d'imposition passait de 83 % à 40 %, les recettes perçues sur le premier pour-cent d'Anglais les plus riches progressaient de 0,3 milliards de livres, traduisant une augmentation de près de 130 % de la base *marginale*. Entre 1984 et 1988, en France, les revenus des 10 % de Français les plus riches en terme de revenus nets par part ont augmenté de 15 à 30 % du total des revenus imposables de l'ensemble des foyers fiscaux[5].

En d'autres termes, la plupart des réformes fiscales que nous connaissons bien ont conduit au doublement des revenus des populations statistiques dans un délai de deux à quatre ans.

Notre hypothèse de travail

De façon à ce que nous allons dire soit le moins contestable possible, nous supposerons que les Français réagissent moins à l'impôt qu'ils ne l'ont fait par le passé, ou que leurs voisins anglais, ou encore que les Américains[6].

Ainsi notre hypothèse sera que le remplacement du barème progressif par un taux unique de 15 %, n'entraînerait que *50 %* de hausse de revenu pour les 1 % de Français les plus riches et que leur réaction mettrait *cinq* ans à se traduire *totalement* dans leur offre de travail. Pour les centiles les plus bas en terme de revenu imposable, nous supposerons que, dans un même délai de cinq ans, leurs revenus augmenteraient d'une quinzaine de pourcent à cause de la baisse du chômage et des tensions sur le marché du travail[7].

---

[5] Cf. le tableau 3.11.

[6] Ceci nous met donc à l'abri de considérations discutables sur la rigidité de l'économie française en général et de son marché du travail en particulier.

[7] La fonction exacte de réaction à la baisse de l'impôt utilisée est la suivante:

$$\begin{aligned} \delta(c,a) &= \tfrac{a}{5}(15 + 1,75 * (21 - c)) \ \% \quad && \text{si } c \leq 20 \\ &= \tfrac{a}{5}15 && \text{si } c > 20 \end{aligned}$$

où c et a sont respectivement le centile et l'année. Par exemple, en trois ans, les individus du treizième centile augmentent leurs revenus de δ (13,3), soit 17,40 % ou bien encore 5,5 % par an en francs courants.

Ce chiffre est faible si l'on réalise qu'il correspond à une augmentation réelle des salaires de 3 % sous l'hypothèse d'une hausse des prix de 2,5 %.

CHIFFRAGES

Réforme simple

Nous allons supposer qu'une telle réforme ait eu lieu en 1990 et que ses effets se soient traduits à partir de 1991. Selon notre hypothèse, il aurait fallu attendre 1995 pour que l'offre de travail se soit pleinement adaptée au nouveau contexte fiscal.

Sous les hypothèses ci-dessus les revenus simulés (en millions de francs) sont les suivants:

1990	1991	1992	1993	1994	1995
2 250 842	2 363 841	2 476 840	2 589 839	2 702 839	2 815 838

Ces revenus auraient entraîné la perception d'un impôt égal à 15 % de leur montant. En 1990, les recettes fiscales dues à l'impôt sur le revenu étaient égales à 314 milliards de francs. Sous les hypothèses d'offre de travail ci-dessus et compte tenu du taux unique de 15 %, les recettes simulées pour 1991 auraient été de 355 milliards de francs, soit 40 milliards de plus que l'année précédente.

Mais ce n'est pas tout. Les cotisations sociales auraient également fortement augmenté. En effet, une large fraction du revenu imposable n'est que le résidu de ce qu'il reste après le paiement des cotisations sociales sur les salaires. Si l'on considère que 60 % des revenus sont des salaires[8] et que le revenu imposable ne représente qu'à peu près 55 % de ce que les individus produisent, une augmentation de 100 francs du revenu imposable équivaut à une augmentation des cotisations «sociales» de 50 francs environ.

---

[8] Ceci sera une hypothèse de travail conservatoire. Naturellement la part du salaire dans le revenu varie avec le montant de ce dernier.

En résumé, les surplus de recettes simulées (en millions de francs) auraient pues être les suivantes:

	1990	1991	1992	1993	1994	1995
Impôt	0	40 576	57 526	74 476	91 426	108 376
Cotisations	0	56 500	112 999	169 499	225 998	282 498

Comme nous l'avons déjà souligné, le «défaut» majeur de la «*flat tax*» est de soumettre l'ensemble des contribuables au même taux unique de 15 %. Naturellement, ceci serait politiquement inacceptable dans un pays où la moitié des foyers fiscaux a pris l'habitude de consommer des services publics aux dépens de l'autre moitié. La solution pourrait alors consister à créer un abattement de l'ordre de 6 000 francs par foyer fiscal.

Pour compenser, les effets de l'impôt à taux proportionnel — à savoir de la «*flat tax*» — il faudrait donc renoncer à des recettes fiscales de l'ordre de grandeur suivant (en millions de francs)[9]:

	1991	1992	1993	1994	1995
Abattement	168 177	176 586	185 415	194 686	204 420

Un tel système fiscal aurait permis de laisser le taux moyen d'imposition des 80 % de Français les moins riches à un montant inchangé de 4,50 % environ. En revanche, le taux moyen d'imposition du 1 % de Français les plus riches en terme de revenu net par part, et qui était de l'ordre de 50,33 % en 1990, aurait pu atteindre 14,38 % en 1995. Si la réaction à la baisse d'imposition est lente, elle n'en a pas moins des effets

[9] La somme de 6 000 francs d'abattement par foyer fiscal a été augmentée chaque année de 5 %.

importants sur le déficit budgétaire qu'elle réduit fortement en fin de période.

Ainsi, les déficits engendrés par la réforme fiscale en question peuvent être déduits des montants simulés présentés ci-dessus:

	1991	1992	1993	1994	1995
Ecarts	-71 101	-6 060	58 560	122 738	186 454

S'il faut supporter un déficit budgétaire important la première année, ce dernier se résorbe rapidement par la suite pour laisser un excédent confortable par rapport à l'hypothèse où l'on n'aurait rien fait. Au total, en 1995, le surplus actualisé au taux de 8 % à la date de la réforme — i.e. à l'année 1990 — aurait pu être de quelques 164 milliards de francs. En particulier, chaque année suivante, alors que la réforme joue à plein, un nouveau surplus survient, surplus de l'ordre de 180 milliards de francs courants.

Elargissement de la réforme aux allocations familiales

Nous ne pouvons pas résister au plaisir de jouer avec ces chiffres (prenons-nous un instant pour des hommes de l'Etat regardant le troupeau du haut de leur tour de contrôle) et de poursuivre le raisonnement.

Dans la réalité, un surplus de 180 milliards de francs est dilapidé en avantages divers destinés à contenter les électeurs. Mais dans un monde idéal, cette manne de 180 milliards de francs serait destinée à des allégements d'impôts.

En particulier, nous savons que les CNAF ont touché à peu près 110 milliards de francs en 1990, au titre des 5,4 % de charges «patronales» dites d'«allocations familiales». Un tel montant de charges pèse fortement sur le niveau de l'emploi et, comme nous venons de le souligner dans l'annexe A, la suppression de ces charges pour les salaires inférieurs à 120 % du SMIC explique probablement une grande partie de la baisse du chômage observée en France entre octobre 1993 et juillet 1995.

Une budgétisation complète de ces charges sociales aurait pu être réalisée sur la période, accélérant le processus de baisse des impôts, et donc du chômage et du déficit budgétaire. Une telle mesure aurait représenté une baisse de l'ordre de 5 % de la pression fiscale sur les salaires. En particulier, puisqu'elle vient en déduction de ce que paie l'employeur, elle se serait traduite instantanément *via* une hausse correspondante du niveau des salaires réels des employés, en d'autres termes de leur pouvoir d'achat.

En fait, les allocations familiales, qui sont par nature une dépense qui n'a rien à voir avec un processus d'assurance, n'auraient jamais dû être confiées à des organismes parapublics. Si l'on ne peut pas dire que leur nature relève de l'Etat, nous pouvons affirmer que les autres tâches de la sécurité sociale sont toutes privatisables à plus ou moins long terme. En ce sens, toutes les activités ne relevant pas de l'assurance devraient être rapidement réintégrées au budget de l'Etat. La vocation de la sécurité sociale est finalement de disparaître, remplacée par des services privés, efficaces parce qu'en concurrence.

Les allocations familiales auraient donc pu être incorporées à l'impôt sur le revenu: elles auraient pu venir en déduction des impôts sous la forme d'un abattement encore plus important que celui qui était mentionné plus haut. Si nous reprenons justement l'exemple 2, nous avons vu que sous les trois hypothèses d'un revenu de 30 000 francs, d'un impôt proportionnel de 15 % et de 6 000 francs d'abattement, l'impôt I à acquitter est de

$$I = \frac{15}{100}30000 - 6000 = -1500$$

Nous n'avions pas souligné le point fondamental suivant: il est tout à fait possible d'imaginer que l'impôt soit *négatif.* Dans le cas ci-dessus, c'est l'Etat qui verse de l'argent au contribuable.

De tels systèmes ont souvent été expérimentés aux Etats-Unis et au Canada. La différence majeure avec la présentation ci-dessus tient dans le fait que l'impôt négatif reposait alors sur des barèmes d'imposition à taux très progressifs[10].

L'avantage d'un tel système est de lier tous les mécanismes de redistribution en faveur de la famille en un même ensemble très lisible. Un autre avantage (formel) tiendrait au fait qu'une telle mesure baisserait fortement le niveau de la pression fiscale en terme de PIB. Un homme politique adoptant une telle mesure pourrait se targuer d'avoir fait diminuer cet indicateur vénéré par les admirateurs professionnels de la social-démocratie.

En effet, si l'on reprend le premier exemple et que l'on supposait que les allocations familiales sont de 10 000 francs par an, l'adoption d'un tel système permettrait de déduire cette somme des impôts à payer. En d'autres termes, par un simple changement de méthode fiscale et donc de méthode comptable, les dix mille francs n'étant plus prélevés — du moins formellement — les prélèvements obligatoires diminueraient d'un même montant[11].

Réforme de l'assurance chômage

L'autre partie de la manne — soit 70 milliards de francs — aurait pu servir à réformer l'assurance chômage. Elle aurait permis de dégager des fonds dans une période de transition

---

[10] Ces barèmes d'imposition à taux très progressifs présentaient le désavantage lié à la progressivité: ils étaient très fortement désincitatifs au travail marchand, i.e. fiscalisé. *A contrario,* la réforme ci-dessus présenterait les mêmes effets que la combinaison d'un impôt proportionnel et un impôt de capitation (qui serait ici négatif): les effets désincitatifs dus à la partie négative de l'impôt seraient donc plus faibles comme nous pouvons le déduire d'un raisonnement analogue à celui que nous avons longuement développé dans le chapitre 2.

[11] Ceci prouve une nouvelle fois, s'il en était encore besoin, que l'indicateur mesurant la pression fiscale comme la part des prélèvements obligatoires dans le PIB n'a aucun sens économique.

pendant laquelle le système actuel de répartition qui sert à l'indemnisation des chômeurs aurait été transformé en système de capitalisation.

Mais peut-être faut-il revenir sur la nature de l'assurance chômage. Il existe un moyen de protection très efficace contre le chômage, c'est l'épargne. Il est évident que si l'on a devant soi une réserve d'argent plus ou moins liquide, la perspective d'un licenciement devient moins grave. A ce titre une baisse de la fiscalité sur les produits de l'épargne serait bénéfique pour permettre aux individus de se protéger.

Notons d'ailleurs que ce type d'auto-assurance est très utilisé par les personnes en situation précaire. Ceci est d'ailleurs l'explication avancée par certains économistes lorsqu'ils cherchent à expliquer pourquoi le taux d'épargne des noirs américains est légèrement plus élevé que celui des blancs (alors même que ces derniers sont plus riches en moyenne). De la même manière, lors de la crise de 1993, en France, les familles ont augmenté leur taux d'épargne à cause de la peur du chômage.

Ce phénomène de nature économique pourrait être utilisé par un système semi-public d'assurance chômage. Il suffirait de verser les cotisations sur des comptes bancaires — bloqués pour toute la vie active —, et qui seraient *ouverts au nom du cotisant.* Les personnes au chômage pourraient alors puiser dans leur *propre argent.* Ceci éviterait les abus, et surtout de reporter les dépenses dues au chômage d'un individu sur les épaules des autres contribuables.

La discipline serait très forte dans la mesure où les individus auraient intérêt à ce que cette somme soit la plus grosse possible au moment de leur sortie de la vie active. L'incitation serait donc de toucher le moins possible à cette somme bloquée qui pourrait d'ailleurs porter intérêt.

Tout comme il se peut qu'un chômeur soit en fin de «droit», il se peut qu'un chômeur finisse par consommer tout son capital dans le second système. Tout comme il faut un certain temps dans le système actuel pour avoir des «droits» au chômage, il faut un certain temps dans ce système pour avoir amassé un capital. Le second système n'est donc en rien différent du premier si ce n'est qu'il repose sur la responsabilité individuelle et la capitalisation, au lieu de reposer sur la collectivisation des coûts et l'irresponsabilité.

Si l'on tient compte, comme nous l'avons vu dans l'annexe A, du fait que les cotisations «chômage» s'élèvent à près de 10 % du salaire brut, c'est avec une somme équivalent à plus de 4 ans de salaire que les moins dépensiers en matière d'assurance chômage pourraient partir à la retraite.

Le lecteur pourrait s'extasier devant une telle ingéniosité, aussi faut-il préciser qu'elle n'est en rien l'œuvre des auteurs: *ce système existe à Singapour, la ville-Etat qui n'a jamais connu la récession depuis 30 ans*[12]. Là-bas, le chômage n'existe pas, mais comme nous l'apprendront tous les nihilistes et les keynésiens, la causalité est invalide en sciences économiques[13]...

L'idée aurait pu consister à convertir la moitié des allocations actuelles en versements sur des comptes privés et bloqués. Au fur et à mesure du remplissage de ces comptes, on aurait pu imaginer de basculer d'un système à l'autre, l'Etat-Providence et l'irresponsabilité institutionnelle étant peu à peu remplacés par un système (presque) privé d'assurance individuelle.

Les avantages à attendre d'une telle méthode d'indemnisation des chômeurs sont multiples. Le sentiment de propriété privée sur les fonds déposés sur ces comptes aurait pu annuler le risque moral qui détruit petit à petit le système d'indemnisation actuel. Ceci aurait provoqué une baisse du chômage volontaire dont on peut imaginer qu'il représente une part non négligeable du

---

[12] Sauf, il est vrai, en 1985 à la suite de la création d'une version locale du SMIC qui devint plus tard indicatif...

[13] Le Mexique se dote en ce moment d'un système analogue d'assurance chômage qui porterait, semble-t-il, ses fruits.

chômage total. De plus, ce système présente l'avantage de conduire à une hausse de l'accumulation du capital[14].

Même si de telles réformes sont utopiques dans notre pays, nous admettrons volontiers, qu'il n'est en tout cas pas possible de maintenir le système actuel en l'état et de se contenter de «négocier» périodiquement des augmentations de taux de cotisation.

---

[14] Si l'on fait l'hypothèse que 150 milliards de francs étaient ainsi déposés chaque année, cela représente, actualisée à 8 %, une masse potentielle de près de 2 000 milliards de francs.

Une partie serait naturellement consommée chaque année, mais d'un autre côté, elle porterait forcément intérêt...

CONCLUSION

De ce point de vue, la réforme présentée n'est probablement pas réalisable en France à l'heure actuelle pour des raisons purement politiques. Pourtant, comme nous l'avons souligné dans le deuxième chapitre, elle fait l'objet de discussions avancées aux Etats-Unis où les républicains Newt Gingrich et Steve Forbes espèrent bien arriver à «imposer» un système proportionnel à taux unique de l'ordre de 17 %[15].

Le principal obstacle que nous voyons à une telle mesure — compte tenu du manque de courage politique — tient dans le fait qu'elle ne donne pas tous ses fruits dès la première année. De ce point de vue, la période de cinq ans que nous utilisions n'est pas neutre du point de vue de la rhétorique. Le mandat parlementaire étant de cinq ans, elle ne peut être réalisée qu'en début de législature dans l'optique d'une configuration politique où la chambre ne risque pas d'être dissoute.

Plus généralement, une telle mesure ne peut être qu'une étape sur le chemin de la liberté, c'est-à-dire de la propriété naturelle érigée en règle de droit, où l'Etat s'efface pour laisser des individus responsables mener leurs propres vies. De ce point de vue, tout ce que nous venons de dire n'est pas rationnellement défendable en ce sens qu'il est impossible de démontrer *objectivement* l'ordre des réformes à adopter pour aller dans la voie de l'Etat minimal assumant les trois tâches régaliennes. D'autres réformes seraient aussi souhaitables, comme la suppression simultanée de l'impôt sur les sociétés et des subventions aux

[15] Le taux de 17 % serait censé remplacer le barème progressif actuel et donc lever des recettes de l'ordre de 12 % du PIB américain. Dans notre proposition ci-dessus l'impôt proportionnel de 15 % ne supposerait de lever que 5 % du PIB français. Ceci prouve bien que les chiffres que nous avançons sont probablement assez réalistes même s'il peuvent paraître surprenants.

entreprises, de l'impôt de «solidarité» sur la fortune[16], du RMI ou encore du SMIC.

De ce point de vue normatif, nous préférerions l'instauration d'un impôt sur la dépense globale (IDG), puis d'un impôt de capitation. Mais cette instauration imposerait la réforme de la TVA et de la CSG. De ce point de vue, c'est à l'homme d'Etat qu'il convient de fixer les priorités menant à l'impôt égal à zéro (ou presque) qui servirait à financer les forces de sécurité intérieure et extérieure (police et armée) et la justice.

Notre but n'est pas de faire rentrer plus de recettes dans les caisses de l'Etat, même s'il serait stupide, à nos yeux, de ne pas réaliser une baisse de l'impôt pouvant amener à un tel résultat: même dans le cas où l'impôt serait déjà bas, une baisse de celui-ci augmenterait l'activité. *L'impôt détruit l'activité humaine.* Le rôle central de toute philosophie libérale consiste alors à faire accepter l'idée que l'impôt est un pillage de la production de l'individu sur lequel il repose, et que cet individu a un *plein* droit à la propriété privée sur les fruits de son propre travail.

---

16 Il convient peut-être de souligner une nouvelle fois que l'ISF ne rapporte rien au budget de l'Etat, seulement 0,2 % des prélèvements obligatoires environ.

Annexe C

TAXATION À L'«ENTRÉE» OU À LA «SORTIE»?

Nous avons fait la proposition que l'impôt sur la dépense globale ne frappait pas les revenus de l'épargne et distordait donc moins les choix temporels de l'individu. Pourtant, il pourrait paraître bizarre de ne pas choisir une méthode plus simple que l'impôt sur la dépense globale et qui permettrait, semble-t-il, d'atteindre les mêmes résultats: un impôt sur le revenu ne fiscalisant pas les revenus de l'épargne.

Il est possible de montrer que, sur le plan actuariel, ces deux impôts ont une même assiette qui est le *revenu actualisé* de l'individu. L'impôt sur la dépense globale est donc aussi un *impôt sur l'offre globale*, ou bien, un *impôt sur les revenus actualisés*, ou bien encore *un impôt sur la consommation actualisée.* En d'autres termes, cet impôt présente l'immense mérite d'être discriminatoire[1] sur la façon dont on répartit sa consommation et son effort de travail dans le temps.

En fait, l'impôt sur la dépense globale est réglé lorsque l'on désinvestit pour consommer, et l'impôt sur les revenus défiscalisant le produit de l'épargne est réglé avant l'investissement. Le premier ressemble donc un peu à une fiscalité de SICAV de capitalisation à laquelle on aurait ajouté une clause disant que les montants investis sortent du revenu imposable de l'année, et l'autre à un livret de caisse d'épargne généralisé.

D'aucuns pourraient prétendre être en face du même impôt. La bonne question à se poser pour trancher entre les deux systèmes est donc la suivante: *existe-t-il un danger à privilégier la*

---

[1] Du point de vue procédural...

fiscalisation de l'investissement plutôt que celle du désinvestissement?

Imaginons que l'on décide d'épargner cent francs de nos revenus. Fondamentalement, l'Etat a le choix entre trois types de régimes fiscaux.

Soit il décide de taxer le montant épargné avant que l'investissement ne soit effectué, ainsi que les intérêts de celui-ci. Ceci décrit assez bien le régime fiscal qui prévalait avant les années 1980. Comme nous l'avons vu dans le deuxième chapitre, si les taux d'imposition sont uniformes et de 50 % — ce que nous supposerons toujours pour nos exemples — il nous faudra d'abord payer 50 francs d'impôts sur nos revenus initiaux, puis épargner le solde. Chaque année, il nous faudra payer des impôts sur les revenus de la contrepartie comptable de cette épargne, c'est-à-dire sur les revenus de nos investissements.

Une deuxième méthode a émergé depuis quelques années. Elle consiste à ne pas taxer les revenus de l'épargne, pour ne pas distordre les prix relatifs entre les biens présents et les biens futurs. En effet, la première méthode possède l'inconvénient de faire payer des impôts sur les intérêts d'un capital constitué par épargnes successives issues de revenus sur lesquels les agents ont déjà payé des impôts. En termes actualisés, un capital investi au taux du marché se déprécie alors par rapport à ce taux. Cette dépréciation est d'ailleurs d'autant plus forte que la période d'investissement est grande et que les taux d'imposition sont importants. Ceci est évident puisque, sur 10 ans par exemple, un capital double ou triple selon les taux, ce qui signifie bien que sur une longue période les intérêts peuvent représenter après quelques années, une partie égale ou supérieure au capital de départ. Taxer les revenus intermédiaires, chaque année, n'est pas propice à l'accumulation du capital. Selon notre exemple de taux d'imposition à 50 %, il est bien évident que le taux auquel les gens empruntent sur le marché est double du taux réel que touchent les prêteurs en réalité. Si l'on emprunte 100 francs à 10 %, nous payerons, en réalité, 5 francs d'intérêt à l'Etat et 5 francs au prêteur. Ce sont toutes ces constatations simples qui ont permis le développement des SICAV de capitalisation. En effet, ces dernières ne sont pas autre chose qu'un système de taxation à l'entrée, c'est-à-dire un système de taxation où les impôts sur les revenus initiaux — nos cent francs — sont taxés quel qu'en soit l'usage.

Ce système s'oppose à un autre régime qui est celui de la taxation à la sortie. Celle-ci ressemble un peu à une forme particulière de crédit d'impôt. De quoi s'agit-il? Au lieu de taxer tous les revenus, on ne taxe que la partie des revenus qui n'est pas épargnée. L'autre partie peut donc être intégralement investie. En revanche, lorsque les sommes en jeu sont désinvesties et consommées, elles rentrent alors dans la base des revenus imposables.

Dans notre exemple, les flux de paiement sur 100 francs de revenus placés à 10 % seraient les suivants:

	(1)	(2)	(3)
Revenus	100,00	100,00	100,00
Impôts « à l'entrée »	50,00	50,00	0,00
Somme investie	50,00	50,00	100,00
Intérêts (1 an)	5,00	5,00	10,00
Impôts sur les intérêts	2,50	0,00	0,00
Valeur après 1 an	52,50	55,00	110,00
Somme désinvestie	52,50	55,00	110,00
Impôts (à la sortie)	0,00	0,00	55,00
Net fiscal	52,50	55,00	55,00

(1) Impôt sur le revenu classique.
(2) Taxation *à l'entrée* — Ex.: SICAV monétaires.
(3) Taxation *à la sortie* — Ex.: Impôt sur la dépense globale

Tab. C.1 — *Comparaison de différents systèmes fiscaux.*

L'opinion générale chez les fiscalistes veut donc qu'il soit équivalent de taxer un revenu épargné au moment de l'investissement ou bien au moment du désinvestissement. En fait, ceci s'avère faux à l'usage pour cinq raisons principales. L'erreur de raisonnement tient essentiellement au fait que l'on ne raisonne qu'en termes comptables et non en termes économiques.

LA CONTRAINTE DE BUDGET

Supposons un instant que les taux d'intérêts soient nuls pour simplifier nos calculs. Cette hypothèse n'est en rien restrictive dans la mesure où cela revient à raisonner en termes de valeurs actualisées.

Considérons maintenant deux périodes au cours desquelles un individu perçoit deux fois un revenu de 100 francs. Supposons également que l'impôt sur le revenu soit de 50 %. Aussi bien dans le cas de la taxation à l'entrée que de la taxation à la sortie, l'impôt à acquitter sera de 100 francs. Par conséquence directe, la consommation totale des deux périodes sera aussi de 100 francs.

Ces deux systèmes ne sont pourtant pas équivalents en ce sens que les flux monétaires ne seront pas du tout les mêmes au cours des deux périodes. En particulier l'impôt à acquitter est de 50 francs à chaque période dans le cas de la taxation à l'entrée. En revanche, s'il ne donne pas lieu à consommation immédiate, le revenu de la première période ne sera pas autant frappé dans le cas de la taxation à la sortie, l'Etat se «rattrapant» alors en deuxième période.

Dans les deux régimes, pour dépenser plus de 50 francs en première période, il faudra emprunter sur le marché. Mais les sommes empruntées seront justement plus fortes dans le cas de la taxation à la sortie, puisque l'impôt sera alors plus important.

En revanche, si les ménages sont globalement prêteurs, i.e. si les individus ont tendance à épargner ou à accumuler du capital, les sommes à verser à l'Etat seront plus faibles en première période et plus forte en seconde période, à flux de consommation identique.

L'erreur des fiscalistes qui prétendent que les deux systèmes sont équivalents est de supposer implicitement que les marchés sont parfaits, ce qui signifie que les individus peuvent prêter ou emprunter aux mêmes taux des sommes quelconques en fonction de leurs besoins. Si cette hypothèse peut être raisonnable lorsque l'on considère, par exemple, l'économie bancaire, elle est fausse lorsqu'on s'intéresse aux ménages. Nous savons bien que les taux prêteurs et emprunteurs des ménages sont radicalement différents.

Enfin, dans le régime de la taxation à l'entrée, l'épargne maximale entre les périodes est de 50 francs. Dans l'autre régime, elle peut être variable de 0 à 100 francs. En effet, si les revenus épargnés n'étaient pas fiscalisés, la consommation et les impôts pourraient être de 20 francs, ce qui donne une épargne de 60 francs dans notre exemple.

Les contraintes de budget des agents sont donc radicalement différentes selon les deux systèmes. Ceci a de fortes conséquences économiques sur le marché des fonds prêtables, et donc sur l'investissement.

L'INVESTISSEMENT

Souvent, par habitude, les commentateurs économiques présentent les chiffres de l'épargne sans en analyser l'usage. Même si le taux d'épargne des ménages français a eu tendance à baisser ces dernières années, son niveau reste très supérieur semble-t-il à celui des Etats-Unis d'Amérique. Il n'y aurait donc aucun problème d'épargne en France. De plus, des générations d'économistes keynésiens ont peu à peu fait admettre à l'opinion publique, que, puisque l'épargne est la part résiduelle du revenu qui n'a pas encore été consommée, plus l'épargne est basse plus la consommation est forte, et par conséquent plus prospère est l'économie.

Ce schéma est entaché de nombreuses erreurs graves de raisonnement. Tout d'abord, lorsqu'un agent prête de l'argent, il obtient de son partenaire économique l'assurance morale que celui-ci va produire dans l'avenir des richesses au moins égales au montant de l'intérêt. Ceci est tautologique.

Ainsi donc, la contrepartie de l'épargne est un engagement moral à la création de richesses futures. De plus, une épargne n'est jamais qu'une consommation différée dans le temps. Se réjouir que les taux d'épargne soient bas, c'est se réjouir que la consommation soit forte aujourd'hui et faible demain. Mais il faut faire attention au fait que reporter de la consommation future en consommation présente par une politique défavorable à l'épargne, c'est en fait reporter beaucoup de richesses futures pour pouvoir avoir peu de consommation présente du fait que l'on perd les intérêts de l'épargne dans le processus. Autrement dit, le choix est entre 100 francs de consommation aujourd'hui et 108 francs dans un an si les taux sont de 8 %.

Enfin, l'acte d'épargne est créateur de richesse en ce sens qu'il préserve intacte une production dont la contrepartie financière, i.e. l'investissement, va permettre l'accumulation du capital.

Cette dernière est fondamentale. La croissance des revenus repose en grande partie sur la croissance du capital. Elle repose aussi sur l'usage plus ou moins intensif qui est fait de ce capital. Dans le cas du capital physique, son usage sera plus ou moins intensif selon que l'on autorisera le travail de nuit et durant les jours fériés, et dans le cas du capital humain, selon que les taux d'imposition inciteront ou non, les plus diplômés à vendre leur travail sur le marché et à acquérir des connaissances nouvelles.

Or, si l'on retourne à nos constatations sur les régimes d'imposition, nous voyons bien que la taxation à l'entrée telle qu'elle est aujourd'hui pratiquée pour certains produits financiers, diminue relativement l'investissement sans pour autant enrichir l'Etat. De façon générale, supposer que la façon dont se répartit l'impôt dans le temps est neutre sur l'activité humaine, c'est supposer que l'Etat investit les impôts à un rendement égal à celui des investissements d'une entreprise par exemple. Cette hypothèse a été avancée par l'économiste anglais David Ricardo[2] au début du dix-neuvième siècle. Mais cet auteur était banquier avant d'être économiste et a oublié que l'argent de l'Etat n'est en rien investi pour faire des profits; le prétendu rôle économique de l'Etat consiste justement à produire à pertes là où il n'est pas possible de produire pour une firme privée.

Il apparaît très clairement que l'investissement et donc l'accumulation de capital, seront plus forts dans un système d'imposition à la sortie que dans un système d'imposition à l'entrée, si l'on fait l'hypothèse (très faible) que les individus sont structurellement épargnants. Dans le cas contraire, la taxation à la sortie conduirait à un niveau du stock d'épargne plus faible.

Si maintenant nous faisons l'hypothèse, empiriquement toujours vraie, que le stock de capital est plutôt en augmentation dans un pays libre, nous pouvons considérer que le stock de capital sera plus élevé dans le troisième régime que dans le second.

Dans le cas d'un individu isolé, cela n'a pas grande importance. En revanche, si nous considérons la société dans son ensemble, et non plus seulement un individu isolé, le choix d'une imposition à la sortie des investissements implique une plus grande quantité de capital disponible. Or, dans notre exemple d'imposition des revenus à 50 %, cela signifie un doublement de l'épargne disponible et donc du stock de capital. Ceci n'est pas indifférent puisque le stock de capital fait le revenu des individus.

LE RYTHME D'ACCUMULATION DU CAPITAL

De plus, cet accroissement relatif de revenu, dû à une épargne plus abondante, se répercute à moyen terme en épargne nouvelle.

---

[2] Cf. [124, Ricardo, chapitre XXIX].

Nous pouvons donc dire que le rythme d'accumulation du capital ne serait pas du tout le même dans les deux systèmes d'imposition. Cela peut sembler étrange, mais provient simplement du fait qu'en régime d'imposition à l'entrée, le contribuable fait l'avance à l'Etat de l'impôt qu'il paierait dans le futur en régime de taxation à la sortie. Ainsi, si l'Etat n'investit pas ces sommes, elles viennent à manquer dans le stock de capital du pays. Ceux qui font l'hypothèse d'équivalence des deux systèmes supposent donc implicitement que l'Etat capitalise l'écart d'impôt perçu à un rendement égal à celui qu'auraient obtenu les individus sur le marché.

Ceci reste bien évidemment valable en l'absence de la restriction du temps à deux périodes. Au contraire, ce phénomène est d'autant plus marqué que nous nous plaçons dans une optique de long terme. A long terme, l'écart de rendement entre l'argent capitalisé par les individus et celui dépensé par l'Etat, crée d'importantes différences.

Si nous quittons les considérations purement comptables que nous avons faites jusqu'ici, nous devons constater que l'écart des niveaux d'épargne doit avoir un effet économique sur le taux de l'intérêt. En d'autres termes, si l'offre d'épargne est plus forte, le prix des fonds prêtables va avoir tendance à être plus faible, dans le régime de taxation à la sortie.

Ceci est donc cohérent avec notre proposition selon laquelle le rythme d'accumulation du capital serait plus important dans le troisième régime.

LES TAUX D'INTÉRÊT

Toutefois, la question pourrait se poser de savoir si le taux d'intérêt plus bas qui émergerait donc en régime de taxation à la sortie par rapport à celui de taxation à l'entrée, n'entraînerait pas une chute de l'offre de fonds prêtables. La réponse est négative. En effet, le bas prix des fonds prêtables serait la conséquence de l'abondance relative d'épargne. Elle ne pourrait donc pas être la cause d'une réduction de celle-ci en dessous d'un certain montant, qui correspond à ce que prêtent les individus en régime de taxation à l'entrée.

Le taux d'intérêt qui prévaut en régime de taxation à l'entrée correspond précisément à une épargne plus restreinte par rapport aux besoins des individus. Ce taux d'intérêt est donc le plafond maximum du taux d'intérêt en régime de taxation à la sortie. Il n'est atteint dans ce cadre que si le taux d'intérêt ne dépend que très peu du montant de l'épargne privée. En d'autres termes, le taux d'intérêt qui émerge en régime de taxation à la sortie sera à peu près la moyenne pondérée du rendement des investissements privés et du rendement qu'obtient l'Etat sur l'avance que les individus lui font en régime de taxation à l'entrée.

LES REVENUS DE L'ETAT

Il existe une dernière différence profonde entre nos deux régimes fiscaux. Nous avons dit que dans un cas de taxation à l'entrée, les contribuables font l'avance de l'impôt à l'Etat. Il s'en suit qu'une fois payé l'impôt, tous les revenus qu'ils peuvent tirer de leur capital, dans le futur, sont nets d'impôt.

Imaginons que l'on généralise la taxation à l'entrée à tous les types d'investissement et non plus simplement aux SICAV de capitalisation. Petit à petit, il suffit donc de déclarer chaque année un peu d'épargne nouvelle, et de consommer en priorité l'épargne ancienne pour ne plus avoir d'impôt à payer à moyen terme. Ceci s'apparente donc à un simple jeu d'écriture comptable et n'affecte pas les choix individuels.

Les recettes de l'Etat tendent donc vers zéro à long terme. Ceci n'est pas le cas dans le système de taxation à la sortie puisque dans ce cas l'impôt est assis sur la consommation du point de vue comptable. Ainsi donc, par le biais de l'accumulation de capital qui entraîne une hausse des revenus, les recettes fiscales vont en croissant en terme courant.

Il faut bien comprendre que si le capital accumulé est défiscalisé selon la modalité de la taxation à l'entrée, il ne subsiste plus aucun revenu entrant dans l'assiette de l'impôt après un temps fini assez court. Cela est d'autant plus vrai que l'on peut facilement déclarer ses revenus comme épargne nouvelle et consommer son capital ancien. En d'autres termes, il suffit d'épargner tous ses revenus de l'année et de vivre des intérêts nets d'impôts des revenus des années antérieures. La généralisation de ce système à tous les types de produits financiers n'est donc pas viable pour les finances de l'Etat. Ceci est la conséquence directe du fait que tout capital est *nécessairement* le fruit d'une épargne antérieure.

Dans un tel système, le législateur devrait prévoir un nombre virtuellement infini de dispositifs pour empêcher une telle prophétie de se réaliser. Pour initialiser un tel système, il faudrait en fait que l'épargne en cours ait déjà été déclarée et que le législateur interdise tout transfert d'une forme d'épargne à une autre. Cependant une telle disposition ne peut qu'entraîner des distorsions de prix relatifs entre les différentes formes d'investissement.

Ce sont ces raisons qui font que les SICAV à compartiments ne sont pas encore autorisées dans certains pays de la communauté européenne. En effet, ces SICAV sont des groupements de grands portefeuilles, spécialisés chacun dans un domaine et à travers lesquels il est possible de réaliser des arbitrages entre types de produits financiers différents sans payer de plus-values. En d'autres termes, ce sont des groupes de SICAV tels que l'on peut passer de l'une à l'autre, par désinvestissement puis réinvestissement, sans que le fisc comptabilise une cession d'actifs. Economiquement, ceci est bien-sûr de la plus haute hypocrisie intellectuelle, puisqu'un arbitrage a bien lieu. Mais juridiquement, rien ne se produit tant que l'on reste au sein du même groupe de portefeuilles.

Nous devons noter que ceci n'existe qu'afin de ne pas créer de distorsions entre différents produits financiers et pour permettre une certaine souplesse de gestion financière aux investisseurs.

Mais pourquoi ne pas généraliser ce système, ou pourquoi ne pas le créer dans certains pays? Tout simplement parce que ses concepteurs savent pertinemment que cela annulerait purement et simplement toute recette fiscale sur les produits de l'épargne.

Que resterait-il alors comme source de revenu pour l'Etat? Les revenus du travail. Or, ceci ne proviendrait que du fait qu'en introduisant un tel régime qui défiscalise le produit du capital physique, on introduit une distorsion de traitement fiscal entre ce dernier et le capital humain. Ainsi, il ne peut pas nous être reproché de dire que les recettes fiscales seront nulles alors qu'il existera des revenus du travail. Les économistes qui prétendraient qu'en régime de taxation à l'entrée, l'annulation des recettes ne se produirait pas n'ont, à notre avis, pas tenu compte du fait que les revenus du travail sont le rendement d'un capital précédemment accumulé, c'est-à-dire le résultat d'une épargne antérieure: la formation et les études.

Un système fiscal qui frapperait les revenus du capital humain mais pas ceux du capital physique favoriserait l'épargne sous forme physique au détriment de l'épargne en capital humain. Ainsi, un individu qui disposerait d'une somme *X* au début de sa vie devrait choisir d'investir cette somme ou d'aller à l'Université en fonction de cette disparité de traitement des différentes formes de capital (humain ou physique). Bien sûr, à l'heure actuelle, la gratuité de l'enseignement joue exactement dans le sens inverse. Mais pouvons-nous prétendre alors qu'en détaxant le capital physique par un régime de taxation à l'entrée et en subventionnant l'éducation, nous arrivions à recréer l'équilibre économique? Cette chimère, l'imitation du marché sans celui-ci, a été essayé, en grandeur nature, en Russie, pendant 70 ans.

En revanche, en système de taxation à la sortie, il suffit de ne pas faire rentrer les revenus dont la contrepartie sont des dépenses d'éducation dans l'assiette de l'impôt. En d'autres termes, il suffit de considérer que l'éducation est un investissement et non pas une consommation.

CONCLUSION

Même si l'on acceptait nos assertions, il serait possible d'objecter que les systèmes de taxation à la sortie seraient difficiles à mettre en œuvre. En fait de telles difficultés n'existent tout simplement pas. En effet, si l'on souhaitait être cohérent, et donc adopter un système qui ne crée pas de distorsions entre l'épargne et la consommation, ni même entre les différentes formes d'épargne, il conviendrait de ne pas particulariser tel ou tel produit comme cela est fait aujourd'hui.

Dans ce cadre, qu'est-ce que l'épargne? Comme nous l'avons vu dans la troisième partie du chapitre 4, elle peut se calculer très facilement comme les revenus moins la consommation. Or, la consommation est la somme des débits des comptes de dépôts dans les banques, moins les sommes consacrées à l'achat de titres et qui sont déjà tracées par le fisc. Le calcul d'un vrai *impôt sur la dépense globale,* qui est le nom d'un régime général de taxation à la sortie, est donc d'une simplicité bien plus grande que le calcul et le traçage des quelques trois cent vingt systèmes de déductions et d'abattements particuliers en vigueur en France.

Il est d'ailleurs singulier de remarquer que seul le montant de la consommation, i.e. des débits des comptes bancaires, a besoin d'être contrôlé par le fisc. En effet, si certains sont consacrés à une épargne, le contribuable aura intérêt à déclarer son investissement, charge à lui de faire la preuve au cours des années suivantes que ce capital reste investi. Ainsi, par exemple, contrairement à ce qui se passe aujourd'hui, les individus auraient tendance à vouloir déclarer leurs investissements à l'étranger; faute de quoi, ces derniers rentreraient dans l'assiette de l'impôt.

Ainsi, donc, les agents auraient le choix de ne rien déclarer au fisc pour affranchir une somme investie à l'étranger et payer un impôt, ou de déclarer cette somme mais d'être condamnés à prouver par la suite qu'elle reste investie pour ne pas payer l'impôt.

En conclusion, nous pouvons donc remarquer que ce que nous avons dit des deux régimes n'est en fait vrai que lors de la période de transition entre l'impôt sur le revenu classique et ces régimes. *Il ne peut pas exister à long terme de système de taxation à l'entrée à moins qu'il n'introduise des distorsions de prix relatifs entre formes d'épargne différentes, et ce au prix d'un important travail de contrôle des individus par la puissance publique.*

Annexe D

L'INIQUITÉ DE L'IMPÔT EN FRANCE

Nous avons mentionné dans le chapitre 4 l'arbitraire de l'imposition progressive. Outre la progressivité, il nous faut également mentionner que l'impôt sur les revenus, dans sa forme actuelle, est hautement inéquitable. La raison est l'existence des très nombreuses exemptions fiscales. En effet, il subsiste encore aujourd'hui l'ensemble des exemptions fiscales qui ont été accordées par les hommes de l'Etat à certaines profession ou corps de métier au cours des années. Des dizaines de professions ont droit à des déductions fiscales pouvant être très élevées (jusqu'à 40 %). Par exemple, les polisseurs et monteurs de pipes de la région de Saint Claude dans le Jura ont droit à une déduction de 20 % de leurs revenus imposables. Les «passementiers et guimpiers propriétaires de leur métier» de la région du Sud-Est ont droit à une déduction de 40 %. Les «ouvriers forestiers», quant à eux, n'ont droit qu'à 10 %, alors que les forgerons, mouleurs, monteurs et polisseurs de matériel médico-chirurgical et dentaire de la région de Nogent-en-Bassigny, dans le département de la Haute-Marne ont droit à 15 %.

La liste est très longue, car nous pouvons dénombrer plus de 116 exemptions fiscales de ce type en France[1]. Elles ne concernent parfois que certains corps de métier, et souvent seulement dans certaines régions. Il n'est nul besoin de faire appel à une théorie de la justice quelconque pour comprendre que cette situation est totalement arbitraire. Certains pourront répondre que ces exemptions sont là pour alléger le fardeau de ceux qui ont

---

[1] Il convient de préciser que beaucoup d'entre elles sont plafonnées. De plus, à toutes ces exemptions s'ajoutent les quelques 300 déductions et autres abattements qui dépendent de l'allocation que font les individus de leurs revenus.

des métiers difficiles et risqués. Mais alors, nous pouvons nous demander pourquoi les tisseurs (non propriétaires de leur métier) de tissus façonnés ont droit à 40 % de déduction, alors que les tisseurs de tissus unis n'ont droit qu'à 30 %. Le risque est-il plus grand dans le second cas? Il est clair que l'égalité de tous devant l'impôt et l'abolition des privilèges du 4 août 1789 sont des valeurs bien oubliées par les hommes qui nous gouvernent. Etudier les systèmes de déduction d'impôt, c'est comme faire un voyage dans le monde de l'iniquité, de l'arbitraire, et où la justice est foulée aux pieds. Comment expliquer cette situation si ce n'est par la puissance des groupes de pression à certaines époques, ou encore par le geste d'un député voulant s'attirer les faveurs d'une profession dominante dans sa région, dans le but d'être réélu. On pourra toujours expliquer que les «représentants en publicité» (disposant de 30 % de déduction) ont un métier plus risqué et plus difficile que les «ouvriers scaphandriers» ou que les «ouvriers mineurs travaillant au fond de la mine» (disposants de 10 %), il n'empêche que ces exemptions fiscales sont totalement arbitraires et montrent à quel point l'Etat français est éloigné de «l'Etat de droit» où tous les citoyens sont égaux devant l'impôt.

Il convient de rappeler qu'il existe déjà un prélèvement obligatoire sur les salaires concernant les accidents du travail (dont le taux varie selon l'activité de l'entreprise). Il est censé couvrir les risques des différents métiers. Il existe donc déjà dans les prélèvements sur salaire une part du salaire allouée à la couverture du risque, pourquoi en avoir une seconde (l'exemption fiscale) pour laquelle tous les individus ne sont pas à la même enseigne selon leur lieu d'habitation ou l'efficacité de leurs syndicats et autres groupes de pression.

Plus grave encore est le caractère rétroactif de la loi fiscale. Il est impossible en France de faire un investissement tout en sachant quelle sera la fiscalité qui s'appliquera à celui-ci. Plus fondamentalement, il est même impossible de dire quel sera le taux d'imposition sur les fruits de son travail présent: la loi votée en décembre s'applique sur les revenus de l'année pendant laquelle elle est votée.

La rétroactivité et l'exemption fiscales ne sont que deux manifestations supplémentaires de l'activité arbitraire des hommes de l'Etat. De plus et comme nous l'avons déjà souligné, l'exemption n'a que pour effet de réduire le taux moyen de l'impôt et pas le taux marginal. En ce sens, elle est peu efficace sur l'activité productive et ne contribue donc qu'à permettre à certains d'échapper en partie à l'impôt sans que d'autres ne puissent le faire. Encore une fois, nous pensons qu'échapper à l'impôt est une bonne chose. Ce que nous dénonçons ici, c'est *l'iniquité totale* d'un système que les hommes de l'Etat présentent comme juste.

Annexe E

EXEMPLES DE FONCTIONNEMENT DE L'IMPÔT SUR LA DÉPENSE[1]

EXEMPLE A — L'ÉPARGNE FINANCIÈRE

Au cours de l'année 1, Jean reçoit, à titre de rémunération de son travail ou de rendement de son patrimoine, un revenu égal à 100 000 francs. S'il consomme intégralement ce revenu, qui constitue sa seule ressource, il sera imposé sur la base de 100 000 francs, comme il le serait dans le cas de l'actuel impôt sur le revenu.

De son côté, Laurent, qui reçoit également un revenu égal à 100 000 francs, décide d'en épargner 20 000. Seule la partie consommée, c'est-à-dire celle qui lui procure des satisfactions au cours de l'année fiscale, sera imposée. L'assiette de l'impôt est donc égale à 80 000 francs pour Laurent. Son impôt est inférieur à celui de Jean parce que sa consommation est plus faible que la sienne. Les 20 000 francs épargnés par Laurent lui servent peut-être à acheter des actions d'une entreprise qui a ainsi la possibilité d'accroître son capital «productif». Si le taux de rendement réel est de 5 %, c'est-à-dire que son placement rapportera 1 000 francs chaque année, en francs constants, ses ressources de l'année 2 seront égales à 100 000 francs + 1 000 francs, soit 101 000 francs (en supposant que le revenu de son travail et de son capital antérieurement accumulé reste constant). Si, par exemple, il n'épargne pas au cours de l'année 2, cette somme constituera l'assiette de l'impôt sur la dépense globale. Laurent, qui disposait initialement d'un revenu égal à celui de

---

[1] Ces quatre exemples sont directement tirés de l'ouvrage de Pascal Salin, «L'arbitraire fiscal». Cf. [140, Salin, pages 181-188].

Jean (100 000 francs), a payé moins d'impôts que lui au cours de la période 1 parce qu'il épargnait une partie de son revenu, mais il paie plus d'impôts par la suite parce que son épargne lui rapporte plus de rendement. Avec l'impôt sur le revenu — ainsi qu'on le conçoit généralement — Laurent aurait payé autant d'impôts que Jean pour l'année 1 et davantage par la suite, c'est-à-dire qu'il y aurait eu *surtaxation de l'épargne*, ou en d'autres termes une *distorsion de prix relatifs entre les biens présents et les biens futurs.*

EXEMPLE B — L'ÉPARGNE IMMOBILIÈRE

Martin reçoit un revenu annuel égal à 100 000 francs. Il désire acheter un appartement au cours de l'année 1, mais n'ayant pas de ressources disponibles suffisantes, il souhaite emprunter pour payer la plus grande partie du prix de l'appartement. Supposons que l'appartement coûte 320 000 francs et que Martin emprunte 300 000 francs (20 000 francs étant prélevés sur son revenu courant). Compte tenu de la formule de l'impôt sur la dépense présentée antérieurement, ses ressources totales de l'année 1 sont égales à 400 000 francs (revenu + emprunt).

La valeur de l'appartement correspond à une accumulation d'épargne, soit 320 000 francs. L'assiette de l'impôt est donc de 80 000 francs (400 000 - 320 000), qui représentent sa consommation. Au cours de l'année 2, les ressources de Martin seront constituées par les 100 000 francs de revenu qu'il perçoit régulièrement et par le rendement de son appartement. S'il l'habite lui-même, le rendement est non pécuniaire et il implique donc d'avoir recours à une estimation, soit à partir de l'évaluation d'une valeur locative, soit à partir de toute autre méthode[2].

---

[2] Ceci n'est d'ailleurs pas propre à l'impôt sur la dépense globale. Jamais le revenu réel ne pourra correspondre au revenu imposable, et ceci pour la bonne et simple raison que le percepteur ne pourra jamais rentrer dans la tête des gens

Laissant de côté ces problèmes pratiques d'évaluation, supposons que le rendement soit égal à 15 000 francs par an. Les ressources totales de Martin au cours de l'année 2 sont donc égales à 115 000 francs. Si, par ailleurs, il rembourse 20 000 francs à titre d'amortissement de sa dette (remboursement du capital et paiement des intérêts), et s'il ne déclare aucune accumulation supplémentaire d'épargne, sa dépense globale sera estimée à 115 000 francs (montant de ses ressources) moins 20 000 francs, soit 95 000 francs. C'est cette dernière somme qui constituera l'assiette de l'impôt. Bien entendu, lorsqu'il aura remboursé son emprunt, il devra continuer à déclarer le rendement de son appartement, mais il ne pourra plus déduire l'amortissement de sa dette. Il sera imposé sur la base de 115 000 francs s'il n'épargne pas.

Dans cet exemple, le montant de l'amortissement de la dette est supérieur au rendement de l'appartement, pendant plusieurs années. Il y a alors chaque année un sacrifice de consommation accepté en vue du surcroît de satisfactions obtenu ultérieurement, c'est-à-dire lorsque l'emprunt aura été remboursé. La différence, positive ou négative, entre le rendement du capital et l'amortissement de l'emprunt qui a permis de le constituer dépend de la rapidité de l'amortissement, du niveau du taux d'intérêt et du taux de rendement du capital. Mais tout acte d'accumulation provient de l'espérance d'un gain net actualisé.

EXEMPLE C — L'HÉRITAGE

Simon reçoit lui aussi un revenu annuel égal à 100 000 francs. Au cours de l'année 1, il reçoit en outre un héritage valant 300 000 francs. S'il a un tempérament de «cigale» et qu'il désire profiter de cet héritage pour «faire la fête», il dépensera toutes

---

pour savoir comment se forme la valeur réelle de leur revenu, qui est, par nature, purement individuelle et subjective.

ses ressources de l'année — soit 400 000 francs — en dépenses de consommation et l'assiette de l'impôt sur la dépense sera donc égale à cette somme. L'impôt qu'il aura à payer sera donc élevé, surtout si l'impôt sur la dépense est de type progressif (comme l'actuel impôt sur le revenu). Si, par contre, Simon a un tempérament de «fourmi» et qu'il conserve l'héritage reçu, la valeur de cet héritage entrera comme épargne du point de vue de l'utilisation de ses ressources et l'assiette de l'impôt sera égale à 100 000 francs (en supposant qu'il consomme tout son revenu annuel). Autrement dit on aura:

$$W = 100\,000\ (R) + 300\,000\ (DR) = F = 100\,000\ (C) + 300\,000\ (S)$$

Seule la partie consommée est taxée.

Par ailleurs, le capital reçu par héritage fournit un rendement, pécuniaire ou non pécuniaire, qui s'ajoutera par la suite aux ressources annuelles de Simon. Si le produit de ce rendement est consommé, il sera taxé. Le capital reçu en héritage par Simon a évidemment été accumulé par quelqu'un, par exemple son père. Si l'impôt sur la dépense avait existé depuis longtemps, le père de Simon n'aurait pas payé d'impôt sur l'épargne qui a servi à constituer ce capital, mais il en aurait payé sur les rendements successifs de ce capital, dans la mesure où ils auraient été consommés. Il en sera de même pour Simon, aussi longtemps qu'il ne consommera pas tout ou partie de ce capital[3].

EXEMPLE D — LES PLUS-VALUES EN CAPITAL

De manière similaire, l'impôt sur la dépense globale rend inutile l'impôt sur les plus-values. Supposons, par exemple, que

---

[3] L'impôt sur la dépense globale règle *ipso facto* le problème de la transmission d'entreprise que les droits de succession rendent si destructrice d'emploi et de richesse.

Pierre ait acheté un capital valant 100 000 francs en l'année 1. Il paye un impôt sur le rendement de ce capital de l'année 2 à l'année 6, puis il vend ce capital au cours de l'année 6. Si le prix de vente est alors de 150 000 francs en prix constants — c'est-à-dire qu'une «plus-value» est apparue pour une raison quelconque — c'est cette somme qui entre dans le calcul des ressources totales de l'année 6. S'il n'épargne pas cette ressource, totalement ou partiellement, il paiera donc un impôt sur cette valeur accrue. L'impôt sur la dépense globale donne donc *ipso facto* une évaluation des plus-values et implique donc la suppression de l'impôt sur les plus-values.

BIBLIOGRAPHIE

[1] Anonyme, «The Nature of Poverty», Wall Street Journal Europe, 1er avril 1995.

[2] F. AFTALION, «*L'économie de la révolution française*». Hachette Pluriel, Paris, 1987.

[3] L. ANDRÉ, «*L'histoire économique depuis l'antiquité jusqu'à nos jours*», Félix Alcan, Paris, 1939.

[4] Ph. d'ARVISENET, «*La courbe de Laffer pour la France*», Chroniques d'actualité de la S.E.D.E.I.S., tome XXXI, numéro 8, 1984.

[5] P. ASHTON, «*What is the effect on Tax Revenue of Cutting Top Rates of Tax?*», Quaterly Economic Bulletin, Liverpool Research Group in Macroeconomics, volume 8, numéro 1, mars 1987.

[6] Banque Asiatique de Développement, «*Rapport 1994*», Manille, Avril 1995.

[7] B. BARTLETT, «*Reaganomics — Supply-Side Economics In Action*», Quill, New York, 1982.

[8] B. BARTLETT, «*Policy Lessons*», 1982, *in* R. H. FINK, [44].

[9] R. L. BARTLEY, «*The Seven Fat Years*», The Free Press, New York, 1992.

[10] R. BARRO, «*Higher Taxes, Lower Revenues*», Wall Street Journal, 9 juillet 1993.

[11] F. BASTIAT, «*Œuvres économiques*», Textes présentés par F. AFTALION, Presses Universitaires de France, Collection Libre Echange, 1983.

[12] G. S. BECKER, «*Le retour du salaire minimum*», Cheminements du futur, Le Figaro-économie, 16 mars 1995.

[13] A. BÉRAUD, «*Introduction à la Macroéconomie*», Editions Anthropos, Paris, 1986.

[14] B. BOBE et A. ETCHEGOYEN, «*Economistes en désordre*», Economica, Paris, 1981.

[15] E. de la BOÉTIE, «*Discours de la servitude volontaire*», GF Flammarion, Paris, 1983.

[16] J. BODIN, «*La réponse de Jean Bodin à Monsieur de Malestroit*», 1568, Armand Colin, Paris, 1932.

[17] H. de BODINAT, «*L'Etat, parenthèse de l'histoire*», Edition Pau, Paris, 1995.

[18] E. von BÖHM-BAWERK, «*Théorie positive du capital*», 1884.

[19] J.-P. BRULÉ, «*L'informatique malade de l'Etat. Du plan calcul à Bull nationalisée: un fiasco de 40 milliards*», Les Belles Lettres, 1993.

[20] J. BUCHANAN, «*What should Economists do?*», Liberty Press, Indianapolis, 1979.

[21] J. BUCHANAN et D. LEE, «*Politics, Time and the Laffer Curve*», Journal of Political Economy, volume 90, numéro 4, août 1982.

[22] E. F. BUTLER et R. L. SCHUETTINGER, «*Forty Centuries of Wage and Price Control*», Heritage Foundation, Washington DC, 1979.

[23] Les Cahiers Français, «*Le budget de l'Etat*», Documentation Française, numéro 216, mai-juin 1993.

[24] J.-P. CENTI, «*Intégration européenne et concurrence des monnaies*», Economica, Paris, 1984.

[25] V. A. CANTO, D. H. JOINES et A. B. LAFFER, «*Taxation,* G.N.P., *and Potential* G.N.P.», Proceedings of the business and economic statistics section in San Diego, American Statistical Association, 1979.

[26] G. CARLSON, «*The Income Tax and How It Grew*», American Heritage, 1983, cité par B. BARTLETT, [7].

[27] R. de CLAPIERS, «*Le Spleen des Economistes*», Enjeux Les Echos, février 1994.

[28] D. C. COLANDER et A. KLAMER, «*The Making of an Economist*», Journal of Economic Pespectives, automne 1984.

[29] M. CONDON et I. SAWHILL, «*Is* US *Inequality Really Growing?*», Policy Bites, Urban Institute, 1992.

[30] C. COQUELIN, «*Dictionnaire d'Economie Politique*», tome 1, Guillaumin, Paris, 1874.

[31] A. COURTOIS, «*L'histoire des banques en France*», Guillaumin, Paris, 1881.

[32] Commission des Finances, de l'Economie Générale et du Plan, Assemblée Nationale, «*Rapport sur le projet de loi de finances pour 1993*», numéros 2931 et 2945, 1992.

[33] Commissariat Général du Plan, «*Choisir l'emploi*», 1993.

[34] Committee on House Administration, U.S. House of Representatives, «*The Presidential Campaign 1976*», volume 1, 1978, cité par B. BARTLETT, [7].

[35] Courrier International, «*Air France plonge, British Airways pavoise!*», numéro 158, 1993.

[36] F. DASTUR, «*Heidegger*» dans «*Histoire de la philosophie*», tome III, Encyclopédie de la Pléïade, Gallimard, Paris, 1974.

[37] B. DAVANZETTI, «*A Discourse Upon Coins*», Awnsham and Chruchill, Londres, 1969, traduction anglaise de «*Lezionne delle Monete*», 1588.

[38] A. DESPAUX, «*L'inflation dans l'histoire*», Imprimerie spéciale de «L'information», Paris, 1922.

[39] P. S. DUPONT de NEMOURS, «*Discours*», Imprimerie Nationale, Paris, 1789-90.

[40] J. DUPUIT, «*De l'utilité des travaux publics*», 1842, cité par Ph. d'ARVISENET, [4].

[41] M. K. EVANS, «*The Truth About Supply-Side Economics*», Basic Books, 1983.

[42] E. FAURE, «*La banqueroute de Law*», Gallimard, Paris, 1977.

[43] M. FELDSTEIN, «*The Effect of Marginal Tax Rates on Taxable Income: A Panel Study of the 1986 Tax Reform Act*», National Bureau for Economic Research, Working Paper, numéro 4496, 1993.

[44] R. H. FINK, «*Supply-Side Economics: A critical Appraisal*» ouvrage collectif, University Press of America, 1986.

[45] I. FISHER, «*Constructive Income Taxation*», Harper, 1942.

[46] M. FLEURBAYE, S. M. OULD BIYA, P. RALLE et H. ROUSSE, «*Quelques réflexions à propos d'une estimation de la courbe de Laffer en France*», Revue d'Economie Politique, numéro 2, 1987.

[47] FMI, «*Rapport préalable*», Comité intérimaire, Avril 1995.

[48] F. E. FORTKAMP, «*Liberty for Schools, Schools for Liberty*», Collection Champions of Freedom, The Ludwig von Mises Lectures Series, The Hillsdale College Press, volume 9, Michigan, 1982.

[49] A. FOURÇAN, «*Taux de prélèvements obligatoires, recettes de l'Etat et production: une étude empirique du cas français*», Revue d'Economie Politique, numéro 1, 1985.

[50] B. FREY, W. POMMEREHNE et F. SCHNEIDER, «*Consensus, Dissension and Ideology Among Economists in Various European Countries and in the United States*», European Economic Review, 1983.

[51] B. FREY, W. POMMEREHNE, F. SCHNEIDER et G. GILBERT, «*Consensus and Dissension among Economists: An Empirical Inquiry*», American Economic Review, décembre 1984.

[52] D. D. FRIEDMAN, «*Price Theory*», South-Western Publishing Company, édition internationale, 1990.

[53] M. FRIEDMAN, «*The Methodology of Positive Economics*» dans «*Essays in Positive Economics*», Chicago University Press, 1953.

[54] M. FRIEDMAN, «*Free to Choose — A Personal Statement*», 1979, Réédition de Harcourt Brace Jovanovich, 1990.

[55] P. GÉLIE, Le Figaro, 1er juin 1995.

[56] G. GILBERT et A. GUENGANT, «*La fiscalité locale en question*», Montchrestien, 1989.

[57] A. GUENGANT et J.-M. UHALDEBORDE, «*Crise et réforme des finances locales*», Presses Universitaires de France, 1989.

[58] J.-L. GUICHET, «*Le pouvoir*», Collection Philosopher, Edition Quintette, mars, 1995.

[593 J. GWARTNEY et R. STROUP, «*Tax Cuts: Who Shoulders the Burden?* », Economic Review, Federal Reserve Bank of Atlanta, Mars 1982.

[60] A. H. HANSEN, «*A Guide to Keynes* », McGraw-Hill, New York, 1953.

[61] J. HAUSMAN, «*The Effect of Wages, Taxes, and Fixed Costs on Women's Labor Force Participation*», Journal of Public Economics, volume 14, numéro 2, octobre 1980.

[62] F. von HAYEK, «*La route de la servitude*», Traduction française, Presses Universitaires de France, 1985, «*The Road to Serfdom*», Routledge and Sons, 1944.

[63] F. von HAYEK, «*The Constitution of Liberty*», The Chicago University Press, 1960.

[64] F. von HAYEK, «*Droit, Législation et Liberté*», Presses Universitaires de France, Collection Libre Echange, 1983.

[65] F. von HAYEK, «*Scientisme et sciences sociales: Essai sur le mauvais usage de la raison*», Edition Agora, traduit de l'anglais par Raymond BARRE, Paris, 1953.

[66] H. HAZLITT, «*Economics in One Lesson*», Crown Publishers, 3e edition de 1979, Harper & Brothers, 1946.

[67] W. W. HELLER, «*Kennedy Economics Revisited*», 1982, *in* R. H. FINK, [44].

[68] J. HICKS, «*M. Keynes and the Classics: A Suggested Interpretation*», Econometrica, avril 1937.

[69] H.-H. HOPPE, «*The Sociology of Taxation*», Journal des Economistes et des Etudes Humaines, volume 1, numéro 2, juin 1990.

[70] D. HUME, «*Essays*», 1777, Liberty Fund, réédition, 1987.

[71] J. IMBERT et H. LE GOHÉREL, «*Histoire économique des origines à 1789*», Presses Universitaires de France, 1979.

[72] INSEE, «*Annuaire Statistique de la France*», Annuel.

[73] INSEE, «*Statistique mensuelle des défaillances d'entreprises*», 2 février 1995.

[74] E. IZRAELEWICZ, «*L'expérience Reagan: moins d'impôts, plus de déficits*», Le Monde, 5 avril 1995.

[75] S. JACKSTADT, L. HUSKEY et P. J. HILL, Commentaire de «*The Making of an Economist*» par D. C. COLANDER and A. KLAMER (Cf. [28]).

[76] R. W. JEPSEN, «*Reagan, Stockman and the Supply-Side Economics*», Collection Champions of Freedom, The Ludwig von Mises Lectures Series, The Hillsdale College Press, volume 9, Michigan, 1982.

[77] B. de JOUVENEL, «*Du pouvoir*», Hachette, 1972.

[78] K. JULLIA, «*Les caractéristiques de la demande d'emploi public*», Working Paper, Université Paris I, mai 1995.

[79] N. KALDOR, «*An Expenditure Tax*», G. Allen, 1955.

[80] J. B. KAU et P. H. RUBIN, «*Self Voting, Ideology and Logrolling in Congressional Voting*», Journal of Law and Economics, volume XXII, numéro 2, octobre 1979.

[81] J. R. KEARL, «*What Economists Think: A Confusion Among Economists?*», American Economic Review, volume 62, numéro 2, mai 1979.

[82] P. KELLNER, The Independent, 17 novembre 1987.

[83] J. M. KEYNES, «*The Means to Prosperity*», 1933, dans les «*Collected Writings of John Maynard Keynes*», volume IX, MacMillan, Londres, 1972.

[84] J. M. KEYNES, «*General Theory of Employment, Interest and Money*», 1936, Macmillan, Londres, «*Theorie générale de l'emploi, l'intérêt et la monnaie*», Payot, Paris, 1942.

[85] P. LACOUDE, «*Lectures et analyse de la courbe de Laffer*», Journal des Economistes et des Etudes Humaines volume 3, numéro 2, juin 1992.

[86] P. LACOUDE, «*Etude empirique de l'effet Laffer en France au cours des années 1980*», Revue Française d'Economie, volume X, numéro 4, automne 1995.

[87] P. LACOUDE et F. SAUTET, «*L'épargne et l'impôt*», non publié, 1993.

[88] A. B. LAFFER, «*L'ellipse ou la loi des rendements fiscaux décroissants*», Institutum Europaeum, 1981.

[89] M. LAURÉ, «*Science Fiscale*», Presses Universitaires de France, 1993.

[90] J. LECAILLON, «*Les réformes fiscales dans le monde*». Analyses de la SEDEIS, numéro 81, mai 1991.

[91] B. LEMENNICIER, «*Les élasticités-prix de l'offre de travail féminin*», CREDOC, 1984.

[92] B. LEMENNICIER, O. MARROT et P. SETBON, «*L'originalité des économistes français*», Journal des Economistes et des Etudes Humaines, volume 1, numéro 1, hiver, 1990.

[93] H. LEPAGE, «*La Reaganomie huit ans après*», F.R.A.P., numéro 15/16, troisième année, 1988.

[94] E. LESER, «*Crazy Lyonnais — Les infortunes d'une banque publique*», Calmann-Lévy, 1995.

[95] La Lettre de Matignon, Service d'information et de diffusion du Premier Ministre, numéro 471, 13 février 1995.

[96] H. LEVY-LAMBERT, «*Une des autres directions possibles: une réforme d'ensemble de la fiscalité directe*», Le Figaro, 13-14 mars 1976.

[97] L. LINDSEY, 1988, cité par P. C. ROBERTS, [126].

[98] D. N. MCCLOSKEY, «*The Applied Theory of Price*», Seconde édition, Collier MacMillan International Editions, 1985.

[99] D. MAILLARD, «*Le coin fiscal en France*», 1993.

[100] L. MAUDUIT, «*Le précédent de 1986-1988 incite à la prudence*». Le Monde, 5 avril 1995.

[101] J. E. MEADE, «*The Structure and Reform of Direct Taxation*», Report Committee, Institute for Fiscal Studies, Londres, Allen and Unwin, 1978.

[102] C. MENGER, «*Carl Menger's Lectures to Crown Prince Rudolf of Austria*», 1876, Edward Elgar, publication postume, 1994.

[1031 C. MENGER, «*Principles of Economics*», Traduit de l'autrichien par James DINGWALL et Bert F. HOSELITS, Libertarian Press Inc., 1994.

[104] P. MINFORD, «*The Supply-Side Revolution in Britain*», Edward Elgar & Institute of Economic Affairs, 1991.

[105] Ministère de l'Intérieur et de l'Aménagement du Territoire, «*Guide statistique de la fiscalité directe locale*», Documentation Française, 1989, 1990, 1991, 1992, 1993.

[106] J. S. MILL, «*Principles of Political Economy*», 1848, Oxford University Press, réédition, 1994.

[107] L. von MISES, «*L'action humaine*», 1949, Presses Universitaires de France, Collection Libre Echange, 3e édition, 1985.

[108] J.-M. MONTALI, «*La fac des Raps*», Le Figaro Magazine, 15 décembre 1990.

[109] P. B. et R. A. MUSGRAVE, «*Public Finance in Theory and Practice*», 1973, MacGraw Hill International Editions, 5e édition, 1989.

[110] A. NAKAMURA et M. NAKAMURA, «*A Comparison of the Labor Force Behavior of Married Women in the United States and Canada, with a Special Attention to the Impact of Income Taxes*», Econometrica, volume 49, numéro 2, mars 1981.

[111] A. NAKAMURA, M. NAKAMURA et D. CULLEN, «*Job Opportunities, the Offered Wage, and the Labor Supply of Married Womem*», American Economic Review, volume 69, numéro 5, décembre, 1979.

[112] G. NORTH, «*Pourquoi Murray Rothbard n'aura jamais le prix Nobel*», Extrait de Economistes et Charlatans (Cf. [136]).

[113] OCDE, «*Economic Outlook*», mai 1988.

[114] N. d'ORESME, «*Traité monétaire*», 1355, traduit par J. M. VIEL sous la direction de J. FAU, Fascicule MESA, numéro 6, Editions Cujas, Paris, 1990.

[115] L. PEIKOFF, «*The Ominous Parallels*», 1982, Meridian, réédition, 1993.

[116] L. PEIKOFF, «*Objectivism: The Philosophy of Ayn Rand*», 1991, Meridian, réédition, 1993.

[117] J.-P. PICAPER, «*Capitaux allemands: la solution de la fuite*», Chances et risques du monde, Le Figaro-économie, 15 mars 1995.

[118] A. RAND, «*Atlas Shrugged*», Signet, New York, 1957.

[119] A. RAND, «*The Virtue of Selfishness*», Signet, 1964.

[120] A. RAND, «*Introduction to Objectivist Epistemology*», 1966, Meridian, réédition, 1990.

[121] A. RAND, «*Philosophy: Who needs it?*», Signet, New York, 1982.

[122] A. RAND, «*The Voice of Reason*», New American Library, New York, 1989.

[123] R. REAGAN, «*America's new beginning: A Program for Economic Recovery*», Lettre au Congrès du 18 février 1982, Maison Blanche, Washington.

[124] D. RICARDO, «*Principes de l'économie politique et de l'impôt*», 1817, traduction française de la troisième édition de 1921, Perspective de l'économie, Les fondateurs, Calmann-Lévy, 1970.

[125] P. C. ROBERTS, «*The Economic Case for Kemp-Roth Tax Cuts*», Wall Street Journal, 1er août 1978.

[126] P. C. ROBERTS, «*L'économie de l'offre, théorie et résultats: L'expérience américaine au cours des années 1980*», Association pour le Libéralisme Populaire, 1992, traduction d'une publication en langue anglaise de l'Institute of Economic Affairs.

[127] P. C. ROBERTS, «*The Supply-Side Revolution*», Harvard University Press, Cambridge, Massachusetts, 1984.

[128] W. RÖPKE, «*Crises and Cycles*», W. Hodge, Londres, 1936.

[129] J.-J. ROSA, «*Minimum Wage Regulation in France*», *in* S. ROTTENBERG, [137], 1981.

[130] M. I. ROSTOVTZEFF, «*The Social and Economic History of the Roman Empire*», Oxford, 1926, «*Histoire économique et sociale de l'empire romain*», Paris, Robert Laffont, Bouquins, 1988.

[131] M. ROTHBARD, «*America's Great Depression*», 1963, Richardson & Snyder, 4e édition, 1983.

[132] M. ROTHBARD, «*Power and Market*», Sheed Andrews and McMeel, 2nde édition de 1977, 1970.

[133] M. ROTHBARD, «*The Anatomy of the State*», Libertarian Alliance Publication, Ludwig von Mises Institute, Auburn University.

[134] M. ROTHBARD, «*Individualism and the Philosophy of the Social Sciences*», Cato Institute, Cato paper 4, 1980.

[135] M. ROTHBARD, «*L'éthique de la liberté*», Les Belles Lettres, Collection Laissez-Faire, Paris, 1990.

[136] M. ROTHBARD, «*Economistes et charlatans*», Traduit de l'américain par François GUILLAUMAT, Edition Les Belles Lettres, Collection Laissez-Faire, Paris, 1991.

[137] S. ROTTENBERG, «*The Economics of Minimum Wage Laws*», ouvrage collectif, The American Entreprise Institute, Washington D.C., 1981.

[138] J.-J. ROUSSEAU, «*Du contrat social*», Livre I, Chapitre I, Bibliothèque de la Pléïade, volume III, NRF, Gallimard, Paris, 1964.

[139] P. SALIN, «*L'union monétaire européenne: Au profit de qui?*», Economica, 1979.

[140] P. SALIN, «*L'arbitraire fiscal*», Robert Laffont, 1985, Nouvelle édition augmentée, Slatkine, 1996.

[141] P. SALIN, «*La vérité sur la monnaie*», Editions Odile Jacob, 1990.

[142] P. SALIN, «*Macroéconomie*», Presses Universitaires de France, 1991.

[143] P. SALIN, «*Les Obstacles à l'Emploi*», extrait remanié du rapport divergent annexé au rapport principal de la *Commission sur les Obstacles à l'Emploi,* Revue Française d'Economie, volume X, numéro 4, automne 1995.

[144] P. SALIN, «*Responsabilité, propriété et marché*», Commentaire, volume XVIII, numéro 70, été 1995.

[145] J.-B. SAY, «*Traité d'économie politique*» chapitre IX, livre III, 1821, Paris, Calmann-Lévy, réédition, 1972.

[146] A. SCHOPENHAUER, «*Contre la philosophie universitaire*», traduit de l'allemand par Auguste DIETRICH, Edition Rivages Poches, Collection Petite Bibliothèque, Paris 1994.

[147] C. SCHULTZ, New York Times, 28 janvier 1980.

[148] J. A. SCHUMPETER, «*Capitalism, Socialism and Democracy*», troisième édition, 1950.

[149] A. SELDON, «*Tax Avoision*», I.E.A. Readings 22, Institute of Economic Affairs, 1979.

[150] H. SEMPE, «*La baisse de la pression fiscale et la recherche de l'équilibre budgétaire aux Etats-Unis: La loi de Laffer*», Revue du Trésor, numéro 10, 1982.

[151] A. SMITH, «*An Inquiry Into the Nature and Causes of the Wealth of Nations*», Chicago University Press, 1976, première édition en 1776.

[152] H. SPENCER, «*Le droit d'ignorer l'Etat*», traduit en français par M. DEVALDÈS, «*Outrage à chefs d'Etat*», Les Belles Lettres, Paris, 1993.

[153] L. SPOONER, «*No Treason — The Constitution of No Authority*», 1882 (Boston), traduit en français par J. CARLIER, «*Outrage à chefs d'Etat*», Les Belles Lettres, Paris, 1991.

[154] C. TILLY, «*Bridge the State Back*», Cambridge University Press, 1985.

[155] B. THÉRET et D. URI, «*Pression fiscale limite, prélèvements obligatoires et production marchande: à propos de récentes estimations économétriques d'une courbe de Laffer*

pour la France», Economie Appliquée, tome XL, numéro 1, 1987.

[156] B. THÉRET et D. URI, «*La courbe de Laffer dix ans après: un essai de bilan critique*», Revue économique, numéro 4, juillet 1988.

[157] G. TULLOCK, «*Rent Seeking*», tiré de «*Property Rights and the Limits of Democracy*», Locke Institute, Virginie, 1993.

[158] A. R. J. TURGOT, «*Ecrits économiques*», Paris, Calmann-Lévy, 1970.

[159] M. A. WALKER, «*April's Solution: a Real Alternative to the GST*», Fraser Forum, 1994.

[160] M. A. WALKER, «*A Real Alternative to the Goods and Services Tax*», Standing Committee on Finance of the Parliament of Canada on March 1st and 9th 1994, Ottawa, mars 1994.

[161] G. WASHINGTON, «*A Collection*» édité par W. B. ALLEN, Liberty Press, 1988.

[162] A. D. WHITE, «*Fiat Money and Inflation an France*», Foundation for Economic Education, Irvington-on-Huson, New York, 1959.

[163] K. WICKSELL, «*Lectures on Political Economy*», Londres, 1934-1935.

[164] V. ZARNOWITZ, «*An appraisal of Short-Term Economic Forecasts*», Columbia University Press, 1967.

INDEX

LES AUTEURS

Par ordre d'écriture du texte

Jacques RAIMAN, ancien Président et fondateur de GSI — Générale de Service Informatique — est connu pour être, «en France, le chef d'entreprise le plus fermement acquis aux thèses de l'économie de l'offre»[1]. Il a participé à de nombreux travaux officiels sur les problèmes économiques français dont la *Commission sur les Obstacles à l'Emploi* réunie par le Premier Ministre Edouard Balladur. Jacques Raiman est Professeur associé à l'Université Paris-Dauphine où il enseigne l'économie monétaire et le management par la qualité totale.

Pascal SALIN est Professeur à l'Université Paris-Dauphine où il enseigne les systèmes monétaires internationaux et l'analyse économique de la fiscalité. Auteur de nombreux ouvrages, parmi lesquels *La vérité sur la monnaie* (Paris, Odile Jacob, 1990), *Macro-économie* (Paris, PUF, 1991), *Libre-échange et protectionnisme* (Paris, PUF, collection «Que sais-je ?», 1991), *La concurrence* (Paris, PUF, collection «Que sais-je ?», 1995), il s'est beaucoup intéressé au problème de l'impôt qu'il a traité dans de nombreux articles, ainsi que dans *L'arbitraire fiscal* (Paris, Robert Laffont, 1985, réédité, avec modifications et adjonctions, par les éditions Slatkine, Genève-Paris, 1996, avec une préface d'Alain Madelin). Comme Jacques Raiman, Pascal Salin a été membre de la *Commission sur les Obstacles à l'Emploi* en 1993. Depuis 1994, il est Président de la Société du Mont Pèlerin, association internationale de personnalités libérales, fondée en 1947 par le prix Nobel d'économie Friedrich Hayek.

Henri LEPAGE, économiste, est délégué général de l'Institut Euro 92, centre d'analyse économique privé présidé par Alain Madelin. Il est l'auteur de nombreux ouvrages qui ont joué un rôle important

---

[1] Cité d'après *Dynasteurs*, mensuel des *Echos*, octobre 1988.

dans le renouveau d'intérêt pour les idées libérales, parmi lesquels *Demain le capitalisme* (Paris, Hachette, Pluriel, 1978), *Demain le libéralisme* (*idem*, 1980), *Pourquoi la propriété ?* (*idem*, 1985), *La nouvelle économie industrielle* (*idem*, 1989). Il enseigne l'économie industrielle en licence d'économie à l'Université Paris-Dauphine.

Frédéric SAUTET poursuit une thèse sous la direction de Pascal Salin dans le cadre du *Centre de Théorie Economique Jean-Baptiste Say* à l'Université Paris-Dauphine. Parallèlement, il étudie la théorie de la firme dans l'analyse autrichienne à *New York University* sous la direction du Professeur Mario Rizzo. Il enseigne cette matière en licence d'économie à l'Université Paris-Dauphine.

Philippe NATAF, diplômé de l'Institut de Statistique (ISUP), est titulaire d'un Ph. D. américain et d'une habilitation à diriger des recherches en économie. Chargé de cours aux Universités Paris VI et Paris-Dauphine, directeur d'un institut de formation permanente, le CEFGEC, il enseigne principalement l'économie et la gestion des entreprises. Spécialisé dans les questions monétaires et les fluctuations conjoncturelles, il est directeur de thèses de doctorat.

Philippe LACOUDE poursuit une thèse de mathématiques appliquées au *Centre de Recherche de Mathématiques de la Décision* à l'Université Paris-Dauphine. Il enseigne la théorie des prix en licence d'économie et l'analyse économique de la fiscalité en maîtrise dans ce même établissement.

Véronique de RUGY poursuit une thèse de sciences économiques au *Laboratoire d'Economie Publique* à l'Université Paris I Panthéon-Sorbonne. Parallèlement, elle enseigne l'analyse économique en première année d'économie à l'Université de Tours.

TABLE DES MATIÈRES

Imprimé en Suisse